KB127133

한반도평화연구원 총서 14

용서와 화해에 대한 성찰

대표 편저자
전우택

공동 저자
박명규
김회권
이해완
심혜영
박종운
조정현
김경숙

용서와 화해에 대한 성찰

제1쇄 펴낸 날 2018년 8월 17일

지은이 전우택, 박명규, 김회권, 이해완, 심혜영, 박종운, 조정현, 김경숙
펴낸이 박선영
디자인 전수연
교 정 이동주

펴낸곳 명인문화사
등 록 제2005-77호(2005.11.10)
주 소 서울시 송파구 백제고분로 36가길 15 미주빌딩 202호
이메일 myunginbooks@hanmail.net
전 화 02)416-3059
팩 스 02)417-3095

I S B N 979-11-6193-011-4
가 격 20,000원

이 도서의 국립중앙도서관 출판예정도서목록(CIP)은 서지정보유통지원시스템 홈페이지(http://seoji.nl.go.kr)와 국가자료공동목록시스템(http://www.nl.go.kr/kolisnet)에서 이용하실 수 있습니다. (CIP제어번호 : CIP2018024646)

간략목차

세부목차

발간사

우리 사회에서 특정 주제를 두고 논쟁하거나 토론할 때 가장 흔하게 적용하는 대립구도는 진보와 보수라는 프레임이다. 이 프레임이 가장 선명한 차이를 보여주기 때문에 사회적 이슈가 있을 때마다 각종 서베이에서 이 구도를 활용하고 있다. 그러나 크리스천과 비크리스천 사이의 차이는 그렇게 주목을 받지 못하고 있다. 크리스천이 구별된 삶을 살지 못하고 있기 때문이라는 주장도 있지만 선뜻 동의하고 싶지는 않다. 그보다는 우리 사회의 각종 사회적 이슈를 크리스천은 어떻게 이해하는 것이 좋을지 그 준거의 틀을 제시하는 곳이 없었던 것이 더 실제적 이유일 수 있다. 한반도평화연구원이 기독교 싱크탱크로서 성찰시리즈를 시작한 이유이다.

이제 성찰시리즈의 세 번째 책을 세상에 내어 놓는다. 이번에 다루는 주제는 '화해와 용서'이다. 우리 사회는 가난을 극복하기 위해, 살아남기 위해, 그리고 더 잘 살아보기 위해, 엄청난 상처를 서로 주고받으며 여기까지 왔다. 내재화된 상처와 갈등 때문에 소통이 단절되고 비정상적인 모습으로 내면의 분노를 해소하기도 한다. 우리 공동체가 건강성을 회복하기 위해서는 무엇보다 화해와 용서가 필요한 시점이다.

한반도평화연구원은 화해와 용서에 대해 1년이 넘는 기간 동안 세 번의 공개포럼을 개최했다. 이 포럼들을 통해 화해와 용서에 관련된 다양한 이슈들에 대해 발표하고 토론하고 다시 원고를 다듬은 결과를 이 책에 담았다. 삶의 현장에서 누구보다 바쁘고 분주한 필자들이 소명감 때문에 많은 시간과 열정을 쏟아주었다. 집필, 발표, 토론으로 수고해주신 한 분 한 분에게 진심으로 감사를 드린다. 특히 이 프로젝트의 책임자로 애써주신 전우택 교수님께 감사의 인사를 드린다.

한반도평화연구원은 통일과 북한, 그리고 우리사회의 평화를 위해 기독교적 성찰과 활동을 지속해 나갈 예정이다. 이러한 활동이 함께 이 시대를 살고 있는 그리스도인들에게 힘이 되고 공동체를 건강하게 만드는 데 기여할 수 있기를 간절히 소망한다. 특히 이 책의 글들이 교회와 기독인들의 모임에서 함께 읽히고 토론되어 화해와 용서를 먼저 시작하는 생각의 준거를 제공하는 데 사용될 수 있기를 소망해 본다.

2018년 8월
한반도평화연구원 원장
윤덕룡

권두언

용서란 잊어버리는 것이 아니다. 이제 모두 없었던 것으로 하자며 상대에게 너그럽게 구는 것이 아니다. 아픔의 기억들은 사라지지 않는다. 마음의 밑바닥으로 침잠할 뿐이다. 이런 기억들은 위기를 만나 조금만 건드려도 구정물처럼 올라오게 되어 있다. 오히려 용서란, 가해자나 피해자 모두 과거의 사건을 기억할 때 시작된다. 용서하는 자와 용서 받을 자가 기억을 공유해야 가능하다.

그러나 그리스도인의 용서에는 다른 점이 있다. 그리스도인이 용서 받은 자라는 것이다. 예수 그리스도의 십자가로 인해 우리는 죄 사함을 받은 사람이다. 우리는 용서받은 자이기에 상대를 용서하려고 하는 사람이다. 그냥 잊어버리고 과거의 사건을 내팽개치겠다는 말이 아니다. 우리도 분노하고 상대에게 저주를 퍼붓고 싶다. 그러나 이마저도 정의로운 하나님께 맡기려는 것이다. 연약한 자, 상처 입은 자를 신원하시는 하나님께 맡기려는 것이다. 가해자에 대한 심판은 하나님께 달려 있다고 고백함으로써 가해자와 피해자의 끈을 끊어버리겠다는 것이다.

용서를 마음먹은 자가 있어야 화해도 이루어진다. 정의로운 하나님께 공정한 처분을 위탁한 자는 비로소 상대에게 마음을 연다. 거기서 화해의 길이 열린다. 그러나 용서와 화해의 목표가 옛날로 돌아가는 것이 될 수는 없다. 그리스도인의 화해는 과거와 똑같은 재결합을 전제하지 않는다. 오히려 서로를 인정하고 함께 갈 수 있는 길을 새로 찾는다.

용서와 화해. 설명하기도 어렵고 심정적으로도 동의하기 어려운 주제다. 그래서 실천하려고 하면 더욱 괴롭고 힘들다. 그러나 우리는 이 쉽지 않은 길을 가려고 한다. 우리의 신앙이 용서와 화해의 십자가로부터 시작했기 때문이다. 우리는 예수의 십자가를 우리의 것으로 삼고, 화해의 사건으로 우리의 사건으로 삼는 사람들이기 때문이다.

한반도평화연구원에서 '화해와 용서'를 오랫동안 숙고했다. 각계 학자들의 전문적 연구와 진지한 고민이 한국 교회 안에 공유되길 바란다. 그래야 한반도 평화 분위기가 조성되고 있는 이때에, 그리스도인이 앞장 설 수 있기 때문이다. 그리스도의 사랑이 한반도를 덮어 남과 북이 화해의 길로 들어서기를 간절히 기도한다.

2018년 8월
한반도평화연구원 이사장
김지철 목사

서문

서로 용서할 수 없는 남한과 북한

2018년 4월 27일, 남북한의 정상이 판문점에서 서로를 포옹하는 장면이 전 세계에 생중계되었다. 한반도에서 70년 동안이나 기다렸던 장면이었다. 그리고 그것은 우리 민족에게 많은 희망을 가지도록 하였다. 그러나 그것이 기쁨만을 준 것은 아니었다. 70년 간 한반도 내에 존재하였던 이념갈등과 그로 인하여 발생하였던 수많은 개인 간, 집단 간의 너무도 잔혹하였던 일들이 다시 사람들의 머릿속에 떠오르게 되었다. 그 상처와 증오, 그리고 상호 의심은 너무도 큰 것이었기에, 중간의 모든 과정, 어쩌면 그것을 '용서와 화해의 과정'이라 불러야 할지도 모르는 그런 과정을 다 건너뛰고 남북 정상이 서로를 굳게 포옹한 것은 당혹스러운 일이기도 하였다. 포옹 한 번으로 그 문제의 해결 시도를 시작할 수 있는 것은 분명하지만, 포옹 한 번으로 그 모든 문제가 다 해결될 수 없는 것도 분명한 일이었다. 그러기엔 남한과 북한은 각자의 입장에서 서로를 도저히 용서할 수 없는 너무도 많은 이유들을 가지고 있기 때문이다.

남측 시각에서 북한을 용서하지 못할 이유는 너무도 많이 있다. 해방 후 북한을 기반으로 하였던 공산주의 집단들은 이념적인 이유를 내세워 잔혹하게 사람들을 핍박하고 죽였으며 재산을 강탈하였고 종교를 탄압하였다. 그리고는 소련과 중공의 지지를 이끌어 낸 후에 한반도 역사, 한민족 역사 상 가장 처참하였던 6·25라는 민족 내 내전을 일으켜 수많은 군인들과 경찰들이 죽었고, 인민군에 의하여 수많은 민간인들이 학살당하고 북한으로 납북

되어 그 생사를 알 수 없게 되었다. 그리고 수많은 고아들과 1,000만 명의 이산가족들이 발생하였다. 휴전 이후에도 김일성 일가의 전체주의적 독재체제를 구축하여 그들을 우상화하였고, 지구상 최악의 인권 상황을 가진 비참한 국가를 만들었다. 자신들의 정권 유지를 위하여 만든 주체사상이라는 종교화된 정치사상을 가지고 어릴 때부터 모든 주민들에게 세뇌교육을 시키면서 인간으로서의 가장 기본적인 존엄성과 자유를 모두 박탈하였다. 1989년과 1990년대 초, 소련과 동구권의 공산주의 국가가 다 붕괴되면서 더 나은 인간의 삶을 보장하는 국가들로 변화해 갔으나, 북한만은 그런 세계사적 흐름을 거부하고, 3대 세습이라는 공산주의 국가 역사상으로도 전대미문의 희비극을 만들어 내었다. 1990년대 중반 경제적 붕괴 시기, 즉 소위 고난의 행군 시기에 수십만에서 수백만의 인민이 굶어 죽어갔으나, 북한 정권은 그것에 대하여 어떠한 적극적 조치도 취하지 않았고, 외국의 지원에 대하여도 매우 소극적 태도를 취하면서도 지도층 자신들은 아무런 고통도 없이 그 시기를 잘 보내었다. 그런 와중에 수많은 북한 인민들이 북한 탈출을 시도하였고, 북한 정권은 그들에 대한 잔혹한 대응을 취하여 수많은 사람들이 또 죽거나 감옥에서 큰 고통을 당하여야만 하였다. 1,000만 명이 되는 이산가족들이 서로를 방문하거나 서신을 주고받는 것은 고사하고, 생사확인조차 할 수 없도록 막았으며, 아주 제한적으로, 그것도 매우 정치적인 도구로써 남북 이산가족 상봉을 이용하면서 인륜의 도의상 있을 수 없는 악을 저질렀다. 그리고는 김씨 왕조의 유지만을 위하여 북한 인민들의 경제적 어려움에도 불구하고 핵개발에 집착하여, 남한, 한반도, 그리고 전 세계를 핵전쟁의 위협 속으로 몰아갔다. 이런 정권, 이런 국가를 어떻게 용서할 수 있단 말인가?

그러나 북측 시각에서도 남한을 용서하지 못할 이유는 너무도 많이 있다. 우리가 보면 좀 놀랍고 당혹스러운 논리의 이야기가 될 수도 있지만, 적어도 그들의 시각과 입장에서 그 이유는 분명하다. 북한이 보기에 해방이 되고 난 후, 남한에서는 친일파들이 청산되지 않았다. 그래서 일제시대 친일파들이 그대로 다시 남한의 권력과 돈을 가지고 남한 인민들을 지배하게 되었다. 이것은 민족 앞에서 영원히 씻을 수 없는 죄가 되었고, 남한이라는 사회 전체의 타락한 더러움을 보여주는 근본적이고 대표적인 모습이 되었다. 그러한 민족의 해방을 위하여 북한이 6·25를 일으켰을 때, 남한은 민족 내부의 문제로 이것을 해결하려 하지 않고, 한반도에 미군이라는 외세를 끌고 들어와 문제를 해결하려 하였다. 전쟁 시 미국의 폭격과 미군들의 만행은 북한 주민들에게 큰 고통을 주었다. 전쟁 중 죽은 사람들의 인구 대비 숫자로 보면 북한은 남한의 거의 3배에 가까운 사람들이 죽었다. 전쟁이 끝난 후에도 남한은 미군이 계속 남한에 주둔하도록 함으로써 미국의 식민지가 되었다. 그리고 그것이 한반도에 극단적인 군사적 긴장을 만들어 내었다. 이것 역시 도저히 용서할 수 없는 남한의 범죄다. 그에 따라 민족의 정통성과 국가를 지키기 위하여 북한은 부족한 재정적 상황 속에서도 지나치게 많은 군사비용을 써야만 하였고, 그로 인하여 북한의 전체 인민들은 경제적으로 큰 고통 속에서 살아야만 하였다. 갓난아기들까지 고통을 당해야 했던 그 어려움들은 고난의 행군 시기에 최고조에 달하였다. 이런 모든 문제를 일으킨 남한이건만, 남한은 비굴하게 미국에 붙어서 번 돈들로 인하여 북한보다 더 잘 살게 되었다는 그 사실을 근거로, 마치 자신들이 그동안 옳은 길을 걸어왔다고 착각을 하고 북한을 향해 매우 건방진 태도를 가지고 있다. 그야말로 자본주의의 돈에 취해있는 것이다. 이런 정권, 이런 국가를 어떻게 용서할 수 있단 말인가?

이런 원한과 증오가 있는 두 개의 국가, 남한과 북한, 대한민국과 조선민주주의인민공화국이 지금 마주 바라보고 있다. 그러나 휴전 협정 후에도 70년 가까운 세월이 흘렀고, 또 다른 전쟁에 의하여 어느 한 쪽이 다른 한 쪽을 붕괴시키고 점령하여 한반도 통일을 이룰 수 있는 상황이 오기는 점점 더 어렵다는 것을 서로가 인정하여야 하는 시점에 도달하였다. 따라서 이제는 한반도에서 두 개 국가가 평화를 이루고, 공동의 번영과 발전, 국민들의 행복과 인류에 공헌해야 할 길을 찾아 가는 것이 필요하게 되었다. 그런 관계가 지속되다가 언젠가 양 국민들의 열망 속에 합의 통일이 이루어 질 수도 있을

지는 모르지만, 그것은 그야말로 먼 훗날의 일로 생각하여야 할 것이다. 현실은 이제 서로가 함께 공존하면서 평화와 번영을 이루는 협력을 하는 것을 필요로 한다. 그러나 그러기에는 서로를 용서하고 화해할 수 없는 너무도 크고 아픈 역사와 경험과 생각이 존재한다. 이것이 지금 한반도의 딜레마적 상황이다.

이러한 '용서와 화해'라는 딜레마에 접근하기 위하여 이 책은 만들어졌다. 한반도의 평화와 통일을 생각하고 준비하는 기독교 싱크탱크인 한반도평화연구원(KPI: Korea Peace Institute)은 2017년 하반기부터 2018년 상반기까지 한반도에서의 용서와 화해를 주제로 총 3차례의 공개포럼을 시행하였다. 이 책은 그 공개 포럼에서 발표되었던 발제문들을 묶은 것이다. 발표 주제들은 매우 다양하였다. 한반도 차원에서의 용서와 화해에서부터, 해외 사례에서 다루어진 용서와 화해, 그리고 북한 내부에서 보고 듣고 경험하는 용서와 화해의 문제까지, 지금까지 용서와 화해를 다룬 그 어떤 책보다도 다양한 각도에서 이 주제를 다루었다고 생각한다. 이런 책이 한반도의 거대한 지각변동이 시작되고 있는 이 시점에 나오게 된 것을 다행스럽고 기쁘게 생각한다. 원고를 준비하여 주시고, 공개 포럼을 통하여 좋은 토론을 하여 주셨던 모든 저자 분들께 깊이 감사드린다. 그리고 이 책이 만들어지기까지 수고하여 주신 한반도평화연구원의 이창현 국장님, 그리고 출판을 수락하여 준 명인문화사에 깊이 감사드린다.

이제부터 생각하여야 하는 용서와 화해

그러나 용서와 화해라는 것은 너무도 어려운 주제이다. 우리는 가장 개인적이고 일상적인 삶의 경험 속에서부터, 한일 위안부 문제와 같은 민족 간, 국가 간 관계에 이르기까지, 그리고 정치경제적 차원에서 종교적 차원에 이르기까지, 용서와 화해에 대한 생각을 하면, 어떤 원칙이 어떤 사안에 어떻게 적용되어야 하는지 혼란스럽고, 희망적이었다가 바로 절망적이 되며, 가장 이성적으로 접근하여야 할 주제인 것 같다가도 한 순간에 가장 감정적인 일이 되어버리는 경험들을 한다. 그런 의미에서 용서는 '사실과 확신'의 주제이기보다, '고민과 회의'의 주제라고 하는 것이 더 정직한 말일 것이다. 이 책의 모든 글들도 마찬가지이다. 어떤 정답을 확신 속에서 이야기하기 보다는, 발제자들의 깊은 고뇌가 곳곳에 배어 있다. 그러나 그럼에도 불구하고 이 책에서 이야기하는 용서는 몇 가지 생각으로 정리되는 측면을 가진다고 할 수 있다. 그것은 "적어도 용서는 이런 것은 아니다"라는 생각과 "적어도 용서는 이런 측면을 가진다"라고 말할 수 있는 두 가지로 구분하여 정리할 수 있겠다.

"적어도 용서는 이런 것은 아니다"라고 말할 수 있는 내용은 다음과 같은 것이다.

첫째, 용서는 타인의 악에 대하여 침묵하며 눈감아 주고 참는 것이 아니다. 우리는 그런 것을 용서라고 부르지 않는다. 그리고 그런 식의 악에 대한 묵인과 용납은 실제적으로는 용서의 반대말이라 할 수 있다.

둘째, 용서는 두려움 속에서, 보복하는 것을 비굴하게 포기하는 것을 의미하지 않는다. 용서는 자신이 보복을 할 수 있는 내적, 또는 외적 힘을 가지고 있음에도 불구하고, 그 힘을 사용하지 않는 것을 의미한다. 그런 의미에서 용서는 강한 자의 것이다.

셋째, 용서는 분노가 완전히 없어진 상태를 의미하는 말이 아니다. 분노가 크거나 작게 있음에도 불구하고, 그 분노를 가슴에 안은 채 더 높은 목표를 위하여 자신을 절제하며 일어서는 어떤 것이다.

그러면서 "적어도 용서는 이런 측면을 가진다"라고 할 수 있는 것은 다음과 같다.

첫째, 용서는 자기 안의 악을 인정함으로써 타인의 악도 인정하는 측면을 가진다. 타인이 하였던 악한 행동 속에서 나타나는 그런 '악'이 사실은 자기 자신 속에도 존재하고 있다는 것을 인정하는 것이다. 그러기에 악을 행한 타인을 '인간도 아닌, 악의 화신'으로 규정하지 않는다. 그 역시 악의 영향권 아래 있는 '나와 같은 인간'이라고 본다. 그리고 마치 스스로 저지른 악에도 불구하고, 자신을 악의 화신이 아닌 '약한 인간'으로 용납하며 살아가듯이, 악을 행한 타인도 악의 화신이 아닌, '약한 인간'으로 봐주고 인정한다는 것이다. 그러기에, 자신의 악을 스스로 용납할 수 없는 사람들은 타인의 악도 용납하기가 어려워진다. 그런 의미에서 다양한 측면을 가진 인간으로서의 자신을 성찰할 줄 알고, 그것을 통하여 타인을 이해하고 바라볼 줄 아는 사람들만이 타인을 용서할 수 있는 힘을 가질 수 있다.

둘째, 용서는 자기 내부의 무너진 자존심과 신념을 다시 세움으로써 이루는 측면을 가진다. 플래니간(Bevery Flanigan)[1] (27)은, 누군가에게 악행을 당하였을 때, 특히 가족처럼 친밀하였던 사람들로부터 상처를 입었을 경우, 세 가지 영역에서의 생각, 또는 신념 체계가 무너진다고 하였다 즉, 1) 자신이 다른 사람의 행동을 예측할 수 있다고 생각하는 신념, 즉 타인에 대한 신념이 흔들린다. 2) 피해자 자신이 스스로를 향하여 가지고 있는 생각들, 즉 자신의 판단력, 신앙, 재능, 그리고 가치에 대한 신념이 흔들리고 그것을 의심하게 된다. 3) 세상을 향한 생각과 신념체계들, 예를 들어 세상의 공정성, 논리와 질서, 예측성, 선, 하나님과 인간에 대한 관념 등에 대한 생각과 신념이 흔들리게 된다는 것이다. 이것을 정리한다면, 인간은 커다란 트라우마에 의하여 타인을 향한, 자신을 향한, 그리고 세상을 향한 생각과 신념이 손상되고 흔들리게 된다는 것이다. 그리고 이것은 피해자가 자존심을 잃게 하는 결과를 만들어 낸다. 더 이상 자신을 스스로 믿지도 못하게 되고, 자신을 중요하고 의미 있는 존재로 보지 못하게 된다는 것이다. 따라서 용서란, 그 무너진 자존심과 신념 체계를 다시 복원한 결과일 수도 있고, 또는 그것이 복원되는 과정이라고도 할 수 있다.

셋째, 용서란 악에 대한 응징을 넘어서서, 피해자와 가해자 사이에 깨어졌던 관계의 회복을 위하여 앞으로 나아가는 결단의 행위적 측면을 가지고 있다. 인간이 만들어 내는 악한 행위의 본질은 "인간 사이의 관계를 깨뜨리고 상처를 주는 것"이다. 따라서 그 악한 행위를 용서하고 화해를 한다는 것은 본질적으로 그 깨어진 인간관계를 다시 회복하는 것을 의미한다. 그런 의미에서 크로커(David A. Crocker)는 화해를 다음의 세 가지 수준으로 구분하여 제시했다.[2] 1) 가장 낮은 수준의 화해는 단순히 공존하는 것을 인정하는 것이다. 이것은 적대자들 사이에서 더 이상의 물리적 상해나 살해가 없으며 평화 유지를 위한 법이 준수되는 상태를 말한다. 2) 중간 단계 수준의 화해는, 비록 서로의 차이점과 갈등이 있지만, 적대자들 사이에 폭력만 없는 것이 아니라 상대를 공존하고 있는 인간으로 인정하고 서로 존중하는 것이다. 그래서 서로의 이야기를 듣고 이해하며 공동의 관심 영역에 대하여 협력하는 것이다. 3) 가장 높은 수준의 화해는, 미래를 향한 비전을 공유하고, 서로를 용서하고, 서로의 치료와 회복을 위하여 함께 노력하는 것이다. 그렇게 함으로써 과거의 악행이 발생하기 전보다 더 높은 단계의 상호 관계가 만들어지는 것이다.

기독 신앙과 용서

성경은 우리에게 인간이 도달할 수 있는 최고 수준의 도덕적 기준을 제시한다. 구약 성경 「레위기」 19장 18절은 이렇게 기록되어 있다.

> "원수를 갚지 말며 동포를 원망하지 말며 네 이웃 사랑하기를 네 자신과 같이 사랑하라. 나는 여호와니라." (개역개정역)
> "Do not seek revenge or bear a grudge against one of your people, but love your neighbor as yourself. I am the Lord." (NIV)

이 성경 말씀을 다시 풀어서 생각한다면 다음과 같은 내용이 될 것 같다.

> "(비록 그것이 정의를 세우는 매우 정당한 일이라고 느껴진다 할지라도) 원수를 (네 손으로) 갚지 말라. (그가 비록 당연히 원망 받을 만한 행동을 하였다 할지라도) 너와 한 민족인 사람에 대한 원망의 마음도 가지지 마라. 그리고 마치 네가 너 자신을 (쉽게 용납하고) 사랑하는 것처럼, 너는 네 이웃을 (용납하고) 사랑하라. 그렇게 하여야 하는 이유는 내가 너의 주인이며 너의 하나님이기 때문이다." (저자 개인역)

인간이 정말 이렇게 살 수 있을까? 우리는 그것이 삶의 중요한 원리라는 것을 마음속으로 충분히 인정하지만, 정말로 그것을 실행하며 살아갈 수 있다고는 감히 말할 수가 없다. 그런데 이런 구약의 힘든 요구를 넘어서서 우리를 당혹의 극단에까지 몰고 가는 말씀이 성경에 나온다. 바로 신약 「누가복음」 6장 27절에 기록된 예수의 말씀이다.

"너희 원수를 사랑하며 너희를 미워하는 자를 선대하며."(개역개정)
"Love your enemies, do good to those who hate you." (NIV)

구약에서 요구되었던 인간 최고의 사랑의 수준을 넘어선 예수님의 이 말씀 앞에, 우리는 무어라 말을 하여야 할지 모른 채 침묵하게 된다. 다만 조금 더 생각한다면, 성경에서 '사랑'이라는 단어의 의미는 누군가와의 정서적 유대감을 나타낼 때보다도 "누군가의 유익을 구하다", "누군가를 돌보아 주다"라는 의미로 사용되는 경우가 더 많았다는 것을 볼 수 있다. 결국, 원수를 사랑하라는 이 말은 원수와 깊은 정서적 유대감, 낭만적인 애정 감정에 빠지라는 것을 의미하는 것은 아닐 것이다. 그보다는 그 원수인 인간을 돌보아 주고 그의 권익을 챙겨주는 일에 적극적으로 행동하라는 의미일 것이다. 그러나 아무리 그렇게 현실적인 재해석을 한다 할지라도, 이것이 정말 가능한 일일까? 「누가복음」 6장 27절에서 나오는 예수의 이 가르침은 다시 6장 37절의 이런 가르침으로 이어진다.

"용서하라. 그리하면 너희가 용서를 받을 것이요."(개역개정)
"Forgive, and you will be forgiven."(NIV)

원수를 사랑하라는 예수의 말씀은 원수를 용서하라는 말로 이어지는 것이다. 사실, 사랑한다는 것은 용서하는 것이고, 용서하는 것은 사랑을 이루는 것이 될 것이다. 성경에서 나오는 사랑의 이야기는 모두 용서의 이야기다. 하나님은 인간을 사랑하셨기 때문에 용서하신다. 그리고 인간은 그 용서를 통하여 하나님의 사랑을 체험한다. 그런 의미에서 예수 가르침의 핵심은 용서였다. 예수를 통하여 하나님은 인간을 용서하신다. 그리고 그런 용서를 받은 인간은 다른 인간을 용서할 수 있으며, 또 용서하여야만 한다는 것이다. 이런 예수의 가르침은 그가 제자들에게 가르치신 주기도문 속에서 다시 이렇게 표현된다. (「마태복음」 6장 12절)

> "우리가 우리에게 죄 지은 자를 사하여 준 것 같이 우리 죄를 사하여 주옵시고." (개역개정)
> "And forgive our debts, as we also have forgiven our debtors." (NIV)
> "아버지께 용서받은 우리가 다른 사람들을 용서하게 하소서."(유진 피터슨 역 메시지 성경)

이 구절은 하나님께서 우리의 죄를 용서하여 주시는 것과, 우리가 다른 사람을 용서하여 주는 것의 순서가 어떠하여야 하는지를 가르쳐 주는 구절은 아니다. 그래서 여러 성경 번역마다 그 순서를 표현하는 내용이 약간씩 다르게도 보인다. 그러나 본질은 하나이다. 하나님의 용서를 받는 것과 다른 사람의 죄를 용서해 주는 것은 동전의 양면과 같은 관계 속에 있다는 것이다. 주기도문에서 나오는 용서받을 자에 대한 표현이 한글로는 '죄지은 자'이지만, 영어 성경으로는 '빚진 자(debtor)'로 표시된 것도 주목할 만하다. 예수님은 이 용서의 문제를 다룸에 있어 빚진 자의 개념을 매우 자주 사용하셨기 때문이다 (「누가복음」 7장 36-50절). 여기서는 베드로와 예수님이 용서에 대하여 함께 대화를 나눈 내용을 보기로 한다. (「마태복음」 18장 21-35절)

그 때 베드로가 용기를 내어 물었다. "주님, 제게 상처를 주는 형제나 자매를 몇 번이나 용서해야 합니까? 일곱 번이면 되겠습니까?"
예수께서 대답하셨다. "일곱 번이라! 어림도 없다. 일곱 번을 일흔 번이라도 그렇게 하여라. 하나님의 나라는 종들의 빚을 청산하기로 한 어떤 왕과 같다. 정산이 시작되자, 빚이 십 억 원이나 되는 한 종이 왕 앞에 불려왔다. 그는 빚을 갚을 수 없었으므로, 왕은 그 사람과 처자식과 살림을 몽 땅 노예시장에 경매로 내다 팔라고 명했다. 그 가련한 사람은 왕의 발 앞에 엎드려 애원했다. "조금만 시간을 주시면 다 갚겠습니다." 애걸하는 그 모습이 딱했던 왕은, 빚을 탕감하고 그를 풀어 주었다. 그 종이 밖으로 나가자마자, 자기에게 십만 원을 빚진 동료 종과 마주쳤다. 그는 동료의 멱살을 잡고는 "당장 갚으라!"고 닦달했다. 그 가련한 사람은 엎드려 애원했다. "조금만 시간을 주면 다 갚겠네." 그러나 그는 끄떡도 하지 않았다. 그는 동료를 잡아다가, 빚을 갚을 때까지 감옥에 가두었다. 이 모든 일을 지켜본 다른 종들이 이를 괘씸히 여겨 왕에게 낱낱이 아뢰었다. 왕은 그 사람을 불러서 말했다. "이 악한 종아! 네가 나에게 자비를 구하기에 나는 네 빚을 전부 탕감해 주었다. 그러면 너도 자비를 구하는 네 동료 종에게 자비를 베풀어야 마땅하지 않느냐?" 왕은 불같이 노하여, 그가 빚을 다 갚을 때까지 그를 엄하게 다루었다. "너희 각 사람이 자비를 구하는 사람을 조건 없이 용서하지 않으면, 하늘에 계신 내 아버지께서도 너희 각 사람에게 똑같이 하실 것이다." (유진 피터슨 역, 『메시지 성경』)

인간은 왜 타인을 용서하여야 하는가? 물론 여기에는 여러 가지 이유를 이야기할 수 있다. 그러나 기독교적인 가장 근본적 대답은 이것이다. 억울한 일을 당한 피해자 너희도, 사실은 누군가에게 억울한 일을 행한 가해자였다는 것이다. 그리고 가해자로서 용서를 받은 자가 되었기에, 너희에게 죄지은 가해자들을 용서할 힘과 책임을 가지게 되었다는 것이다. 정말로 10억 원의 빚을 탕감받은 사람은 그 기쁨과 흥분에 휩쓸려, 자신에게 10만 원 빚진 사람과 그 10만 원 돈은 보이지도 않았을 것이다. 그것이 정상이라는 것이다. 그리고 그래야 한다는 것이다. 그러기에 신앙적으로 예수를 만난다는 것, 그 분의 용서를 받는 자가 된다는 것은 너무도 거대한 일이 된다. 용서와 화해. 이것은 인간으로서는 불가능한 일이다. 그러나 '용서 받은 자'이기에 '용서할 수 있는 자'가 된다는 것이 신비한 신앙적 고백이 된다.

서로 결코 용서할 수 없는 이유들을 너무도 많이 가지고 있는 남한과 북한이다. 이들이 서로를 용서하고 화해의 길로 나갈 수 있을까? 경제적 이익의 공유만을 목적으로 모든 과거의 증오와 원한을 덮고 용서할 수 있을까?

그것이 그렇게 간단하지 않으리라는 것을 우리는 안다. 그러나 그럼에도 불구하고, 그 증오와 원한을 극복할 수 있어야만, 그야말로 역사의 새로운 장을 펼칠 수 있을 것이기에, 우리 민족이 진정으로 '용서하고 화해할 수 있는 그 힘'을 가질 수 있게 되기를 소망한다. 그러기 위해서는, 먼저 용서와 화해를 보여줄 수 있는 사람들이 필요하다. 그들을 통하여 역사는 앞으로 전진할 것이기 때문이다. 이런 용서와 화해에 대한 성찰이, 이 책을 통하여 작게라도 의미 있게 시작되기를 소망한다.

2018년 8월
저자를 대표하여
전우택

● 주

1) Beverly Flanigan, *Forgiving the Unforgivable; Overcoming the Bitter Legacy of Intimate Wounds* (New York: Macmillan, 1992), pp. 27-28; 손운산, 『용서와 치료』 (서울: 이화여대출판부, 2008), pp. 78-79에서 재인용.
2) David A. Crocker, "Truth Commission, Transitional Justice, and Civil Society," in Robert I. Rotberg and Dennis Thompson (eds.), *Truth v. Justice: The Morality of Truth Commissions* (Princeton: Princeton University Press, 2000), p. 108; 손운산 (2008), p. 173에서 재인용.

● 참고문헌

Crocker, David A. "Truth Commission, Transitional Justice, and Civil Society." in Robert I. Rotberg and Dennis Thompson (eds.). *Truth v. Justice: The Morality of Truth Commissions*. Princeton: Princeton University Press, 2000.

Flanigan, Beverly. *Forgiving the Unforgivable; Overcoming the Bitter Legacy of Intimate Wounds*. New York: Macmillan, 1992.

손운산. 『용서와 치료』. 서울: 이화여대출판부, 2008.

1부

용서와 화해에 대한 성찰

1장

용서와 화해, 그 불가능에서 가능성으로 가는 길

이해완 (성균관대 법학전문대학원 교수)

1. 용서란 무엇인가?

1) 서언

인간의 삶에서 참으로 귀중한 것들은 관계를 떠나서 이야기할 수 없는 것들이다. '인간'이라는 말 자체가 '사람 사이'를 뜻하는 것처럼, 인간의 삶의 중심에는 관계가 있고, 인간관계는 우리에게 말로 다할 수 없는 큰 기쁨과 의미를 안기는 원천이 될 수 있다. 그러나 다른 한편으로, 인간은 다른 사람들과의 관계 속에서 상처를 입고, 그들이 행하는 폭력이나 악에 노출되어 큰 고통을 당하기도 한다. 그 상처로 인한 고통에 직면한 사람(피해자)은 자신에게 상처를 준 사람(가해자)에게 분노하고, 더 나아가 원망과 적의, 증오를 품곤 한다. 특히, 가해자의 행위가 명백한 악행이고 그로 인해 피해자가 참으로 큰 고통을 부당하게 당하고 있다면, 그가 가해자에 대하여 위와 같은 부정적 감정을 느끼는 것은 어찌 보면 당연하고 마땅한 일이라 생각된다.

그러한 피해자에게 용서를 권할 경우, 용서의 권유 자체가 피해자에 대한 존중과 공감의 결여로 인식되어 큰 분노를 야기할 가능성이 많다. 그런 가해자를 용서하자고 하는 것은 마치 악의 끄떡없는 득세를 옹호하고, 부당한 희생을 방치하는 정의롭지 못한 일로 인식될 수 있다. 그렇다면, 용서는 적어도 일정한 조건 하에서는 윤리적으로 정당화될 수 없는 것이 아닌가? 적어도 일정한 상황에서는 용서가 불가능하거나 부적절한 것이 아닌가?

실제로 용서에 관한 문헌들을 보면, 가해자의 악이 대단히 중대하고 고의적인 경우에는 용서가 불가능하다고 하여 용서의 한계를 설정하는 입장도 있고,[1] 피해자의 진정한 뉘우침과 사과 등을 조건으로 한 용서만이 윤리적으로 정당화될 수 있다고 주장하는 입장들도 있다.

그러나 결론부터 말하자면, 필자는 다른 일군의 학자들과 함께, 무조건적 용서의 정당성과 가능성을 지지하고 옹호하는 입장을 취한다. 다만 이는 용서가 무엇인지에 대하여 필자가 취하는 관점을 전제로 하는 것이다. 용서의 정의가 달라질 경우, 결론이 달라질 수 있다. 어떤 의미에서 용서를 적절하게 정의하는 것이야말로 '무조건적 용서'를 불가능의 영역에서 가능성의 영역으로 이동시키는 첫 번째 관문이라 할 수 있다.

2) 용서의 개념요소들

윤리적 개념으로서의 용서는 다음과 같은 개념요소들로 구성된다.

첫째, 다른 사람(가해자)의 행위에 의하여 피해를 입은 사람(피해자)이 있을 것이 전제가 된다. 사람의 행위가 아닌 자연재해나 동물의 행동에 의하여 피해를 입은 경우에는 용서 여부의 문제가 일어나지 않는다. 이것은 기본적으로 인간만이 도덕적 책임의 주체로서 선을 행할 자유를 가지고 있다는 칸트 철학의 전제와 깊은 관련성을 가진다. 선을 행할 자유는 그 반면에서 악을 행할 자유를 전제로 하므로, 사람만이 '도덕적 악'을 행할 수 있고, '도덕적 악'이 행해져야 용서 여부의 문제가 제기된다. 실제로 사람들이 타인의 잘못에 대하여는 분노를 내려놓지 못해 "도저히 용서할 수 없다"고 말하곤 하지만, 자신에게 피해나 고통을 준 다른 사물들에 대하여 그렇게 하지 않는 것은 비단 칸트만이 아니라 모든 사람이, 인간에 대하여 다른 사물들과 구별되는 특별한 도덕적 지위와 그에 따른 책임을 부여하고 있다는 것을 말해주는 것이다.

둘째, 가해자의 고의 또는 과실 등의 '잘못'이 있어야 용서가 있을 수 있다. 상대방의 언행에 특별한 잘못이 없어도 나의 내면적 상황에 따라 상처를 받는 경우가 있을 수 있지만, 그러한 상처로 인한 분노를 내려놓는 것을 진정한 '용서'라고 할 수는 없다. 우리가 타인에 대하여 '상처를 받았다'고 느끼고 분노를 품는 일들 중에 실상 많은 부분은 상대방의 잘못이나 악행으로 인한 것이라기보다는 우리 내면의 취약한 자존감 구조나 상대방에 대한 오해 등에 기한 경우가 많다. 그러한 경우에 올바른 성찰과 상대방에 대한 이해의 노력을 통해 상처를 씻고 분노를 내려놓아야 바람직한 인간관계를 유지하거나 회복할 수 있다는 점에서 이러한 노력도 인간관계에서 중요한 의미를 가지는 것이 사실이다. 그러나 그러한 노력의 결과로 얻어지는 감정의 변화를 '용서'라고 할 수는 없다. 용서는 단순히 오해를 푸는 것 이상의 윤리적 의미를 가지고 있다.

셋째, 피해자가 가해자에 대하여 품은 부정적 감정들(원한, 분노, 증오, 복수심 등)을 극복하고 그것을 내려놓아야 한다. 상대방에 대한 마음가짐의 변화가 용서의 본질적 요소이며, 언어적 표현 등 외적인 것에 용서의 본질이 있는 것은 아니다. 그러므로 피해자가 가해자를 찾아가 "나는 당신을 용서한다"고 말했다고 하더라도, 그 마음 속에 부정적 감정이 그대로 남아 있으면, 진정한 용서는 아직 없는 것이다. 또한, 윤리적으로 의미 있는 용서는 내면의 부정적 감정을 의식적인 노력을 통해 극복할 것을 전제로 한다. 시간이 지나면 타인의 사소한 잘못들에 대한 기억은 잊혀져 부정적 감정이 남아 있지 않을 수 있지만, 그러한 비의도적인 마음의 변화도 용서가 아니다. 의식적 노력을 통한 '마음의 변화'로서의 용서는 때로 쉽지 않아 많은 시간을 필요로 할 수 있다. 그러나 오랫동안의 노력으로 '용서의 성품'을 가꾸어 용서가 쉬워지는 경우도 있을 수 있다. 그런 오랜 노력의 결과를 통해 즉각적인 용서가 이루어진다면, 그것은 마땅히 용서의 개념에 포함되어야 할 것이다.

넷째, 부정적 감정의 극복에 더하여, 가해자를 사랑의 대상으로 인식하거나 적어도 한 인간으로서 존중하고 받아들이는 내적 수용(internal acceptance)에 도달하여야 '용서'를 했다고 할 수 있다.[2] 사랑과 자비의 마음이든 칸트적인 인간존중의 태도이든 윤리적 관점이나 태도에 기하여 가해자를 긍정적으로 수용하는 노력이 담겨야 윤리적 행위로서의 용서라 할 수 있다. 그렇지 않고 상대방이나 그의 행위를 의식적으로 무시하거나 회피하는 소극적인 태도를 통해 마음의 고통을 줄이는 것 등은 일종의 자구적인 노력으로서의 긍정적 의미를 가질 수는 있지만, '용서'라는 이름에 값하는 행위는 아니다.

결국, 용서는 "타인의 고의 또는 과실이 있는 잘못된 행위에 의하여 피해를 입은 사람이 그 가해자에 대한 부정적 감정들을 극복하고 이를 내려놓으며, 자비와 연민 등의 선한 감정이나 태도를 통해 그를 다시 수용하고 존중하는 마음을 회복하는 것"을 뜻한다고 할 수 있다.

3) 용서가 아닌 것들

(1) 상대방의 행위를 묵과하거나 처벌을 면제하는 것

용서는 상대방의 악한 행위를 묵과 또는 묵인하는 것이 아니다.

용서를 비판하는 주된 논거의 하나는 상대방이 범한 '악'을 심각하게 여기지 않고 그것을 묵과하는 것은 옳지 않다는 데 있다. 그러나 진정한 용서는 '악'을 직시하면서 그에 대하여 지혜로운 대응을 하는 것이지, 악을 경시 또는 간과하거나 그 존재를 외면하는 것이 아니다. 용서를 하면서도 상대방이 한 일에 대하여 적극적으로 소통하고, 필요하다면 강한 항의와 경고의 메시지를 전할 수 있다. 물론 상대방의 사소한 잘못들에 대하여 관용의 태도를 보이지 않고 일일이 지적하는 것을 타당하다고 하기 어렵지만, 그러한 수준을 넘어선 가해행위나 반복적인 잘못에 대하여 필요하고 적절한 범위에서 자신의 정당한 권리를 지키기 위한 소통의 노력을 하거나 재발방지를 위해 필요한 조치를 취하는 것은 위에서 본 용서의 개념과 충돌하지 않는다. 가해자의 경제적 형편에 비추어 가혹한 일이 아니라면 민사소송 등을 통해 손해배상을 받는 것도 당연히 있을 수 있다. 정당한 배상을 받는 것과 용서는 전혀 양립불가능한 일이 아닌 것이다.

가해자를 고소하여 형사처벌을 받게 하는 것은 어떤가? 이 부분에서 학자들의 입장은 엇갈린다. 용서는 처벌의 면제를 개념요소로 내포하고 있다고 보는 일부 견해들이 있고, 그 경우 무조건적 용서를 인정하기는 쉽지 않다. 예컨대, 임마누엘 칸트는 조건 없는 인간존중의 윤리를 제창하면서도 무조건적 용서에 대하여 긍정적인 입장을 취하지 않았는데 그것은 응보적 처벌의 면제가 용서의 개념에 포함되는 것으로 여겼기 때문이다.[3] 그러나 칸트의 생각처럼 처벌을 면제하는 용서만이 용서라고 볼 것은 아니다. 개인적 원한을 풀기 위한 보복의 차원으로 가해자에 대한 형사고소를 하는 것이라면, 아직 그를 용서하지 않은 것이라고 봐야 하겠지만, 그에 대한 부정적 감정을 모두 내려놓은 상태에서, 사회적 정의의 실현 또는 자신이나 타인의 신체와 생명에 대한 위협의 제거 등 다른 정당한 목적을 위해 그렇게 하는 것이라면 용서와 충분히 양립가능한 것이다.

그러나 위의 논의는 국가등에 의한 '공적 처벌'을 전제로 한 것이고, 피해자 자신에 의한 '사적 처벌'은 용서와 양립할 수 없다. 만약 피해자가 가해자에 대하여 "내가 괴로움을 당한 만큼 상대방도 괴로움을 겪게 하겠다"는 보복심을 간직하고 있다면, 아직 용서를 한 것이라고 할 수 없을 터인데, 그러한 보복심에 기한 보복행위는 일종의 사적 처벌의 성격을 띠는 것이라고 할 수 있다. 따라서 윤리적 개념으로서의 용서에는 사적 처벌을 배제하기로 하는 선택이 내포된 것으로 볼 수 있다. 공적 처벌은 용서와 함께 사적 보복의 악순환을 막는 길일 수 있지만, 사적 처벌은 보복의 악순환을 부르는 점에서 용서의 본질에 반한다.[4]

(2) 상대방의 행위를 정당화하는 것

상대방의 행위가 부당하다고 생각했던 관점을 바꾸어 그것을 정당한 행위라고 생각함으로써 상대방에 대한 마음을 긍정적인 방향으로 바꾼다면, 용서와 유사해 보이지만, 진정한 용서는 아니다. 용서는 악을 악이 아니라고 보는 것이 아니다. 만약 애써 악을 악이 아니라고 보는 것이 용서라고 하면, 악에 대한 보다 정직한 대면과 진지한 대응을 윤리적이라고 보는 관점으로부터의 비판을 피하기 어려울 것이다. 진정한 용서는 먼저 상대방의 잘못을 인정할 것을 필요로 한다. 물론 자기중심적인 관점에서 상대방의 행동의 부당성을 쉽게 단정하는 것이 옳다는 것은 결코 아니다. 상대방의 행위가 정당한지 여부의 판단에 있어서는 겸손과 신중함의 태도가 깃들여져야 할 것이다. 오만한 단정의 태도에서 벗어나 겸손하게 상황을 재해석하여 상대방의 행동을 부당하지 않은 것으로 이해하는 것은 아주 바람직한 태도라고 할수 있다. 그런 경우에도 그것을 용서라고 할 수는 없는데, 그 이유는 그것이 용서보다 덜 바람직하기 때문이 아니라, 상대방의 부당한 행위를 전제로 하는 용서의 개념에 부합하지 않기 때문이다.

(3) 상대방의 행위와 그로 인한 상처를 잊는 것

피해자가 정신적 괴로움을 덜기 위해 상대방의 행위와 그로 인한 상처를 잊고자 노력하는 경우가 있는데, 그러한 망각을 용서라고 할 수는 없다. 용서는 상대방이 한 행위에 대한 기억을 지우려는 망각의 노력이 아니라, 다른 관점과 맥락 속에 기억을 재배열하는 등의 노력으로 마음의 긍정적 변화를 도모하는 것이다. 이와 관련하여 폴 리쾨르는 "용서는 일종의 기억을 치유하는 것, 즉 비탄의 시기를 종결시키는 것이다. 빚의 무게로부터 구원된 기억은 보다 위대한 기획을 향하여 해방된다. 용서는 기억에 미래를 제공한다"고 말한 바 있다.[5] 용서를 하기 전에 계속 아프게 재생되던 기억이 용서한 다음부터 조금씩 잊혀져 희미해질 수도 있지만, 그 기억이 남아 있다고 해서 아직 용서를 하지 않은 것으로 볼 것은 아니다.

(4) 상대방과의 관계를 회복하거나 화해하는 것

용서의 가장 중요한 의미 중의 하나는 상대방과의 관계를 회복하거나 상대방과 화해를 이루는 기초가 된다는 데 있다. 그러나 상대방과의 관계 회복이나 화해는 주체의 일방적인 노력만으로는 가능하지 않은 경우가 많다. 만약 인간관계의 회복이나 화해가 실제로 있어야만 용서가 가능하다고 하면, 용서의 불가능성을 수용해야 할 많은 경우들이 있을 것이다. 그러나 앞서 본 용서의 개념에는 관계회복이나 화해의 '결과'가 포함되어 있지 않다. 상대방에 대한 부정적 감정을 내려놓고, 사랑이나 존중, 인간으로서의 수용 등 긍정적 감정이나 태도를 내적으로 회복한다면, 관계회복이나 화해의 중요한 기반을 마련한 것이 되는 경우가 많을 것이고, 가능한 경우라면 그것이 용서가 마땅히 지향하는 바가 되어야 할 터이지만, 그렇지 않은 경우에도 용서는 이미 내면적으로 이루어진 것으로 보아야 할 것이다. 용서를 넘어 진정한 화해를 이루는 방법에 대하여는 뒤에서 자세히 살펴본다.

4) 결어: 무조건적 용서를 위한 일차적 변호

용서를 위와 같이 정의한 것 또는 그러한 정의를 수용한 것은 두 가지의 중요한 목적을 가진 것이다. 첫째는 용서가 비록 경우에 따라 아주 어려운 일이 될 수는 있을지라도 피해자의 주체적, 내면적, 의식적 노력으로 수행하는 것이 불가능하거나 윤리적으로 부적절하지 않도록 하는 범위 내에 용서의 개념이 자리 잡도록 하는 것이다. 둘째는 용서가 단순히 심리적 치유기법의 차원을 넘어서서 윤리적 의미를 뚜렷이 가지는 활동으로 여겨지게 하는 것이다.

위와 같은 용서의 개념은 위의 두 가지 목적을 모두 충족하는 것이라 생각한다. 이러한 용서는 악을 묵과하고 방치하는 일도 아니고, 상대방의 잘못된 행동을 잘못되지 않은 것으로 부당하게 변호하고 자기기만을 하는 것도 아니며, 관계회복이나 화해와 같이 상대방의 호응이 있어야만 가능한 것도 아니다. 따라서 용서하고자 하는 주체가 의지적으로 결단하고 내적인 노력을 기울이면 다른 어떤 조건 없이도 가능한 일이며, 정의에 반한다고 비난받을 이유도 없는 것이다. 오히려, 아가페적 사랑이나 인간존중의 윤리와 관련성을 가지는 점에서, 적극적인 윤리적 활동의 하나라 할 수 있다.

앞에서도 언급한 바와 같이, 이러한 필자의 관점과는 달리, 무조건적 용서의 윤리적 적절성을 부정하고 조건적 용서를 주장하는 견해도 있다. 가해자의 진정한 뉘우침과 사과가 용서의 조건이 되어야 한다는 것이 그러한 주장의 요체이다. 그러나 그러한 관점을 취하게 되면, 용서가 피해자의 주체적 노력 밖에 있는 '외적 변수'에 의하여 제약되게 되므로, 피해자의 용서할 수 있는 능력이나 자유가 부당하게 제약되는 결과를 초래한다. 뒤에서 보는 바와 같이 용서는 아가페 사랑의 무한성이나 인간존중의 무조건성 등 높은 차원의 이타적 윤리를 바탕으로 하는 면이 있음과 동시에 피해자가 자신의 상처를 치유, 극복하고 과거의 속박에서 해방되어 미래지향적인 새로운 출발을 하기 위한 자기배려적 결정이라고 하는 측면도 가지고 있다. 조건적 용서의 위와 같은 논리는 피해자가 보다 높은 차원의 윤리적 노력을 하면서 동시에 과거의 상처로부터 자신을 해방시킬 수 있는 자유를 제약하고, 그것을 가해자의 태도 여하에 속박되게 한다는 점에서 찬성할 수 없다. 상대방이 저지른 악의 정도에 따라 용서의 가능성을 제한하는 이론도 역시 마찬가지의 문제가 있다.

뒤에서 보는 바와 같이, 용서는 가해자와 피해자 사이의 주고받기의 균등성을 초월하는 '초월적 윤리'라고 할 수 있다. 이러한 초월적 윤리의 초월성을 부정하고 합리적 균등성 내지 비례성의 잣대로 용서의 능력을 제한하는 것은 근대적, 계산적 이성으로 용서의 무한한 가능성과 그 창조적인 힘을 제한하는 것이라는 점에서 타당하지 않다. 물론 가해자가 피해자에게 용서를 요구할 권리가 있다고 한다면, 그것은 피해자의 자율적 인격을 침해하고 지나친 희생의 수용을 강요하는 심히 부당한 일이 될 수 있다. 초월적 윤리로서의 용서의 특성을 감안하여, 피해자에게 이를 강요할 수 있는 권리는 누구에게도 없지만, 피해자가 스스로 주체적으로 자유롭게 선택하는 윤리적 활동으로서의 용서는 무조건적으로 승인되어야 한다. 무조건적 용서의 가능성과 그 윤리적 타당성을 옹호하는 필자의 이러한 입장을 뒷받침하는 논거들은 이후에 다룰 여러 가지 이슈들에 대한 설명을 통해 보충할 것이다.

2. 용서를 가능하게 하는 내적인 노력들

1) 서언

위에서 정의한 바의 용서는 다른 어떤 외적인 조건이나 상황과 무관하게 오로지 자신의 내적인 노력으로 행할 수 있는 가능성이 피해자에게 부여되어 있다. 그러나 그것이 용서가 쉽다는 것을 뜻하는 것은 결코 아니다. 앞에서의 논의를 통해, 용서를 가로막는 외적인 조건들을 피해 왔지만, 우리 안에 많은 내적인 장애물들이 도사리고 있다. 우리의 내면에 원초적으로, 그리고 교육을 통해, 사회문화적 적응과정에서 자연스럽게 장착된 기본적인 신념이나 가치관, 윤리의식 등이 용서를 수월하게 하기보다 용서를 강력하게 가로막고 나서는 훼방꾼이 되는 경우가 많다.

우리의 내면에 장착된 윤리의식이 우리로 하여금 윤리적 덕목인 용서를 실행할 수 없게 하는 이유로 작동하는 이러한 역설적인 현상 속에 용서의 깊은 아이러니와 비밀이 있다. 그러므로 용서를 진정으로 우리의 가능영역 안으로 들어오게 하려면, 우리가 가지고 있는 윤리의식이나 가치관 등을 용서를 잘 할 수 없게 하는 것들에서 잘 할 수 있게 하는 것들로 갱신해 나가는 치열한 노력이 필요하다. 용서 없이는 사랑이 곧잘 길을 잃어버린다는 점에서, 이러한 용서의 훈련은 곧 사랑의 훈련이라 할 수 있다. 사랑을 잘 할 수 있는 능력과 성품을 함양해 나가는 훈련은 용서의 훈련에서 가장 크고 중요한 시험대를 만나게 된다.

2) 아가페/인간존중의 확고한 지향: 무조건적 용서에 부합하는 신념의 확립

우리가 아가페적 사랑의 윤리를 수용할 때, 무조건적 용서는 그 자연적인 귀결이 된다. 사랑의 유형 중에서 특히 종교적 혹은 신적인 사랑이라 할 수 있는 아가페는 대상이나 다른 조건에 구애되지 않는 무조건성과 영속성, 무한성을 가진 사랑이므로, 아가페 사랑의 윤리를 평생 실천하기로 결심하는 것은 무조건적 용서를 평생 실천하기로 결심하는 것과 마찬가지라 할 수 있다.[6]

이러한 아가페 사랑은 지나치게 거룩한 윤리여서 인간이 실천하기는 어렵다고 생각하는 경우가 많다. 그러나 부부관계나 부모-자녀 관계 등 우리의 삶을 둘러싸고 있는 중요한 관계들 모두가 이러한 아가페 사랑의 뒷받침을 받지 않으면 쉽게 부서질 수 있는 취약성을 가지고 있다는 것을 깨달을 필요가 있다. 그 중요한 관계들에 다가오는 여러 가지 위험과 어려움들을 헤치고 그 결속과 유대를 지속해 나가기 위해서는 무조건적, 영속적 사랑으로서의 아가페 사랑의 도움이 반드시 필요하다. 아가페 사랑은, 우리가 받은 상처가 너무 크고 가해자의 행동이 너무 부당해서 도저히 용서할 수 없는 바로 그 순간에도, 포기하지 말고 용서를 위해 노력해 보라고 우리를 이끄는 내면의 등불이 된다. 지금 우리의 상태로는 도저히 용서할 수 없지만, 우리의 내면이 아가페 사랑으로 온전히 변화하면 용서할 수 있을 것이라는 희망과 지향을 우리 모두는 아가페 사랑의 이름으로 가질 수 있다.

물론, 이러한 생각을 가지는 것만으로 용서가 쉽게 되지는 않을 것이다. 그것이 쉽지 않은 이유 중의 하나는 위에서 언급한 바와 같이 우리 안에 더 강력하게 장착되어 있는 다른 가치관이나 신념들이 있기 때문이다. 특히 무엇이 정의롭고 공평한 것인가에 대한 우리의 생각이 아가페 사랑의 원리와 충돌을 일으키는 경우가 많은데, 그 경우 우리는 아가페 사랑을 선택하기보다, 우리가 '정의' 혹은 '공평'이라고 믿는 바를 선택한다. 그러면 그 자리에서 용서는 불가능의 자리로 떨어지고, 사랑도 힘을 잃는다. 이러한 과정을 통해, 아가페 사랑은 우리 마음속의 등불이 아니라 멀리 가물거리는 별빛과 같이 되어 우리들 실존의 구체적 상황과 멀어져 버린다. 그것은 결국 용서와 사랑의 능력을 약화시켜, 중요한 관계들이 폭력의 악순환으로 망가지고 해체되는 과정에서 아무런 힘을 발휘하지 못하게 하는 무력한 윤리가 되게 한다. 결국, 무엇이 참으로 정의로운 것인가에 대한 우리의 생각을 새롭게 하는 것을 포함하여, 아가페 사랑에 부합하는 무조건적 용서를 할 수 있는 능력을 키우는 새로운 갱신의 다양한 노력이 필요하다.

종교적 성격이 짙은 것으로 여겨질 수 있는 '아가페 사랑'을 강조하지 않고도 거의 같은 결과를 낳을 수 있는 윤리적 개념이 있는데, 그것이 바로 칸트가 '도덕 형이상학을 위한 기초 놓기'에서 제시한 인간존중의 윤리이다.

칸트는 아무런 조건 없이 절대적으로 타당한 명령을 뜻하는 정언명령의 하나(제2의 정언명령)로서 "너는 네 자신의 인격과 다른 모든 사람의 인격에 있어서 그 인간성을 언제나 동시에 목적으로 대하고 결코 단순히 수단으로서만 사용하지 않도록, 그렇게 행위하라"는 것을 제시하였다. 칸트는 다음과 같이 말한다.

자기 의지의 모든 준칙을 통해 자신을 보편적으로 법칙을 주는 자로 생각해야 하고, 그런 관점에서 자기 자신과 자기의 행위를 평가해야 하는 각각의 이성적인 존재라는 개념은 그것에 딸린 매우 풍성한 개념, 즉 **목적의 나라**라는 개념으로 나아간다.

그런데 나는 다양한 이성적인 존재들이 공동의 법칙을 통해 체계적으로 결합하고 있는 것을 **나라**라고 한다. 그런데 법칙은 목적을 그 보편적 타당성에 따라 결정하므로, 만약 이성적인 존재의 개인적 차이와 또한 그들의 사사로운 목적에 속하는 모든 것을 떼어내 버린다면, 모든 목적의 전체(이성적인 존재 각자가 스스로에게 세우게 될 목적들뿐만 아니라, 목적 자체인 이성적인 존재까지 포함한)는 체계적으로 결합된 것으로, 즉 목적의 나라로 생각될 수 있을 것이다. 그런 목적의 나라는 앞의 원칙에 따라 가능하다.

왜냐하면 이성적인 존재는 모두 자기 자신 각자와 모든 다른 이성적인 존재를 결코 **단순히 수단으로만** 다루어서는 **안 되고**, 언제나 (수단과) **동시에 목적 그 자체로** 다루어야 한다는 **법칙** 아래 있기 때문이다. (중략)

목적의 나라에서 모든 것은 **가격**을 갖든지 **존엄성**을 갖는다. 가격을 갖는 것은 같은 가격의 다른 것으로 바꾸어놓을 수 있다. 반면, 모든 가격을 초월해 있어 같은 가격을 갖는 것을 전혀 허용하지 않는 것은 존엄성을 갖는다. 인간에게 보편적인 경향성과 필요에 관련된 것은 시장가격을 갖는다. 필요가 있는 것이 아니면서도 어떤 취미에 맞는 것, 즉 우리 마음의 힘이 제멋대로 노는 것을 만족시켜주는 것은 **애호 가격**(수집가 또는 애호가가 특히 탐나는 물건을 사려 할 때 부르는 엄청나게 비싼 값)을 갖는다. 그러나 어떤 것이 목적 그 자체가 될 수 있게 하는 유일한 조건이 되는 그것은 단순히 상대적인 가치, 즉 가격을 갖는 것이 아니라 내적인 가치, 즉 존엄성을 갖는다. 그런데 이성적인 존재가 목적 자체가 될 수 있게 하는 유일한 조건은 도덕성이다. 왜냐하면 목적의 나라에서 법칙을 두는 구성원이 되는 것은 도덕성에 의해서만 가능하기 때문이다. 따라서 도덕성과 도덕적일 수 있는 한에서 인간성이 유일하게 존엄성을 갖는다."[7]

인간존중에 관한 칸트의 위와 같은 윤리적 명제는 그것이 무조건적, 절대적 타당성을 가진 정언명령으로 제시되고 있다는 점에서, 아가페 사랑과 유사하게, 인간존중의 윤리를 무조건적인 성격을 가진 것으로 만들고 있다. 어떤 경우에도 절대적으로, 아무 다른 조건 없이, 인간의 인격인 한 이를 단순한 수단이 아니라 '목적'으로 대해야 하는 것이다. 위와 같이, 인간의 인격을 '목적'으로 대하는 것은 인간을 모든 가격을 초월한 '존엄성'을 가진 존재로 존중하는 의미를 내포한다. 인간만이 존엄성을 가지는 이유는 이 글의 첫 부분에서 언급한 바와 같이 인간만이 도덕적 선을 행할 자유를 (도덕적 악을 행할 자유와 함께) 가지고 있는 '도덕적 주체'이기 때문인데, 여기서 말하는 도덕적 주체는 항상 도덕적으로 사는 주체를 뜻하는 것이 아니라 도덕적으로 살 수 있는 자유와 능력을 가진 주체라는 의미이므로, 우리가 부도덕하다고 평가하는 사람을 포함하는 것이다. 어떤 인간의 구체적 삶의 내용이 아니라 이성적 주체로서 그가 가지는 도덕적 가능성 자체를 무한히 존중하는 것이고 그것이 인간 평등의 근거가 되기도 한다.

모든 인간에 대한 이러한 존중에 대하여 칸트는 '사랑'이라는 단어로 표현하기를 꺼려하였지만, 인간 각자를 무한한 가치를 가진 존재로 한결같이 존중하는 것은 아가페 사랑의 가장 중요한 핵심적 가치와 일치하는 것이라 할 수 있다. 이러한 무조건적인 인간존중의 윤리에 기하여, 피해자가 가해자를 조건 없이, 존엄성을 가진 인격적, 목적적 존재로 수용하게 되면, 그에 대한 부정적 감정을 넘어설 수 있고, 앞서 본 용서의 네 번째 개념요소까지 충족하는 것이 되어, 가해자를 용서하는 마음의 지점에 도달하게 된다. 따라서 칸트적인 인간존중의 윤리를 우리가 온전히 수용하고자 한다면, 이 또한 무조건적 용서의 윤리로 나아갈 수밖에 없다. 앞에서 칸트가 무조건적 용서에 대하여 긍정적인 입장을 취하지 않았지만 그것은 용서의 개념에 응보적 처벌의 면제가 포함된 것으로 여겼기 때문이라는 것을 밝힌 바 있다. 필자가 정리한 용서의 개념을 전제로 할 경우에는, (그리고 칸트가 정서적인 차원의 중요성을 조금 더 인정하는 입장을 취한다면) 칸트도 제2 정언명령의 당연한 귀결로서 무조건적 용서의 윤리를 옹호하였을 가능성이 많을 것으로 생각된다. 실제로, 자신을 울트라 칸트주의자라고 지칭하는 자크 데리다가 칸트의 정언명령을 주된 논거의 하나로 하여, 무조건적 용서를 옹호하고 있기도 하다.

위와 같은 아가페/인간존중의 윤리는 그 무조건성으로 인하여 우리로 하여금 무조건적으로 용서를 실천할 수 있는 단단하고 확고한 윤리적 플랫폼을 제공하고 있는 셈이다. 이러한 윤리의 지향점을 가지는 것만으로 그것을 바로 실천할 수 있게 되는 것은 아니지만, 이러한 윤리적 지향점을 분명하고 확고하게 다져 두는 것은 흔들림 없는 용서의 실천에 중요한 기반이 될 것이다. 이 기반 위에서 아래에서 살펴보는 것과 같은 다양한 추가적인 노력들을 기울여 나갈 때 무조건적 사랑으로서의 아가페나 무조건적 정언명령으로서의 인간존중과 함께 무조건적 용서의 이상도 밤하늘의 별과 같이 먼 것이 아니라 우리 실존의 한복판으로 들어와 우리 인격의 일부가 될 수 있을 것이다.

3) 지혜로운 자기배려의 선택

아가페/인간존중은 용서의 대상인 가해자를 어떻게 대해야 하는가의 물음에 대한 윤리적 응답이라고 할 수 있다. 실제 용서를 함에 있어서, 이러한 가해자에 초점을 둔 윤리가 중요한 길잡이 역할을 하여야 하지만, 동시에 용서하는 피해자 자신의 삶에 대한 지혜로운 '자기배려'의 차원에서도 용서를 해야 할 절실한 필요가 있다. 칸트의 정언명령에서도 "네 자신의 인격"이 존중의 대상에 포함되어 있는 바와 일맥상통하게, 성경 속 이웃사랑의 계명에도 "네 이웃을 네 몸과 같이 사랑하라"고 하여 '자기사랑'도 사랑의 내용에 포함하고 있다. 이기주의적인 자기사랑은 그 자체가 아가페 사랑의 원리에 반하지만, 자신과 다른 모든 사람들을 동등하게 배려하고 사랑하는 것은 아가페 사랑의 원리에 반하지 않는 것으로 볼 수 있다. 자기사랑의 내용에는 정당한 자기존중과 함께 자기배려가 포함된다.

용서는 언뜻 생각하면 상대방이 이득을 보고 자신이 손해를 보는 일인 것 같아서 자기배려에 반하는 것처럼 보인다. 그러나 깊이 생각해 보면 그렇지 않다는 것을 알 수 있다. 물론 그러한 손익계산을 하는 것 자체가 아가페 사랑의 무한성에 반하는 면이 있지만, 손익계산을 하더라도 용서는 자기배려에 결코 반하지 않을 뿐만 아니라 오히려 최선의 자기배려에 해당하는 것이다.

앞서 본 바와 같이 용서는 자기배려를 위한 정당한 문제해결 노력을 포기하는 것을 뜻하는 것은 아니다. 용서의 초점은 상대방에 대하여 가지고 있는 부정적 감정들을 내려놓고 긍정적인 사랑과 존중의 태도를 회복하는 데 있을 뿐, 필요한 의사소통을 하고 손해를 배상받거나 심지어 형사고소를 통해 처벌받게 하는 것도 보복심에 기한 것이 아니라면 모두 용서와 양립가능한 일들이다. 결국 상대방에 대하여 '보복을 위한 보복'을 할 것인지의 문제와 상대방에 대한 부정적인 감정을 계속 품고 있을 것인가 하는 문제가 남는 문제의 전부라 할 수 있다.

그 중 먼저 '보복을 위한 보복'에 대하여 살펴보면, 그것은 필시 상대방의 또 다른 보복을 유도하고, 그에 대하여 내가 다시 보복하여 끊임없는 보복의 악순환의 고리를 만들어 거기서 헤어나오지 못하게 되는 경우가 많다. 이것은 인간관계에 가장 파괴적인 영향을 미치는 것으로서, 이러한 '악순환의 소용돌이' 속으로 쉽게 빠져드는 상황이 지속되면 자신의 많은 중요한 관계들이 크게 파괴되고 손상되는 결과를 초래할 것이다. 이러한 보복의 악순환을 끊고 인간관계의 유대를 회복하거나 강화해 나가려면 용서의 능력을 익히고 발휘하여야 한다.

다음으로, 상대방에 대한 '부정적 감정 전환하기'에 대하여 살펴보자. 이에 대하여는 "분노는 마치 산(酸)과 같아서 그것이 쏟아 부어지는 대상보다 그것을 담은 그릇에 더 큰 해를 끼친다"는 마크 트웨인의 말이 상황의 모순성을 정확히 잘 표현하고 있는 것으로 생각된다. 가해행위를 한 사람은 잘 알지도 못하는 상황에서 피해자가 자신이 품은 분노로 인해 심리적 고통을 당하고, 심지어는 신체적 질병을 얻기도 하는 안타까운 상황이 전개되는 것이다. 분노 등의 부정적 감정이 순간적으로 일어나는 것을 모두 예방하기는 어렵지만, 그것을 계속 품고 있는 것은 자신의 정신적, 신체적 건강과 주변 다른 사람들과의 인간관계에 중대한 악영향을 미치게 됨을 기억하여야 한다. 학자들의 연구에 따르면 용서를 하지 않고 계속 분노를 품는 경우, 불안증이나 우울증 등 정신적 문제만이 아니라 심혈관계 질환이나 내분비계 질환 등을 야기하여 면역기능을 약화시켜 수명을 단축하는 결과를 초래한다고 한다. 또한 어떤 식으로든 특정한 인간관계에서의 부정적 감정이 처리되지 않고 남아 있으면, 다른 모든 인간관계에 상당한 부정적 영향을 초래하게 된다. 특히, 분노를 가해자에게 표현하고 소통하여 해결해 나갈 수 있는 상황이 아닐 경우에 해결되지 않은 분노를 다른 주변의 상대적 약자에게 표출하여, 가족관계를 어둡고 힘들게 하는 사례는 너무나 흔하다. 결국 자신의 정신적, 신체적으로 건강한 삶과 밝은 인간관계의 유지를 위해서는 가해자에 대한 분노 등 감정을 전환하는 노력이 절실히 요망된다는 것을 알 수 있다.

이처럼 용서는 자기배려를 위해 반드시 필요한 것이 사실이다. 그 때문에 용서는 이타심과는 무관하게 일종의 현명한 자기치유의 한 방법으로 권장되기도 한다. 이러한 자기배려 내지 자기치유의 방법으로서의 용서를 어떻게 평가할 것인가? 이러한 차원의 용서 추구는 윤리적 활동으로서의 용서와는 무관하다고 보고 이를 폄하하는 견해도 있는 것으로 보인다. 그러나 정당한 자기배려도 아가페 사랑이나 인간존중의 윤리에 포함되는 것으로 보는 관점에서는, 이러한 용서의 노력도 존중하고 긍정할 수 있을 것이다.

다만, 그 필요성을 인정하더라도, 이러한 자기배려의 차원만 가지고 용서가 완성될 수는 없다는 것에 유의할 필요가 있다. 용서는 본질적으로 가해자와의 관계에서 발생한 문제를 푸는 것에 있으므로, 자신의 필요에 초점을 맞추더라도 결국 가해자에 대한 관점을 보다 이타적이고 아가페적인 관점으로 전환하지 않으면, 아무리 노력해도 제대로 된 용서에 도달하기는 어려울 가능성이 많다. 실제, 용서 프로그램을 개발하여 심리상담 등의 현장에 적용하는 내용을 보면, 대체로 사랑과 자비의 마음으로 가해자를 바라보는 요소를 포함하고 있다. '내'가 잘 살아가려면 '너'를 더욱 조건 없이 용서하고 사랑하지 않으면 안 되는 법칙이 우리의 삶의 한복판에 자리하고 있음을 잊지 말아야 할 것이다.

4) 선악(善惡)의 행위와 그 행위자의 구별

우리가 용서를 잘 하지 못하는 이유 중 하나는 선과 악을 바라보는 우리의 관점이 용서에 큰 어려움을 야기한다는 것에 있다. 우리는 곧잘 선과 악을 명료하게 구별할 수 있는 것으로 가정하고, 우리 자신은 어떻든 선(善) 쪽에 있다고 믿고 살아간다. 물론 때때로 이 부분이 흔들려서 심리적 어려움을 겪곤 하지만, 대체로 "나는 괜찮은 사람"이라는 도덕적 정체성을 품고 살아가는 경우가 많을 것이다. 한편으로는, 상대방이 부당한 가해행위를 하면 우리는 그를 바로 '나쁜 사람', '고약한 사람'으로 여기게 된다. 그런데 흔히 우리가 일상 속에서 가지곤 하는 이러한 생각이 실은 아가페/인간존중의 윤리에 정면으로 반하는 것이다. 이러한 생각을 가지고서 용서의 능력을 제대로 발휘할 수는 없다.

'나'를 '선인'으로 여기고 '너'를 '악인'으로 여기는 순간 나와 너의 거리는 너무나 멀고, 나는 너와 도저히 어떤 사랑이나 존중으로 만날 수 없는 '원수'의 사이가 되어 버리고 만다. "원수를 사랑하라"고 한 예수의 말씀은 바로 이러한 잘못된 규정으로 멀어진 거리와 그 사이에 가로놓인 담장을 허물고 다시 온전한 아가페 사랑을 조건 없이 보편적으로 품을 것을 우리에게 요구한다.

그러한 요구에 응답하는 것은 '나'와 '너'가 모두 온전한 선인(善人)도 아니고 악인(惡人)도 아니며, 우리는 모두 악의 유혹이나 위협 앞에 취약할 수밖에 없는 불완전성을 가지고 있는, 그러나 동시에 도덕적 존재로서 존엄성을 가지고 있는 존재라는 것을 깨닫는 것과 깊은 관련성을 가진다. 다시 말해, 내가 어떤 선을 행한다고 해서 내가 완전한 부동의 선인이 되는 것이 아니고, 그가 어떤 악행을 했다고 해서 그가 완전한 구제불능의 악인이 되는 것도 아니다. 그는 여전히 불완전하지만 칸트적 의미에서 도덕적인 주체로서 존중을 받아야 하며, 나 또한 그러하다. 이처럼 나와 '나의 선행', 그와 '그의 악행' 사이를 벌려서 나와 그를 다시 동등한 자리로 되돌릴 수만 있으면, 용서의 능력, 곧 사랑의 능력이 살아날 수 있다.

바로 이러한 측면 때문에 "죄를 미워하고, 죄인을 미워하지 말라"[8]는 말이 동양과 서양에서 오랫동안 전해져 내려온 것일 터이다. 이것은 선과 악의 행위와 그 행위자를 구분함으로써 그 행위자를 용서할 수 있는 자리로 갈 수 있음을 전제로 하는 것이다. 죄나 악만이 아니라, 나의 몇 가지 선행을 이유로 나 자신을 '선인'으로 규정하는 독선도 용서의 능력을 약화시키는 주범이 된다는 것을 간과해서는 안 될 것이다.

행위와 행위자 사이의 관계를 푸는 일을 잘 하는 데 도움이 되는 하나의 관점은, 행위자가 악한 행동을 하거나 선한 행동을 하게 된 것이 얼마만큼 외적인 영향을 받은 것인지에 대하여 생각해 보는 것이다. 어린 시절의 가정환경, 교육환경, 사회생활에서 만난 사람들과 경험 등등 외적으로 주어진 영향이 그에게 깊은 상처나 트라우마를 주어 사람들에 대한 공격성이 깊어졌다거나 하는 구체적인 상황들을 우리가 다 알기가 어렵지만, 만약 이러한 상황이나 인생사를 모두 알고 있다면, 우리는 상대적으로 행위와 행위자 사이에 개재되어 영향을 미친 다른 외적인 요소들을 크게 고려함으로써 자연스럽게 그 자신과 그의 행위를 구별할 수 있게 될 것이다.

이러한 필자의 주장에 대하여는, 행위와 행위자 사이의 연결관계를 부정할 경우 행위에 대한 행위자의 책임을 부정하게 되지 않을까 우려하는 견해가 있을 수 있다. 그러한 우려에는 일리가 없지 않다고 생각하며, 그런 점에서 이는 '용서의 패러독스'[9]와 관련된 문제라 생각한다. 용서는 단선적인 논리만으로 규정될 수 없는 복합적이고 모순적인 성격을 내포하고 있는 개념이다. 실제로 행위와 행위자 사이의 관계를 모두 해체하고 나면, 용서가 가능해지는 것은 좋지만, 주체(행위자)의 책임의식은 약화되는 문제가 있을 수 있다. 이것이 포스트모더니즘적 해체가 자칫 내포할 수 있는 위험성이나 문제점이 아닐까 생각된다. 용서에 관해서도 너무 극단으로 논리를 밀고 나갈 경우에는 도덕적 주체의 책임성 약화를 가져오는 부작용이 있을 수 있음을 인정하여야 할 것이다.

따라서 필자는 이 문제에 대한 우리의 접근이 용서의 패러독스를 전제로 하여 보다 유연해질 필요가 있고, 다만 그 방향성은 확고해야 한다고 생각한다.

먼저 유연성을 언급한 것은, 행위와 행위자 사이를 푸는 것과 그 사이를 묶는 것 사이에 유연성이 있어야 한다는 것이다. 다음으로 방향성에 대하여 언급한 것은, 그 유연성의 발휘가 특별한 방향성이 없는 자의적인 것이 아니라, 아가페/인간존중의 윤리를 일관되게 실천할 수 있는 확고한 방향성을 가져야 한다는 것이다.

우리가 아가페 사랑을 일관되게 실천하기 위해 악한 행위와 그 행위자를 구별하기 위한 근거로 위와 같은 생각을 하는 것은 올바른 방향성 하에 유연성을 발휘하는 것이라 할 수 있다. 어떤 사람이 그의 내면의 도덕적 위계의식이나 우월의식을 내려놓고 다른 사람들과 도덕적으로 동등한 지위를 회복하기 위해 그가 한 선행으로부터 그 자신을 구별하는 의식을 가진다면, 그것도 올바른 방향으로 유연성을 발휘하는 것이라 할 수 있다. 그러나 내가 나의 악행을 반성 없이 되풀이하면서 외적인 사정들을 변명거리로 삼는다면, 그것은 잘못된 방향으로 행위와 주체를 구별하는 일이 될 것이다. 상대방에 대하여 교육을 하여야 하는 위치에 있는 경우에 그 상대방에 대하여도 그 책임을 분명하게 인식할 수 있게 하여야지 모든 것을 외적 환경에 그 원인을 돌리도록 하여서는 안 될 것이다.

이와 관련하여, 한나 아렌트가, 인간들 속에 어울려 살아가는 인간의 삶의 조건과 관련하여, 미래의 '예측불가능성'을 치유하는 '약속하는 능력'과 함께, 자신이 무엇을 행했는지 알지 못하고, 알 수 있다 하더라도 행한 것을 되돌릴 수 없는, 무능력한 '환원불가능성'의 곤경에서 벗어날 수 있도록 하는 '용서하는 능력'을 강조한 것[10]이 우리에게 참고가 되는 부분이 있다. 아렌트는 "용서를 받음으로써 우리가 행한 일의 결과로부터 해방되지 못한다면 행위능력은 결코 회복할 수 없는 하나의 유일한 행위로 끝날 것이다. 우리는 영원히 그 결과의 희생자로 머물 것이다. 이것은 마치 마술사의 제자가 주문을 푸는 마술 공식을 모르는 것과 같다. 약속을 이행하지 않는다면, 우리는 정체성을 유지할 수 없다. 우리는 각자의 외로운 마음의 의심과 모순에 사로잡혀, 그 마음의 어둠 속에서 방향을 잃고 방황해야 할 운명에 처할 것이다"라고 말한다.[11] 아렌트는 '풀고-맺음'의 상징표현에서, 용서는 풀어주는 행위로, 약속은 맺어주는 행위로 연계하였다.[12] 아렌트의 그러한 논리를 행위와 행위자의 구별에 관한 위 논의에 적용해 보면, 우리가 우리의 행위의 주체로서 책임을 지는 의식을 가지는 것은 우리와 우리의 행위 사이를 맺어주는 것이라 할 수 있고, 우리가 인간관계에서 용서할 일을 만나 그 행위자를 용서할 때 그 행위와 행위자의 존재를 구별하는 것은 그 사이를 묶어 놓은 것을 풀어 주는 행위와 같다고 할 수 있다. 이 때 나 자신에게 도덕적 우월의식이 있다면, 이를 내려놓기 위해 내가 기억하는 자신의 몇 가지 선한 행위와 나 자신의 존재 사이를 묶은 끈을 푸는 노력도 필요할 것이다.

다만 책임이 우리와 우리의 행위 사이를 맺어주는 것이라고 할 때, 한 가지 유의할 점이 있는데, 그러한 책임의 윤리가 우리의 존재 자체의 위계를 만들어내는 것은 아니라는 것이다. 적어도 그러한 책임윤리를 강조한 칸트의 입장에서는 동등한 인간존중의 무조건성을 동시에 강조하고 있으므로, 잘못된 행위에 대하여 책임을 진다고 하여, 그 부분에 해당하는 만큼 존재의 가치가 열등하게 되는 것이 결코 아니고, 선한 행동을 했다고 하여 그 존재의 가치가 우월하게 되는 것도 결코 아니다. 그러므로 위에서 말한 유연성과 방향성 중에서 방향성이 더욱 중요한 윤리적 과제와 원리를 담고 있는 것으로 보아야 할 것이다.

끝으로 한 가지 언급할 것은, 일부 학자가 행위와 행위자의 구별의 조건으로 가해자의 뉘우침과 사과를 들고 있다는 점이다. 즉, 조건부 용서론의 근거 중 하나가 바로 행위와 행위자의 구별을 가해자가 뉘우침을 통해 직접해야 하며, 그렇게 하지 않으면 행위와 행위자의 구별이 있을 수 없으므로 책임의 원리에 비추어 피해자의 용서가 적절하지 않게 된다는 것에 있다.[13] 그러나 그것은 여전히 남아 있는 불균등성으로 인해 계산적인 이성의 산식으로는 완전히 정당화되기 어렵고, '초월의 논리'라면 굳이 그러한 조건에의 얽매임을 유지할 필요가 없는 것이다. 가해행위와 그 행위자를 묶고 있는 것을 푸는 것이 바로 피해자 자신을 분노와 증오의 사슬에서 해방시키기 위한 것이라고 한다면, 그것을 할 수 있는 능력을 피해자에게는 주지 않고 가해자에게만 주는 것에 찬성할 수 없다. 따라서 행위와 행위자의 구별은 피해자가 아가페/인간존중의 윤리에 기해 자신의 주체적인 선택으로 조건 없이 할 수 있는 것으로 보아야 한다. 다만, 가해자로서는 피해자의 그러한 선택을 조금이라도 더 쉽게 할 수 있도록 하기 위해, 나아가 깨어진 관계의 회복을 위해 진심 어린 뉘우침과 사과의 표현을 할 필요가 있을 것이다. 가해자의 그러한 뉘우침과 사과가 진정성을 가진 것으로 피해자에게 받아들여질 경우, 가해자의 과거 행위와 현재의 가해자 사이의 연결고리가 벗겨진 것으로 여겨질 수 있으나, 그 판단의 주체는 어디까지나 피해자여야 한다. 피해자로서는 그러한 뉘우침이 없어서 관계회복에는 상당한 위험요소가 있다고 생각하여 관계회복을 시도하지는 않더라도, 그가 그렇게 한 사정과 이유가 있을 것이라는 등의 생각으로 그를 그 행위로부터 구별하여 존중하고 수용하는 태도를 취할 수 있을 것이다.

5) 정의에 대한, 그리고 정의와 용서의 관계에 대한 새로운 관점

이제 드디어, 용서에 대한 가장 큰 내적인 장애물과 대면할 때가 되었다. 많은 학자들이 무조건적 용서에 대하여 문제를 제기하는 것이 정의에 관한 문제인 것 이상으로, 실제 우리 내면에 원초적인 정의와 공평의 관념이 있어서 그것이 우리의 용서 선택을 가로막고 나서는 경우가 많다.

우리의 내면에 일반적으로 장착되어 있는 원초적인 정의관념은 이른바 'Give and Take'의 계산적 공평성과 관련된 것으로서 간단히 말해 "내가 상대방에게 100을 주면, 상대방도 나에게 100을 주어야 한다"는 것으로 표현할 수 있다. 그 구체적인 판단 및 적용은 인간의 자기중심성으로 인해 자신에게 유리한 방향으로 왜곡되기 일쑤지만, 아무튼 자신이 보기에 공평한 주고받기가 이루어져야 정의롭다는 것이다. "상대방이 나에게 100을 주면 나도 상대방에게 100을 주어야 한다"고 하는 역방향의 논리까지 감안해 보면, 이러한 정의관념이 나름대로 윤리적 성격을 가진다는 것을 부정할 수 없다. 우리 모두에게는 그런 점에서 공평성과 정의에 관한 강렬한 윤리의식이 장착되어 있다고 할 수 있는 것이다. 이것은 내가 받은 은혜를 타인에게 보답하고자 하는 보은의 태도로 이어지는 점에서는 미덕의 원천이 될 수 있다. 그러나 이러한 원초적 공평의식만으로는 여러 가지 문제가 발생하기가 쉽다.

우리의 일상 가운데 빈번하게 부딪치는 예를 하나 들어보자.

〈사례1〉
A가 어느 회의 장소에서 오랜만에 친구인 B를 만나 몇 가지 이야기를 나누었는데, B가 어느 순간 표정이 변하더니, 갑자기 그 장소에 있는 다른 많은 사람들이 들을 수 있도록 큰 소리로, A에게 심한 모욕적인 이야기를 하고 욕설까지 한 다음에 휙 나가버렸다. A는 몹시 화가 나서 B로부터 받은 모욕을 B에게 되갚아 주지 않으면 안 되겠다는 생각에 B에게 그를 비난하고 모욕하는 내용의 장문의 문자 메시지를 보낸다. 그랬더니 B가 다시 A에게 더 심한 모욕을 담은 메시지를 보내고 A는 다시 비슷한

메시지를 보낸다. 이후 둘 사이에는 연락이 완전히 끊겼다. A는 위와 같
은 일을 당한 당일 몹시 화가 났고, 문자를 보낸 다음에도 화가 풀리지
않아, 자녀들에게 공연히 심한 야단을 치면서 분풀이를 하였다. A는 지
금도 B가 처음에 왜 그렇게 화를 냈는지 그 이유를 모르고 있다.

위 사례에서 A는 자신이 B에게 두 차례 모욕적인 표현을 하였지만, 그것
을 조금도 부당한 행동이라 생각하지 않는다. B가 먼저 부당하게 모욕하고
욕설을 하였으니, 그것을 갚아 준 것은 너무나 당연하고 옳은 일이라고 생
각하고 있는 것이다.

A의 행위는 과연 정의로운 것인가? A의 행위는 일종의 '사적 처벌'을 한
것으로서 어떤 근거로도 정의로운 행위를 한 것이라고 보기는 어렵다. 그러
나 B의 갑작스러운 모욕행위에 대하여 A처럼 반응하는 사람들이 많을 터인
데, 그것은 그들의 원초적 정의관념에 부합하기 때문이다. 이처럼 내가 모
욕을 받았으니, 나도 너에게 모욕을 되갚아 주는 식의 보복의 악순환은 일
정한 수준의 분쟁에서 거의 조건반사적인 흐름을 형성하는 경우가 많고, 그
이면에는 원초적인 응보관념이 있다고 할 수 있다.

국가에 의한 형사처벌은 그러한 원초적 정의 관념과 상통하는 응보적 측
면을 내포하고 있긴 하지만, 종국적으로는 개인 피해자들에 의한 보복의 악
순환을 막고 공동체의 유지에 도움이 되는 질서를 확립하고자 하는 측면
이 강하다. 그러한 형사처벌을 통해 응보적 정의가 어느 정도 구현될 수 있
는 경우도 있으나, 응보적 정의가 구현될 수 없는 수많은 크고 작은 가해행
위들이 도처에서 있는 것을 생각하면, 위 A의 경우와 같은 보복의 악순환에
빠지는 경우들이 실로 많을 것이다.

용서는 바로 그러한 보복의 악순환을 막고 A와 B가 다시 화해할 수 있는
가능성을 열어주는 것이다.

〈사례 2〉
위 사례를 조금 변형하여, 앞부분 B의 행동은 그대로지만, A가 평소 가
능한 한 무조건적 용서를 선택하여 실천하기로 결심하여 최대한의 노력

을 기울이고 있는 사람이라고 가정해 보자. A는 처음에는 화가 많이 났지만 꾹 참고 조용히 다시 생각을 정리하여, B가 과거에 자신에게 잘 했던 일들과 좋은 기억들도 생각하면서 B를 자신과 같은 불완전하지만 선을 행할 수 있는 사람으로 바라본다. 그래서 B의 변화가능성에 대한 희망을 품고, 그의 행위를 용서하고 그를 계속 존중하는 태도를 일관되게 취하기로 결심한 다음 마음을 잘 정리하여, 아직 B로부터 특별한 연락이 오지 않은 상태에서 그에 대한 분노를 내려놓고 그를 용서하기로 하는 '마음의 변화'를 이루었다고 가정한다. 이후 어떻게 될까? 아마도 아래와 같은 상황이 전개될 가능성이 아주 크진 않더라도 적지 않게 있을 것이다.

A는 이미 B를 마음으로 용서하였지만, 더 나아가 B에게 있을 수 있는 몇 가지 오해를 풀고 B와의 관계를 회복하고 싶다고 생각한다. A는 B가 왜 그러한 행동을 하였는지 차분하게 생각해 본다. 몇 가지 짐작되는 바가 있긴 하지만, 정확히 알 수는 없다. A는 B에게 뭔가 오해가 있는 것 같다고 하면서 한번 만나자는 문자메시지를 보낸다. 결국 둘이 만나 대화할 수 있는 시간을 갖게 되었다. A는 B가 말하는 것을 최대한 공감적으로 경청하면서 그의 인격을 존중하는 전제 위에서 그에게 몇 가지 질문을 해 본다. 그랬더니, 결국 B가 자신에게 대단히 큰 오해를 하여 그러한 행동을 했던 것임을 이해할 수 있게 되었고 잘 소통하여 오해를 풀어주었다. 그랬더니, B는 A가 요청하지도 않았음에도 불구하고, A에게 자신이 다른 사람들 앞에서 모욕적인 말을 하고 창피를 준 것에 대하여 진심으로 사과하며 다시는 그런 일이 없을 것이라고 말한다. A는 괜찮다고 말하면서 이해한다고 말해 준다. 이후 A와 B는 다시 친한 친구 사이로 회복되어 이후 다른 어떤 친구들보다 더 신뢰하는 친구 사이로 잘 지내고 있다.

위와 같은 사례를 통해, 우리는, 다른 높은 차원의 윤리에 대한 복종 없이, 원초적 정의 관념을 그대로 발현할 경우 보복의 악순환에 빠져 관계가 파괴된다는 것(사례1)과 아가페/인간존중의 윤리를 일관되게 실천하여 무조건적 용서를 실천하였을 때 항상 그런 것은 아니지만, 사랑과 우정의 관계가 잘 회복될 수 있다는 것(사례2)을 확인할 수 있다. 사례1에서, 실제로 A는 자신에게 무슨 잘못이 있다고 인정하지 않겠지만, 객관적으로 악을 악으로 갚은 것으로서 아가페/인간존중의 윤리에 반하는 행동을 한 것이다.

사례2에서 A는 처음에 다소 억울하게 여긴 순간이 있지만 그것을 잘 극복하여 상대방이 자신에게 안겨준 고통을 되돌려 주지 않고 넉넉히 수용하고 악을 선으로 갚는 행위를 일관되게 하였다. 계산적, 교환적 정의의 관점에서 보면 자신에게 불공평한 처사를 한 것으로 보이는 면이 있지만, 아가페/인간존중에 기반한 무조건적 용서의 윤리에 기한 선을 잘 실천하였다. '정의'가 '바르고 옳은 것'을 뜻하는 것이라면, 불공평을 감수한 사례2의 A가 바르고 옳은, 정의로운 일을 한 것임이 분명하다. 무엇보다 사례2의 A는 B와의 관계를 쉽게 파괴적으로 몰아가지 않고, 그를 일관되게 존중하는 태도로 소통함으로써, B와의 관계를 잘 회복하였는데, 이것은 이른바 '회복적 정의'를 이룬 것으로 평가할 수 있다.

사례1의 A는 원초적 정의 내지 공평의 관념에 기하여 보복의 악순환에 빠져 들어가 결국 관계를 파괴하였으니, 이것은 어떤 의미에서도 우리가 인정할 만한 정의의 행동을 한 것은 아니다. 그 원초적 정의 관념의 역할은 관계를 파괴하는 데로 나아갔다는 점에서, 이것을 정의라고 한다면, '회복적 정의'의 반대편에 있는 '파괴적 정의'라고 불러야 할 것이다.

만약 위의 경우 A가 그 태도를 달리 하여, 일단 인내하고 있다가 B를 형사고소하여, B를 처벌받게 하였다면 어떨까.

그 경우 A는 정당한 권리 행사를 한 것이고, B가 국법에 따라 처벌받는 것은 B 자신의 책임이다. 이 경우 우리는 A를 전혀 비난할 수 없다. 그러나 그로 인해 A와 B의 관계가 회복되지는 않는다. 이 때 처벌에 의하여 구현되는 정의는 응보적 정의인 측면이 강하다.

A는 자신의 법적 권리를 행사함으로써 응보적 정의를 구현하였다. 그러나 다른 관점에서 보자면, 친구 사이를 한 번의 잘못을 이유로 진지한 소통의 노력 없이 돌이킬 수 없는 상태로 몰고간 것은 회복적 정의의 면에서 아쉬운 점이 있다고 할 수 있다.

이것은 물론 무거운 범죄가 아닌 경우를 전제로 한 것이고, 무거운 범죄의 경우에는 처벌을 받게 하는 것과 용서하는 것이 병행되는 것이 바람직한 경우가 많을 것이다.

응보적 정의는 기본적으로, 합리적으로 구축된 권리체계에 기한 것으로서, 구약성경에도 등장하는 '눈에는 눈'의 동해보복(同害報復)에서 출발한 정의이다. 그것을 공적 질서로 한 것은 사적 보복의 남용을 방지하는 취지를 강하게 내포한 것이지만, 인간의 마음속에 남아 있는 사적 보복의 심리에 그러한 응보적 정의의 관념이 스며있는 것으로 볼 수 있다. 이러한 동등보복의 정의만으로는 결코 참된 관계적 정의를 이룰 수 없다는 것을 전제로 하여, 예수는 "눈은 눈으로, 이는 이로 갚으라 하였다는 것을 너희가 들었으나 나는 너희에게 이르노니 악한 자를 대적지 말라 누구든지 네 오른편 뺨을 치거든 왼편도 돌려 대며 또 너를 송사하여 속옷을 가지고자 하는 자에게 겉옷까지도 가지게 하며 또 누구든지 너로 억지로 오리를 가게 하거든 그 사람과 십리를 동행하고 네게 구하는 자에게 주며 네게 꾸고자 하는 자에게 거절하지 말라 또 네 이웃을 사랑하고 네 원수를 미워하라 하였다는 것을 너희가 들었으나 나는 너희에게 이르노니 너희 원수를 사랑하며 너희를 핍박하는 자를 위하여 기도하라"고 하여(「마태복음」 5:38-44), 동해보복의 차원을 훌쩍 뛰어넘은 새로운 윤리를 제시하였다. 이것은 동일한 것의 교환을 넘어서서 상대방이 받을 자격 있는 범위를 초과한 '잉여'의 새로운 윤리를 제시한 것이라 할 수 있다.

사례2의 A는 그러한 잉여의 윤리를 실행한 것으로 볼 수 있는데, 그것은 정의를 버리고 아가페 사랑을 취한 것이 아니라 보다 온전한 정의인 회복적 정의를 이루고자 한 것으로 볼 수 있다.

회복적 정의는 행위 중심, 권리 중심의 정의가 아니라, 관계 중심의 정의, 곧 관계적 정의이다. 성경은 무엇보다 우리가 하나님과 이웃 사이에 올바른 관계를 수립하는 것을 정의로 여기는 것을 보여주고 있다. 따라서 성경에서 말하는 정의의 중심은 관계적 정의, 곧 회복적 정의라고 할 수 있다.[14] 그러나 회복적 정의는 비단 기독교 내부의 윤리인 것만은 아니고, 오늘날 사법

제도의 한계를 극복하기 위해 적극적으로 도입되고 있는 새로운 정의의 개념이다.

이러한 '관계'를 중심으로 한 새로운 정의의 개념에 무조건적 용서의 윤리가 잘 부합하는 이상, 동해보복을 넘어선 '잉여의 윤리'라고 해서, 정의에 반하는 것은 결코 아니라고 보아야 할 것이다.

따라서 무조건적 용서는 아가페 사랑의 원리만이 아니라 관계적 정의, 회복적 정의에 부합하는 정의로운 일로서 자리매김될 수 있다.

응보적 정의는 근대적, 합리적, 계산적 이성에 잘 부합하는 것이라 할 수 있고, 그러한 정의의 관념은 국가 법률체계에 깊이 투영되어 있다. 용서는 그러한 법적 정의를 부정하지는 않지만 그것을 뛰어넘는 '잉여'의 요소를 가지고 있다고 할 수 있다.

이러한 '잉여'의 요소 때문에 폴 리쾨르, 로버트 엔라이트 등 여러 학자들은 용서를 '증여' 또는 '선물'이라고 부르곤 하였다. 선물은 강요할 수는 없지만 선물을 주고받는 행위를 통해, 사회적 유대와 결속을 높이고, 인간관계의 갈등을 완충하며, 관계의 유지와 증진에 큰 기여를 하는 것일 수 있다. 용서는 그러므로 아주 좋은 '윤리적 선물하기'라고 할 수 있다. 이러한 대가관계를 넘어선 선물의 요소, 은혜의 요소로 인해, 용서는 합리적 윤리의 차원을 초과한 '초월적 윤리'라 할 수 있고, 대가관계로 묶인 약속의 준수가 마땅한 것보다 더욱 더 정의롭고, 더욱 더 윤리적인 것으로 평가되어야 할 것이다.

다만 그것이 그렇게 평가될 수 있는 범위는 용서의 주체가 자율적으로 그 누구의 강요도 없이, 자신이 자신과 타인의 삶, 그리고 자신의 인간관계를 위하여 주체적, 윤리적으로 자유롭게 선택하는 경우에 한한다. 물론 정치적 필요에 의한 집단적 용서의 경우에 다소간 강요되는 듯한 분위기가 있어도 그것이 공동체 전체의 절실한 필요에 의한 경우일 때 정당화될 수 있는 여지가 있다. 그러나 그러한 예외적인 경우가 아닌 한, 피해를 당한 개인이 자율적 사고과정을 거쳐 충분한 시간을 가지고 진정한 자신의 선택으로 하는 용서여야만 정의롭고 윤리적인 행위로 자리매김되는 것이라 할 수 있다. 가해자는 단지 자신이 최선의 노력을 다하여 자신의 참된 뉘우침과 재발방지 약속의 진정성과 진실한 사과를 전달함으로써 용서를 구할 수 있을 뿐 용서를 할 것을 강요할 권리가 없다는 것을 받아들여야 할 것이다.

이상에서 본 바와 같이 한편으로 용서가 관계적 정의 또는 회복적 정의를 지향하는 윤리적 활동으로서 정의에 반하는 것이라기보다 그 업그레이드 버전에 해당한다는 것, 나아가 응보적 정의를 초과하는 요소도 그만큼 더 윤리적인 것일 뿐이라는 것을 우리가 내면의 깊은 신념으로 확립할 경우, 용서에 대한 내면적 장애물을 제거하여, 용서의 과정을 원활하게 하는데 큰 도움이 될 것이라 생각한다.

6) 내재적 자존감과 겸손의 미덕

"나는 그를 도저히 용서할 수 없어"라고 말하는 사람들 중 상당수는 자신의 자존감에 상처를 입었다고 생각하는 경우에 해당할 것이라 생각한다. 우리가 일상생활 가운데 상처를 입었다고 표현하는 것 중 상당한 비중을 차지하는 것이 바로 자존감의 손상이다. 요즘 많이 사용되는 자존감이라는 개념은 주로 심리적인 차원에만 초점을 맞추고 있지만 자존감은 종교, 철학, 윤리 등과도 깊은 관련성을 가진다. 이 글에서 한 축으로 삼아 소개하고 있는 칸트의 인간존중의 윤리는 자존감을 하나의 의무로서 요구한다. 즉, 앞에서 언급한 바 있는, 칸트의 제2 정언명령에 의하면, 모든 사람은 각자 자신의 인격을 다른 모든 사람의 인격과 동등하게 단지 수단이 아니라 목적으로 존중할 절대적이고 무조건적인 의무를 가진다. 이러한 칸트의 철학을 자신의 철학으로 삼아 내면화한다면, 우리가 신앙 안에서 하나님의 형상에 따라 지음을 받은 존재이자 하나님의 자녀로서의 자신의 존재에 대하여 그렇게 하는 것처럼, 언제 어떤 상황에서도 흔들리지 않는 내재적 자존감을 확립할 수 있을 것이라 생각한다.

여기서 말하는 자존감은 자신이 어떤 이유에서든 다른 사람보다 우월하다는 것을 말하는 것이 아니라, 고유성을 가진 한 인간존재로서 다른 동료

인간들과 본질적으로 동등하면서, 가격표를 매길 수 없는 무한한 내재적 가치(존엄성)를 가진 존재라고 여기는 것을 뜻한다. 이러한 자존감은 확고하게 안정적이라는 것, 어떤 우월의식이나 열등의식도 배제되는 면에서 윤리적인 요청에 부합된다는 것 등 여러 가지 장점이 있는데, 여기서 주목할 만한 장점은 바로 그것이 타인의 평가에 의존하지 않는다는 점에서, 외재적이지 않고 내재적인 자존감이라는 것이다.

사람들이 가지는 자존감의 상당 부분은 특정한 조건들에 의존하므로 유동성을 가지며, 위계적 평가를 전제로 하여, 열등감이 아니라면 우월감과 연결되기 쉽고, 타인의 평가에 많은 영향을 받아, 그 평가가 부정적일 경우 상처를 입기 쉽다는 등의 취약성을 가지는 경우가 많다.

우리가 그러한 취약한 자존감 구조를 극복하고 세간의 평가에 흔들리지 않는 내재적 자존감을 확고히 해 나가는 것은 용서의 능력을 키우는 의미를 동시에 가진다고 할 수 있다. 그러한 내재적 자존감을 가진 사람은 타인의 부적절한 말에 상처를 덜 받고, 상처를 받더라도 빨리 회복될 수 있을 것이기 때문이다.

한편으로 위와 같은 자존감은 위계의식을 극복한 자존감으로서 겸손의 미덕과 긍정적인 상호관계를 가지는 면이 있다. 겸손을 위계의식을 전제로 한 자기비하의 태도라고 잘못 이해할 경우에는 위와 같은 자존감과 겸손은 상호 충돌을 일으키는 미덕으로 보인다. 그러나 그러한 자기비하의 태도는 가짜 겸손일 뿐이고, 진정한 겸손은 자신의 인간으로서의 불완전성과 인간적 한계에 대한 깊은 인식을 가지고, 위계의식을 극복함으로써 자신이 본질적으로 그 어느 동료인간보다 높거나 낮은 자리에 있다고 여기지 않으면서 사랑과 섬김의 윤리에 따라 동료인간들을 존중하기 위해 기꺼이 자신을 낮출 수 있는 마음가짐을 뜻한다고 보아야 할 것이다. 그러한 겸손은 위와 같은 내재적 자존감과 서로 상통하는 것이다.

이러한 겸손의 마음가짐은 화해의 기초가 되는 바람직한 용서를 할 수 있는 중요한 바탕을 이루게 된다. 그러한 겸손의 마음가짐을 가진 사람은 마음 깊은 곳에서 자신 또한 도덕적인 불완전성으로 인해 타인에게 부당한 고통을 안기곤 하는 취약한 존재라는 인식 하에, 가해자를 자신과 같은 취약성을 공유하면서 동시에 존엄성을 가진, 자신과 동등한 한 인간으로 바라보고 수용하는 진정한 용서의 마음을 품을 수 있다. 반면에, 자신이 도덕적으로 우월한 자리에 있고, 상대방이 도덕적으로 열등한 자리에 있다고 여기는 사람의 경우에는 그를 그렇게 존중하는 마음이 없으므로 진정한 용서를 할 수 없다. 다른 어떤 이유로 가해자를 향하여 "용서한다"고 말할 수는 있지만, 진정한 용서의 상태에 도달한 것이 아니므로, 상대방과의 인간관계에 있어서의 진정한 회복이나 화해를 기대하기 어렵다. 이러한 겸손과 선의지(또는 도덕적 책임) 사이에도 패러독스적인 면이 있다. 때로는 자신과 자신의 행위를 묶어서, 자신의 삶의 도덕적 가치를 구현하기 위하여 강한 책임감으로 최선의 노력을 기울여 나아가고, 한편으로 그것이 도덕적 교만으로 이어지지 않도록 하기 위해 자신과 '자신의 행위'를 묶은 줄을 풀어서 자신의 모든 것이 '은총'으로 주어진 것일 뿐, 본래 자기의 것이라고 할 수 있는 것은 전혀 없음을 겸허하게 시인하고 물러서는 노력을 기울여야 한다. 그러한 패러독스적인 성격은 그러한 노력에도 불구하고 겸손의 미덕이 온전히 안정된 미덕이 되기 어렵고 늘 출렁이는 유동성 속에 있을 것을 예고하며, 따라서 그 역시 인간의 도덕적 불완전성의 필연적 성격을 말해 주는 것이기도 하다.

7) 인류 연대의식과 '인간에 대한 용서'

위와 같이 인간의 도덕적 불완전성과 그 내재적 가치에 대한 양면의 인식을 가지고, 동시에 인간이 정서적, 신체적, 감각적으로 고통에 예민한 존재로서 상처입기 쉬운 존재라는 것, 삶의 의미와 죽음의 문제를 고민하며 군중 속의 고독을 느끼고, 곧잘 두려움과 불안에 빠지곤 하며, 생로병사의 한계상황에 직면하여 고통받는 존재로서 사랑하는 능력이 서툴긴 하지만 서로 사랑하고 협력하는 것을 절실하게 필요로 하는 존재들이라는 것에 대하여 깊은 연민과 연대의식을 느낄 수 있다. 이러한 인류 연대의식에 기하여 근본적으로 '인간에 대한 용서'를 하는 의식을 가진다면, 우리의 개별적인 용서의 과제들이 조금은 더 수월해질 수 있을 것이라 생각한다. 필자는 라이너 마리아 릴케가 사랑에 대하여 한 말, 즉, "두 개의 고독이 서로를 보호하고 만지고 환대하는 바로 거기에 사랑이 있다"는 말을 좋아하는데, 다른 사람을 용서할 일이 있을 때마다 그의 깊은 고독과 불안에 대해 생각해 보곤 한다. 결국 용서의 가능성을 높이려면, '인간'을 여러 가지 위계로 나누는 노력을 많이 하기보다, 근원적으로 '인간'됨에 대하여 존중과 연민의 양면에서 기본점수를 넉넉하게 주는 것이 필요하다.

8) 큰 그림 보기: 기억과 희망의 힘

지금부터는 좀 더 미시적인 차원에서 구체적인 용서 과정에 도움이 되는 노력들을 생각해 본다. 용서는 상대방의 행위에 걸맞은 것을 돌려주는 비례성을 초월한 '잉여'의 윤리라는 것을 위에서 보았지만, 비례성에 걸맞지 않은 그 만큼 우리의 내면에서 소화하고 수용하는 데 어려움을 야기하는 것은 어쩔 수 없는 현실이다. 그러므로 특히 자신에게 중요한 관계에 있는 사람과의 관계의 유지와 회복을 위해 용서를 함에 있어, 상대방과 그 행위에 대한 평가를 어차피 하게 될 경우, 어떤 기만(欺瞞) 없이 이를 최대한 긍정적으로 하는 노력은 현실적으로 용서를 수월하게 할 수 있는 대단히 중요한 전략이 될 수 있다. 쟈크 데리다 같이 무조건적 용서의 순수성을 강조하는 철학자는 필자의 이와 같은 제안을, 용서를 용서답지 않게 만드는 것이라고 말할 터이지만, 필자는 무조건적 용서의 순수성 유지보다 그것의 현실적 실현가능성을 최대화하는 데 더 큰 관심을 가지고 있다. 그런 점에서, 상대방에 대한 평가의 합리적 공정성을 위해 노력할 필요가 있는 것이다.

상대방에 대한 평가에 있어서 우리가 쉽게 빠지는 함정은 상대방과 그의 행위를 볼 때 현재 문제가 된 그 장면만을 하나의 단면으로 잘라서 본다는 것이다. 상대방이 나에게 분명하게 부당한 행동을 하였고, 나는 그로 인하여 현재 고통을 강하게 느끼고 있다고 하는 그 상황만 잘라서 보는 것은 상황의 전체 그림을 보는 것이 아니고, 따라서, 상대방에 대한 진실의 작은 한 조각만을 보는 일이다. 그것은 용서를 하는 데 가장 불리한 시선을 가지는 것이라 할 수 있다. 따라서 아가페/인간존중의 윤리에 대한 확고한 지향점을 가진 사람이라면 마땅히 그에 대한 큰 그림, 즉 전체그림을 바라보려고 노력할 필요가 있다. 특히 과거의 기억 중에서, 좋았던 기억, 행복했던 순간들, 감사한 일들을 떠올려 나가다보면, 그가 지금 범한 그 잘못이 아주 작아지는 것과 같은 경험을 할 수 있다. 지금 그가 나에게 야기한 고통과 그가 나에게 안겨준 기쁨과 의미 등 좋은 것들에 대한 감사를 서로 상쇄하여, 그 고통에 대한 원망을 없애는 것을 '대체원리'라고 하는데, 지속적인 좋은 관계가 조그마한 일을 계기로 큰 다툼으로 번지지 않도록 하기 위해서는 이러한 대체원리의 적극적 활용이 필요하다. 물론 이러한 노력으로 현재의 문제에 대하여 모두 회피하는 것이 바람직하다는 것은 아니다. 대체 원리를 통해 정서적 연금술에 성공하여 용서의 마음으로 평화와 사랑을 내면에 채운 다음, 적절할 때 적절한 소통의 노력을 기울일 경우, 관계의 유지, 발전에 훨씬 큰 도움을 받을 수 있을 것이다. 앞서 본 사례2의 경우에도 A가 B와의 좋았던 기억을 회상한 것이 무조건적 용서를 하는 데 큰 도움이 되었을 것이다.

'큰 그림 보기'는 위와 같이 과거의 기억들을 대상으로 하는 것만이 아니라, 상대방의 미래에 대하여 그 긍정적 가능성을 바라보는 희망 품기의 관점도 포함하는 것이다. 과거의 행복한 기억의 환기와 함께, 미래의 더욱 성숙한 모습을 상상력의 힘으로 바라볼 수 있으면, 특히 부모-자녀 관계 등 중요한 관계가 강한 유대를 유지하는 데 큰 도움을 받을 수 있을 것이다. 칸트가 모든 인간을 도덕적 주체로서 존엄성을 가진 존재로 보자고 한 것이 선의지를 잘 실행해 왔기 때문이 아니라 실행할 가능성을 누구나 품고 있다는 데 있는 것과 같이, 우리도 상대방에게 어떤 긍정적 변화의 가능성이 있다는 깊은 믿음과 희망을 품는 것을 곁들일 때 '큰 그림 보기'가 용서를 보다 수월하게 하는 큰 힘으로 작용할 수 있을 것이다.

9) 이해(理解)의 노력

상대방의 행위가 우리에게 어떤 고통을 가할 때, 우리는 상대방이 왜 그러한 행위를 하는지, 무엇이 상대방으로 하여금 그러한 행동을 하도록 하는 것인지 잘 모르는 경우가 많다. 그럼에도 우리는 아무튼 상대방의 행위가 나에게 고통을 안겨 주었다는 그 사실만으로 바로 즉각적인 분노를 품게 된다. 그런 점에서 우리는 분노가 일어날 때마다 이 분노가 과연 합당한 것인지에 대하여 차분하게 성찰하는 노력을 기울일 필요가 있다. 그 성찰의 과정에서 중요한 것은 상대방의 행위에 대하여 상대방의 입장에서 이해해 보려고 노력하는 것이다. 그래서 상대방의 행위가 충분히 이해되고 나면, 처음 생각했던 것과 달리, 그 행위가 그리 부당하게 평가할 만한 행위가 아니거나, 상대방에게 고의가 없었다는 등의 사유로, 그 행위의 비난가능성이 크게 감소하게 되는 경우가 많다. 그렇게 되면, 용서는 대단히 수월해지게 된다. 이것 역시 '큰 그림 보기'의 경우와 마찬가지로 상대방의 행위와 그에 대한 반응 사이의 비례성의 면을 고려한 것이다. 용서가 비례성을 초월한 윤리이긴 하지만, 비례성과 관련된 판단이 용서에 유리하게 조정될 경우 용서를 함에 있어 수반되는 정서적 부담이 크게 줄어들 수 있으므로, 최대한 상대방을 이해하고자 하는 노력을 기울이는 것이 용서과정을 촉진하게 된다.

상대방에 대한 이해의 노력을 한 결과 상대방의 행위에 어떤 부당성도 남아 있지 않다면 그 때는 상대방의 행위가 정당화되어, 용서의 대상이 소멸되는 것으로 보아야 한다. 나는 상대방을 잘 이해한 것이지 용서한 것이 아니고, 따라서 그 경우 상대방에게 용서한다고 말하는 것은 적절하지 않다.

이처럼 이해는 한편으로 용서를 촉진하는 역할을 수행하기도 하지만 다른 한편으로는 용서를 필요없게 만들기도 하는 것이라는 점을 생각할 때, 논리적으로는 이해의 노력이 용서보다 선행되어야 하는 측면이 있다. 그러나 이해와 용서가 모두 인간관계의 장애물을 제거하고 사람에 대한 부정적 감정을 극복하며 사랑과 화해, 관계의 유지, 발전 또는 회복을 이루고자 하는 것이라는 점에서 같은 목적을 가진 것이므로, 이 둘은 논리적인 선후관계에도 불구하고 그것을 위한 노력의 과정에서는 손잡고 함께 가는 것일 수 있다. 대개의 경우 상대방이 나에게 고통을 준 행위나 그와 관련된 소통의 과정에서 상대방에게 100% 잘못이 없다고 판단되기보다, 상당한 정도 이해될 수 있다는 정도에 해당하는 경우가 많을 것이므로, 그 경우에도 상대방에게 소통할 때는 이해하는 취지만 전달하더라도 내면에서는 작은 용서라도 실천해야 하는 면이 있을 수 있다는 점에서 더욱 그러하다. 상대방에 대하여 이해가 되는 범위 내에서만 용서가 가능하며, 이해되지 않는 일에 대하여는 용서가 불가능하다고 여기는 경우가 있고, 그것도 일리가 있으나, 앞서 본 바와 같이, 용서의 무조건성과 '잉여적', '초월적' 성격을 전제로 할 때, 이해가 안 되면 용서가 불가능하다고 볼 것이 아니라, 이해가 안 되는 그 지점부터 용서의 고유한 역할이 시작된다고 보는 것이 타당할 것이다.

위에서 상대방의 행위에 대하여 구체적인 동기 등을 이해하는 것에 관하여 말하였는데, 용서에 있어서 의미 있는 또 다른 종류의 이해는 이른바 '전기적(傳記的)' 이해이다. 그것은 상대방이 어린 시절부터 어떻게 살아왔는지를 이해함으로써 그가 행하는 특정한 행동의 이면을 이해하고자 하는 것이다. 어린 시절에 어떻게 살았다고 하여, 오늘 이 행위에 대한 책임을 면할 것은 아니지만, 불행한 어린 시절 또는 청소년기의 상처 등을 우리가 안다면, 영화 〈우리들의 행복한 시간〉의 윤수에 대하여 관객들이 그러한 이해를 가질 수 있었던 것처럼 그를 용서하는 데 어려움을 덜 겪을 수 있다.

10) 공감의 노력

이해의 노력이 해당 상황에 대하여 논리적, 이성적으로 이해해 나가는 것이라고 한다면, 공감의 노력은 상대방의 입장에서 왜 그러한 행동을 하였는지 입장을 바꾸어서 깊이 느껴보는 것이다. 만약 상대방이 어떤 두려움에 빠져 있었거나 그 밖에 어떤 다른 고통을 느끼고 있었다면 그러한 두려움이나 고통을 느껴봄으로써 상대방에 대한 공감과 연민의 정서를 가질 수 있고, 그것은 상대방에 대한 부정적 감정을 내려놓고 자비의 마음으로 용서를 하는

데 큰 도움이 될 수 있다. 자신에게 잘못을 범한 가해자의 마음속으로 들어가 그가 느낀 고통들을 느끼는 일이 상식적으로 잘 납득이 안 될지도 모르지만, 아가페/인간존중의 확고한 지향점 하에 무조건적 용서를 실천하기로 결심한 사람으로서는 그러한 윤리적 목표를 달성하기 위하여 이러한 노력을 기울일 필요가 있는 것이다. 그것이 자신의 건강이나 행복 등을 이루는 '자기배려'의 노력으로도 이어진다는 것은 앞서 언급한 바와 같다.

11) 감사와 궁극적 긍정의 태도

마지막으로 상대방을 용서하는 데 있어서 **빼놓을** 수 없는 중요한 영적인 자원을 언급하고자 한다. 그것은 바로 우리가 타인에게 용서의 선물을 포함하여 사랑의 선물을 기쁘게 할 수 있는 사람이 되기 위해 우리에게 주어진 삶에 대하여, 근원적 감사와 궁극적 긍정의 태도를 가질 필요가 있다는 것이다. 이것은 잘 받은 사람만이 잘 줄 수 있는 이치와 관련된 것이다. 그리스도인이라면, 무엇보다 하나님의 용서를 대가 없이 받아 구원의 은혜를 누리는 것에 대하여 한없는 기쁨과 감사를 누리며 살아갈 수 있을 터인데, 그것이 타인에게 용서의 선물을 할 수 있는 근원적 기반이 될 수 있을 것이다.

마치 수량이 풍부하고 끊임없이 계곡물이 흘러들어오는 저수지를 자신의 논밭 가까이에 둔 사람은 가뭄으로 논밭이 말라갈 때, 저수지의 물을 대어 다시 논밭을 필요한 수분으로 적실 수 있는 것과 같은 이치이다. 우리가 타인과의 관계 속에서 어느 날 깊은 상처를 입고 고통에 목말라 하게 될 때, 생명, 삶, 구원의 깊은 은혜를 받은 것을 그냥 버리지 않고 저수지보다 더 크게 마음에 쌓아 둔 사람은 그 은혜를 생수처럼 마시고 다시 힘을 내어 상대방에 대한 원망을 마음에 굳게 새기는 대신 기꺼이 용서의 선물을 하고, 자신에게 주어진 고통의 긍정적 의미를 찾고자 노력할 수 있을 것이다.

3. 공적 영역에서의 용서(정치적 용서)에 대하여

1) 공적 영역에서도 용서를 필요로 하는 이유

위에서 논의한 것은 기본적으로 개인적 차원의 용서를 전제로 한 것이었다. 용서의 개념부터 개인으로서의 피해자가 주체가 된 '마음의 변화'를 중심으로 정의한 기초 위에 논의를 진행해 왔다. 그러나 오늘날 용서의 지평은 이러한 개인적 차원으로 국한되지 않는다. 공적인 영역 또는 정치적 영역에서도 용서의 중요성이 갈수록 크게 부상하고 있다. 국가공동체 내에서 집단 간 분쟁과 갈등의 해결과 관련하여 용서의 역할이 크게 부각된 사례로는 남아프리카공화국, 르완다 등의 사례가 있지만, 하나의 국가공동체의 영역을 넘어서 '국제사회'의 갈등과 분쟁을 해결해 나가는 데 있어서도 용서의 과제가 부상하곤 한다. 우리가 처한 분단현실과 관련하여 생각해 볼 때에도, 남과 북 사이에 참된 화해와 협력을 이루고 궁극적으로 통일을 이루어 나가는 데 있어서 빼놓을 수 없는 것이 용서의 과제이다.

이처럼 개인적 차원을 넘어선 공적 영역에서 용서의 과제가 대두되는 이유는 무엇일까? 그것은 무엇보다, 집단 간 관계에서도 상호간 보복의 악순환의 사슬을 끊고 함께 보다 나은 미래를 만들기 위해서는 용서의 노력을 필수적으로 요청하는 경우들이 많기 때문이다. 개인 간의 갈등만이 아니라 집단 간의 갈등에 있어서도 '악에 악'으로 대응하는 응보적 정의의 관념으로는 공동체의 존속을 위협하는 파괴적 악순환을 피할 수 없는 경우가 많다. 보복의 악순환을 멈추고 새로운 미래를 창조하는 데 기여하는 용서의 고유한 기능과 역할은 개인적 차원만이 아니라 집단적, 정치적 차원에서도 중시하지 않을 수 없다.

이와 관련하여 한나 아렌트의 다음과 같은 말은 우리에게 시사하는 바가 자못 크다. "보복은 죄에 대항하는 반동의 형식으로 이루어진다. 여기서는 처음 잘못된 행위의 결과에서 끝나지 않는다. 모든 사람은 과정에 묶이게 되고 모든 행위에 내재하는 연쇄적인 반동을 허용하게 되며 그것은 무한한 과정이 된다. 보복은 잘못에 대한 자연스럽고 자동적인 반동이고 행위과정의 환원불가능성 때문에 예상하거나 예측할 수 있지만, 이와 대조적으로 용서의 행위는 예견할 수 없다. 용서는 예기치 않은 형식으로 일어나는 유일한 반동이다. 그래서 반동일지라도 행위의 본래적 성격을 갖는다. 달리 말하면, 용서는 단순한 반동이 아니라 반동을 유발하는 행위의 제한을 받지 않고 새롭게, 갑자기 일어난다. 따라서 용서하는 자와 용서받는 자 모두를 그 행위의 결과에서 자유롭게 해준다. 예수의 용서의 가르침에 포함된 자유는 보복으로부터의 자유다. 보복은 가해자와 피해자 모두를, 결코 끝나지 않는 행위과정의 잔인한 자동운동 안에 가둔다."[15] 나아가, 아렌트는 이런 자동적 과정의 관점에서 볼 때 용서의 행위는 '기적을 행하는 인간의 능력'이라고 하면서, "인간사의 영역인 세계를 정상적이고 '자연적'인 황폐화로부터 구원하는 기적은 다름 아닌 탄생이다. 달리 말해 기적은 새로운 인간의 탄생과 새로운 시작, 즉 인간이 탄생함으로써 할 수 있는 행위다. 이 능력을 완전히 경험하는 것만이 인간사에 희망과 믿음을 부여할 수 있다"고 한다.[16] 인간을 보복의 자동운동에서 해방시키는 기적 같은 용서의 능력은 공적, 정치적 영역에서도 새로운 미래의 탄생을 위해 절실하게 필요로 하는 경우가 많다.

2) 공적 영역에서의 용서가 가진 차이점과 고려요소들

위와 같이 공적 영역에서도 사적 영역과 동일하게 보복의 악순환을 멈추고 새로운 미래의 탄생을 위해 용서의 행위가 요망되는 경우들이 있지만, 공적 영역에서의 용서를 사적 영역에서의 그것과 동일시할 수는 없다. 공적 영역에서의 용서가 가지는 특성을 잘 이해하지 않고 이 두 가지 서로 다른 영역에서의 용서를 혼동할 경우에는 특히 '정의'의 문제에 있어서 많은 혼란을 야기할 수도 있는 위험을 내포하고 있다.

물론 이 두 영역이 서로 무관한 영역으로 단절되어 있는 것은 결코 아니다. 공적 영역의 분쟁과 관련하여 용서가 필요하다고 할 때도 그 용서의 최종적인 주체는 결국 집단 구성원인 피해자 개인이라는 점에서 공적인 차원의 용서도 사적인 차원의 용서와의 연결관계를 피할 수 없다.

그러나 우리가 공적 차원의 용서에 대하여 생각할 때, 이미 그것은 개인의 내심의 차원과는 다른 영역에 초점을 두고 있음을 전제로 한다. 공적 차원의 용서는 국가공동체 등 특정한 공동체에서 정치적 리더십이나 사회조직 등에서 공동체 내의 집단 간 증오와 갈등의 문제를 해결하기 위해 집단적 차원에서 용서의 노력을 기울이는 것과 관련된 것이다. 이러한 공적 차원의 용서도 개인적 차원의 용서로 이어지는 부분의 그 최종지점에서는 다른 용서와 전혀 다르지 않은 본질을 가지고 있지만, 개인적 차원의 용서와는 뚜렷이 구별되는 고려요소들이 존재함을 부정할 수 없다.

첫째, 용서의 주체가 될 수 있는 자격과 관련한 고려요소가 있다. 원래 용서의 주체가 될 자격은 피해자 개인만이 가지는 것으로 보아야 한다. 가해자나 제3자는 용서의 주체가 될 수 없고, 이미 여러 차례 강조한 것처럼 용서를 요구할 권리도 가지고 있지 않다. 가해자는 단지 피해자에게 용서를 구할 수 있을 뿐이고, 그것을 수용하여 가해자를 용서할지 여부는 피해자가 자율적으로 선택하고 결정하도록 맡겨야 한다. 정치적 용서는 용서 여부에 대한 피해자의 자율적 결정권을 침해하는 문제를 내포할 위험이 있다. 예컨대 남아공의 지도자 넬슨 만델라는 그 자신이 아파르트헤이트의 최장기 죄수였던 피해자로서 용서의 기적을 내면으로 실천한 사람이라는 면에서 피해자들의 용서에 대하여 말할 수 있는 자격이 있었다고 볼 수 있지만, 엄격하게 한정하여 말하면, 만델라도 그 자신이 입은 피해에 대하여 자신에 대한 가해자에 대하여만 피해자로서 용서할 수 있는 자격이 있고 다른 무수한 피해자들에게 용서를 요구할 자격은 없다고 볼 수도 있다. 다만, 위에서 본 바와 같이 정치적 용서가 새로운 미래의 탄생을 위해 반드시 필요하다는 것에 주목한다면, 남아공의 만델라나 혹은 데스몬드 투투 같은 지도자조차 피해자들을 대표하여 용서를 말할 자격이 없다고 하는 것은 적절하지 않다. 피해자들의 신뢰를 받을 수 있는 대표성 있는 리더십이 주체가 되어 신중하게 용서의 캠페인을 벌이는 것은 정치적, 공적 차원에서 허용될 수 있는 것으로 보아야 할 것이다.

둘째, 용서의 내적 활동과 외적 표현행위의 구분과 관련된 고려요소들이 있다. 위에서 무조건적 용서의 정당성을 말할 때 그 전제가 된 용서의 개념은 피해자의 내면적 변화에만 초점을 맞춘 것이었다. 그런데 공적 영역에서의 정치적 용서의 초점은 집단적 차원의 용서를 이루기 위한 외적 표현활동에 있을 수밖에 없으므로, 아가페/인간존중의 윤리를 100% 실천하는 데 아무런 문제가 없는 개인의 내면적 용서와는 다른 여러 가지 가치적 충돌이 발생하게 된다. 예를 들어 끔찍한 집단범죄가 발생한지 얼마 되지 않은 상태에서 그 범죄로 인하여 희생당한 피해자들의 분노가 극도로 고조된 상태에서 누군가가 쉽게 용서를 말한다면, 피해자들의 정당한 분노와 그 인격에 대한 존중을 결여한 것이라는 평가 및 그에 따른 공분을 피하기 어려울 것이다. 그러므로 정치적 차원의 용서는 시간적인 경과, 피해에 대한 보상 여부 등을 포함하여, 용서를 말할 수 있는 상황조건에 대한 검토를 필요로 하는 면이 있다. 이런 점들을 고려할 때, 개인적 차원의 용서가 무조건성을 가질 수 있는 것과 달리, 정치적 용서는 필연적으로 조건적인 것일 수밖에 없는 제약을 내포하고 있음을 수용하여야 한다.

셋째, 정의의 문제와 관련된 고려요소들이 있다. 개인적 차원의 용서에 대하여 앞서 논의한 것은 기본적으로 윤리적 주체인 자아의 관점에서 내면적 활동으로서의 용서를 하는 것과 관련된 것으로서, 기본적으로 나-타자의 양자관계를 전제로 한 것이다. 따라서 여기서 '나'의 윤리적 준거점은 타자를 위한 윤리로서 비례성과 대가성을 초월한 잉여의 윤리 또는 상대방의 받을 자격이나 조건을 초월하는 아가페 사랑의 윤리에 두어졌다. 그러나 정치적 용서는 기본적으로 나-타자 관계가 아니라 타자-타자의 관계를 전제로 하는 것이므로, 이러한 윤리적 준거점이 그대로 타당성을 가진다고는 보기 어렵고 공평성으로서의 정의와 조화를 이루어야만 한다.

나-타자의 관계와 타자-타자의 관계가 가지는 서로 다른 특성에 대하여 깊이 있게 조명한 철학자 중 한 명이 에마뉘엘 레비나스이다. 레비나스는, 나와 타자의 대면적 관계에서 타자의 얼굴에서 오는 윤리적 요청과 그로 인한 나의 책임의 무한성으로 인해 나에 비한 타자의 우월성을 강조하는 비대칭성의 윤리, 비교를 초월한 윤리가 강조되어야 한다고 보지만, 나-타자의 관계가 아닌 타자-타자의 관계, 곧 '제3자'가 등장한 관계의 면에서는 비교와 판단, 그것을 통한 공평함의 추구를 통한 갈등 해결의 노력이 필요하다고 보았다.[17] 위에서 본 잉여의 윤리는 레비나스가 말하는 타자의 우월성이나 나-타자 관계의 비대칭성에 부합하는 것으로서, 그것이 제3자가 포함된 타자-타자 관계에서 그대로 관철되기는 어려운 것이다. 정치적 차원에서 제3자가 피해자들의 자율성에 반하여 그러한 잉여의 윤리를 강조하는 것은 공평성을 기준으로 하는 정의에 반하는 것으로서, 피해자를 부당하게 소외시키는 결과를 초래할 가능성이 많다. 다만 그럼에도 불구하고 정치적 용서도 그것이 '용서'인 이상, 철저한 대칭성, 상호성, 등가성의 요구 속에 갇혀 있어서는 안 되고 그것을 차원적으로 뛰어넘는 '영적' 측면을 내포하고 있음을 수용하여야 한다. 앞서 본 동해보복(同害報復)의 원리야말로 철저한 비례성과 등가성을 가진 것이지만 그것만으로는 공동체의 미래를 어둡게 하는 '잔인한 자동반응'의 굴레에서 벗어나기 어렵다는 인식 하에 새로운 미래의 탄생을 위해 '용서'를 선택할 때 그 용서는 공평성으로서의 정의와 상당부분 조화를 이루되, 다른 측면에서는 공평성의 차원을 넘어서는 영적 결단으로서의 특성을 동시에 가지는 것이어야 한다.[18] 따라서 그것을 이끄는 리더에게도 그러한 영적 선택을 함께 할 수 있는 신뢰성과 영적 리더십이 있어야 할 것이다.

넷째, 정치적 차원의 용서는 가해자들에 대한 공적 처벌의 면제(사면)를 포함하는 경우가 많다는 점에서도 이 글에서의 용서의 개념과 구별되는 면이 있다. 앞에서 본 바와 같이 '처벌의 면제'를 용서의 개념에 포함할 것인지에 대하여는 학자들의 견해 차이가 있고, 필자는 무조건적으로 승인될 수 있는 용서의 의의를 중시하여 처벌면제를 용서의 개념에서 제외하면서 다만 사적 처벌은 일종의 보복으로서 용서의 개념과 충돌하는 것으로 보는 입장을 취하였다. 그런데 정치적 차원의 용서는 공적 처벌이 집단 간 갈등 해결에 실질적으로 도움이 되지 않는 경우에 하나의 대안으로 제기되는 면이 강하여, 전면적 또는 부분적으로 공적 처벌의 면제 내지 사면을 그 내용에 포함하는 경우가 많다. 공적 처벌은 일반적인 상황에서 보복의 악순환을 멈추게 하는 역할을 하지만, 상황에 따라서는 공적 처벌의 노력 자체가 집단 간 갈등의 악화와 보복의 악순환 지속을 결과하는 경우가 있을 수 있고, 그 경우에는 (때로는 축소되거나 완화된 처벌과 결합한) 용서만이 유일한 대안으로 부각될 수밖에 없다. 따라서 정치적 차원의 용서는 이와 같이 단순히 피해자의 내심의 문제로만 귀착되는 것이 아니라는 점에서 공평성으로서의 정의 또는 제도적 정의와의 긴장관계를 더욱 크게 의식하고 고려하여야 하는 면이 있다고 할 수 있다.

이러한 여러 특성들로 인해 공적 영역에서의 정치적 용서는 가해자의 진실 고백과 사죄, 손해배상, 재발방지 약속 등을 조건으로 하는 조건적 용서의 형태를 취하게 된다.[19] 다만 그러한 경우에도 용서의 조건과 피해자의 피해를 비교할 경우 그 사이에 비례성이나 등가성이 확보될 수 없는 경우가 많을 것이다. 따라서 그러한 조건의 부과로도 용서에 내포된 잉여적·초과적 측면, 혹은 비대칭성의 특성이 사라지는 것은 아니고 그로 인해 여전히 공평성으로서의 정의와 충돌하는 문제를 야기할 수 있다. 그러나 그 모든 것이 적절한 상황에서 좋은 리더십에 의하여 잘 수행될 경우, 용서하는 피해자들이 발휘하는 '용서할 수 있는 능력'과 용서받는 가해자들이 실행하는 '약속하는 능력'의 만남[20]을 통해 새로운 미래의 탄생을 희망할 수 있다는 사실에서 오는 보다 장기적, 거시적인 차원의 '호혜성'이 비대칭성이 야기하는 가치충돌을 극복하는 힘으로 작용할 수 있을 것이다. 다만, 이러한 비대칭성이 허용되는 것은 피해자 집단이 정권교체나 체제전환 등으로 상당한 권력을 가지게 되어 가해자 집단을 용서하는 것이 미래를 위한 자율적 선택으로 받아들여질 수 있는 경우에 한하고, 가해자 집단이 강자의 상태로 남아 있을 경우에는 그러한 비대칭성이 가지는 정의롭지 못한 면이 훨씬 더 크게 부각될 것이다. 이처럼 정치적 용서에 있어서는 정치가 가지는 본질적 속성으로 인해 권력의 문제도 중요한 고려사항이 됨을 피할 수 없으나, 어떤 경우에도 용서가 단순히 권력게임의 일부가 되어서는 안 되며, 응보적 정의를 넘어선 진정한 용서의 정신이 그 중심에 자리 잡아야 할 것이다.

여기서 마지막으로 덧붙이고 싶은 것은, 공적 영역에서의 용서는 위와 같이 이 글에서 전제로 하는 용서의 개념과는 다른 여러 가지 요소들이 추가된 것이기에 추가적 고려사항들이 있는 것일 뿐이고, 용서의 개념 자체가 사적인 용서와 공적인 용서의 두 가지로 구분되는 것은 아니라는 것이다. 공적 영역에서의 용서도 진정한 용서가 되기 위해서는 집단적인 용서의 선언만이 아니라 집단 구성원인 한 사람 한 사람의 내면에서 분노, 원한 등의 부정적 감정을 내려놓고 아가페/인간존중 등의 선한 태도에 기한 '마음의 변화'를 이루어야 하는 것에는 변함이 없다. 그리고 비록 여러 가지 요소가 추가된 정치적 차원의 용서는 '조건부 용서'일 수밖에 없지만, 그러한 조건부 용서의 주체가 되는 집단 구성원 개개인은 그러한 '마음의 변화'로서의 용서를 여전히 무조건적으로 할 수 있는 것이고, 단지 그 용서의 외적 표현만이 해당 집단에 대한 충성심(loyalty) 등과의 충돌로 인해 제한될 수 있을 뿐이다. 그런 점에서 용서의 무조건성은 일관된 승인을 받을 수 있다.

4. 용서를 넘어 화해로 가는 길

1) 서설

위에서 필자는 용서를 피해자의 내면적 노력을 통해 일방적으로 이룰 수 있는 '마음의 변화'에 초점을 맞추어 정의하고 그 가능성을 높이는 노력들에 대하여 살펴보았다. 이러한 피해자의 노력은 상대방과의 관계의 회복이나 화해라는 결과로 이어질 수 있지만 그렇지 않을 수도 있다. 여기서 다른 누군가와의 화해를 필요로 하는 사람이 처한 상황을 용서와의 관계에서 유형화하여 정리해 봄으로써 용서에서 화해로 가는 길의 다양한 모습들을 가능한 한 빠짐없이 살펴보고자 한다.

2) 첫째 유형: 나의 용서로 화해가 가능한 경우

첫째 유형은 내가 용서함으로써 바로 화해로 이어질 수 있는 경우이다. 내가 피해자이고 상대방은 가해자이며, 상대방은 나와의 관계회복을 바라는데 내 마음 속에 있는 분노와 미움 등 부정적 감정이 관계회복을 가로막고 있을 경우에, 나의 용서를 통해 상대방과의 관계회복-화해는 쉽게 이루어진다. 이 때 내가 상대방에게 '용서의 말'을 하여야 할지는 상황에 따라 다르다. 상대방이 자신의 잘못을 알고 나에게 용서를 구하는 말을 한 경우라면 당연히 용서하는 뜻을 나타내는 말을 하는 것이 좋겠지만, 그렇지 않은 경우로서 상대방의 잘못이 중대하지 않은 등의 상황에서 그 잘못에 대한 소통이 반드시 필요하다고 생각되지 않는 경우에는 따로 용서의 말을 하지 않고 자연스러운 접촉과 교류로 관계회복을 이루는 것이 적절한 방향일 것이다. 용서의 말보다 훨씬 더 중요한 것은 내가 상대방에 대한 마음의 변화를 이룬 기초로서의 아가페사랑과 조건 없는 존중의 태도, 내재적 자존감과 참된 겸손 등의 내면적 태도이다. 우리는 분노를 넘어 용서를 이룰 때마다 인격적 성숙을 한 단계 이루어 감으로써 보다 성숙되고 조화로운 인간관계를 이루어 나갈 수 있는 힘을 키워갈 수 있다.

3) 둘째 유형: 내가 용서할 수는 있지만 화해는 불가능한 경우

둘째 유형은 내가 피해자로서 가해자를 용서할 수는 있지만, 관계회복이나 화해는 불가능한 경우이다. 이브 개럿과 데이빗 맥노튼은 그러한 경우로서 1) 원래 관계가 없었던 경우, 2) 가해자가 살아 있지 않은 경우, 3) 관계의 회복이 가해자에게 여러 이유로 좋지 않은 경우, 4) 관계의 회복이 피해자에게 좋지 않거나 위험한 경우 등을 들고 있다.[21] 그러한 경우에는 용서가 아무런 의미를 가지지 못하는 것으로 볼 것은 결코 아니며, 피해자가 마음속에서 가해자를 한 인간으로 수용하고 용서하는 행위를 함으로써 그 자신이 미래를 새롭게 만들어 가는 계기를 이루게 되는 점에서 다른 용서의 경우와 마찬가지로 한나 아렌트가 말하는 '탄생성'을 가진다고 할 수 있다.

4) 셋째 유형: 내가 가해자인 경우

셋째 유형은 내가 피해자가 아니라 가해자의 입장에 있어 상대방의 용서를 필요로 하는 상황이다. 관계가 회복되기 위해서는 상대방의 나에 대한 용서가 필요하다. 앞에서 필자는 용서의 무조건성을 긍정하는 입장을 밝혔지만, 그것은 피해자의 자율적 선택을 전제로 하는 것으로서, 상대방의 입장에서 나의 용서를 무조건적이나 혹은 조건적으로 요구할 권리가 있다고 보는 것은 아니다. 따라서 나는 화해를 위한 노력을 할 수는 있지만 화해를 이루기 위해서는 상대방의 용서에 기초한 호응이 있어야만 한다. 그러한 호응을 받을 가능성을 조금이라도 더 높이기 위해서는, 상대방에게 용서를 구하기 전에 먼저 진실에 토대를 둔 진정성 있는 사과의 노력을 충분히 기울여야 한다.

상대방이 분노를 품고 있을 경우 그것을 풀기 위한 노력으로서 무엇보다 상대방을 존중하는 태도를 취하며, 상대방이 필요로 하고 내가 마땅히 제공할 것이 무엇인지 잘 살펴서 그것을 상대방에게 제공하여야 한다. 상대방이 나에게 입은 상처로 인하여 나에 대한 불신을 품고 있다면 상대방의 신뢰를 회복하기 위한 조치를 취하는 것도 필요하다. 내가 상대방의 중대한 불신을 초래하는 잘못을 범했을 때는 내가 단순히 형식적 사과만 하고 용서를 구할 경우 상대방이 그것에 호응하여 용서를 하고 화해에 나아오기 어려울 것이라는 것을 이해하여야 한다. 진실한 뉘우침과 진정한 사과, 내가 짊어져야 할 책임을 다하는 노력 등을 보여야, 과거의 행위와 현재의 나를 구분하여 상대방이 나와 새롭게 미래의 희망을 열 수 있으리라는 믿음을 가지고 화해에 응할 수 있을 것이다.

여기서 필자는 내가 피해자로서 용서하는 주체가 되었을 때와 내가 가해자로서 용서를 구하는 주체가 되었을 때를 구별하여, 용서의 무조건성 등의 면에서 현저히 다른 기준이 적용되어야 한다고 보는 입장을 드러내고 있는 셈인데, 그것은 인간의 자연스러운 자동반응의 메커니즘을 넘어선 기적 같은 행위로서의 용서는 나-자아의 내면 공간에서는 무조건적으로 가능하지만, 타자에게 요구할 수 있는 것은 아니라고 보는 일관된 관점에 기초한 것일 뿐이고 정당한 자기배려의 필요성 등을 외면하는 것은 아니다.

5) 넷째 유형: 서로가 피해자인 경우

넷째 유형은 나는 스스로 피해자라고 생각하고 상대방을 용서하고자 하지만, 상대방의 내면에도 화해의 걸림돌이 되는 부정적 감정이 강하게 남아 있어 내가 용서하는 것만으로 화해를 이루기는 어려운 경우이다.

그러한 경우 중 많은 경우는 상대방 역시 자신을 가해자로 보지 않고 오히려 피해자로 여기고 있는 경우들일 것이다. 일회적인 사건을 통해 가해자와 피해자가 분명하게 규정될 수 있는 경우가 아니라 일정 기간 지속적인 갈등상황을 겪어온 경우에는 이처럼 '나'도 '상대방'도 모두 피해자의 입장에 있는 경우가 참으로 많다. 인간의 인식이나 판단의 주관적 자기중심성으로 인해, 나는 내가 상대방에게 준 상처나 그 부당성에 대하여 잘 보지 못하고 상대방은 역시 그가 나에게 준 상처나 그 부당성에 대하여 잘 보지 못하는 경향을 보이기 쉽다. 그러다보니 나는 내가 입은 상처의 '피해자'이기만 하고, 상대방은 또 그가 입은 상처의 '피해자'이기만 한 경우가 많은 것이다. 이런 경우에 내가 상대방의 부당한 잘못에 대하여 내심의 용서를 한 다음 상대방에게 "너의 잘못을 용서한다"라고 말하면, 상대방은 그런 나의 태도에 대하여 오히려 극심한 분노와 좌절감을 느끼게 될 것이다.

따라서 이러한 경우에 나와 상대방의 진정한 화해는 단지 나의 용서만으로는 가능하지 않고 무엇보다 먼저 나 자신이 자기중심적이고 이기적인 관점에서 벗어나 상대방의 입장에서 상대방을 이해하고 상대방과 진정한 소통을 하고자 하는 노력이 선행되어야 한다. 물론 화해를 위해서는 상대방의 잘못에 대한 나의 용서도 필요하지만, 내가 지금까지 보지 못하였던 나의 잘못, 나의 책임, 그로 인한 상대방의 고통과 상처 등에 대하여도 진실하고 겸손한 자세로 성찰하여야 한다. 상대방과의 소통을 위한 노력에 앞서 무조건적 용서의 태도를 마음에 다지고 노력할 필요가 있지만, 악화된 관계와 복잡해진 갈등에는 나의 책임도 있을 수 있다는 겸허한 마음을 함께 가져야 한다. 상대방과의 소통에 있어서 '상대방의 잘못과 그에 대한 나의 용서'를 앞세우기보다, 나의 잘못과 그로 인한 상대방의 고통에 대하여 먼저 마음을 열고 깊이 경청하며, 그 과정에서 내가 사과해야 할 부분이 드러날 경우 진정성 있는 사과를 먼저 하는 것이 관계회복과 화해를 위해 바람직하다.

이 과정에서, 내가 외적으로 하는 것은 상대방을 용서하는 표현행위가 아니라 그 정반대로 내가 상대방에게 진심으로 사과하는 표현행위이지만, '악순환의 잔인한 자동반응'에서 벗어나 이러한 '새로운' 행위로 나아갈 수 있도록 하는 것은 나의 내면에 기적처럼 일어나는 용서의 능력이라 할 수 있다.

화해는 갈등 관계 속에 있는 한 당사자의 마음의 변화나 행위의 변화만으로는 이룰 수 없고, 내가 건넨 손을 상대방이 마주 잡아야만 가능하다는 점에서 '상호성'을 가진 일이다. 그러나 갈등과 악순환의 사슬에 묶여 있는 양당사자 중 한 사람이 '화해자'로서 사태의 흐름을 바꾸어 화해를 이루어 나가기 위해서는 상호성, 공평성, 대칭성의 차원을 넘어서는 용서의 정신을 가지지 않으면 안 된다. 그러한 상호성, 공평성, 대칭성의 원리와 인간의 자기중심적이고 주관적이며 불완전한 비교와 판단의 실제 의식이 만나면 두 당사자 모두 화해를 간절히 원하여도 상대방이 먼저 자신의 잘못을 사과하고 용서를 구하기를 기다리는 '기약 없는 기다림'의 상태에 빠져들 가능성이 많다. '나'의 관점에서는 상대방이 먼저 잘못을 시인하고 사과하는 것이라도 있어야 최소한의 공평성이 충족된다고 보기 때문이다. 그러나 용서의 정신은 그러한 공평성을 넘어설 수 있으므로, 용서를 통해 내가 받은 상처를 잊고 상대방의 고통과 상처에 초점을 맞추어 공감적 이해와 소통의 노력을 기울인 후 나의 잘못이 설사 상대적으로 작아 보이더라도 그 잘못에 대한 진정성 있는 사과를 먼저 하는 것을 가능하게 한다. 그것은 악순환의 굴레에서 벗어나 상대방의 마음속에 치유와 용서의 정신을 살아나게 함으로써 화해의 가능성을 최대화할 수 있다. 이와 같이 악순환의 흐름을 막는 기적 같은 용서의 정신으로 상대방의 고통에 초점을 맞춘 이해와 소통의 노력을 기울이고 나의 작은 잘못이라도 발견될 경우 내가 먼저 사과하여 상대방을 용서와 화해의 장으로 초대하는 것이야말로 오랜 갈등상황 속에서 우리가 주도적으로 행할 수 있는 가장 효과적인 화해의 노력이다.

　가족관계 등 많은 중요한 관계가 깨어지기는 쉬워도 회복되기는 쉽지 않은 이유가 공평성에 대한 주관적 인식을 토대로 한 상호보복의 자동반응 속에 갇히는 경우가 많기 때문인데, 공평성을 넘어선 용서의 정신을 가지고 타인을 위해 내가 손해 보더라도 상대방의 마음 속 고통을 치유하고자 하는 자세로 임할 경우, 결국 화해를 이루어 내 마음 속 고통과 상처도 치유하고 평화와 행복을 누릴 수 있게 된다는 것을 인식할 필요가 있다. 이것을 비대칭성(무조건적 용서, 내가 먼저 하는 사과, 나의 고통보다 상대방의 고통에 초점 두기 등)을 통한 상호성(화해, 관계회복, 우정 회복 등)의 달성이라 할 수 있을 것이다.

5. 결론

이상에서 용서와 화해를 불가능한 것에서 가능한 것으로 만들기 위해 우리가 어떤 생각, 태도, 관점, 신념 등을 가지고, 어떠한 방향의 노력을 기울여야 하는지에 대하여 살펴보았다. 특히 오랜 갈등관계 속에 내장된 보복의 자동순환 흐름의 속박에서 벗어나 새로운 미래가 탄생하도록 하기 위해서는 잉여와 초월의 윤리로서 도구적 이성의 합리성에 따라 조율되는 공평성의 차원을 훌쩍 뛰어넘어 더 크고 온전한 정의를 지향하는 '용서'의 정신이 필요하다는 것, 그것은 사적인 관계만이 아니라 집단 간 갈등의 악순환을 끊을 필요가 있는 정치적·영역에서도 필요하다는 것, 용서만으로 화해가 바로 이루어지지는 않는 경우가 많지만 참된 화해를 위해서는 그러한 용서의 정신에 기한 노력이 불가결하다는 것을 확인할 수 있었다. 그리고 그러한 용서의 핵심은 한 사람 한 사람의 깊은 내면에서의 '마음의 변화'에 있고, 그것은 어떤 상황이나 대상을 초월한 무조건적인 성격의 것일 수 있다는 것도 확인하였다.

남과 북으로 분단된 한반도를 포함하여, 화해와 평화의 염원이 있는 곳마다 진정한 용서의 정신을 필요로 한다. 아가페적 사랑과 인간존엄성에 대한 근원적 존중에 바탕을 둔 용서의 정신은 갈등 속에 있는 사람들의 깊은 상처와 고통을 치유하고 악순환의 굴레에서 당사자들을 해방시켜 새로운 미래를 함께 열어가는 반전의 드라마를 만드는 기적 같은 능력, 곧 불가능성을 가능성으로 만드는 능력을 내장하고 있다.

주

1) 예를 들어, "용서는 극단적인 범죄나 의도적인 악에는 적용되지 않는다"고 말한 한나 아렌트의 경우도 그러한 예에 해당한다. 한나 아렌트 지음, 이진우 역, 『인간의 조건』 (서울: 한길사, 2017), p. 336.

2) 용서가 대체로 이러한 개념요소들로 구성된다는 것에 대하여 모든 학자들의 의견이 일치하는 것은 아니지만(뒤에서 보는 바와 같이, '처벌의 면제'가 용서의 개념에 포함된다고 보는 관점도 있다), 대체로 많은 학자들이 동의할 수 있는 개념정의라 생각한다. 특히 이와 같이 네 가지 개념요소로 분석한 것은 칸트적 관점에 기하여 작성된 마가렛 홀름그렌의 글을 참고한 것이다. Margaret R. Holmgren, "Forgiveness and the Intrinsic Value of Persons," *American Philosophical Quarterly*, Vol. 30, No. 4 (Oct., 1993), pp. 341–342.

3) Joanna North, "Wrongdoing and Forgiveness," *Philosophy*, Vol. 62, No. 242 (Oct., 1987), p.499.

4) 한나 아렌트는 『인간의 조건』에서 '용서는 보복의 정반대'라고 하면서 "용서의 정반대는 아니지만 용서 외에 선택 가능한 것은 처벌이다. 처벌과 용서는, 간섭하지 않는다면 무한히 계속될 것을 끝내려고 시도한다는 점에서 공통점을 가진다"고 밝혔다. 한나 아렌트 (2017), p. 337. 아렌트가 용서와 처벌의 양립가능성을 전제로 하지 않고 양자를 선택적인 관계로 본 것은 이 글의 관점과 약간 다르지만, 양자가 근본적으로 보복의 악순환을 막기 위한 동일한 목적을 가지고 있다고 본 것은 그 처벌이 공적 처벌을 뜻하는 한 타당하다고 생각한다.

5) Paul Ricoeur, "Memory, Forgetfulness, and History," The Israel Academy of Sciences and Humanities, ed. *History, Memory, and Action* (Jerusalem: Studio Efrat, 1996), p. 24; 김현수, "조건적 용서와 무조건적 용서의 화해를 향하여," 『한국기독교신학논총』 76집 (2011), p. 291에서 재인용.

6) 이와 관련하여, 폴 리쾨르는 사도 바울이 고린도전서 13장에서 사랑에 대하여 "사랑은 … 악한 것을 생각지 아니하며 불의를 기뻐하지 아니하며 진리와 함께 기뻐하고

모든 것을 참으며 모든 것을 믿으며 모든 것을 바라며 모든 것을 견디느니라"라고 하고 "사랑은 언제까지든지 떨어지지 아니한다"고 하면서 "믿음, 소망, 사랑, 이 세 가지는 항상 있을 것인데 그 중에 제일은 사랑이라"고 한 것을 인용하면서, "사랑은 높이 자체이기 때문에 가장 위대한 것이다. 사랑이 모든 것을 용서한다면 그 모든 것에는 용서할 수 없는 것도 포함되어야 한다. 그렇지 않으면 그 자체가 소멸될 것이다. 이 점에서 자크 데리다는 옳다. 용서는 용서받을 수 없는 사람에게도 향하며 그렇지 않으면 존재하지 않는다. 그것은 무조건적이고 예외도 없고 제한도 없다. 그것은 용서의 요청을 전제로 하지 않는다"고 하였다. Paul Ricoeur(translated by Kathleen Blarney and David Pellauer), *Memory, Forgetfulness, and History* (Chicago: University of Chicago Press, 2004), Chapter 3. Epilogue.

7) 이마누엘 칸트 지음, 이원봉 역, 『도덕 형이상학을 위한 기초 놓기』 (서울: 책세상, 2002), pp. 90-93.

8) 서양에서는 아우구스티누스가 한 말로 알려져 있고, 동양에서는 공자의 9세손인 공부(孔駙)가 편찬한 '공총자(孔叢子)'에 나오는 말로 전해져 온다.

9) 용서를 패러독스로 본 철학자로는 쇠렌 키에르케고르와 폴 리쾨르를 들 수 있다. 키에르케고르는 용서는 하나의 역설이므로, 용서를 생각 없이 해서는 안 되며 합리적인 윤리로 동화시킬 수 없는 것이라고 하였다. 키에르케고르가 용서를 역설이라고 한 것은 특히 윤리적 주체가 중시하는 책임과의 긴장관계 때문이다. John D. Glenn, jr., "Kierkegaard's Ethical Philosophy," *The Southwestern Journal of Philosophy*, Vol.5, No.1 (Spring, 1974), p.126. 폴 리쾨르도 가해자의 잘못과 피해자의 용서 사이의 불균등성과 관련하여 용서의 역설이라는 말을 사용한 바 있다. Paul Ricoeur (2004), Chapter 3. Epilogue.

10) 한나 아렌트 (2017), pp. 332-333. 참조.

11) 한나 아렌트 (2017), p. 333.

12) 장경, "폴 리쾨르의 작품 『기억, 역사, 망각』을 통해서 본 '용서'," 『철학과 신학』 제25호 (2017), p. 187 참조.

13) Jeffrie G. Murphy, "Forgiveness and Resentment," Jeffrie G. Murphy and Jean Hampton ed. *Forgiveness and Mercy* (Cambridge: Cambridge University Press, 1988), p.24.

14) Daniel Philpott, "The Justice of Forgiveness", *Journal of Religious Ethics* (2013), pp. 403-404.

15) 한나 아렌트 (2017), p. 337.

16) 한나 아렌트 (2017), p. 344.

17) 문성원, 『해체와 윤리 - 변화와 책임의 사회철학』 (서울: 그린비, 2012), pp. 91-92 참조.

18) 레비나스도 타자-타자 관계에서 위와 같은 공평성을 기준으로 한 정의의 요구를 수용하였지만 그렇다고 하여 그것을 정의의 궁극적인 모습으로 본 것은 아니며, 오히려 타자-타자 관계의 이면에 있는 대면적 윤리로서의 타자에 대한 무한한 책임을 정의의 보다 근본적인 내용으로 보았다. 따라서 공평성의 정의를 추구하더라도 무한한 책임의 원리가 그 속에 삼투되어야 한다는 것을 강조한다. 문성원 (2012), pp. 92-93 참조.

19) 따라서 때로는 상당한 정도의 공적 처벌을 통해 정의의 요구를 살리면서 동시에 가

능한 한 가해자 집단의 사죄와 피해자 집단의 용서를 통해 미래를 위한 화합을 모색하는 노력이 곁들여지는 것이 일종의 '이행기 정의(transitional justice)'의 구현형태가 되는 경우도 있을 수 있다. 그러나 해당 공동체의 역사적 상황이 현실적으로 그러한 결합모델을 허용하기 어려울 경우도 많을 것이고, 그러한 경우에는 공동체의 미래를 위해 비대칭성을 수용하는 용서의 역할이 더욱 중요하게 부각된다. 이행기 정의와 관련하여 처벌이 피해자의 용서를 촉진할 것인지 저해할 것인지 등 처벌과 용서의 관계에 대하여는 학자들의 견해대립이 크다. Roman David and Susanne Y. P. Choi, "Forgiveness and Transitional Justice in the Czech Republic," *The Journal of Conflict Resolution*, Vol. 50, No. 3, Transitional Justice (Jun., 2006), pp. 344-345 참조. 필자는 공적 처벌이 일정한 치유적, 회복적 역할을 수행할 수도 있다고 보는 입장이나, 그것의 적절성, 가능성 등은 공동체의 구체적 역사적 상황에 크게 의존할 것이라 생각한다.

20) 여기서 용서할 수 있는 능력과 약속할 수 있는 능력의 만남 역시 상당한 비대칭성 또는 비균등성을 가지고 있다. Paul Ricoeur (2004), Chapter 3. Epilogue.

21) Eve Garrard & David McNaughton, "In Defence of Unconditional Forgiveness," *Proceedings of the Aristotelian Society*, New Series, Vol. 103 (2003), p. 45.

━━━● 참고문헌

강남순. 『용서에 대하여』. 서울: 동녘, 2017.
김현수. "조건적 용서와 무조건적 용서의 화해를 향하여." 『한국기독교신학논총』 76집 (2011).
문성원. 『해체와 윤리 – 변화와 책임의 사회철학』. 서울: 그린비, 2012.
박종효. 『용서, 행복에 이르는 길』. 서울: 미래를소유한사람들, 2011.
이마누엘 칸트 지음, 이원봉 역. 『도덕 형이상학을 위한 기초 놓기』. 서울: 책세상, 2002.
장경. "폴 리쾨르의 작품 『기억, 역사, 망각』을 통해서 본 '용서'." 『철학과 신학』 제25호 (2017).
한나 아렌트 지음, 이진우 역. 『인간의 조건』. 서울: 한길사, 2017, p. 336.

Benn, Piers. "Forgiveness and Loyalty." *Philosophy*, Vol. 71, No. 277 (Jul., 1996).
David, Roman and Susanne Y. P. Choi. "Forgiveness and Transitional Justice in the Czech Republic." *The Journal of Conflict Resolution*, Vol. 50, No. 3, Transitional Justice (Jun., 2006).
Garrard, Eve, & David McNaughton. "In Defence of Unconditional Forgiveness." *Proceedings of the Aristotelian Society*, New Series, Vol. 103 (2003).
Glenn, John D. jr. "Kierkegaard's Ethical Philosophy." *The Southwestern Journal of Philosophy*, Vol.5, No.1 (Spring, 1974).
Holmgren, Margaret R. "Forgiveness and the Intrinsic Value of Persons." *American Philosophical Quarterly*, Vol. 30, No. 4 (Oct., 1993).
Kalayjian, Ani, Raymond F. Paloutzian. *Forgiveness and Reconciliation: Psycho-*

logical Pathways to Conflict Transformation and Peace Building (2010).

Murphy, Jeffrie G. "Forgiveness and Resentment." Jeffrie G. Murphy and Jean Hampton ed. *Forgiveness and Mercy*. Cambridge: Cambridge University Press, 1988.

North, Joanna. "Wrongdoing and Forgiveness." *Philosophy*, Vol. 62, No. 242 (Oct., 1987).

Novitz, David. "Forgiveness and Self-Respect." *Philosophy and Phenomenological Research*, Vol. 58, No. 2 (Jun., 1998).

Pettigrove, Glen. "Understanding, Excusing, Forgiving." *Philosophy and Phenomenological Research*, Vol. 74, No. 1 (Jan., 2007).

Philpott, Daniel. "The Justice of Forgiveness." *Journal of Religious Ethics* (2013).

Ricoeur, Paul. (translated by Kathleen Blarney and David Pellauer), *Memory, Forgetfulness, and History*. Chicago: University of Chicago Press, 2004.

Ricoeur, Paul. "Memory, Forgetfulness, and History." The Israel Academy of Sciences and Humanities, ed. *History, Memory, and Action*. Jerusalem: Studio Efrat, 1996.

Worthington, Everett L. Jr., Charlotte Van Oyen Witvliet, Pietro Pietrini, Andrea J. Miller. "Forgiveness, Health, and Well-Being: A Review of Evidence for Emotional Versus Decisional Forgiveness, Dispositional Forgivingness, and Reduced Unforgiveness." *J Behav Med* (Aug, 2007).

2장

남아프리카공화국에서
만난 용서와 화해:
진실화해위원회 활동을 중심으로

전우택 (연세대 정신건강의학교실 교수)

1. 서론

거대한 사회적 트라우마가 있었던 사회에서, 용서와 화해를 통하여 사회적
치유가 시도된 매우 특별한 사례가 남아프리카공화국(이하 남아공으로 약
함)에서 있었다. 남아공에서 인종차별정책을 나타내었던 '아파르트헤이트'
라는 말은 원래 '분리·격리'를 뜻하는 아프리칸스어(語)이다. 남아공에서
는 전체 인구 중 약 16% 이하를 구성하는 백인이 84% 이상의 비백인(非白
人)을 정치적, 경제적, 사회적으로 차별하여 왔다. 그러다가 1948년 네덜
란드계 백인인 아프리카너를 기반으로 하는 국민당의 단독정부가 수립되면
서 이러한 차별은 더욱 강화되었고, 그러한 정책은 아파르트헤이트로 불리
게 되었다. 아파르트헤이트는 좁은 특정 지역에 각 인종별로 강제 거주하
게 하는 반투 홈랜드(Bantu Homeland) 정책으로 극심한 인권 문제를 만들
어 냈고, 반투 정청법(政廳法, 1951), 유권자분리대표법(1956) 등에 의하
여 유색 인종의 참정권을 박탈하였다. 그리고 산업조정법(1956), 패스포드

법(1952), 원주민법 수정법(1952), 이인종 혼인금지법(1949), 집단지역법(1950) 등에 의하여 경제적·사회적으로 흑인을 강력하게 억압하고 백인들의 특권을 유지하도록 하였다. 흑인들은 이러한 탄압과 차별에 반대하는 투쟁을 하였었고, 1961년 샤프빌 항쟁, 1976년 소웨토 항쟁, 1986년 인민 항쟁 등이 그 대표적인 것들이다.[1] 그러나 이 투쟁 과정에서 수많은 사람들이 학살을 당하고 체포되어 고문을 당하였으며, 실종되어 갔다. 그러다가 마침내 1964년에 수감되었던 넬슨 만델라가 1990년 석방되게 되었고, 1991년 아파르트헤이트 근간 법이 폐지되었으며, 1993년 인종평등의 원칙에 기초한 헌법이 채택되었고, 1994년 대통령으로 취임한 넬슨 만델라 대통령의 완전 폐지 선언으로 아파르트헤이트는 마침내 남아공 땅에서 종식되게 된다.[2] 그러면서 드디어 과거청산이 논의되게 된다. 과거 이루어졌던 반인권, 반인륜 범죄를 저지른 사람들을 모두 법정에 세워 재판으로 그들을 처벌하여야 한다는 주장들이 강하게 있었다. 그리고 개인적인 원한을 풀기 위한 피의 보복을 하기 원하는 사람들도 많았다. 그러나 1994년 수립된 넬슨 만델라의 흑백연합정부는 그런 사회적 위험을 극복하고, 평화롭고 통합된 새로운 국가 건설을 추구한다. 그러면서 새 정부는 백인의 국민당과 길고 힘든 협상을 거쳐 마침내 1995년 7월 '국민통합 및 화해촉진법(Promotion of National Unity and Reconciliation Act)'을 제정하게 되었고, 그것을 기반으로 진실화해위원회가 1995년 12월부터 그 활동을 시작하여 2년간 활동한다. 활동에 들어가면서 많은 논란들이 있었으나 위원회는 다음과 같은 원칙을 설정하고 활동을 시작한다.[3]

첫째, 조사할 (그리고 사면을 청원할 수 있는) 사건은 샤프빌 학살사건이 일어난 1960년부터 만델라 대통령이 취임한 1994년 사이에 일어난 사건으로 한다.

둘째, 정치적 동기에 의해 일어난 사건만을 다룬다. 개인의 탐욕 때문에 살인을 저지른 범죄자들은 사면 받을 자격이 없다. 그러나 아파르트헤이트 체제의 정치조직이 내린 명령에 따른 것이거나 그 조직을 대신하여 범죄를 저지른 경우 사면을 청원할 수 있다. 아프리카민족회의(ANC)나 범아프리카회의(PAC)와 같은 흑인해방운동 단체들이 저지르거나 관련된 범죄행위도 사면을 신청할 수 있으며, 그 사건을 다룰것이다.

셋째, 사면을 청원하려는 사람은 그 사건에 관련된 진실을 모두 충분히 밝혀야 한다.

진실화해위원회에 접수된 아파르트헤이트 체제의 인권유린사건은 약 2만 1,300건에 이르렀고, 이들 사건의 피해자 수는 약 305만 명인 것으로 밝혀졌다.[4] 위원회는 2년 간 2만 2,000명이 증언을 청취하였고, 7,112명의 사면 신청 조사대상자 가운데, 849명을 사면하였고, 5,392건의 사면신청은 기각하여 처벌하였다. 위원회에서 주관하였던 청문회는 일반대중에게 공개되었으며, 매주 특별보고서를 텔레비전을 통하여 보고함으로써 전 국민들이 그 과정을 볼 수 있게 하였다. 화해가 지나치게 강조되어 정의가 무너졌다는 비판과 비난도 있었으나, 남아공의 진실화해위원회 활동은 인간과 사회가 과거의 악과 상처를 어떻게 다루고 극복할 수 있는지를 보여주는 인류사적인 사건이 되었다. 청문회 활동이 끝나고도 사면 관련된 활동들이 이어졌고, 그에 따라 1998년 10월에 그 동안 밝혀진 사실들을 대통령에게 보고하는 5권의 보고서가 만들어졌으며, 최종 보고서는 2003년 제출됨으로써 그 모든 활동이 종료되었다. 이 글은 1984년 노벨평화상을 수상하였었고, 진실화해위원회의 위원장으로 활동을 하였었던 데스몬드 투투 주교의 위원회 활동 회고록 *No Future Without Forgiveness* (1999)[5]의 내용을 중심으로 남아공에서 이루어진 용서와 화해의 과정을 검토해 보기로 한다. 이 책을 선택한 이유는 투투 주교가 진실화해위원회의 활동을 내부적으로 가장 많이 알고 있었던 위원장이었다는 점 이외에도, 이 위원회의 활동이 남아공 전체의 역사와 사회의 다양한 측면에서 어떤 의미를 가지고 있었는지를 깊이 성찰한 자료라는 점이었다. 이 글은 남아공의 이러한 과거의 상처 치유 사례가 향후 한반도의 치유에 어떻게 적용될 수 있는가를 생각해 보기 위하여 쓰여졌다.

2. 용서와 화해를 위한 활동의 구성 요소들

여기서는 진실화해위원회 활동이 왜(정의와 용서에 대한 새로운 시각), 누구에 의하여(이 일을 해나간 사람들의 특징), 어떻게(현실주의적 접근 방법), 그리고 이 과정을 통하여 무엇이 이루어졌는지(치유와 성장), 그리고 이 일을 해 나감에 있어 관련자들은 그 어려움들을 어떻게 극복해 나갔는지(자기내면의 관리)를 봄으로써, 용서와 화해를 향한 활동은 어떤 구성 요소들을 가지는지를 보도록 한다.

1) 왜 이런 일이 있을 수 있었는가?: 정의와 용서에 대한 새로운 시각

(1) 분노를 파괴적 분노로 만들지 않았다

18세기에 활동하였던 영국 성공회 감독 조지프 버틀러(Joseph Butler)는 「마태복음」 5장 43-44절의 내용을 토대로 "분노 그리고 상처의 용서에 대하여"라는 제목의 두 편의 설교를 하였다. 여기서 버틀러는 분노를 성급하고 즉각적인 분노와 숙고된 분노로 구분한다. 그러면서 성급하고 즉각적인 분노는 용서와 양립할 수 없으나, 숙고된 분노는 용서와 양립이 가능하다고 하였다.[6] 이러한 분노의 구분을 강남순은 다시 다음과 같이 세 가지 분노로 구분한 바 있다.

> 첫째는 본능적 분노이다. … 이것은 폭력이나 상처에 대한 동물적이고 본능적인 반응이며, 자신을 보호하려는 본능에서 유발되며 여기에는 어떤 성찰이나 윤리적 숙고도 굳이 개입되지 않는다. 둘째는 성찰적 분노이다. 이것은 어떤 잘못된 행위에 성찰적, 도덕적으로 분개하는 것이다. 본능적 분노에 머물지 않고 분노의 원인을 사유하면서 그 분노가 과연 정당한지, 왜 그러한 분개의 감정을 품게 되는지 성찰하고 난 후에 생기는 분노이다. … 이것은 행위에 대한 부당함, 불의함, 불공평함 등의 윤리적 판단을 반영한다. 셋째는 파괴적 분노이다. 이것은 본능적 분노나 성찰적 분노가 지

나치게 커짐으로써 증오, 원한, 복수로 전이되는 것이다. 이렇게 변모되는 분노는 반종교적이며 반도덕적이다. 이 파괴적 분노야말로 용서와 양립될 수 없다. … 성찰적 분노는 '부당한 행동'이라는 행동 자체에 초점을 둔다. 반면에 파괴적 분노는 부당한 행위보다도 '행위자'를 향한다. 즉 부당한 행동을 한 사람에 대한 적개심과 증오로 전이된다.[7]

이 분노의 구분은 매우 중요한 의미를 가진다. 악을 향한 분노는 모두 같은 것이 아니라고 보는 것이다. 본능적 분노는 자연스러운 것이지만, 그것은 성찰의 과정을 거쳐서 이것이 계속 분노해야 할 도덕적 문제인가를 선택하여야 함을 보여 준다. 또한 성찰적 분노를 가질 만큼의 도덕적 문제를 가진 악행이었다 할지라도, 그것을 파괴적 분노, 즉 악을 행한 사람을 잔인하고 보복하고 죽여 없애는 분노로 이어가는 것은 다시 도덕적, 종교적으로 선택하여야 하는 것으로 보는 것이다. 남아공에서는 과거 있었던 악행에 대한 본능적 분노, 성찰적 분노를 최종적으로 파괴적 분노로 전환할 것인가, 아닌가에 대한 선택에서 아닌 것을 선택하였다. 그리고 남아공의 흑인 지도자들과 일반 흑인들은 그 파괴적 분노를 제어하는 데 성공하였던 것이다.

(2) 회복적 정의의 개념을 적용하였다

남아공의 아파르트헤이트 인종차별 정책에 의하여 이루어졌던 수많은 범죄에 대하여 '정의를 세우기 위한' 처벌을 하는 것은 국가 체제와 경제를 파탄나게 할 것이라는 현실적 우려를 만들었다. 그러나 그런 처벌을 하지 않기로 한 것에는 보다 더 본질적인 이유는 있었다. 그것은 이제부터 남아공 땅에서 이루어져야 하는 '정의'가 과연 어떤 것이어야 하는가에 대한 생각이었다. 여기서 말하는 정의는 크게 응보적 정의(retributive justice)와 회복적 정의(restorative justice)로 구분하여 생각할 수 있었다.

응보적 정의(retributive justice)는 가해자에 대한 처벌을 통하여 정의가 이루어진다고 본다. 그리고 설사, 처벌을 통하여 가시적인 결과가 나오지 않는다 할지라도, 처벌 자체가 정의를 이루는 수단이 된다고 본다. 따라서 남아공에서 이루어진 모든 범죄와 악행을 찾아내고, 그에 합당한 처벌을 하는 것, 그것이 때로는 피의 보복이 되더라도, 그렇게 하는 것이 바로 그 땅에 정의를 세우는 옳은 일이라고 보는 것이다. 그러나 회복적 정의(restorative justice)는 정의를 다르게 바라본다. 이 시각에서는 단순히 법을 어기거나 잘못을 저지른 것, 그것 자체만을 범죄로 보지 않는다. 누군가 저지른 범죄나 잘못은 결국 피해자뿐만 아니라 다양한 사람, 관계, 공동체에 해를 끼친 것으로 본다. 따라서 이럴 때의 정의로운 반응은 범죄, 또는 잘못된 일 자체에 반응하는 것이 아니라, 그 범죄가 야기한 다층적 손상과 피해에 반응하는 것이어야 한다고 본다. 따라서 여기서 다시 세워져야 하는 정의란 범죄가 만들어 낸 손상을 다시 바로 잡는 것, 그리고 그것을 위하여 가해자와 피해자가 함께 무엇을 할지를 서로 소통하는 것, 그래서 이러한 과정에서 사람과 관계, 공동체에 근원적인 변혁을 모색하는 것이 된다.[8]

따라서 정의에 대한 이 두 가지 시각은 범죄의 내용을 무엇으로 보는가에 대한 시각차를 가진다. 즉 실제적인 피해자의 고통과 피해에 주목하는가(응보적 정의), 아니면 그것을 넘어선 더 큰 관계, 사회적 가치, 미래에 대한 손상에 주목하는가(회복적 정의)가 차이인 것이다. 이에 따라 응보적 정의에서는 정확한 처벌이 모든 것의 최종 해결책이 된다. 그러나 회복적 정의에서는 징벌이나 처벌이 최종 해결책이 아니다. 그보다는 불화의 치유, 불균형의 시정, 깨진 관계의 회복, 희생자와 범죄자 모두의 복권 추구가 주된 관심사이다. 그래서 범죄자도 자신이 상처 입힌 공동체에 재통합될 기회가 필요한 대상이라고 본다. 범죄를 악행 그 자체로 보는 것이 아니라, 사람과 사람 사이에서 벌어진 일로 보고, 그 범죄의 결과는 인간관계의 파괴로 이해하는 것이다.[9] 남아공에서 진실화해위원회를 주도했던 사람들은 남아공에서 이루어져야 하는 정의는 회복적 정의라고 믿었다. 넬슨 만델라는 그의 자서전 말미에 다음과 같은 글을 쓴다.

"내가 감옥에서 풀려나왔을 때, 억압하는 자와 억압받는 자 둘을 다 해방시키는 것이 나의 사명이었다. 어떤 사람은 그것이 이제 달성되었다고 말한다. 그러나 아직은 그렇지 못하다는 사실을 나는 알고 있다. … 자유로 워진다는 것은 단지 쇠사슬을 풀어버리는 것이 아니며, 다른 사람의 자유를 존중하고 증진하는 방식으로 사는 것이기 때문이다. 우리의 자유에 대한 진정한 헌신은 이제 막 시작되었다."[10]

억압받았던 사람만이 아닌, 억압하였던 사람까지 해방시키는 것을 목적으로 하였던 만델라는 회복적 정의를 정의라고 믿었던 사람이었다.

(3) 상대방을 '악의 화신'으로 보지 않았다

남아공에서 과거 이루어진 범죄와 악에 대한 직접적인 처벌을 하지 않고 진실화해위원회를 통한 사면에 들어간 배경에는 또 다른 생각의 바탕이 있었다. 그것은 '악을 행한 인간'을 '악 그 자체'로 보지 않는다는 것이었다. '악'은 그야말로 악한 것이고, 인정하여서는 안 되는 것이며, 그것에 저항하여야 하고, 세상에서 없애야 할 존재인 것이 맞지만, '악을 행한 인간'은, 인간이며, 그래서 그의 불완전함을 인정해 주어야 하고, 그가 용서받고 변화될 수 있는 기회를 가져야 하는 대상이라 보는 것이다. 이런 악과 악인의 구분, 또는 "죄는 미워하되, 죄인은 사랑하라(hate the sin, love the sinner)"는 아우구스티누스의 말을 본질적으로 인정하는 것이 남아공에서 있었다. 투투 주교는 위원회의 청문회를 통하여 많은 백인들의 이야기를 들었다. 그리고 그들은 어렸을 때부터 다른 어른 백인들로부터 끊임없이 백인들의 우월성, 그리고 흑인들이 공산주의 사회를 남아공에 세우려 시도한다는 것, 그리고 그 공산주의는 악한 것이라는 것, 그래서 이 아름답고 선하고 평화로운 남아공을 지켜 나가려면 악한 흑인들을 억누르고 처벌하여야 한다는 이야기를 들으면서 자신들의 행위를 정당하다고 교육받아 온 것을 보았다. 그러면서 투투는 자신의 생각을 다음과 같이 이야기한다.

"진실화해위원회에서 범죄자들의 이야기를 들으며, 나는 우리 각자가, 우리 모두가, 끔찍한 악을 저지를 능력이 있음을 깨달았다. 그 범죄자들과 똑같은 영향을 받고 똑같은 세뇌를 당했어도 나는 절대 그들처럼 되지 않았을 거라고 말할 수 있는 이가 있을까? … 하나님의 은혜가 아니었다면 나도 같은 처지였을 것이다."[11]

'악행을 한 사람'들을 '악'과 구분하여 바라보는 이러한 생각은, 악행을 한 사람은 곧 악 그 자체라는, 그래서 악인을 죽여 처벌하는 것이 악을 없애는 선한 행위라고 생각하는 것을 넘어서게 하였다. 그리고 오히려 악행을 하지 않은 자기 자신의 내면에도, 그런 악행을 하게 하는 약하고 불완전함이 존재한다는 것을 인정하는 마음을 가지게 하였다. 그것이 진실화해위원회가 활동하게 된 중요한 생각의 배경이 되었다.

이렇게 악인을 바라보는 시각은 악인이 아니더라도 자신과 다른 생각을 가진 사람들을 대하는 태도에도 영향을 끼쳤다. 위원회는 매우 다양한 인종, 종교, 직업, 경력, 성별을 가진 사람들로 구성되어 있었다. 그리고 각자는 자신이 대표하는 집단이 따로 있다고 믿고 있었기에, 서로가 상대방을 대단히 의심하였고, 진정한 상호 신뢰를 쌓기가 매우 어려운 상황이었다. 투투는 위원회의 첫 해가 마치 연옥과 같았다고 묘사하였다. 그러나 시간이 지나가면서 서로를 알게 되었고, 그러면서 위원회 사람들은 자신들이 자신과 다른 집단에 속한 사람들을 자동적으로 정형화하는 선입견에 갇혀 있음을 깨달아 갔다고 하였다.[12] 즉 백인이라면, 흑인이라면, 과거 감옥에 갔던 사람이라면, 여성이라면, 이슬람 종교를 가진 사람이라면, 굳이 자세히 알아보지 않아도 당연히 그리고 뻔히 어떨 것이라는 그런 정형화된 선입견으로 타인을 진심으로 알아보고 사귀려 하지 않았다는 것을 깨닫게 되면서, 비로소 마음을 열고 한 팀이 되어 일을 하게 되었다는 것이었다. 사실, 이것은 위원회가 해야 하는 본질적인 업무와 연관된 일이었다. 흑인은 당연히 어떨 것이고, 백인은 당연히 어떨 것이라는 식의 고정된 관념에서 벗어나게 하는 것이 위원회 활동의 본질이었기 때문이었다.

(4) 이것을 종교적, 영적인 과정이라 생각하였다

자신에게 악행을 저지른 사람들에게 즉각적인 분노를 가지고, 힘과 기회만 있다면 그에게 똑같이 보복하고 싶어 하는 것은 당연한 인간의 본능이고 욕구이다. 그러나 남아공이 '회복적 정의'라는 개념을 받아들이고 그것을 추진해 나갔던 것은 그들의 '이성'에 의해서만은 아니었다. 좀 더 크고 근본적으로는, 이제부터 펼쳐져야 하는 일들을 매우 종교적이고 영적인 일로서 이해하고 받아들임으로써 이루어질 수 있었다. 투투 주교는 그의 회고록에서 다음 같이 위원회의 활동을 기록한다.

> "각자 걸어온 길이나 입장은 다르지만 위원들은 첫 번째 모임에서 묵상 기간을 갖고 우리의 영적 자원을 풍성하게 가꾸며 감수성을 예민하게 하자는 내 제안에 동의하였다. … 임기가 끝나갈 무렵, 우리는 또 한 번 묵상 기간을 가졌는데, 로벤 섬(저자 주: 흑인 정치범 수용소가 있었던 섬. 만델라도 여기에 상당 기간 수감되어 있었다)에서 감동적인 체험을 하였다. 투쟁과정에서 죽은 이들을 추모하는 엄숙한 분위기를 위하여 촛불을 피우기도 하였다. … 위원들 대부분은 위원회가 요청받은 일을 대단히 종교적이고 영적인 일로 여겼다."[13]

사실, 투투 주교가 과거 백인 정권에 맞서 투쟁을 하였던 것도, 그리고 그가 이런 진실화해위원회 활동을 하였던 것도, 그것은 그에게는 정치적 이유가 아닌, 종교적 이유였다고 이야기한다.

> "우리는 정치적 동기에서 나선 것이 아니었다. 우리를 움직인 동인은 성경적 믿음이었다. 우리가 투쟁에 참여한 이유는 정치가 아니라 종교적 관심 때문이었다. 그것은 기독교 신앙이 명령하는 바에 대한 순종이었다."[14]

(5) 이제부터 흑인과 백인은 한 운명 속에 있다고 생각하였다

또 하나의 상황에 대한 본질적 이해는 남아공에서 흑인과 백인은 결국 공동

운명체라는 시각을 가지는 것이었다. 투투 주교는 그의 책에서 스탠리 크레머(Stanley Kramer) 감독의 1958년 영화 작품인 〈흑과 백(The Defiant Ones)〉을 예로 든다. 백인과 흑인이 한 사슬에 묶여 호송차를 타고 가다가 트럭의 전복 사고가 나면서 둘은 같이 도망을 가게 된다. 서로 대립하던 그들은 혼자서는 도랑 언덕을 올라가 빠져나가지 못한다. 그들이 빠져 나갈 수 있는 유일한 방법은 조금씩 '함께' 올라가서 차례차례 도랑을 벗어나는 것이었다. 그러면서 투투는 "하나님은 우리(백인과 흑인)를 한데 묶으셨고 한 사슬에 매어 놓으셨다"고 남아공의 상황을 설명한다. 그리고는 "현재를 같이 사는 법을 배우지 못하면 우리는 바보같이 죽을 것이다"라는 마틴 루터 킹의 이야기를 인용한다.[15] 이것은 자신을 위해서, 자신의 자녀들을 위하여, 그 땅에 같이 살아왔고, 살아갈 백인들을 자신들과 공동의 운명체라고 보는 것을 진심으로 이해하고 인정할 때에만 가능한 것이었다. 백인들은 모두 죽고, 그리고 흑인끼리 행복하게 살 수 있는 그런 문제가 아니라고 상황의 본질을 본 것. 그것이 남아공에서 있어야만 했던 '제 2의 비극'을 막고, 새로운 세계로 들어가게 만든 힘이 되었다.

2) 누구에 의하여 이런 일들이 진행되었는가?: 이 일을 해 나간 사람들의 특징

(1) 더 큰 고통을 받아 감히 용서라는 단어를 꺼낼 수 있었던 사람

그러나 남아공에서 이렇게 일이 진행될 수 있었던 것에는 '결정적인 요인' 하나가 있었다. 바로 넬슨 만델라라고 하는 인물이었다. 그는 1918년에 태어나서 고학으로 법과대학을 졸업하고 인권변호사로 활동을 하다가 1944년 흑인인권운동 정치단체인 아프리카민족회의(ANC)에 합류하였고, 그 후 '민족의 창'이라는 무장단체를 결성하여 지하조직 활동을 하다가 46세인 1964년에 체포되어 수감된다. 그로부터 27년간 감옥에서 지냈으며, 72세인 1990년에 석방된다. 그는 그 누구보다도 긴 수감생활을 하였으며, 백인

정권의 온갖 회유와 위협에 무릎 꿇지 않았던, 모든 흑인의 자부심이자 희망이 되었던 사람이었다. 그리고 그런 그가 마침내 당당히 석방이 되고, 대통령에 당선되어 '보복과 복수'가 아닌, '용서와 화해'를 선언하였을 때, 흑인들은 그의 말을 따랐다. 그는 이러한 용서와 화해를 단지 말로만 한 것이 아니었다. 1994년 5월 10일에 있었던 대통령 취임식에 만델라는 자신을 감시했던 세 명의 백인 교도관을 귀빈으로 초대하였다. 또한 대통령 취임 이후에 만델라를 공산주의자고 테러리스트라고 비난하면서 감옥으로 보냈던 보타 전 대통령, 자신을 박해하였던 대표적 인사 헨드릭 버워드의 미망인, 자신을 기소하였던 전 검사 퍼시 유타, 아파르트헤이트 최고 정보책임자였던 니엘 바드너, 로벤 섬 총사령관이었던 윌렘스 장군 등을 만나 화해의 대화를 나눈다. 그는 거대한 아량과 용서의 정신을 자신이 직접 먼저 보여 주었던 것이다.[16] 그러고 나서 그는 모든 흑인들과 백인들에게 화해를 위하여 함께 하자고 이야기한 것이었다. 27년간의 감옥 생활 이후, 그는 원한과 복수심으로 가득 찬 사람이 아닌, 용서와 화해의 사람으로 백인과 흑인 앞에 나타난 것이었다. 한 명의 그러한 변화와 성숙이 남아공의 수많은 백인들과 흑인들을 살리고, 인류 전체에 거대한 메시지를 전달하게 하였다.

(2) 인격적 신뢰를 받을 수 있었던 사람

넬슨 만델라가 백인들에 대한 피의 보복을 하지 않겠다는 선언을 하고 향후 남아공이 갈 큰 방향을 정하였다면, 그것이 진실화해위원회라는 기구를 통하여 구체적으로 이루어져 나가도록 하는 데는 데스몬드 투투 주교의 큰 역할이 있었다. 그는 1931년생으로서 1961년 성공회 교구 사제로 임명된 후 사제로서 활동을 시작하였다. 그는 인종차별정책에 대한 저항과 인권을 위한 투쟁을 평화적으로 해 나가는 지도자로서 역할을 하여 1984년 노벨평화상을 수상하였다. 1994년 흑백연합정부가 구성되고, 1995년 진실화해위원회가 구성되자 그 위원장으로서 활동을 하였다. 그러나 이 위원회가 구성되자 백인들은 결국 이 위원회가 마녀사냥을 할 것이라는 의구심을 강력하게 가지고 있었고, 그것은 그 동안 인종차별을 지지하여 온 남아공의 네덜란드 개혁교회 지도자들도 마찬가지였다. 이 때 투투 주교가 그들에게 한 말은 이것이었다. "나의 인격을 믿으라. 내가 어떻게 살아왔는지 보라." 극도로 민감한 주제를 다루어야만 하였던 위원회는 그 출발부터 시작하여 종료에 이르기까지 수많은 갈등과 위기를 거쳐야만 하였다. 그리고 그 가운데 이것을 이룰 수 있었던 것은 결국 흑인들이, 백인들이, 그리고 남아공의 언론들이 투투라는 한 개인의 인격에 대하여 신뢰를 하였기 때문이었다.[17]

(3) 피해자에 대한 연민을 가지고 다가갈 수 있었던 사람

투투 주교는 청문회에 나온 사람들의 증언 중 고문장면 이야기들을 듣고 눈물을 쏟았다. 그리고는 나약하고 감정을 주체 못하는 자신이 과연 위원회를 이끌어 가기에 적합한 인물인지 스스로 확신할 수 없었다고 이야기 하였다.[18] 그러나 그런 피해자들을 향한 연민이 위원회로 하여금 그 본질적인 역할을 하도록 만들었다. 위원회는 진실을 규명하는 차디찬 논리의 자리가 아니었다. 위원회는 인간의 고통과 그것에 대한 연민을 가지고 진행된 곳이었다. 그래서 정식 재판 같았으면 당연히 있어야만 하였던 증인들에 대한 반대심문이 청문회에서는 인정되지 않았다.[19] 재판에서는 많은 경우, 증인들은 가해자 측의 반대심문, 즉 "당신의 기억이 정확하냐? 그런 증거가 있느냐? 당신은 지나치게 감정적인 상태인데, 그것이 상황을 왜곡하고 있는 것이 아니냐?"는 등의 질문으로 큰 고통과 난감함, 혼란을 겪는다. 캄보디아에서 폴 포트 정권의 가해자들에 대한 재판(ECCC)에서 있었던 일들은 그것의 가장 큰 예가 되었다.[20] 남아공 청문회에서는 그런 반대심문이 허용되지 않았기 때문에, 증인들은 자기들의 이야기를 아무런 제한 없이 청문회에서 다 할 수 있었다. 또한 다양한 언어가 사용되는 남아공에서 흑인 증인들이 충분히 자신의 이야기를 다 할 수 있도록 청문회는 영어, 코사어, 소토어, 아프리칸스어 모두를 가지고 진행되었다. 이러한 배려로 인하여, 청문회에서 증인들은 자신들이 할 말을 모두 다 할 수 있었다. 또한 증인들의 증언을 심리적으로 지원하고 상담하고, 옆에 있어 주는 지원 업무를 하는 동반자(briefer)들을 배치하여 증인들을 도왔다. 이와 같은 증인들에 대한 연민과 배려가 청문회의 중요한 원칙이 되도록 한 사람들에 의하여 위원회는 그 역할을 다 할 수 있었다.

3) 어떻게 이 일을 진행하였는가?: 현실주의적 접근 방법

그러나 위에서 언급된 원칙과 사람들이 있었다고, 용서와 화해의 작업이 남아공에서 쉽게 이루어진 것은 아니었다. 이것은 어떤 높은 낭만적 이상만을 가지고 이룰 수 있는 것이 아니었기 때문이다. 남아공은 그것을 이루기 위하여 극히 현실주의적인 방법을 신중하고도 철저하게 선택하여 진행하였다. 이런 '현실주의적 태도'가 남아공에서 보게 되는 가장 인상적인 것이라고도 할 수 있었다. 그것은 다음과 같이 정리될 수 있다.

(1) 뉘른베르크 전범 재판 방식을 선택하지 않았다

투투는 그의 책에서 뉘른베르크 식 재판을 하지 않은 이유를 다음과 같이 설명하였다.[21] 첫째, 남아공의 흑백 연합정부 구성은 어느 한 쪽의 일방적이고 결정적인 승리 때문이 아니라는 것을 인정하였다. 그것은 양 측의 타협으로 이룬 것이었다. 특히 극우적인 백인 보안세력과 매우 현실적인 협상을 하여 이룬 것이었다. 둘째, 재판을 하게 되면, 사법체계가 감당할 수 없는 추가 부담을 지게 된다는 것이었다. 관련된 사람들의 숫자가 너무도 많고, 그에 따라 각 개인의 재판에 투입되어야 하는 인력과 재판비용이 엄청나야만 하였다. 경우에 따라 1인 재판 비용이 100만 불에서 200만 불이 드는 상황이 되어야 했는데, 그것은 매우 제한되어 있던 국가 재정에 큰 부담이 될 수밖에 없었다. 새로운 국가는 재판 말고도 더 중요한 우선순위의 일들이 있다는 것을 인정한 것이었다. 셋째, 정식 재판에 의하여 처리가 되려면, 명명백백한 증거가 있어야 하고, 그에 따라 기소가 되어야 제대로 된 재판 결과를 기대할 수 있었다. 그러나 이미 과거의 범죄들은 어떤 형태로든 증거들이 거의 다 없어져 버린 상황이었기에, 오히려 재판을 하면 무혐의 처리, 또는 불기소가 이루어질 가능성이 커져서, 오히려 정의에 역행하는 위험이 있었다는 것이었다. 이상과 같은 이유로 재판에 의한 처벌을 하지 않기로 한 남아공의 결정은 매우 현실주의적 결정을 한 것이었다. 현실의 문제는 명분과 흥분만으로는 해결될 수 없다는 것을 침착하게 인정한 것은 매우 인상적인 일이었다.

(2) 할 수 있는 일만 공평하고도 명확하게 수행하였다

진실화해위원회는 다루어야 할 것이 너무도 많은 위원회였다. 증언만 2만개가 넘게 나왔다. 그 모든 것에 대한 처리를 한다면 수십 년이 걸려도 다 못할 것이었다. 그러나 남아공 정부와 국회는 위원회가 과거를 분명하게 처리하되, 과거에 발목이 잡히지 않는다는 원칙하에 2년이라는 활동 시한을 가지고 위원회를 구성하도록 하였다. 이렇게 되면서, 2년 간 활동하면서 완수할 수 있는 일들로만 활동 대상 선택을 하여야 했다. 즉 위원회가 감당할 수 있는 범위 내의 문제들만을 다루도록 한 것이었다. 이것은 과거사를 철저히 정리하지 못하도록 하는 근본적인 오류라고 비난을 받을 수도 있는 것이었지만, 사실은 국가를 위하여 매우 현명한 결정이었다. 즉 1995년 12월에 구성이 되어 1998년 10월에 주요 보고서를 제출하는 과정에서 실제 위원회의 청문회 활동 기간은 2년 정도였다. 그래서 세워진 원칙은 위원회가 과거 있었던 인권침해 중 살인, 납치, 고문, 극심한 학대의 네 가지만을 다루는 것으로 한정하는 것이었다. 이렇게 하였기에 다루어야 할 사안을 축소할 수 있었고, 그래서 기간 내에 일을 할 수 있게 되었다.

그리고 이 때 중요한 원칙이 하나 더 만들어 진다. 즉 그런 중대한 네 가지 범죄를 저지른 사람이 백인이든, 흑인이든, 그리고 그들의 정치적 입장이 무엇이든, 그것을 구분하지 않고 모두 다룬다는 것이었다. 사실 범죄는 백인이 흑인에게 가한 것만 있는 것이 아니었다. 당연히 그것이 가장 큰 숫자를 이루었지만, 흑인이 백인에게, 그리고 특히 흑인이 흑인에게 가한 범죄도 매우 많았다. 그리고 위원회는 그 모든 것을 다 다룬다는 원칙을 세운 것이었다. 흑인들이 정치적 우위에 있게 되었다고, 자신들의 범죄는 은폐하고 백인들의 것만 노출시키는 일을 하지 않기로 한 이 결정은 중대한 의미를 가졌었다. 이것은 위원회의 활동이 단순히 흑인들의 백인을 향한 마녀사냥이라는 비난을 피하도록 하였다. 그리고 진정한 의미의 '정의'를 위한 작업을 하는 곳이 되게 하였다. 새로 정권을 담당한 아프리카민족회의(ANC) 조차, 위원회가 만든 마지막 보고서에 대하여 자신들에게 불리하게 작성되었다고 강력 반발하였던 것은, 그만큼 위원회가 매우 엄격하고 공정하게 일을 해 나갔음을 보여 주는 증거가 되었다.

(3) 불완전한 파트너와도 인내심을 가지고 함께 일을 해 나갔다

만델라와 흑인들에게 있어 만델라의 석방 및 흑백연합정부를 만드는 협상의 상대방은 일차적으로 당시 남아공의 대통령이었던 데 클레르크였다. 이런 공로를 인정받아 그는 1993년 만델라와 함께 노벨평화상의 공동수상자가 되기도 하였다. 그리고 그의 공동 수상을, 이미 1984년 노벨평화상을 받았던 투투 주교도 찬성하였다. 그러나 진실화해위원회가 열리게 되자, 당시 부통령의 신분으로, 그리고 과거 이루어졌던 많은 백인 범죄 행위의 연관자로서 데 클레르크가 위원회 청문회에 나왔을 때, 갈등이 발생한다. 그는 과거 있었던 많은 불행했던 일들에 대하여 깨끗이 사과하였다. 그러나 그러고는 온갖 단서를 갖다 붙여 사과 자체를 무의미하게 만들어 버린다. 그는 변호사로서는 매우 영리함을 보여 주었으나, 남아공에서 이루어졌던 과거의 악들, 그리고 위원회를 통하여 이루어지고 있는 용서와 화해의 본질을 여전히 보고 있지 못하였던 것이다.[22] 그런데 여기서 중요한 것은 데 클레르크가 그런 부족함을 보였다는 것이 아니었다. 중요한 것은, 그런 부족한 사람을 파트너로 인정하고, 그와 협상하며 공동 노력을 하여, 최종적으로 남아공의 정의와 용서, 화해를 만들어 내는 것에 위원회가 성공하였다는 것이었다. 실제로 위원회가 진행되면서 과거 악행을 하였었던 백인들은 다음과 같은 모습을 보였다.

① 백인들은 과거 자신들은 정당한 명분이 있었기에 무죄라고 생각하였다.

백인들은 인종차별 정책이 그 시대에 있어야 하였던 불가피한 정책이었고, 그래서 옳고 명분 있는 정책이었다는 생각들을 여전히 하고 있었다. 그러하였기에 그 누구도 자신들을 비난할 수 없으며, 그래서 자신들은 그 누구에게도 용서 받을 것도 없다는 식의 태도를 보였다. 이들의 이런 생각과 행동들은 과거 그들이 인종차별주의를 구성하면서 가지고 있던 정치적-종교적-집단주의적-경제적 순환고리와 연관되어 있었다. 그 내용은 다음과 같은 것이었다.

첫째, 정치적으로 그들의 명분은 공산주의 팽창의 저지였다. 그들은 소련 공산당이 추진하고 있는 팽창주의에 맞서고 있는 마지막 보루가 바로 남아공이라고 믿었다. 그리고 이러한 '기독교 국가 남아공'에 적대적으로 활동하는 흑인 세력은, 남아공을 불경건하고 무신론적이고 비민주적인 공산주의 독재체제로 만들고 싶어 하는 세력이라고 보았다.[23] 그래서 자신들은 공산주의의 전면 공세에 맞선 싸움을 최전선에서 하고 있다고 믿었던 것이다. 그리고 당시 미국은 반공을 내세우는 정부는 그들이 인권에 대하여 어떤 태도를 취하든, 지지하는 정책을 취하였다. 그것이 남아공 백인들의 생각을 더욱 공고하게 만드는 근거가 되었었다.

둘째, 이것은 종교적으로도 연결이 되었다.[24] 남아공의 백인 네덜란드 개혁교회는 인종차별 정책의 제도화와 법률 제정을 정치인들보다도 먼저 제안하면서 이것은 하나님도 승인하신다는 주장을 하였었다. 대부분의 기독교 교단들은 네덜란드 개혁교회를 이단으로 정죄하였으나, 네덜란드 개혁교회는 오히려 교단의 입장을 비판하는 내부 구성원들을 비난하고, 괴롭히고 이단자로 선언하였었다. 많은 백인들은 종교적으로도 자신들이 옳다는 믿음을 가지고 있었던 것이다.

셋째, 집단주의적으로 대부분의 백인들은 모든 주어진 상황을 권위 있는 누군가가 정해준 것으로 인정하고 그대로 받아들였다. 즉 자신들의 주장과 행위에 대한 성찰 능력이 부족하였던 것이다. 그리고 체제순응이 일단 자리 잡자, 그들은 인종차별의 매우 불합리한 주장까지도 받아들이게 되었다. 일종의 집단본능이 작용하였던 것이다.[25] 그러고는 자신들이 정해놓은 그 사회치안과 안정을 위한 법률을 흑인들이 지키지 않는 것에 극도로 분노하게 된다. 남아공 백인들은 '합법적'인 것과 '도덕적으로 옳은 것'을 혼동하는 실수를 범했고, 투투 주교를 포함하여 여러 사람들이 불의한 법에는 순종할 의무가 없다고 말하는 것에 대단히 분개하였다.[26] 남아공 안보를 담당한 관리들이 국가의 핵심적 결정을 내리고 있었고, 정부 결정에 문제를 제기하는 것은 매우 비애국적인 것으로 간주되었기에, 백인들 중에 인종차별정책에 의문을 제기하거나 반대하는 사람들은 매우 소수일 수밖에 없었다.[27]

넷째, 백인들의 이런 모든 명분과 사고방식들은 그들의 경제적 이익과 직결되어 있었다. 흑인들을 억압하고 착취함으로써 얻게 되는 자신들의 경제적 이익은 계속 커졌기에, 명분과 실리 모두를 보장받는 인종차별정책을 의심하고 포기할 이유가 백인들에게는 없었던 것이었다.

이런 그들의 과거 논리와 생각들에 대하여, 많은 백인들은 위원회 기간 중에도 여전히 벗어나지 못하고 있었다. 따라서 자신들이 사면을 받기 위하여 진실을 이야기는 하지만, 진심으로 과거의 잘못을 뉘우치는 백인들은 그다지 많지 못하였다. 그리고 자신들은 당연히 용서받을 자격과 권리가 있다고 주장하는 분위기가 있었다.[28] 그러기에 일반 백인들은 위원회 활동을 전혀 돕지 않았다. 실제로 그토록 많은 평범한 백인 시민들이 과거 백인정부에 적극 협력하지 않았다면 아파르트헤이트 체제는 진작 무너졌을 것이었다고 투투 주교는 말하였다.[29]

② 백인들은 위원회를 경멸하고 무력화하려고 하였다.

이런 생각을 가지고 있었기에 많은 백인들은 자신들에 대하여 위원회가 하는 일이 마녀사냥이라고 비난하였다. 그리고 위원회의 구성에서부터 틀렸다는 비난을 하였다. 제대로 과거사를 다루는 위원회를 구성한다면, 인종차별정책에 찬성한 사람과 반대한 사람이 각각 반반 동수로 구성되는 위원회가 만들어져야만 한다고 주장하였다. 그런데 이 위원회는 그렇게 구성되지 않았으므로 '정의'와는 거리가 멀다는 것이었다. 그리고 그 위원회의 위원으로 들어간 사람들도 개인적으로 여러 가지 흠이 많은 사람들이라고 비난하였다. 또한 과거 아파르트헤이트 시절에 매우 편향적이고 잘못된 사법적 판결을 하였던 백인 판사들은 청문회에 나오는 것을 끝까지 거절하였다. 자신들이 그런 곳에 나가는 것은 사법적 독립을 유지하는 것에 큰 문제를 일으키기 때문이라는 것이 그들의 명분이었다.[30] 과거 사법적 독립성이 완전히 훼손되어 문제가 된 것을 다루려는 위원회에 그들은 사법적 독립을 명분으로 반대하였다. 이와 같은 낮은 차원의 논리를 가지고 그들은 높은 목표 지향을 하고 있는 위원회를 평가절하하였다. 결국, 자신들이 거의 인간으로 인정하지 않았던 흑인들이 나서서 도덕적으로 더 우위에 있는 것처럼 어떤 활동을 한다는 것을 인정할 수 없다는 생각이 있었던 것이다. 그러면서 백인들은 미래를 위하여 과거를 흘려보내자는 주장을 하였다. 그들은 과거 칠레의 독재자 피노체트가 마지막 정치협상을 하면서 스스로를 사면하고 정권을 넘긴 것과 같은 일괄사면, 일반사면을 요구하였다. 그러나 남아공에서는 일반사면이 이루어지지 않았다. 개별적으로 사면 신청을 하고 위원회에 나가 청문회에서 이야기를 하여, 그것이 인정된 사람만이 사면되었다. 일부 백인들은 위원회가 구성되고 활동에 들어가게 되자, 마치 과거에 자신들이 그렇게 행동하였던 것에 따라, 위원회를 위협하였다. 그래서 첫 청문회는 폭탄 테러 소동으로 진행에 어려움을 가지기도 하였다. 또한 위원회의 활동에 대하여 매우 냉소적인 태도를 취하였다.[31] 청문회에 나오는 증인들은 자신들의 과거 고통을 이야기하면서 많이 울었다. 그리고 그들이 울면 옆에서 그들을 돕는 사람들이 크리넥스 티슈를 그들에게 건네주곤 하였다. 그러자 위원회를 경멸하던 하던 사람들은 위원회를 "크리넥스 위원회"라 부르며 경멸하고 조롱하였다.

이런 모든 어려움에도 불구하고, 위원회는 인내심을 가지고, 그들의 원칙을 지켜나가면서 그 활동을 해 나갔다. 이 과정에서 훌륭한 백인들의 참회와 증언들도 많이 나왔다. 모든 백인들이 다 문제를 가지고 있었던 것은 아니었다. 그리고 이 과정을 통하여, 과거 백인들은 어떤 생각을 가지고 있었던 사람들인지가 더욱 명확하게 밝혀져서, 흑인과 백인 사이의 상호 이해가 더 깊어지기도 하였다.

4) 이 과정을 통하여 무엇이 이루어졌는가?: 치유와 성장

(1) 현장에서 이루어졌던 용서와 화해

위원회 청문회에는 흑인들을 잔혹하게 고문하고 죽였던 백인들만 나온 것은 아니었다. 흑인들의 테러에 의하여 죽거나 상처 입은 백인 가족들이나 당사자들도 나와 자신들이 당한 일들을 이야기 하였다. 이미 만델라가 석방되어 나왔으나 아직 흑백 연합정부가 수립되기 전이었던, 1992년 11월, 백인들의 와인시음회를 대상으로 흑인들의 수류탄 폭탄 테러가 있었다. 네 명이 죽었고, 베스 세비지는 심한 중상을 입고 수 개월을 중환자실에 있어야만 하였다. 그리고 그 후에는 심각한 장애가 남아 모든 일을 가족들의 도움을 받아야만 하게 되었다. 그녀의 아버지는 딸의 이 일에 충격을 받아 사망하였다. 위원회 청문회 당일에도, 그녀는 보안검색대를 통과하기가 어려웠다. 아직도 그녀의 몸 안에는 많은 금속성 파편들이 그대로 꽂혀 있었기 때문이었다. 그런데 청문회에서 그녀는 이렇게 말을 하였다.

> "그 모든 일의 충격을 거치면서, 솔직히 말해 나는 더욱 풍성해졌습니다. 그 경험은 나와 많은 사람들을 진정 부요하게 해 주었고, 비슷한 충격을 겪고 있는 다른 사람들과 어울릴 수 있는 능력을 내게 주었습니다."[32]

위원회는 그녀에게 가해자의 사면에 대하여 어떻게 생각하느냐는 질문을 하였다. 그것에 대하여 그녀는 다음과 같이 이야기하였다.

> "그건 내게 중요하지 않습니다. 많은 사람들에게 말했지만, 내가 정말 간

절히 원하는 것은 따로 있습니다. 나는 수류탄을 던진 사람을 만나 용서한다고 말하고 싶습니다. 그리고 어떤 이유로든 그가 나를 미워했다면 그의 용서를 받고 싶습니다. 여하튼 그를 무척 만나고 싶습니다"

백인들에 의하여 비참하게 죽은 흑인의 딸 바발와는 위원회 청문회에서 증언을 하였다. 그리고 이야기를 마친 뒤, 그녀는 아버지를 죽인 사람이 누구인지 알고 싶다고 하였다. 그리고 그 이유를 다음과 같이 이야기하였다.

"우리는 정말 용서하고 싶지만, 누구를 용서해야 할지 모르겠습니다."[33]

백인인 메리에타 제이거는 자신의 7살 딸 수지가 흑인들의 테러에 의하여 죽음을 당한 것에 대하여 다음과 같이 청문회에서 증언하였다.

"솔직히 말하면 처음에 저는 내 손으로 그(가해자)를 죽이고 싶었습니다. 그러나 그의 범죄가 온 천하에 밝혀질 무렵이 되자 가장 건강한 최선의 선택은 용서라고 믿게 되었습니다. 복수심을 품고 사는 사람들은 결국 가해자의 또 다른 피해자로 전락하게 됩니다. 과거가 주는 괴로움과 고통에 사로잡혀 과거의 노예가 되어 버리면 삶은 피폐해집니다. 우리의 분노가 아무리 당연하다 해도, 용서하지 않으면 우리는 파멸하고 맙니다."[34]

진실화해위원회에서는 정의의 개념에 대한 충돌들이 있었고, 모든 사례가 다 위의 사례들처럼 이루어진 것은 물론 아니었다. 그러나 이 위원회의 활동을 통하여서 상당수의 사람들은 자신들이 당하였던 일의 가해자를 용서하는 것에 대하여 깊이 생각하게 되었다. 그리고 그들의 그런 모습은 전 인류에게 많은 메시지를 던지게 되었다. 이렇게 된 것에는 여러 이유가 있었지만, 그 중 중요한 것은 자신들의 가해자들을 새로운 시각으로 보려는 노력이 포함되어 있었다. 백인인 요한 스미트는 흑인들의 테러로 8살짜리 아들을 잃는다. 그리고 그는 청문회에서 다음과 같이 이야기하였다.

"나는 신문사 기자들에게 내 아들은 영웅이라고 말했습니다. 그 아이는 억압받는 사람들(흑인)의 자유를 위하여 죽었기 때문입니다. 많은 사람들(백인들)은 이런 말을 하는 나를 비판하였습니다. 그들은 나를 배반자로 여기며 손가락질하였지만 나의 생각은 지금도 변함없습니다. 모두가 흑인 저항집단인 아프리카민족회의(ANC)의 사람들을 '테러분자들'로 낙인찍을 뿐, 동전의 다른 면은 보지 않았습니다. 아들의 죽음을 겪지 않았다면, 그리고 이들 아프리카민족회의의 사람들이 어떻게 싸워 왔는지 내 눈으로 직접 보지 않았다면, 나 역시 다른 백인 사람들처럼 생각하고 행동했을 것입니다."[35]

그는 자기가 당한 고통을 통하여 오히려 남아공의 인종차별 상황과 그것의 철폐를 위하여 투쟁하고 있는 흑인들에 대하여 더 깊고 넓은 시각을 가질 수 있었음을 이야기한 것이었다. 같은 일을 당하고는, 더 큰 원한과 분노 속에서, 가지고 있던 시야를 더 좁힌 사람들도 많았으나, 그 반대로 움직인 사람들도 있었던 것이다. 청문회는 이런 성찰을 하게 하였고, 그런 성찰을 밖으로 이야기하도록 하여, 그것을 다른 남아공 사람들, 그리고 전 인류와 나누도록 하였다.

(2) 용서가 이야기 될 수 있었던 이유

청문회 현장에서 이루어진 이러한 일들을 바라보면, 정말 어떻게 이런 일들이 가능할 수 있었나 하는 질문을 가지게 된다. 자신의 가족들을 잔인하게 죽인 사람들, 자신의 모든 세계를 부수고 무너뜨린 사람들을 향하여 '용서'라는 말을 어떻게 이렇게 할 수 있었을까 하는 질문을 할 수 밖에 없는 것이다. 이에 대한 대답은 다음과 같이 정리될 수 있을 것이다.

첫째, 위원회의 활동이 피해자들로 하여금 치유의 체험을 하도록 하였고, 그것이 용서와 이어질 수 있었던 측면이 있다. 위원회에서는 '처벌'이나 '정의'보다도 '치유'에 그 중심이 가 있었다. 진실화해위원회 산하 인권침해조사위원회 첫 청문회가 열리는 날, 투투 주교는 다음과 같이 그의 인사말을 하였다.

"우리는 우리의 어두운 과거에 대한 진실을 찾아내야 합니다. 그 과거의 악령들이 우리를 괴롭히기 위해 다시 돌아오지 못하도록 그것들을 물리쳐야 합니다. 남아공에 있는 우리는 모두 상처 입은 사람들입니다. 우리는 상처 입은 사람들의 치료를 위해 일할 것입니다. 이 일을 통해 우리는 국가의 일치와 화해를 도모할 것입니다."[36]

이와 같이 위원회는 위원회의 궁극적 목표를 치유로 보았다. 실제로 위원회는 피해자들과 가해자들의 공적 증언이 개인들과 국가 전체에게 치료를 위한 기회를 제공하였다고 보았다.[37] 과거 집단적으로 행해진 인권 유린은 나라 전체에 가해진 하나의 트라우마로 보았고, 위원회는 어떤 의미에서 트라우마에 대한 치료가 정의보다도 더 시급한 것으로 보았다. 즉 정의는 치료에 대한 보조 수단, 혹은 때로 치료의 장애물로 여겨지기도 하였다. 응보적 정의가 회복보다는 처벌에 기초되어 있고, 응보적 정의는 보복을 낳을 수 있다는 우려가 있었기 때문이었다. 국가는 병든 몸이었고, 국가를 치료하는 것이 곧 국가를 건설하는 것이 된다고 보았다.[38] 실제로 증인들은 자신들의 고통스러웠던 과거를 이야기하면서 치유의 경험들을 하게 된다. 이러한 현상을 하이너(Hayner)는 다음과 같이 설명하였다.

"광범위한 정치적 폭력과 강요된 침묵의 기간이 지난 다음, 피해자들과 증인들에게 공식적 위원회 — 특별히 존중할 만하고, 대결적이 아니고, 그들의 이야기에 관심을 기울이는 위원회 — 에서 단순히 그들의 이야기를 할 수 있는 기회만 주어도, 그것은 그들의 존엄성을 되찾고 회복을 시작할 수 있도록 해 주었다."[39]

투투 주교 역시 이런 현상을 다음과 같이 설명하였다.

"우리는 위원회에 나와 증언했던 많은 사람들이 단지 이야기하는 것만으로도 위안을 얻고, 치료를 경험하는 것을 발견했다. 그들이 겪은 고통의 용납, 긍정, 그리고 인정은 그들에게 카타르시스와 같았다. 만일 그것이 오직 한 사람에게만 일어난다고 해도, 우리 위원회가 존재할 이유가 있다고 말할 수 있을 것이다.”[40)]

둘째, 위원회는 그 활동 속에서 용서라는 개념을 적극적으로 사용하였다. 처음 6개월 동안 인권침해조사위원회는 피해자들에게 가해자들을 용서할 것을 권면하였다. 청문회가 끝난 다음, 증언자들은 “당신은 가해자를 용서하겠는가?”라는 질문을 받았다. 이런 방식의 청문회 운영은 많은 비판을 받았지만 계속되었다. 위원회는 각 개인이 전체의 가족들과 공동체를 위해 용서할 힘을 가지고 있다고 믿었다. 이것은 매우 기독교적인 사고방식에 따른 것이었다. 청문회에는 용서받지 못할 가해자는 없으며, 구원받지 못할 사람은 아무도 없다는 것을 믿는 정서가 있었다. 그래서 용서와 화해의 미덕은 아주 크게 칭송받았으며 보복과 증오는 평화로운 치료 과정에서 용납되지 않았다.[41)] 이것이 지나친 집단압력으로 작동될 위험성도 있었다. 그러나 위원회는 남아공이라는 국가 안에서 이루어지고 있었고, 그 나라의 일반적인 정서와 문화 속에서 이것은 받아들여졌던 것이다.

셋째, 이런 일들이 있게 되면서 일종의 ‘우리 의식’이 청문회 참석자들에게 작동하였다.

청문회에서의 증언들을 통하여, 증인들은 치유를 체험하였고, 동시에 자존심이 세워졌다. 그리고 그 과정 속에서 점차 증인들은 자신들이 하고 있는 일들이 새로운 국가를 만드는 데 의미를 가진다는 것을 의식하기 시작하였다. 그러면서 과거에는 자신이 “고통 받은 초라하고 무력한 한 개인”이라고 생각하였으나, 이제는 “새로운 국가를 만들어 가는 ‘우리’를 구성하는 존재로서의 나”라는 자의식을 가지면서, 이 ‘용서의 대열’에 자신도 서야겠다는 생각을 하였던 것으로 보인다. 이에 따라 피해자들은 자신들의 상처를 국가의 상처에 통합시킴으로써 ‘상처 입은 우리’라는 집단의식을 가지게 되었고, 청문회는 그 공동의 치료를 위한 의식(ritual)이 되었다. 이와 같이 국가를 치료 받아야 하는 하나의 몸과 같은 존재로 보는 것은 국가를 재건하는 사람들에게 중요한 개념이 되었다. 청문회는 ‘새로운 우리’, ‘치료받은 우리’를 만드는 장이라 생각되었던 것이다.[42)]

5) 위원회 일을 해 나간 사람들은 어떤 어려움을 겪었나?: 자기 내면의 관리

용서와 화해라는 민감하고도 거대한 주제를 다루어야 했던 위원회의 위원들과 그 관계자들, 즉 통역자, 행정지원자, 기자 등은 모두, 이 일을 하는 것에서 큰 스트레스를 겪어 나가야 했다. 즉 과거에 있었던 그 참혹하고 잔혹한 행위들에 대한 반복된 증언들을 계속 들으면서, 자기 스스로 마음이 무너지고, 극심한 스트레스에 시달리고, 심지어는 2차 외상후스트레스장애(트라우마를 당한 당사자가 아닌, 그 사건을 간접적으로 접한 사람들이 가지게 되는 외상후스트레스장애)를 가지기도 하였던 것이다. 그에 따라 위원회 활동이 시작되면서 위원회의 위원들과 관계자들의 정신건강을 책임졌던 상담가는 이들에게 앞으로 맡게 될 힘들고 고된 임무에 의하여 발생하게 되는 스트레스를 어떻게 감당하고, 좋은 정신건강을 유지할 것인지를 설명해 주었다.[43] 그 내용은 다음과 같은 것들이었다. 첫째, 속마음을 터놓을 수 있는 영혼의 친구, 마음의 친구, 혹은 상담가가 있어야 하며, 그들과의 관계를 꾸준히 지속할 것, 둘째, 배우자 및 가족들과 좋은 시간을 보낼 것, 셋째, 휴식과 재충전의 시간을 가질 것, 넷째, 규칙적으로 운동할 것, 다섯째, 가능하면 규칙적으로 신앙생활을 할 것 등이 그것이었다.

그러나 이런 교육을 받았고, 그리고 그것에 상당히 신경을 썼음에도 불구하고, 위원들과 관계자들은 많은 심리적 어려움들을 겪었다. 어떤 위원들은 성질이 급해져서 배우자와 말다툼이 늘고, 과음을 하게 되고, 수면장애를 호소하고, 그러면서 가정생활이 파경에 이른 경우도 있었다. 기자들도 신경쇠약과 쉽게 울음을 터뜨리는 상태들을 보이기도 하였다. 통역자들도 가해자의 입장이 되어 일인칭으로 가해자가 한 범죄 이야기를 통역하여야 하는 시간들이 계속되면서, 정신적으로 매우 힘들어 하는 상태가 되었다.[44] 투투 주교 자신은 위원장으로 일을 시작하고 난 약 1년 뒤인 1997년 1월, 전립선암을 진단받게 되었다. 그리고 그는 자신의 암 진단을 다음과 같이 이야기하였다.

"용서와 화해는 함부로 손댈 수 있는 일이 아니었다. 내 질병은 상처입어 정신적 상처에 시달리는 국민을 치유하려는 시도가 희생이 따르는 일이며, 그 중요한 과업에 참여하는 사람들이 가장 많은 충격을 받게 된다는 사실을 극적으로 보여 주었다."[45)]

용서와 화해의 일은 그만큼 큰 스트레스와 자기희생을 요하는 일이었다. 그러나 투투 주교는 이런 일이 있었던 것을 다음과 같이 이야기하였다.

"암은 내가 좀 더 느긋하게 일할 수 있도록 도와주었다. 말 그대로 심술을 부리기에는 시간이 충분하지 않다는 것을 더욱 분명하게 깨달았기 때문이다. 생명을 위협하는 병을 앓으면서 내 삶의 태도와 시각이 달라졌다. 더욱 밀도 있게 사는 계기가 되었다. 질병 덕분에 나는 내가 죽을 존재라는 것을 인정할 수 있었다."

피해자였거나 가해자였던 사람들이 용서하고 용서받으며, 더 나은 인간이 될 수 있도록 노력하는 일은 공짜로 되는 것이 아니었다. 누군가들의 말 못할 고생과 큰 스트레스의 감내가 필요한 일이었다. 그리고 위원회 관계자들은 그것을 겪고 참아내며 일을 하였기에, 마침내 인류 역사상 매우 의미 있는 일이었던 남아공 진실화해위원회는 그 업무를 무사히 마칠 수 있었다.

3. 결론: 용서와 화해로서의 한반도 통일을 향하여

투투 주교는 자신의 경험을 하나 이야기 한다.[46)] 아직 만델라가 석방되기 이전이었던 1989년 성탄절, 그는 예루살렘을 방문하였고 홀로코스트 박물관을 둘러보았다. 이미 1984년에 노벨평화상을 수상하였기에 지역 언론들은 그의 홀로코스트 박물관 방문에 관심을 보이고 그에게 방문 소감을 물었다. 그는 정말 가슴 아픈 경험이었다고 이야기하면서 인터뷰 말미에 자신이 섬기는 유대인이셨던 예수님은 이렇게 물으셨을 거라고 덧붙였다. "한데, 용서는 어떻게 되었느냐?" 이 말은 뜻밖에도 예루살렘에서 큰 소란과 가차 없는 비판을 불어 일으켰다. 그 용서란 이스라엘의 정책으로 말미암아 고통 받고 있는 팔레스타인들에 대한 지적이었기 때문이었다. 즉각 투투 주교는 반유대주의자라는 비난을 받았고, 투투 주교가 머물던 예루살렘 세인트조지 성공회대성당 벽에는 이런 낙서가 등장했다. "투투는 흑인 나치 돼지다." 그리고 10년이 지난 1999년 1월, 투투는 다시 예루살렘을 방문하였다. 그는 자신이 예루살렘에서 어떤 반응을 받을까 조심스러웠을 것이다. 그러나 그의 강연장은 온 사람들을 되돌려 보내야 할 만큼 인파로 넘쳤다. 그는 10년 전 왔을 때와 똑같은 메시지, 즉 중동에는 용서가 필요하며, 이스라엘 국가에는 안보가, 팔레스타인 사람들에게는 정의와 평등이 있어야 한다는 이야기를 하였다. 그런데 10년 전과 같은 메시지에 대하여 이스라엘 사람들은 새롭게 매우 긍정적 반응을 보였다. 이스라엘 사람들이 달라진 것이라 할 수도 있었으나, 사실은 그 말을 하던 투투 주교가 달라진 것이었다. 그 10년 사이에, 남아공은 만델라를 석방하고, 만델라를 대통령으로 하는 흑백 연합정권을 세웠고, 진실화해위원회는 성공적으로 운영되어 아무런 피의 보복 없이 평화롭게 새로운 사회를 건설하는 데 성공하였던 것이다. 그리고 투투 주교는 그 위원회의 위원장으로서 자신의 소임을 다하였었다. 그런 10년간의 역사를 가지고 다시 찾은 예루살렘이었고, 10년 전 투투 주교가 하였던 말에 대하여 불쾌해하던 사람들은, 이제 그의 말을 경청하려 노력하였다. 그는 말이 아닌, 행동으로 자신의 생각을 현실세계 속에 구현해 낸 사람이었고, 그것에 대하여 사람들은 경의를 보이며, 지혜를 얻기 원하였던 것이다.

현재 한반도는 큰 변화의 상황 속에 들어가 있다. 그리고 적어도 군사적인 대치와 상호 적대적인 행위는 줄어들 것으로 보인다. 그러나 남과 북 사이의 이데올로기의 차이, 45배 이상 나는 경제적 격차, 그리고 무엇보다도 전쟁과 학살로 이루어진 과거 경험에 대한 뿌리 깊은 증오 등, 이런 극심한 대립과 차이가 나는 두 개의 국가, 두 개의 집단이 평화를 만들고 공존해 나간다는 것은 매우 어려워 보인다. 그것은 마치 극심한 아파르트헤이트 인종차별 정책이 시행되고 있던 남아공에서 평화롭게 흑인 정부가 세워지고, 백인과 흑인이 평화롭게 공존하는 것을 꿈꾸는 것만큼이나 힘든 일에 대한 꿈이다. 그러나 남아공에서는 그 일이 실제로 이루어졌다. 그리고 만일 남아공에서 그런 일이 일어났었다면, 한반도에서라고 그런 일이 못 일어날 이유는 없다. 그리고 투투 주교를 포함하여 많은 남아공의 사람들이 전 세계를 향하여 용서와 화해, 평화와 일치에 대한 이야기를 할 때, 전 세계 사람들은 야유와 분노 대신 경청을 하였다. 그렇다면 21세기 한반도에서 평화로운 통일이 이루어지고, 하나 된 통일 국가의 모습을 전 세계에 보일 수 있다면, 여러 가지 갈등과 고통으로 무너져 내리고 있는 세계 여러 지역에서, 한국인은 자신이 이루었던 용서와 화해라는 가치의 구현을 이야기할 수 있을 것이고, 전 세계는 그것을 경청하게 될 것이다. 그것이 통일이 가지는 가장 큰 의미이고, 인류에 대한 기여가 될 것이다.

주

1) 네이버 두산백과사전, "아파르트헤이트." https://terms.naver.com/entry.nhn?docId=1121944&cid=40942&categoryId=31628
2) 21세기 정치학대사전, 위키백과사전, "아파르트헤이트."
3) Nelson Mandela, *Long Way to Freedom* (New York: Little Brown and Company, 1994); 넬슨 만델라 지음, 김대중 역, 『자유를 향한 머나먼 길』(서울: 두레, 2004), p. 913.
4) 넬슨 만델라 (2004), p. 916
5) Desmond Mplilo Tutu, *No Future Without Forgiveness* (New York; Doubleday, 1999); 데즈먼드 투투 지음, 홍종락 역, 『용서 없이 미래 없다』(서울: 홍성사, 2009).
6) Joseph Butler, Upon Resentment and Forgiveness of Injuries. http://anglicanhistory.org/butler/rolls/
7) 강남순, 『용서에 대하여』(서울: 동녘, 2017), pp. 50-52.
8) 강남순 (2017), p. 124; Jerry Goodstein and Karl Aquino, "Restorative Justice for All: Redemption, Forgiveness, and Reintegration in Organization," *Journal of Organizational Behavior*, vol 31, no. 4 (may 2010), pp. 624-628; Michael Wenzel, et al., "Retributive and Restorative Justice," *Law and Human Behavior*, vol 32, no. 5 (Oct. 2008), pp. 375-389.
9) 데즈몬드 투투 (2009), p. 70.

10) Mandela (1994); 넬슨 만델라 (2004), p. 902.

11) 데즈몬드 투투 (2009), p. 105.

12) 데즈몬드 투투 (2009), p. 97.

13) 데즈몬드 투투 (2009), p. 99.

14) 데즈몬드 투투 (2009), p. 113.

15) 데즈몬드 투투 (2009), p. 15.

16) 넬슨 만델라 (2004), pp. 934-939.

17) 데즈몬드 투투 (2009), p. 233.

18) 데즈몬드 투투 (2009), p. 174.

19) 데즈몬드 투투 (2009), p. 141.

20) Bessel A. van der Kolk, "Trauma and Memory," *Psychiatry and Clinical Neuro-sciences*, Volume 52, Issue S1 (September 1998), p. 5.

21) 데즈몬드 투투 (2009), p. 29.

22) 데즈몬드 투투 (2009), p. 297.

23) 데즈몬드 투투 (2009), pp. 112, 226, 280.

24) 데즈몬드 투투 (2009), p. 220.

25) 데즈몬드 투투 (2009), p. 263.

26) 데즈몬드 투투 (2009), p. 267.

27) 데즈몬드 투투 (2009), p. 280.

28) 데즈몬드 투투 (2009), p. 196.

29) 데즈몬드 투투 (2009), p. 226.

30) 데즈몬드 투투 (2009), pp. 268-269.

31) 데즈몬드 투투 (2009), p. 133.

32) 데즈몬드 투투 (2009), p. 177.

33) 데즈몬드 투투 (2009), p. 180.

34) 데즈몬드 투투 (2009), p. 188.

35) 데즈몬드 투투 (2009), p. 184.

36) Tutu (1999), p. 114.

37) Martha Minow, *Between Vengeance and Forgiveness* (Boston, MA.: Beacon Press, 1998), p. 61.

38) 손운산, 『용서와 치료』 (서울: 이화여대출판부, 2008), pp. 160-161.

39) Priscilla B. Hayner, *Unspeakable Truth* (Abingdon: Routledge, 2011), p. 134.

40) Tutu (1999), p. 165.

41) 손운산 (2008), pp. 170-171; Richard A. Wilson, *The Politics of Truth and Rec-onciliation in South Africa: Legitimizing the Post-Apartheid State* (Cambridge, UK: Cambridge University Press, 2001), p. 120.

42) Wilson (2001), pp. 14-15.

43) 데즈몬드 투투 (2009), p. 337.

44) 데즈몬드 투투 (2009), p. 338.

45) 데즈몬드 투투 (2009), p. 339.

46) 데즈몬드 투투 (2009), p. 315.

● 참고문헌

강남순. 『용서에 대하여』. 서울: 동녘, 2017.

넬슨 만델라 지음, 김대중 역. 『자유를 향한 머나먼 길』. 서울: 두레, 2004.

넬슨 만델라 지음, 윤길순 역. 『나 자신과의 대화』. 서울: RHK, 2012.

데즈먼드 투투 지음, 홍종락 역. 『용서 없이 미래 없다』. 서울: 홍성사, 2009.

미로슬라브 볼프 지음, 홍종락 역. 『기억의 종말』. 서울: IVP, 2016.

손운산. 『용서와 치료』. 서울: 이화여대출판부, 2008.

전우택, 박명림 외. 『트라우마와 사회치유: 북아일랜드와 캄보디아에서 배우다』. 서울: 역사비평사, 2018.

Butler, Joseph. Upon Resentment and Forgiveness of Injuries. http://anglicanhistory. org/butler/rolls/

Goodstein, Jerry, and Karl Aquino. "Restorative Justice for All: Redemption, Forgiveness, and Reintegration in Organization." *Journal of Organizational Behavior*, vol 31, no. 4 (may 2010).

Hayner, Priscilla B. *Unspeakable Truth*. Abingdon: Routledge, 2011.

Mandela, Nelson. *Conversation with Myself*. Auckland, New Zealand: PQ Blackwell Limited, 2010.

_____. *Long Walk to Freedom*. New York: Little Brown and Company, 1994.

Minow, Martha. *Between Vengeance and Forgiveness*. Boston, MA.: Beacon Press, 1998.

Tutu, Desmond Mplilo. *No Future Without Forgiveness*. New York; Doubleday, 1999.

van der Kolk, Bessel A. "Trauma and Memory." *Psychiatry and Clinical Neurosciences*, Volume 52, Issue S1 (September 1998).

Volf, Miroslav. *The End of Memory: Remembering Rightly in a Violent World*. Grand Rapids: Wm. B.: Eerdmans Publishing Co. 2006.

Wenzel, Michael, et al. "Retributive and Restorative Justice." *Law and Human Behavior*, vol 32, no. 5 (Oct, 2008).

Wilson, Richard A. *The Politics of Truth and Reconciliation in South Africa: Legitimizing the Post-Apartheid State*. Cambridge, UK: Cambridge University Press, 2001.

Worthington, Everett L., Jr. (ed.). *Handbook of Forgiveness*. New York: Routledge Taylor & Francis Group. 2005.

3장

문학과 영화를 통해
생각해보는 용서와 화해

심혜영 (성결대 중어중문학과 교수)

1. 용서와 화해를 말할 수 있는가:
이청준의 〈벌레이야기〉와 영화 〈밀양〉[1]

용서와 화해를 주제로 하는 이 글을 준비하면서 스스로에게 가장 많이 던진 질문은 용서와 화해가 과연 제삼자가 어떤 말을 할 수 있는 주제인가, 내가 과연 이 주제에 대해 말할 자격이 있는가, 내가 이 주제에 대해 어떤 의미 있는 말을 할 수 있을까 하는 것이었다.

19세기 중반 자유인의 신분이었음에도 불구하고 간악한 중개상에게 납치되어 12년 동안이나 목화를 따는 노예로 가혹한 시련을 감내하며 살아야 했던 한 흑인 바이올리니스트의 실화를 다룬 영화 〈노예 12년〉이나[2] 시골 마을에서 사랑받는 순박한 소녀로 살다가 어느 날 갑자기 강제로 끌려가 평생 지울 수 없는 고통스러운 기억과 상처 속에서 남은 생을 힘겹게 살아내야 했던 위안부 할머니의 삶을 다룬 영화 〈귀향〉에서처럼[3], 자신에게서는 아무런 귀책사유도 찾을 수 없는 우연한 사건 속에서 너무나 억울한 운명의 희

82

생자가 되어, 하루하루를 살아간다는 것이 죽음보다 더 고통스러웠던 사람들에게 같은 고통을 경험하지 않은 내가 과연 용서를 말할 수 있을까, 아니 말해도 되는 것일까. 그것은 자칫하면 영문을 알 수 없이 찾아온 가혹한 시련 속에서 그 영혼이 깊은 사망의 골짜기를 헤매며 하나님께 고통스럽게 울부짖는 욥을 찾아와 그에게 충고를 하고 당위를 늘어놓으면서 결과적으로 욥의 고통과 분노를 가중시킨 욥의 친구들의 자리에 서는 일이 될 수 있지 않을까.

> "영혼이 갈가리 찢겨 울부짖는 이에게 윤리도덕의 잣대나 신앙적 잣대를 들이대는 행위 자체가 폭력적입니다. 우리에게 필요한 것은 그 우는 이들과 함께 울 수 있는 마음뿐입니다."
>
> "그들이 욥의 불행을 함께 아파했을 때 그들은 친구였지만, 그의 불행을 해석하려는 열망에 사로잡혔을 때 그들은 찌르는 가시가 되었습니다."
>
> "욥과 친구들의 차이는 생각의 차이가 아니라, 경험한 자와 경험하지 못한 자의 차이이고, 서 있는 자리의 차이입니다."

세월호 사건의 유족들을 포함하여 '우리시대의 욥'을 생각하며 김기석 목사가 묵상서 『아 욥! – 욥기산책』 안에서 독자들에게 건넨 권고들이다.[4] 필자는 이 중 어느 하나에 대해서도 아니라고 말할 수 없었다. 영혼이 깊은 상처로 고통 받는 이에게 정말 필요한 건 마주선 자의 설명이나 충고가 아니라 곁에 앉은 자의 침묵의 눈물일 것이다.

"영혼이 갈가리 찢겨 울부짖는 이에게 윤리도덕의 잣대나 신앙적 잣대를 들이대는 행위"가 얼마나 폭력적이며 파괴적인 것일 수 있는 지를 적나라하게 보여주는 작품이 이청준의 〈벌레이야기〉이다. 이창동 감독에 의해 〈밀양〉이라는 제목으로 영화화되면서 우리에게 더 잘 알려진 이 단편은 우리 문학이나 영화 가운데서 용서의 주제를 가장 전면적으로 다룬 대표적인 작품으로 거론된다. 용서라는 것이 얼마나 어려운 것인가, 과연 용서는 가능한가에 대한 도발적인 질문을 담고 있는 작품이다.

내용을 간략하게 소개하면 이러하다. 갓 국민(초등)학교 4학년에 올라간 알음이가 어느 날 갑자기 실종되었다가 두 달이 넘은 뒤 동네 건물 안에서 처참하게 부패된 시체로 발견된다. 아이를 잃은 견딜 수 없는 상실의 고통을, 범인을 찾는 일에 대한 집착으로 잠시 덮고 버티던 아내는 정작 아이의 살해범이 아이가 방과 후면 늘 곧장 달려가던 주산학원 선생이라는 것을 알게 되고 난 후 충격과 분노로 더 이상 몸과 마음을 가눌 수 없게 된다. 그 후 아내는 이웃집 김 집사의 거듭된 권유를 좇아 마치 지푸라기라도 잡는 심정으로 교회를 나가게 되고 좀 더 시간이 흐른 뒤 다시 기독교의 계명과 김 집사의 거듭된 권유를 따라 마침내 그 파렴치한 아이의 살해범을 용서할 생각까지 하게 된다. 그러나 결국 교도소로까지 찾아가 그를 만났을 때, 그 살해범은 자신은 이미 주님께 참회하고 주님의 이름으로 용서를 받아 마음의 평안까지 누리고 있노라고 말한다. 이 말을 들은 아내는 이제 다시는 헤어 나오지 못할 저주와 절망의 늪 속으로 빠져들어 결국 죽음을 맞게 된다. 교도소에서 돌아와 앓아누운 아내를 찾아와 다시 용서의 당위를 말하는 김 집사를 향해 울부짖으며 토해내는 아내의 절망과 그 절망적인 울부짖음을 들으며 '벌레처럼 연약한 인간'에 대한 깊은 연민을 토로하는 화자(남편)의 시선으로 작품은 마무리된다. 다음은 그 마지막 장면의 일부이다.

"… 하지만 그것이 과연 주님의 뜻일까요? 당신이 내게서 그를 용서할 기회를 빼앗고 그를 먼저 용서하여 그로 하여금 나를 용서케 하시고 … 그것이 과연 주님의 공평한 사랑일까요. 나는 그걸 믿을 수가 없어요. 그걸 정녕 믿어야 한다면 차라리 주님의 저주를 택하겠어요. 내게 어떤 저주가 내리더라도 미워하고 저주하고 복수하는 인간으로 살아가겠다는 말이에요."

아내는 이제 절망을 토해내고 있었다. 하지만 김 집사는 이제 그 아내 속에서 질식해 죽어가는 인간을 보려하지 않았다. 그녀는 아내의 무참스런 파탄 앞에 끝끝내 주님의 엄숙한 계율만을 지키려하고 있었다. 그녀는 이제 차라리 주님의 대리자처럼 아내를 강압했다.

아내의 지옥 같은 절망의 정체, 그 참담스런 절망의 뿌리. 용서의 기회, 용서의 표적마저 빼앗겨 버린.

보다 더 절망스런 아내의 파탄은, 그렇다고 그녀가 다시 인간의 복수심을 택할 수도 없게 되어버렸다는 데 있었다. 믿음과 사랑의 계율, … 아내는 그것을 버릴 수가 없었다. 그렇다고 자기 속의 '인간'을 부인하고 주님의 '구원'만을 기구할 수도 없었다. 그러기엔 주님의 뜻이 너무나 먼 곳에 있었고 더욱이 그녀에겐 요령부득의 것이었다.

아내의 심정은 주님의 섭리와 자기 '인간' 사이에서 두 갈래로 무참히 찢겨나가고 있었다.

하지만 나는 이제 겨우 그 아내의 절망을 이해할 수가 있었다. … 다만 저열하고 무명한 인간의 이름으로 그녀의 아픔만은 함께 할 수가 있을 것 같았다.

하기로서니 그것이 내 아내에게 무슨 소용이 있었으랴

너무 먼 곳에 있는 주님의 뜻에 다가갈 수 없는 '저열하고 무명한' 인간의 한계, 그러나 믿음과 사랑의 계율에 갇혀 더 이상은 인간의 복수심도 택할 수 없게 되어 버린 '요령부득'의 인간이 되어버린 아내의 절망적 몸부림. 그 아내 속에서 질식해 죽어가는 인간을 끝내 보지 못하는, 보려하지 않으며 아내의 무참스런 파탄 앞에서도 주님의 엄숙한 계율만을 고집하며 마치 주님의 대리자처럼 아내를 강압하는 김 집사, 주님의 섭리와 자기 '인간' 사이에서 두 갈래로 무참히 찢겨나간 아내의 절망과 그 '인간'의 아픔을 깊이 공감하나 절망 속에서 죽어가는 아내에게는 그것조차 아무 소용이 없음을 안타깝게 토로할 수밖에 없는 화자의 고뇌가 이 용서의 긴장된 드라마 속에서 각축을 벌이는 듯하다. 처음부터 끝까지 인간의 이야기인 이 작품에 '벌레 이야기'라는 제목을 단 작가의 심정이 각별한 울림으로 전해져오는 결말이다.

아무래도 용서는 삶의 가능한 차원으로서는 열려있지만 인간이 인간에게 당위의 차원에서 요청하기에는 너무나 어려운 문제라는 생각을 지울 수가 없었다.

2. 실존적 요청으로서의 신, 용서와 화해: 김은국의 『순교자』[5]

그러나 그럼에도 불구하고 용서와 화해에 대한 이야기를 하게 된 것은 이 문제가 이처럼 인간이 다른 동료 인간에 대해, 더구나 윤리적 신앙적 당위의 차원에서는 참으로 논하기 어려운 문제라 하더라도 그것이 "삶은 계속되어야 한다", 그것도 '행복하게'라는 실존적 요청의 차원에서는 그 어떤 것보다도 강력하게 요청되는 것이라는 생각 때문이었다. 용서는 개인적 차원에서든 집단적 차원에서든, 소소한 일상 속에서든 거대한 역사적 사건 안에서든 개인과 공동체가 삶을 건강하게 지속해 나가기 위해서는 반드시 필요한 것이다. 우리의 나날의 삶 전체가 어떤 의미에서는 끊임없이 용서하고 용서받아야 할 일들로 채워져 있으며, 끊임없이 용서받고 용서하는 행위들의 상호관계 속에서만 지속될 수 있고 또 앞으로 나아갈 수 있기 때문이다. "인간은 매일 죄를 범할 수 있으며, 관계의 그물망에서 새로운 관계를 만들려고 하는 한, 항상 죄를 짓기 마련이다. 따라서 죄는 항상 용서하여 잊는 것을 필요로 한다. 인간이 알지 못하고 행한 것으로부터 부단히 인간을 해방시켜야만 인간의 삶은 계속 가능할 수 있다"는 한나 아렌트의 말처럼 만약 우리가 서로에게 저지른, 모든 용서받아야 할 것들이 전혀 용서되지 않는다면 너와 나, 우리의 삶은 어두운 과거의 감옥에서 벗어날 수 없다. "인간은 행한 것으로부터 서로를 해방시켜 줌으로써만 자유로운 주체로 남을 수 있고", "자신의 마음을 변화시켜 다시 시작하겠다는 부단한 의지를 통해서만 새로운 것을 시작할 위대한 힘을 부여받을 수"있기 때문이다. 용서와 화해가 없는 삶의 자리는 증오, 분노, 절규와 보복의 마음으로 채워질 수밖에 없고 그것은 결국 공동체를 절망적 파멸로 몰아가는 어둠의 힘일 수밖에 없다. 복수나 보복의 악순환을 주된 소재로 다루는 무협영화의 결말이 대부분의 경우 숱한 죽음과 파괴로 얼룩진 허무일 수밖에 없는 이유도 여기에 있다.

필자가 용서와 화해의 문제를 이처럼 실존적 요청의 차원에서 생각하게 된 데 가장 큰 영향을 미친 작품은 김은국의 장편소설 『순교자』이다. 이 작품은 초판이 출간된 후 『뉴욕타임즈』로 부터 "욥, 도스토옙스키, 카뮈의 위대한 전통 속에 있다"는 평가를 받았으며 우리 문단에서 드물게 인간 실존의 보편적인 문제를 치열하게 성숙하게 다룬 작품으로 인정받는다. 이 『순교자』가 필자에게 남긴 가장 강한 인상은 "신은 요청된다"는 명제가 가지는 실존적 함의와 관련된 것이다. 6·25전쟁 중, 자신을 포함한 동료 목사들이 모두 북한 병사들에게 끌려가 무참한 조롱과 가혹한 고문을 당하고, 그 과정에서 자신과 결국 충격으로 정신을 놓게 된 젊은 한 목사를 제외하고는 대부분의 목사들이 무서운 신앙에의 회의를 겪고 무너져버린 상황에서, 마침내 마지막까지 안간힘으로 버티던 박 목사조차 "성 중에서는 죽어가는 자들이 신음하며 다친 자가 부르짖으나 하나님은 그들의 기도를 듣지 아니하시느니라"는 「욥기」(24장, 12절)의 구절 앞에서 더 이상은 버티지 못하고 무너진다. 박 목사는 결국 그 깊은 회의를 극복하지 못한 채 처절한 절망 속에서 죽음의 순간까지 "나는 기도할 수 없어"라는 외침을 내뱉고 절대고독 속에서 죽음을 맞는다. 끝까지 신앙적 소신을 굽히지 않은 채 홀로 살아남은 신 목사는 이 모든 과정을 목도하면서 그 모든 상황에서 침묵하시는 하나님, 자기 백성의 견딜 수 없는 고난을 철저하게 외면하시는 하나님의 경험 속에서 과연 '신은 존재하는가'의 깊은 회의 속으로 빠져들게 된다. 자기 교회로 돌아온 신 목사는 이러한 '신에 대한 모독'이 깊은 내면으로부터 강렬하게 일어나는 신앙적 절망이 하루하루 그의 생명을 갉아먹는 영적 어둠 속에서 벗어날 수 없어 몸부림친다. 하지만 그러던 어느 날 강단 위에 서서 문득 다시 "공포와 불의와 굶주림과 질병과 갑작스레 닥치는 의미 없는 죽음"에 절은 채 두려움과 절망의 나락 앞에 아슬아슬 서 있는 듯한 교인들의 눈을 마주하면서, 신 목사는 이 무의미한 세계에서 그들의 생이 지속되려면 그것을 지속시킬 그 무언가가 그들에게 있어야만 한다는 강렬한 타자의 요청 앞에 서게 되고 그 요청을 붙잡고 일어서서 다시 그들에게 희망을 선포하게 된다. 다음은 신 목사가 그런 회심의 계기에 대해 이야기하는 대목이다.

"나는 절망이 어떻게 사람들의 정신을 마비시키고 그들을 삶의 어둔 감옥으로 던져 놓고 있는지를 보았소. … 나는 인간이 희망을 잃을 때 어떻게 동물이 되는지, 약속을 잊었을 때 어떻게 야만이 되는지를 거기서 보았소. 그렇소, 당신이 환상이라 부른 그 영원한 희망 말이오. 희망 없이는, 그리고 정의에 대한 약속 없이는 인간은 고난을 이겨내지 못합니다. 그 희망과 약속을 이 세상에서 찾을 수 없다면(하긴 이게 사실이지만) 다른 데서라도 찾아야 합니다. 그래요, 하늘나라 하나님의 왕국에서라도 찾아야 합니다. 그래서 난 다시 평양으로 돌아왔던 겁니다."[6]

고통스럽고 절망적인 현실 속에서 그 삶을 의미 있게 할 희망의 근거조차 가지지 못한다면 그들을 짐승 같은 절망적 삶에서 건져낼 방법이 없다는 뼈저린 깨달음 속에서 신 목사는 결국 자신의 내면에서 가혹하게 자신을 괴롭히는 신에 대한 모든 회의와 부정의 유혹과 도전을 뒤로 하고 일어나 그 군중을 향해 선포한다. 그들을 위해, 고문에 굴복하여 신을 부정하며 죽은 이들을 위대한 신앙의 순교자들로 바꾸어 추앙하고, 대신 유일하게 신앙적 소신을 굽히지 않고 살아남은 자신을 오히려 비굴하게 살아남은 유일한 존재로 바꾼다. 그러나 '배신자'를 향한 군중들의 눈먼 분노를 잠재우기 위해 그 비굴한 자신에 대한 순교자들의 위대한 용서를 다시 힘주어 선포하고, 그 모든 것 위에 넘치는 신의 은혜와 신의 권세를, 고통스러운 현세 너머에 반드시 존재할 천국의 축복을 교인들에게 확신에 찬 듯 우렁찬 목소리로 선포한다. 신목사의 고뇌에 찬 결단 속에서 결국 "신을 가진 사람들과 그 사람들을 사랑하는 한 인간의 기도"가 울려 퍼지는 가운데 작품은 마무리된다.

이 작품을 통해 필자는 처절하고 절망적인 삶의 조건 속에서도 기어이 삶을 살아내야 할 무거운 책임을 떠안은 사람들에게도 삶은 지속되어야 한다면 신은 반드시 존재해야한다는 실존적 당위의 요청이 가지는 무거운 의미를 조금은 더 깊이 이해할 수 있게 되었다. 자신의 내면에서는 이미 신에 대한 믿음이 뿌리까지 흔들리는 절망적인 상황을 어찌할 수 없었지만, 그보다 더 어두운 절망 속에서 구원의 희망을 갈구하며 자신에게로 몰려드는 가련한 이 땅의 사람들을 차마 외면할 수 없었던 신 목사의 인간에 대한 깊은 사랑은 그 확신할 수 없는 신의 구원과 은혜를 확신에 찬 목소리로 선포할 수밖에 없는 근원적인 이유이자 동력이었다. 이 신 목사의 역설적 행위 속에 담긴 깊은 사랑과 진실이 주는 감동을 통해서 필자는 용서와 화해는 '그것이 없다면'의 부정적 가정 속에서 비로소 그 당위적 요청이 분명해지는 그런 주제라는 것을, 신이 없다면 이 고통과 절망을 딛고 일어설 수 없는 사람들에게 신은 반드시 요청되는 것처럼 끊임없이 용서하고 용서받아야 할 사람들이 삶을 지속해나가기 위해서 용서와 화해는 반드시 요청되는 것이라는 점을 다시금 생각하게 되었다.

이러한 생각은 필자가 오랫동안 가지고 있었던 한 가지 질문에 대해서도 해답의 일단을 제공해주었다. 그것은 가혹한 백인 크리스천 노예주들의 학대와 만행에 시달리는 흑인 노예들이 어떻게 그런 상황 속에서도 동일한 하나님을 열정적으로 찬양하며 그분에게 예배를 드릴 수 있었을까, 어떻게 그들은 그런 학대와 착취를 허용하시는 하나님을 원망하거나 부정하지 않고 오히려 그 하나님께 간절히 매달려 기도할 수 있었을까하는 것이었다. 하지만 이제 아, 그렇게 삶의 원통함과 견딜 수 없는 고통의 상황 속에서도 그들이 절망 속에서 삶을 포기하지 않고 인간으로서 삶을 지속할 수 있으려면, 오히려 그 모든 원통함을 내어놓고 통곡하며 호소하며 구원을 요청할 수 있는 가장 안전한 분, 전지전능한 분, 그 대상이 반드시 있어야만 하겠구나, 그것조차 없다면 그런 척박한 삶의 조건 속에서 생명을, 삶을 유지해 나가려는 의지를 가지는 것 자체가 불가능하겠구나 하는 생각을 하게 되었다. 그렇기에 누구도 타인에게 심지어는 자신에게조차 용서를 윤리적 당위로 말할 수는 없지만, 그러나 누구에게라도 할 수만 있다면 그렇게 해야 한다고, 삶을 위해 생명을 위해, 그것을 통해서만 다시 삶을 보다 삶답게 영위해나갈 수 있는 것 아니겠냐고 간절한 마음으로 호소할 수밖에 없는 것이 용서와 화해가 아닐까 하는 생각을 하게 된 것이다.

3. 영화를 통해 생각해보는 용서와 화해

이처럼 용서가 윤리적 당위의 차원보다는 실존적 요청의 차원에서 다루어져야 할 문제라면 용서의 문제에 어떻게 다가가야 할까. 그 방법으로 필자가 생각한 것은 우리 마음 안에 용서가 가능한 공간 만들기, 인식과 감성이 통합된 차원에서 용서와 화해의 창으로 삶을, 인간을 더 넓게 더 깊게 들여다보고 이해하고 수용할 수 있는 계기와 만나게 하기, 좀 더 깊고 넓고 풍부하게 좀 더 절실한 마음으로 타인의 삶을 들여다보면서 자신과 타인과 세계에 대한 이해 넓혀가기, 그래서 우리의 머리와 마음이 함께 한 걸음 더 용서와 화해의 길로 다가설 수 있게 하기였다. 그리고 그 일을 수행하는 데 가장 효과적인 매체가 문학과 영화가 아닐까 하는 생각을 한 것이다.

어떤 정해진 대답이 있을 수 없는 복잡한 인간의 문제, 삶의 문제에 대해 문학과 영화는 그것을 둘러싸고 있는 보이지 않는 문맥들, 가려져 있던 내적 외적 상황들을 드러내 보여줌으로써 '지금 여기'의 제한된 시선만으로는 포착되지 않는 가려져 있는 얼굴들, 마음들을 볼 수 있게 해주며 삶을 여러 각도에서 보다 총체적인 시각에서 조망할 수 있는 능력을 길러줄 수 있다. 이 능력은 인지적 차원만이 아니라 인간 내면의 복잡하고 민감한 영역들을 조금은 더 깊이 공감하고 이해할 수 있는 감수성의 차원과도 연결되어 있다. 문학과 영화를 통해 자기 자신과 타인에 대해 이해와 포용의 공간을 확대해 나감으로써 우리는 누군가에게 용서받기 어려운 고통을 주는 일을 조금은 덜 하는 존재가 될 수 있고, 용서받아야 할 일에 조금은 더 용기를 내어 용서를 구하는 화해의 주체가 될 수 있을지 모른다. 좋은 문학작품이나 영화가 인간 삶에 가져다주는 이해와 통찰, 그것이 우리의 영혼을 정화시키고 승화시킴으로써 우리의 행위에 변화를 일으키는 힘은 참된 신앙만큼이나 크다고 필자는 믿는다.

이런 마음으로 2017년 한 해 동안 '용서와 화해'를 주제로 한 한반도평화연구원의 시네토크에서 다루었던 세 편의 영화작품을 중심으로 용서와 화해에 대한 몇 가지 단상을 소개하고자 한다.[7] 단상 전체를 어우르는 질문은 무엇이 용서를 가능하게 하는가, 무엇이 용서의 진정한 의미인가이다.

4. 〈나의 사랑 그리스〉: 두 번째 기회, 새로운 관계의 시작

첫 번째 다룰 영화는 〈나의 사랑 그리스〉이다. 그리스 감독 크리스토퍼 파파칼리아티스의 2017년 작품으로 영어 원제는 〈나눠진 세계(*Worlds Apart*)〉이다. 2015년 국가부도 사태를 맞고 심각한 경제적 위기 속에 빠져든 그리스를 배경으로 시리아 난민의 유입, 이기주의와 국가파시즘의 부활, 살인적인 구조조정 등의 소재를 다루면서 국가와 민족, 경제적 조건과 이념, 서로 다른 역사와 문화로 분리된 세계 안에서 살아가는 20대, 40대, 60대 세 쌍의 남녀 이야기로 구성되어 있다. 첫 번째 이야기의 제목은 "부메랑", 두 번째 이야기 제목은 우울증 치료제인 "로세프트 500mg", 세 번째 이야기의 제목은 "세컨 첸스(두 번째 기회)"이며, 이 세 개 이야기 전체를 감싸는 주제는 에로스와 프쉬케의 사랑을 다룬 신화를 통해 암시된다. 영화의 출발점에서 세 쌍의 인물들은 서로 적대적이거나 대립적이며, 이미 너무 멀어진 두 세계로 나뉘어져 있는 것처럼 보인다. 그러나 이야기가 전개되면서 실은 이 두 세계가 밖을 향해 던지지만 결국은 자신에게로 되돌아오는 부메랑처럼 결코 떨어져 있지 않고 하나로 연결되어 있는 세계라는 것이 점점 분명해진다. 또한 서로의 미숙함으로 인해 실패로 귀결된 첫 번째 사랑의 경험을 딛고 이제는 보다 성숙한 두 번째 사랑의 길로, 진정한 용서와 화해의 길로 나아가야 함을 이 영화는 말하고 있다.

용서와 화해의 주제에 초점을 맞추어 볼 때 우선 주목되는 것은 국가부도 사태로 국가의 정상적인 기능이 마비되고 경제는 파탄을 맞이한 상황에서 실직을 당한 아버지 이야기이다. 이 아버지를 통해 우리는 우리가 왜 타인에게 용서받아야 할, 용서받기 어려운 악행의 주체가 되는가 하는 문제를 생각해 볼 수 있다. 가정과 사회에서 자신의 설 자리를 잃어버린 아버지는 몰려오는 시리아 난민에게로 문제의 원인을 돌림으로써 자신의 분노와 절망을 분출한다. 국가가 그 지경이 되어도 아무도 나서서 국가를 구할 생각을 하지 않는다고 개탄하며 자신의 행위를 '애국'의 이름으로 정당화하면서 극단적인 국가주의 인종주의 폭력테러 모임인 필그림에 가담하여 그런 활동을 앞장서서 전개한다. 한편 그 아버지의 딸 다프네는 밤 귀가 길에 불량 청년들에게 봉변을 당할 뻔한 사건을 계기로, 내전을 피해 죽음의 에게해를 건너 그리스로 온, 미술을 전공하는 시리아 청년 파리스를 우연히 만나게 되고 점차 파리스와 사랑에 빠지게 된다. 다프네의 아버지가 시리아 난민들이 모여 사는 임시숙소로 활용되고 있던 폐공항의 대합실을 습격하여 도망가는 난민들을 향해 마구 총기를 휘두르는 과정에서 폐공항의 버려진 비행기 안에 파리스와 함께 있던 다프네도 아버지와 같은 그룹 대원의 총에 맞고 쓰러진다. 그 다프네를 발견하고 경악과 절망 속에서 울부짖는 아버지의 오열이 첫 번째 이야기의 마지막 장면이다. 그 마지막 장면에서, 아버지가 앞서 길거리에서 심하게 정체되어 있는 차량 사이를 누비고 다니며 생계를 위해 어렵게 싸구려 플라스틱 부메랑을 팔던 파리스에게서 빼앗은 부메랑을 던지던 장면의 암시가 되살아난다. 결국은 자신이 타인을 향해 자행한 폭력이 자신에게서 가장 소중한 것을 앗아가는 비극적인 결말을 보여주는 이야기이다.

실직한 아버지가 극단적인 인종주의 국가주의 그룹인 필그림의 주도적인 일원이 되어 애국의 명분하에 불법의 폭력을 함부로 자행하며 살인까지도 주저하지 않게 되는 행위의 이면에는 그의 현실에서의 열등감과 실패로 인한 자괴감이 놓여있다는 것이 그의 아내 마리아의 입을 통해 폭로된다. 현실에서의 자신의 삶에 대한 콤플렉스와 불만이 애국이라는 거창한 명분과 결합하고 그 화살이 시리아 난민들에게로 향해지면서 맹목적인 분노와 폭력의 노예가 된 아버지는 그러한 열등감과 짝지어진 분노가 사회구조적 모순에 대한 이성적 저항이 아니라 불특정 다수의 사회적 약자들에 대해 가하는 불법적 폭력으로 쉽게 전화되는 모습을 보여준다. 그러나 결국 그 절제력을 잃은 분노의 분출이 사랑하는 자기 딸을 죽게 만든 끔찍한 일로 되돌아오자 시신을 안고 어쩔 줄 몰라 하며 오열하는 아버지. 그 아버지를 통해 우리는 우리 안에 있는 열등감과 자괴감, 현실에서의 패배의식과 절망이 방향과 절제력을 상실한 눈먼 분노로 우리를 파괴하고 우리가 사랑하는 관계를 파괴할 수 있다는 것, 그것이 누군가에게 되돌릴 수 없는 아픔을 남기고 용서받을 수 없는 죄를 저지르는 어두운 힘이 될 수 있다는 것을 가슴 아프게 되돌아보게 된다.

두 번째 이야기에서는, 인간적인 배려가 들어설 자리 없이 철저하게 계산적인 판단 하에서 구조조정을 집행하기 위해 그리스에 파견되어 온 스웨덴 여성 엘리제와 그 구조조정의 냉혹한 현실 앞에서 가정과 직장으로부터 밀려드는 삶의 무게에 눌려 우울증 약을 상시로 복용하며 그 고통을 버티고 있는 그리스인 남성 지오르그의 이야기를 다룬다. 처음에 엘리제는 우연히 하룻밤 인연을 맺게 된 지오르그가 우울증 약에 의존하는 태도를 비판하며 자신의 호텔방에 실수로 떨구고 간 지오르그의 '로세프트'를 경멸적으로 쓰레기통에 던져버린다. 그러나 그 후 지오르그와의 관계가 점점 더 깊어져가는 상황에서 지오르그가 속해 있는 회사를 상대로 비인간적인 구조조정을 계속해야 하는 난감한 상황이 전개되자 엘리제 역시 그 일이 주는 심리적 중압감을 견디기 위해 한때 자신이 쓰레기통에 던져버렸던 바로 그 '로세프트'를 꺼내 먹는다. 두 번째 이야기의 제목인 "로세프트 500㎎"은 이제 다른 세계로 나뉘어져 있던 엘리제와 지오르그를 하나로 연결시키는 매개로서의 의미를 가지게 된다. 지오르그와 엘리제의 만남은 결국 서로의 처지와 입장의 거리를 좁히지 못한 채 이별로 귀결되는 것처럼 보인다. 그러나 공항 플랫폼에서 노트북을 마주한 채 마치 누군가를 기다리는 듯이 앉아있는 지오르그의 모습과 다시 그리스로 돌아온 엘리제가 그 옆을 스쳐가는 모습을 동시에 보여주는 영화의 마지막 장면은 앞으로 이들에게 전개될 '두 번째 만남'의 가능성을 희망적으로 암시한다. 이 '두 번째 만남'은 첫 번째 만남이 서로에게 남긴 상처와 회한을 딛고 새롭게 시작하는 '두 번째 기회'가 될 것이라는 기대를 가질 수 있게 한다.

세 번째 이야기는 퇴직한 독일의 역사학자 세바스찬과 모든 꿈을 잃어버리고 이제는 토마토 한 봉 살 경제적 여력조차 없어진 가련한 처지의 그리스 여인 마리아와의 만남으로 시작된다. 이 이야기에서 이 '두 번째 기회'는 뚜렷하게 중심에 놓인 주제로 부각된다. 지금은 아무 것도 살 수 없는 가난한 처지가 되었는데도 여전히 관성처럼 매일 슈퍼마켓을 들르던 마리아는 어느 날 그 앞에서 우연히 세바스찬을 만난다. 첫 만남에서 마리아의 솔직하고 꾸밈없는 모습에 매료된 세바스찬은 마리아에게 사랑을 느끼게 되고 마리아의 형편없이 낮아진 자존감을 회복시켜주기 위해 노력한다. 세바스찬이 독일인 이라는 말을 듣고 독일의 그리스 침략을 거론하며 투덜대는 마리아에게 세바스찬은 서구문명의 원천으로 찬란했던 그리스의 고대역사를 환기시키며 그리스인으로서의 문명적 자부심을 불어넣어주고, 영어를 알지 못하는 마리아에게 에로스와 프쉬케의 사랑이야기가 담긴 두툼한 영어서적을 선물로 전해주면서 흥미를 보이는 마리아에게 함께 읽자는 제안을 한다. 언어적 소통을 넘어서는 마음의 대화를 도모하며 낙심과 절망에서 마리아를 일으켜 세우기 위해 노력하는 세바스찬의 사랑 안에서 마리아는 점차 잃어버린 자신을 발견하게 되며 결국 세바스찬과의 사랑을 위해 결단을 내리기로 결심한다. 그러나 그 순간 딸 다프네의 죽음이라는 엄청난 사건 소식을 듣게 되고 마리아가 그 충격에서 헤어 나오지 못함으로써 이 둘의 첫 번째 만남은 끝이 나게 된다.

그러나 세 번째 이야기의 마지막 장면은 모진 고통의 시간들을 겪고 다시 만나는 이 두 사람의 두 번째 만남을 희망적으로 기대하게 한다. 소중한 모든 것을 다 잃어버리고 이제는 마치 표정마저 잃어버린 것 같은 마리아의 넋나간 눈동자가 세바스찬과의 우연한 재회 속에서 빛을 되찾고, 마리아가 겪은 고통스러운 시간을 모두 아는 세바스찬이 말없이 안아주는 품속에서 둘의 눈가에 눈물이 고인다. 이 세 번째 이야기의 마지막 장면에서 관객은 다시 한 번 언어와 문화의 장벽, 경제적인 현실의 차이나 현실에서의 여러 구속과 상처들을 모두 딛고 용서와 화해로 다시 시작하는 새로운 만남, '두 번째 기회'의 여정을 마음의 눈으로 바라볼 수 있다.

세 번째 이야기의 제목이기도 한 '두 번째 기회'의 의미는 이 영화에서 모티프로 사용하고 있는, 인간인 프쉬케와 운명적인 사랑에 빠진 날개달린 청년 신인 에로스의 사랑이야기를 통해 분명해진다. 자신을 너무나 사랑해서 밤마다 찾아오는 에로스의 얼굴을 확인하고 싶은 욕망을 억누르지 못해 프쉬케는 에로스가 말한 금기를 어기고 마침내 에로스의 얼굴을 본 대가로 에로스와 이별을 맞게 되고 영원히 깨어나지 않는 깊은 잠에 빠져들게 된다. 이것이 에로스와 프쉬케의 첫 번째 만남, 그 미성숙한 사랑의 첫 번째 귀결이다. 사랑 때문에 하나가 되기를 추구했으나 결국 그릇된 집착 때문에 그 사랑을 깨뜨리는 파국을 맞이하게 되는 비극적인 이야기. 그러나 이 비극적인 이야기는 그것으로 끝나지 않고 두 번째 이야기로 이어진다. 한때는 자신도 분노했지만 영원히 잠에서 깨어나지 못하게 된 프쉬케를 보며 너무나 가슴이 아픈 에로스가 제우스에게 간청을 해서 결국 인간이던 프쉬케가 불사의 존재인 '영혼'이 되고 이로써 둘의 사랑이 온전하고 영원해지는 두 번째 사랑이야기가 그것이다. 이것이 곧 에로스와 프쉬케의 신화를 통해 이 영화가 전달하고자 하는 '두 번째 기회'의 의미이다. 이 두 번째 기회는 서로 다른 정체성과 그릇된 욕망으로 하나 됨을 깨뜨렸던 미성숙한 사랑의 관계가 그 아픈 경험이 남긴 값진 교훈을 통해 이제는 온전한 결합을 이루게 되는 새로운 만남의 가능성이자 그 시작을 의미한다.

〈나의 사랑 그리스〉는 이처럼 어쩔 수 없음 속에서 서로 대립하고 분열하고 갈등하며 적대시했던 첫 번째 만남의 상처를 겪고 난 뒤 그 시행착오에서 얻은 소중한 교훈으로 다시는 그런 시행착오를 되풀이하지 않으려는 사람들에게 다시 한 번 주어지는 새로운 기회가 우리에게 희망이 될 수 있음을 말해주는 영화이다. 필자는 이 '두 번째 기회'의 열림이 바로 용서와 화해의 가장 중요한 속성이라고 생각한다. 아울러 '두 번째 기회'를, 첫 번째 생각의 잘못을 바로 잡는 두 번째 생각, 첫 번째 행위의 실수를 바로잡는 두 번째 행위, 첫 번째 관계맺음의 실패를 바로잡는 두 번째 관계 맺음의 시도로, 우리의 삶을 한 걸음 더 앞으로 나아갈 수 있게 해주는, 혹은 한 차원 더 높이 도약할 수 있게 해주는 디딤돌이자 동력으로 해석하고 싶다. 용서와 화해가 가지는 가장 중요한 의미는 바로 자신과 타인, 공동체에 이러한 새로운 생각과 행위와 관계 맺음의 기회를 열어주는 '새로운 출발'에 있다는 것, 이것이 바로 우리가 서로를 일곱 번씩 일흔 일곱 번이라도 용서해야하는 중요한 이유 중의 하나가 아닐까.

5. 〈내 사랑〉: 무엇이 용서를 가능하게 하는가

이 글에서 두 번째로 다루고자 하는 영화는 아일랜드 출신의 에이슬링 월쉬 감독이 캐나다의 '소박화가(나이브 아티스트)' 모드 루이스(Maud Lewis)의 실제 삶을 소재로 하여 제작한 영화 〈내 사랑〉(2016)이다. 〈내 사랑〉에서 용서와 화해와 관련하여 주목되는 점은 무엇이 나와 타인과 세계를 용서하고 그것과 화해에 이르게 할 수 있는 힘인가 하는 것이다.

용서와 화해의 주제를 중심에 놓고 이 영화를 볼 때 우선적으로 일어나는 질문은 남들보다 훨씬 더 취약한 신체적 조건과 가정환경 속에서, 돌아갈 집과 사랑하는 아이를 모두 잃는 슬픔, 가족과 주변 사람들로부터 오는 상시적인 무시와 경멸의 아픔을 겪으며, 이처럼 열악한 생존 능력과 생존환경을 살아가면서도 모디는 어떻게 그렇게 자신이 가고 싶은 길, 가야 한다고 생각하는 길을 천연덕스럽게 꿋꿋하게 걸어갈 수 있었을까 하는 것이다. 그런 조건 속에서도 항상 스스로의 인격적인 자기결정권을 포기하지 않고 상대방에 대한 미움이나 분노에도 사로잡히지 않으며 강한 타인 앞에서도 예스와 노를 분명하게 밝힐 수 있는 내면의 힘은 어디에서 나오는 것일까, 어디서 또 그렇게 넉넉한 용서와 화해의 힘이, 삶을 통째로 받아들이는 사랑의 힘이 나오는 것일까.

영화를 보면서 필자는 이 질문에 대한 대답을 나름대로 찾을 수 있었다. 그것은 무엇보다 모디가 자신의 인격적 존엄을 누구도 침범할 수 없고 누구에게도 침해당할 수 없는 것으로 분명하게 인식하고 그것을 수호하려는 의지와 용기를 확고하게 보여주고 있다는 점과 관련이 깊다. 모디는 가족구성원들이나 에버렛의 자신에 대한 폭력적인 규정들, 예컨대 자기 앞가림 하나할 수 없는 무능한 인간이라거나, 닭보다도 서열이 낮은 존재라는 등의 멸시와 모욕을 자기규정으로 수용하지 않는다. 그러한 부당하고 왜곡된 타인의 규정으로부터 자기정체성을 지키려는 자유에의 확고한 의지가 모디에게서 발견된다.

모디가 그런 척박한 삶의 조건 속에서도 분노와 고통으로 일그러진 모습이 아니라 오히려 용서와 화해의 주체로 당당하게 행동하는 모습을 보여줄 수 있었던 더 큰 힘은, 모디가 자신에게 깊은 내적 희열을 선사하는 자신만의 정신세계를 가지고 있었고 그것을 외적인 삶에서 닥쳐오는 슬픔과 고통을 삭이는 정화장치로 활용할 수 있었다는 데 있다. 영화 안에서는 모디가, 오빠가 부모의 유산인 집을 일방적으로 팔아 버리고 작은 어머니 집에 자신을 홀로 남겨두고 떠나지 말라는 간곡한 애원조차 냉정하게 뿌리치고 뒤도 돌아보지 않은 채 떠나버렸을 때나, 에버렛이 친구가 보는 앞에서 인사말을 나누고 있는 자신의 뺨을 사정없이 후려치면서 참을 수 없는 모욕을 가했을 때, 그때마다 바로 홀로 있는 자리로 돌아가 손가락이나 붓에 물감을 묻혀 탁자나 벽이나 손등에 색칠을 하는 모습이 여러 차례 등장한다. 그 물감 칠을 하면서 거칠었던 모디의 숨결이 차분히 가라앉고 슬픔과 분노로 순간 일그러져 있던 모디의 얼굴이 다시 평정을 되찾는 모습이 스크린에 비춰진다. 모디에게 물감을 묻혀 색칠을 하는 행위는 자신의 슬픔이나 고통이나 분노가 쉽게 미움과 한 덩어리가 되어 마음속 깊은 곳에 고인 채 자신과 타인을 파괴하는 부정적인 에너지로 전화되지 않고, 마치 나뭇잎을 강물에 실려 흘려보내듯이 물감과 붓을 따라 아름답게 정화된 정신세계 속에서 흘려보내는 것처럼 보인다. 물감과 붓으로 만들어지는 창조적인 세계, 그 세계가 열어주는 또 하나의 정신적 공간이 모디의 감정과 삶을 정화시키는 창이 되고 있는 것이다. 이 점은 〈나의 사랑 그리스〉에서 열패감과 짝지은 분노의 포로가 되어 무차별적으로 난민들에게 폭력을 자행하다가 결국 자신의 딸마저 잃게 된 '아버지'의 내면과 선명하게 대조를 보이는 대목이기도 하다.

이 글의 주제와 관련하여 또 한 가지 주목되는 것은 모디가 자신에게 용서받아야 할 일을 한 타인에 대해 보여주는 태도에서 드러나는 특징이다. 그것은 특히 삶의 태도가 진실함이나 성실함과는 거리가 있어 보이는 모디의 오빠에 대한 태도에서 잘 드러난다. 모디의 오빠는 앞서 언급한 것처럼 모디와 자신에게 공동으로 남겨진 부모님의 유산인 집을 모디와 아무런 상의도 없이 모디의 의사와 상반되게 팔아버리고는 집으로 돌아가고 싶어 하는 모디의 간절할 애원도 뿌리친 채 모디를 떠나버린 냉정한 사람이다. 그

오빠가 모디를 다시 불쑥 찾아온 것은 모디의 그림이 유명해지고 거기에서 다시 돈 벌 기회를 얻어 보려는 속셈에서였다. 그런 오빠가 찾아왔을 때 모디가 보여준 모습이 흥미롭다. 모디는 그렇게 자기를 찾아온 오빠에게 격한 원망이나 미움을 표출하는 것 없이, 자신의 그림을 파는 일에 개입하고 싶어 하는 오빠의 눈치에 단호하게 거절의 뜻을 표명하고는 대신 그림 한 장을 팔면서 다른 이들에게보다는 조금 더 비싼 값을 부른다. 관객의 미소를 자아낼 만한 이 사소한 행위가 용서와 화해라는 이 글의 주제와 관련해서 보면 결코 사소한 행위가 아니다. 이것은 모디가 용서의 무게를 자신이 감당할 수 있을 만큼 덜어내는 삶의 지혜를 보여주는 중요한 장면이다. 모디의 이 행위는 자신에게 크게 용서받아야 할 일을 저지른 상대에게 그보다는 훨씬 작지만 자신의 마음의 셈에서 조금은 보상이 될 수 있을 만한 자그마한 벌을 되돌려줌으로써 자신도 상대방에게 조금은 미안한 마음이 생겨날 여지를 만들고 그렇게 자신의 마음을 다독임으로써 자기 안에 다시 용서의 공간을 만들어내는 용서의 지혜를 보여주고 있다.

　모디가 그렇게 쉽지 않은 상황에서도 부서지거나 무너지지 않고 오히려 넉넉한 용서와 화해의 주체로 자유롭게 설 수 있었던 또 한 가지 중요한 요인은 모디가 보여주는 감정의 균형에서 찾을 수 있다. 강렬한 몇 가지 미움의 기억 때문에 모든 고마운 기억들을 덮어버리지 않는 감정의 균형, 이것 또한 모디의 태도에서 일관되게 드러나는 특징 중 하나이다. 모디는 자신을 자기 앞가림조차 할 수 없는 사람이라고 단정한 뒤 모디의 딸을 모디와는 상의도 없이 다른 이에게 주어버리는 결정을 내렸고, 모디가 독립을 꿈꾸며 에버렛의 집에서 일자리를 얻어 집을 나올 때도 지금 나가면 다시는 돌아올 생각하지 말라고 모멸 찬 말을 내뱉었던 작은 어머니에 대해서도 그녀가 임종을 맞이하게 되었다는 소식을 들었을 때, 만만치 않은 먼 길을 혼자 걸어서라도 기어이 찾아가 작별의 인사를 나누고 그 자리에서 비로소 모디에게 미안하다는 말을 하는 작은 어머니에게 마음의 짐을 덜어드리는 위로와 관용, 감사의 마음을 전한다. 모디의 이런 태도는 어떤 한순간의 강렬한 섭섭함, 야속함의 기억이 함께 지내온 더 많은 시간동안 받았던 은혜와 도움들에 대한 감사의 마음을 완전히 덮어버리는, 일반적인 감정의 관성과는 완전히 다른, 놀랍게 균형 잡힌 감정과 인식의 수준을 보여준다. 우리가 가까운 가족관계나 지인들 안에서 몇 가지 부정적인 만남의 계기들 때문에 관계 전체를 적대적인 것으로 규정하고 용서할 수 없는 미움을 끌어안고 살아가는 일들이 생각보다 적지 않음을 생각할 때, 모디의 이런 태도 역시 현실에서 용서와 화해를 실천하기 위해 주목할 만한 가치가 크다고 생각된다.

에버렛과의 관계에서 모디가 보여주는 태도 속에서도 이러한 감정의 균형이 잘 드러난다. 에버렛이 과거에 자신에게 저질렀던 심히 섭섭하고 원망스러운 사건들이 적지 않지만 모디는 에버렛과의 관계를 그 부정적인 과거의 사건들과 감정에 묶어두지 않고 계속적으로 열려있는 새로운 관계맺음의 가능성 속에 놓는다. 모디의 이런 태도는 결국 자신이 선택한 한 사람을 깊이 사랑하고 그에게 가슴으로부터 우러나는 존중이 담긴 간절한 사랑을 받게 되는 삶의 자리로까지 자신과 사랑하는 사람의 삶을 옮겨놓는 힘을 발휘한다. 모디의 만년의 모습에서는 넉넉한 용서와 화해의 힘으로 결국 자신에게 가장 소중한 사람을 깊이 사랑하고 또 그에게 깊이 사랑받은 사람의 행복이 잔잔하지만 환한 미소 속에 담겨 전해져온다.

〈내 사랑〉에서 용서와 화해의 주제와 관련하여 한 가지 더 주목할 점은 〈나의 사랑 그리스〉에서 논했던 '두 번째 기회'를 열어주는 용서의 속성, 용서의 힘과 관련된 것이다. 이것 역시 모디가 에버렛과의 관계에서 일관되게 보여주는 태도의 특성 중 하나이다. 처음 가정부를 구한다는 쪽지를 보고 찾아간 모디를 첫눈에 맘에 들지 않아 내쫓으려는 에버렛에게 모디는 주눅드는 것 없이 자기가 아주 멀리서 왔다고 잠깐 앉아도 되냐고 물어 차를 대접받는다. 모디가 차를 다 마시기도 전에 다시 나가주기를 재촉하는 에버렛의 노골적인 눈치를 알아차리고 서둘러 자리를 뜨면서도 모디는 오는 길에 아이들이 자신에게 돌을 던졌는데 동행해주지 않겠냐는 요청을 한다. 집으로 찾아온 에버렛의 동료가 건넨 인사말을 받아 몇 마디 인사를 주고받는 모디를 그 동료 앞에서 거세게 뺨을 때리며 모욕을 준 에버렛의 행위에 대해 모디는 뺨을 부둥켜안은 채, 홀로 손가락에 묻힌 물감으로 탁자에 벽에 손등에 물감 칠을 하며 감정을 삭인다. 그리고 나서는 내가 여기에 남기를 원하냐, 떠나기를 원하냐를 분명히 밝히라고 단도직입적인 요구를 하고 그동안 체불된 임금도 정확하게 당장 지불해달라고 당당하게 요구한다. 함께 지낸 시간들이 흘러가면서 서로에 대한 감정에도 조금씩 온기가 생겨갈 무렵, 같은 침대 위에서 자는 에버렛이 자신의 몸으로 다가오려 하자 모디는 에버렛에게 자기가 아이를 낳은 적이 있고 그 아이가 죽었다는 사실을 숨김없이 말하면서 정말 자신과 육체적인 관계를 가지려는 것이라면 반드시 결혼을 해야 한다고 분명하게 조건을 제시한다. 그러나 에버렛이 그런 조건을 제시하는 모디에게 너랑 하느니 막대기랑 하겠다고 다시 모욕을 퍼붓고 돌아누운 다음날 아침, 모디는 에버렛이 미안한 마음으로 건네는 차를 거부하면서 다른 한편으로는 당신을 좋아하는 사람은 아무도 없지만 나는 당신을 좋아하고, 당신은 내가 필요하다는 말을 분명하게 전달함으로써 에버렛이 결국은 모디와의 결혼을 결정하도록 유도한다. 이 모든 과정에서 주목할 만한 특징은 모디에 대한 에버렛의 무례, 폭력, 모욕이 자행되는 상황마다 모디는 그것이 미움과 분노의 불 속에서 관계의 파탄으로 귀결되도록 내버려두지 않고 그러한 행동을 했던 에버렛이 감정을 가라앉히고 모디에게 미안한 마음이 들 만한 순간에 자신에 대한 태도의 잘못을 인식하고 그것과는 다른, 그것보다는 한 단계 진전된, 때로는 더 합리적이고 호혜적인 결정을 하도록 유도한다는 점이다. 불필요하게 에버렛의 감정을 자극하는 일 없이 때로는 일부러 에버렛의 자존감을 한껏 세워주기까지 하는 모디의 세심한 정서적 배려 속에서 그러한 두 번째 행위의 기회가 에버렛에게 반복적으로 제공되면서, 고아원에서 홀로 험한 삶을 살면서 거칠어질대로 거칠어진 에버렛의 심성도 점차 부드러워지고 에버렛도 차츰차츰 보다 인격적인 행위를 통해 자신을, 모디와의 관계를 새롭게 세워나갈 수 있게 된다. 처음에는 모디를 함부로 무시하고 수시로 모욕과 폭력을 일삼던 에버렛이 점차 점잖고 자기절제를 할 줄 알며 상대방의 요구도 수용할 줄 아는 부드럽고 넉넉한 인격으로 다듬어져 가는 모습이 포착된다. 모디의 행동이 보여주는 이러한 특징은 모디가 임종의 순간에 에버렛에게 했던 "나는 사랑받았다(I was loved)"는 말 속에서도 선명하게 드러난다. 모디는 과거에 자신에 대해 행한 잘못을 후회하면서 이제는 더 이상 그 미안함을 갚을 수도 없는 마지막 상황 앞에서 깊은 회한을 느끼는 에버렛에게 그의 두 손을 꼭 잡고 자신의 삶이 에버렛의 사랑으로 인해 행복했었노라고 말해준다. 모디의 삶이 오랜 용서와 화해 위에서 마침내 사랑하고 사랑받는 삶의 궁극적 목적을 성숙하게 이루어내었음을 보여주는 감동적인 장면이다.

6. 영화 〈프란츠〉: 삶은 행복하게 계속되어야 한다

마지막으로 다룰 영화는 〈프란츠〉이다. 〈프란츠〉는 잘 알려진 프랑스 감독인 프랑소와 오종의 최신작(2016년)으로, 1차 세계 대전 직후의 독일과 프랑스를 배경으로 전쟁의 상흔과 그것을 넘어서려는 인간과 고뇌와 슬픔을 깊이 있게 다룬 영화이다.

용서와 화해의 주제와 관련하여 이 영화에서 각별히 주목되는 것은 진실과 거짓말이 가지는 독특한 위상과 이것이 다루어지는 방식이다. 여기에서 거짓말은 진실과 반대되는 자리에 놓여 있지 않고 오히려 상호보완적인 관계에 있다. 영화는 프랑스 병사 아드리엥이 전장에서 사망한 독일병사 프란츠의 무덤을 매일같이 찾아와서 슬프게 울며 묵념을 하는 장면을 프란츠의 약혼자 안나가 우연히 목격하는 것으로 시작된다. 아드리엥은 프란츠처럼 원하지 않는 전쟁에 억지로 나갔지만 죽음의 공포에 사로잡힌 채 무심코 발사한 총알로 독일 병사 프란츠를 죽게 한다. 그러나 자기가 죽인 프란츠의 총에는 정작 총알이 장전되어 있지 않았다는 사실을 확인하고 죽은 프란츠의 품에 고이 간직되어 있던, 약혼자 안나에게 쓴 편지를 발견하면서 견딜 수 없는 죄책감에 시달리게 되고 마침내 프란츠 가족에게 자신의 죄를 고백하고 용서를 구하기 위해 독일로 온다. 그러나 죄를 고백하고 용서를 구함으로써 짓누르는 죄책감의 무게를 조금이나마 덜고자 했던 애초의 바람과는 달리, 아드리엥은 자신만큼이나 프란츠를 잃은 아픔으로 고통 받는 프란츠 부모님과 약혼자 안나를 만나면서 자신에 대한 그들의 간절한 기대를 저버리지 못하고 자신이 마치 프란츠의 행복한 마지막을 함께 했던 친구였던 것처럼 거짓말을 하게 된다. 이 거짓말은 아드리엥의 마음에 고통과 죄책을 더 무겁게 지우게 되고 더 이상은 그 무게를 견디지 못한 아드리엥은 결국 진실을 안나에게 알리고 프랑스로 돌아간다. 아드리엥을 프란츠의 절친했던 친구로 알고 둘 사이의 공통점을 하나하나 발견해가면서 조금씩 마음의 안정을 찾아가던 안나는 아드리엥이 털어놓은 진실 앞에서 더 이상은 그 슬픔의 무게를 감당할 수 없어서 자살을 기도한다. 하지만 다시 살아난 안나 역시 프란츠의 부모님께 아드리엥에 관한 진실을 말하지 못한다. 아드리엥의 거짓말을 알고 분노하며 자살까지 생각했던 안나가 결국은 프란츠의 부모님이 아드리엥의 출현으로 간신히 애써 찾은 마음의 안정을 무너뜨리지 않기 위해 다시 거짓말을 하게 되는 모습이 의미심장하다. 프란츠를 잃은 슬픔과 아드리엥의 고백으로 인한 충격, 다시 그렇게 모든 희망의 근거를 잃고 절망 속으로 빠져드는 상황에서 프란츠의 부모님께 거짓말을 하고 있다는 죄책감까지 보태진 채 괴로워하던 안나가 신부님께 드리는 고해성사에서 신부님은 "프란츠의 부모님께 진실을 알리는 게 결국 어떤 결과를 가져오게 될 것인가?"라고 반문하며 안나의 죄를 용서한다고, 안나의 죄는 용서될 것이라고 말해준다.

이 영화에서 진실과 거짓에 대한 판단은 단순한 윤리적 이분법적 잣대 위에 놓여 있지 않다. 대신, 인간은 너무 무거운 죄책과 너무 많은 진실의 무게를 감당할 수 없다는 인간적 연약함에 대한 솔직한 고백과 그 실존적 연약함에 대한 연민을 유도한다. 여기에서 거짓말은 너무 무거워서 인간이 도무지 감당할 수 없는 진실의 무게를 인간이 짊어질 수 있을 만큼의 무게로 덜어주는 용서와 화해의 도구 역할을 하기도 한다. 프란츠의 마지막을 행복하게 추억할 수 있게 해주는 아드리엥의 거짓말이, 아들의 죽음이 가져다준 상실의 슬픔과 극심한 고통, 그 아들을 전장으로 내몬 것에 대한 심한 죄책감으로부터 아버지 한스를 완전히 자유롭게 해줄 수는 없었지만, 그래도 그 거짓말이 가져다 준 위로의 힘 안에서 한스는 상실의 아픔과 무거운 죄책의 짐을 조금은 덜고 다시 일상을 살아나갈 엄두를 낼 수 있게 되었고, 더 나아가 자기처럼 전쟁터에서 자식을 잃고 전보다 더 극단적으로 국가주의에 집착하며 프랑스인을 적대시하는 동료들에게 우리 아들들을 죽인 것은 프랑스인이 아니라 우리의 아들들을 전장으로 내몬 우리들 자신이라고 용감하게 말할 수 있는 단계까지 나아가게 된 것이다. 아드리엥의 말이 거짓말이었다는 사실을 알고 난 뒤 더 이상은 슬픔과 아픔의 무거운 짐을 감당할 수 없어서 자살을 시도했던 안나에게서도 이 거짓말이 주었던 힘, 용서와 화해를 가능하게 했던 위안의 힘은 역설적으로 확인된다. 윤리적 차원의 판단으로만 환원될 수 없는 복잡하고 모순적인 많은 원리들이 지배하는 인간과 삶의 문제들 안에서 진실과 거짓말의 관계는 대립적인 것이 아니라 오히려 상호보완적인 것일 수도 있음을 한 번 생각해보게 해주는 영화이다. 삶은 계속되어야 한다는 절대적 요청 앞에서 진실과 거짓말의 경계가 허물어지고 이 양자가 서로 얽힌 어떤 미묘한 영역에서 비로소 드러나는 인간과 삶의 진실을 이 영화는 보여준다.

이 영화에서 프란츠의 아버지가 보여준 변화된 의식의 내용에 대해서도 좀 더 살펴볼 필요가 있다. 1919년 독일과 프랑스 간의 전쟁이 종결된 직후의 상황에서, 전쟁은 공식적으로 종결되었지만 그 전쟁 상황 속에서 서로를 죽고 죽이며 남긴 육체적, 정신적인 상처는 서로에게 여전히 지울 수 없는 상처로, 강한 적대감으로 남아 있는 상황 속에서, 전쟁 중에 프랑스인의 총에 아들을 잃은 프란츠의 아버지는 처음 자신을 찾아온 프랑스인 아드리엥에게 "모든 프랑스인은 다 내 아들을 죽인 적"이라고 말하며 진료를 거부한다. 그러나 아드리엥이 프란츠와 각별한 우정을 나눈 친구였다는 생각을 하게 되면서 그 아드리엥의 입을 통해 전쟁의 비참함과 그들이 어쩔 수 없이 참가한 전쟁 속에서 느꼈던 죽음의 공포에 대해 생생하게 듣게 되고, 또 전쟁이 아드리엥에게 남긴 깊은 상처를 직접 목도하면서 아버지는 이전에는 자신도 속해있던 국가주의(애국주의) 단체와 거리를 둘 수 있는 인식의 자리로 옮겨오게 된다. 프랑스인이라는 이유로 아드리엥에게 질시를 퍼붓는 동료들을 찾아가 아버지가 한 말은 "프랑스인이 아니라 우리가, 프랑스의 아버지와 독일의 아버지들이 똑같이 자식을 전장으로 내몰아 죽게 한 것이다. 프랑스의 자식들이 죽어 프랑스의 아버지들이 통탄할 때 우리는 맥주로 축배를 들었고, 독일의 자식들이 죽어 독일의 아버지들이 통탄할 때 그들은 와인으로 축배를 들었다"고 말한다. 전쟁의 상황논리에 갇혀 적과 아의 대립을 절대화하며 모든 프랑스인을 적으로 간주하는 극단적 의식에 사로잡혀 있던 아버지가 자신에게 가장 소중한 아들을 잃은 뒤, 아들의 친구처럼 찾아온 아드리엥이 전해준 위로를 통해 회복하게 된 힘으로 이룬 중요한 인식의 변화이다. 프란츠와 아드리엥을 깊은 우정의 관계로 생각하게 된 아버지는 이제 프랑스인과 독일인을 잘못된 적대의식 속에서 서로를 죽고 죽이는 가해자와 피해자로 얽혀 서로에게 상처를 주고 서로에게 용서받지 못할 죄를 지었던 아픈 과거를 공유하는, 이제는 서로에게 가한 죄와 상처를 인정하고 새로운 화합을 이루어가야 할 두 당사자로 바라보게 된 것이다. 이러한 인식의 전환을 가능하게 한 것은 근본적으로는 그 포탄이 쏟아지는 죽음의 현장 한복판에서도 총을 장전하지 않고 그 누구도 죽이려 하지 않았던 프란츠를 통해 선포된 놀라운 평화주의의 이상의 힘일 것이지만, 현실 안에서는 그들의 슬픔을 위로하기 위해 홀로 거짓말의 무거운 짐을 짊어진 아드리엥의 자기희생적 용기와 그로 인해 한스의 마음속에서 불러일으켜진 용서와 화해의 힘 때문이기도 하다.

영화 〈프란츠〉에서 마지막으로 주목하고 싶은 것은 "삶은 행복하게 계속되어야 한다"는 메시지이다. 프란츠를 잃은 슬픔의 무게를 안간힘으로 버티고 있던 안나에게 아드리엥의 출현은 일시적으로 위로와 희망이 되었지만, 프란츠를 통해 모든 진실을 알게 되고 난 뒤 다시 더 깊은 슬픔과 절망에 빠지고, 다시 일어나 아드리엥에 대한 새로운 기대를 가지고 프랑스로 아드리엥을 찾아나섰다가 그 기대조차 다 물거품이 되었을 때 다시 슬픔과 절망에 빠지게 되었던 안나가 영화의 마지막 장면에서는 그 모든 현실의 무게를 딛고 다시 일어서서 마네의 〈자살한 사람〉 사진 앞에 앉아 "삶은 행복하게 계속되어야 한다"는 프란츠의 마지막 유언을 되뇌이며 엷은 미소를 띠는 장면으로 영화는 끝이 난다. "삶은 행복하게 계속되어야 한다"는 이 명제가 어쩌면 모든 용서와 화해의 근원적인 이유이자 궁극적인 목표가 아닐까.

7. 남은 단상

1967년에 발표한 저서 『용서』에서 참된 용서는 용서할 수 없는 자를 용서하는 것이며 무조건적인 도덕적 명령이라고 이야기했던 얀켈레비치는, 이후 독일의 유대인 학살과 관련하여 자신의 입장을 바꾸어, "우리의 행위가 인간으로서 인간의 본질을 부정할 때, 도덕성이라는 이름으로 그러한 행위를 용서하는 일은 도덕성과 모순되는 일이다. 이러한 경우에 용서를 요청하는 것은 모순적이고 심지어 불합리하지 않은가"라는 질문을 던지고 "아버지 저들을 용서하지 마옵소서. 왜냐하면 저들은 자신들이 행하는 일을 정확히 알고 있기 때문입니다"라고 기도했다고 한다.[8] 악의적이고 반인륜적인 범죄의 경우에도 용서의 문제를 이야기할 수 있을까? 필자는 이것이 가능하기 위해서는 용서의 영역과 심판의 영역이 분리되어야 한다고 생각한다. 죄는 용서받을 수 있지만, 악은 반드시 심판을 받아야하며 죄는 용서의 영역에 속하지만 악은 심판의 영역에 속한다. 용서를 "모든 새로운 세대에 걸쳐 '죗'값을 치러야하는 과거의 행위를 구제하는 능력"이라고 규정하고 "용서를 받음으로써 우리가 행한 일의 결과로부터 해방되지 못한다면 … 우리는 영원히 그 결과의 희생자로 머물 것"이라고 말한 한나 아렌트도 다른 한편에서 "용서의 의무를 주장하는 이유는 자신들이 행하는 것을 인간은 알지 못하기 때문이며 극단적인 범죄나 의도적인 악에는 적용되지 않는다", "그것은 하나님이 마지막 심판의 날에 판단하실 것이며 이 마지막 심판의 특징은 용서가 아니라 공정한 응보"라는 점을 분명하게 언급하고 있다.[9]

죄와 악, 용서와 심판에 대한 구별의 필요성을 이야기할 때 이와 더불어 분명하게 명시해야 할 점은 이 심판의 주체는 절대로 인간일 수 없다는 점이다. 악은 '나의' 용서의 대상이 아니라 '하나님(혹은 초월자)'의 심판의 대상이다. 이 부분을 내 용서의 짐에서 분리하여 하나님의 심판의 몫으로 떼어

놓을 때 남은 짐은 비로소 내가 한 인간으로서 감당할 수 있을 만한 용서의 무게가 되고 그때 우리는 용서의 엄두를 낼 수 있게 된다. 용서는 죄에 대한 것이지 악에 대한 것이 아니며 악에 대한 심판은 죄에 대한 용서와는 별개로 반드시 있다는 믿음은 용서를 해야 하는 주체에 대해서뿐만 아니라 용서받아야 할 가해자에 대해서도 요청된다. 이 믿음은 유한한 현세 안에서 현실로 확인될 수 있는 믿음은 아니라도, 현세의 삶이 인간다운 삶으로 존속하기 위해, 인간이 인간답게 살아가기 위해 반드시 요청되는 믿음이다. 이 글의 서두에서 언급했던 〈벌레이야기〉에서 "내가 용서하지 않았는데 누가 그를 용서할 수 있냐고" 울부짖으며 절망 속에서 몸부림쳤던 아내의 무너짐도 어쩌면 용서와 심판을 분리하지 않은데서 비롯된 것이 아닐까. 심판의 몫을 용서의 몫으로, 내가 아닌 하나님의 몫을 나의 몫으로 혼동할 때 우리는 짓누르는 용서의 무게 아래서 무너져 내릴 수밖에 없을 것이다.

폴 리쾨르는 모든 이야기가 갖는 거리는 창조적 거리이며, 그것은 곧 새 세상을 향한 희망이라고 말했다. 인간의 시간은 이야기와 함께 경험되며 그러한 시간 체험은 절망 속에서도 희망의 체험일 수 있다는 것이다.[10] 필자가 문학과 영화를 통해 용서와 화해에 대해 느끼고 생각한 단상을 적은 이 글을 통해 기대한 것도 이와 같다. 용서와 화해는 그것이 삶을 유지하고 살리는 능력에 있어서는 필수적인 것이지만 그 자리에 도달하는 것은 인간에게 부여된 가장 높은 가능성을 실현하는 일이고 가장 성숙한 경지에 도전하는 것이다. 그것은 우리의 첫 번째 행위가 남긴 상처에 대한 부단한 성찰과, 치유와 회복을 향한 두 번째 행위의 부단한 시도 속에서만 조금씩 다가갈 수 있는 그런 삶의 목표일 것이다. 그것은 또한 우리 삶에서 가능하기만 하다면 우리 삶에 던져진 가장 아름다운 희망이자 성숙의 지표가 될 가치가 있는 것이기도 하다. 그런 용서와 화해를 가능하게 하는 힘은 어디에서 나오는 것일까. 이 글은 그것이 우리가 마주하는 타인과 세계를 3인칭의 거리를 둔 타자의 관점에서 만이 아니라 1인칭, 2인칭의 관점에서도 생각하고 느낄 수 있는 인성과 감성에서 나오는 힘이 아닐까 하는 답을 조심스레 던지고 있다. 냉정한 판단자의 자리에서 내려와 따뜻한 이웃이자 친구의 자리에서 타인의 슬픔과 고통을 함께 할 수 있는 공감적 사유능력과 감성을 기르는 일.

용서와 화해의 문제에 대한 단상을 나눈 이 글이 인간 내면에 그런 사유와 감성의 밭을 일구는 데 조금이나마 기여할 수 있기를 희망하면서 존재에의 용기와 자유를 향한 선택이라는, 용서와 화해의 본질에 관한 깊은 통찰을 전해주는 두 편의 글을 인용하는 것으로 이 글을 마무리하고자 한다.

"'하나님의 일식' 혹은 '하나님의 부재' 경험이야말로 사람이 겪을 수 있는 가장 큰 재난입니다. 그럼에도 불구하고 그에게는 두 가지 근본적인 믿음이 있습니다. 하나는 하나님께서 그의 기도를 듣고 계시다는 믿음이고, 다른 하나는 하나님께서 그의 삶을 지켜보고 계시다는 확신입니다. 이 믿음이 있기에 욥은 무너지지 않습니다."

"차라리 우리 속에 소용돌이치고 있는 회의와 분노를 가감 없이 드러낼 때 하나님은 그 소용돌이의 중심에서 모습을 드러내십니다. … 하나님께 대들던 욥이 오히려 화해의 주도자로 세워지고 있습니다. … 하나님은 화해의 용기를 낸 욥을 기쁘게 받으셨습니다. … 투투는 용서 없이는 미래가 없다면서, 우리가 피해자로 머물기를 원치 않는다면 용서의 과정에 들어갈 용기를 내야 한다고 말했습니다."

"고통의 심연 속에 갇힌 채 괴물로 변할 것인지, 그 심연을 꿰뚫는 빛으로 솟아오를 것인지가 우리 앞에 놓인 선택지입니다."[11]

"용서는 예기치 않은 형식으로 일어나는 유일한 반동이다. … 용서는 단순한 반동이 아니라 반동을 유발하는 행위의 제한을 받지 않고 새롭게, 갑자기 일어난다. 따라서 용서하는 자와 용서받는 자 모두를 그 행위의 결과에서 자유롭게 해준다. 예수의 용서의 가르침에 포함된 자유는 보복으로부터의 자유다. 보복은 가해자와 피해자 모두를, 결코 끝나지 않는 행위과정의 잔인한 자동운동 안에 가둔다."[12]

주

1) 이청준, 〈벌레이야기〉, 『외국문학』, 1985; 이창동 감독의 영화로 〈밀양〉은 2007년 개봉되었다.
2) 1840년대 미국에서 있었던 실화를 바탕으로 제작된 스티브 맥퀸 감독의 작품이다. 국내에서는 2014년에 상영되었다. 자유인으로 가족과 단란하게 살아가던 음악가 솔로몬 노셉이 어느 날 노예상들에게 납치되어 신분증을 박탈당한 채로 12년간을 노예로 지내면서 가혹한 삶을 살다가 우여곡절 끝에 만나게 된 계기를 통해 아슬아슬하게 다시 자유인으로 되돌아오게 된 이야기를 다루고 있다.
3) 영화의 원제는 〈귀향, 끝나지 않은 이야기〉로 일본군 '위안부' 피해자들의 한 맺힌 삶을 다룬 조정래 감독의 영화이다. 국내에서는 2017년에 개봉되었다.
4) 김기석 지음, 『아 욥! – 욥기산책』 (서울: 꽃자리, 2016), pp. 60, 84, 175.
5) 김은국, 『순교자』 (서울: 문학동네, 2010).
6) 김은국 (2010), pp. 271-272.
7) 이 글에서는 2017년 시네토크에서 다룬 4편의 영화 중 '평화'를 주제로 중립국 코스타리카의 사례를 소개한 다큐멘터리 〈코스타리카〉를 제외한 나머지 세편의 영화 〈나의 사랑 그리스〉, 〈프란츠〉, 〈내 사랑〉을 대상으로 다룬다.
8) 김현수, "조건적 용서와 무조건적 용서의 화해를 향하여 – 블라디미르 얀켈레비치, 자끄 데리다, 폴 리꾀르의 용서이론에 대한 고찰,"『기독교신학논총』76집, 2011.
9) 한나 아렌트 지음, 이진우 옮김, 『인간의 조건』 (서울: 한길사, 1996), pp. 333, 336.
10) 폴 리꾀르 지음, 양명수 옮김, "옮긴이 서문,"『악의 상징』 (서울: 문학과지성사, 1994).
11) 김기석 (2016), pp. 152-153, 418-420, 423.
12) 한나 아렌트 (1996), pp. 336-337.

참고문헌

김기석 지음. 『아 욥! – 욥기산책』. 서울: 꽃자리, 2016.
김은국. 『순교자』. 서울: 문학동네, 2010.
김현수, "조건적 용서와 무조건적 용서의 화해를 향하여 – 블라디미르 얀켈레비치, 자끄 데리다, 폴 리꾀르의 용서이론에 대한 고찰."『기독교신학논총』76집, 2011.
한나 아렌트 지음, 이진우 옮김. 『인간의 조건』. 서울: 한길사, 1996.
폴 리꾀르 지음, 양명수 옮김. "옮긴이 서문."『악의 상징』, 서울: 문학과지성사, 1994.

4장

예언자들의 회복적 정의와 사회적 치유 사상에 나타난 용서와 화해

김회권 (숭실대 기독교학과 교수)

1. 서론

고대 이스라엘의 예언자들은 하나님의 영(靈)에 사로잡혀, 하나님백성의 언약공동체를 여러 가지 방식으로 파괴하는 권력엘리트들과 그들의 비호 아래 하나님의 언약백성을 죽음으로 내모는 지주들과 귀족들을 급진적으로 비판했다. 그들의 권력층과 사회지배층 비판 목적은 하나님의 언약율법(헌법적 조항)으로 해체일로에 있는 언약공동체를 회복하기 위함이었다. 그들의 급진적이고 철저한 사회지배층 규탄은 먹고 사는 문제로 하나님의 율법을 지킬 수 없게 된 절대빈곤층의 영적 사회경제적 재활복구를 위한 사회적 자비실천의 일환이었다. 그들은 이스라엘 백성을 당신의 언약백성으로 대우하시는 하나님을 따라 이스라엘 백성이 인간 왕의 폭정과 지배층의 경제적, 정치적 압제 아래 노예처럼 살아가는 것을 참지 못했다. 왜냐하면 이스라엘 백성들은 하나님이 주신 율법과 계명에 따라 살겠다고 언약을 맺고 대신 땅(경작지)을 선물로 받은 자유농민들이었기 때문이었다. 그들은 자신의 양심에 반하여 살도록 위협당해서는 안되는 자유민들이었다. 이스라엘 백성들은 단지 구성원 사이의 수평적이고 상호적인 사회계약에 의해 결속된 사회적 시민이 아니라, 하나님 주도적인 은혜 언약에 의해 결속되고 그 언약의 보증물로 땅을 선사받은 자유민들이었다 (레 25장). 그들의 땅은 그들이 압제적인 왕이나 지배층의 수탈과 착취에 맞서도록 도와주는 자유의 보루였다. 이스라엘 백성들은 '땅'이라는 하나님의 선행적인 선물에 빚진 마음으로 다른 동료 자유민들과도 결속된 하나님나라 시민들이었다. 구약성경의 예언자들은 땅 선물과 그것에 대한 응답으로 율법준수를 다짐했던 언약 패키지에 묶여있던(시 105:44-45) 이스라엘 자유농민들의 보존과 번영에 투신된 하나님통치의 현실적인 집행자들이었다. 왕과 지배층들에 대한 예언자들의 급진적 비판은 하나님의 재활복구적인 은총을 상기시킴으로써 이스라엘 구성원들 사이에 진정한 화해와 너그러운 환대, 즉 언약적 형제자매애(헤세드[仁愛])가 하수처럼 흐르는 사회를 재구성하는 데 투신되어 있었다. 이런 예언자적인 사회통합을 가장 의식적으로 지향했던 최초의 예언자들은 주전 8세기 예언자들이었다. 주전 8세기 예언자들의 중심메시지는 이스라엘 언약공동체를 붕괴시키는 지배층이 탐욕과 악행을 즉각 회개하고 사회적 대통합과 대화해를 이루기 위해 즉각 공의(체데크)와 정의(미쉬파트)를 실천하라는 요구였다. 이들의 메시지는 심리적이고 윤리적 차원에서 말하는 그런 좁은 의미의 용서와 화해를 직접적으로 다루지 않는다. 그들은 분열된 공동체를 공평과 정의 위에 재창조 하기 위해 분투한 사람들이었다. 그들의 급진적 사회 비판은 하나님과 멀리 떨어진 사람들을 하나님의 화평 가운데로 복구시키기 위함이었다. 본격적인 하나님의 재활복구적인 은혜와 용서 그리고 그것에 추동된 사회적 대화해 전망 예언은 한 세기가 더 흐른 후에 등장한 예레미야와 에스겔의 메시지였다. 특히 예레미야서의 주조음은 "내 백성이 상하였도다"(8:21)이다. '백성다움', 즉 공동체성이 파괴되었다는 말이다. 예레미야는 이스라엘과 하나님이 맺은 언약에 따라 건설된 언약공동체 구성원 간의 형제우애가 파괴되었음을 개탄했다.

주전 8세기 예언자들은 이스라엘 모든 자유농민들은 압제와 착취가 사라진 자유의 땅에서 각자 자기 포도원과 무화과나무 아래서 자기 산업을 일구고 하나님의 율법을 힘써 지키는 유항산 유항심(有恒産 有恒心) 공동체를 회복하려고 했다 (미 4:4 참조. 왕상 4:25). 그들에게 화해와 용서는 오늘날 용어로 말하면 정치경제학적 차원의 화해와 용서였다. 용서는 단지 잘못된 것을 눈감아주는 미덕이 아니라 어떤 이유로든지 삶의 토대가 붕괴되어 비인간의 경계로 굴러 떨어지는 동료인간에 대한 공동체적인 지지와 견인사역이다. 여러 가지 이유로 자신의 산업이 거덜나고 삶의 토대가 무너져 내린 이웃에게 손을 내뻗는 선제적인 형제자매우애가 바로 용서다. 화해는 이런 너그러운 상호부조적인 지지와 견인이 정상적으로 작동되는 사회에서 맛보는 적극적인 평화이다. 이런 의미의 원초적 용서와 화해는 야웨 하나님이 이집트의 노예들에게 베푼 사랑에서 비롯된다. 하나님의 해방시키는 구원과 언약적 결속으로의 초대야말로 용서와 화해의 원형이다. 예언자들은 이런 의미의 원초적인 야웨의 선행적이고 선차적인 해방행위를 부단히 상기시킴으로써 이스라엘 자유농민들이 서로에 대해 야웨모방적인 해방자로 행동해 줄 것을 요구했다.

2. 주전 8세기 예언자들의 중심과제와 신학적 고투

앞서 말했듯이 이스라엘 남북조 왕조의 경제적 전성기에 등장한 주전 8세기 네 예언자들(아모스, 호세아, 이사야, 미가)의 예언운동은 망가지고 무너진 언약공동체 회복을 겨냥했다. 특히 주전 8세기 예언운동은 인간 왕들의 정치에 대한 환멸과 탄핵을 연료로 삼아 발진(發進)한 과격한 신정통치적 이상의 견인차였다. 예언자들의 눈에 비친 왕정시대는 사사시대의 영적 도덕적 무정부 상태와 다르지 않았고 오히려 전제왕권을 휘두르는 인간 왕들은 하나님의 직접적 통치를 방해하는 장애물들임이 드러났다. 이런 상황에서 예언자들은 자신들이 하나님의 어전회의에서 의논된 의제(agenda)를 지상의 왕들과 지배층에게 전달하는 거룩한 전령(messenger)이라고 자임하였다

(사 6:1-13; 렘 23:18-23; 암 3:7-8). 그래서 그들의 신탁활동은 하나님 나라의 대의를 대표하는 예언자들이 지상의 왕국들과 충돌하는 현장이었다.

이 고전적 예언자들의 예언은 단지 먼 미래에 일어날 일들을 예고하는 보고가 아니라 당대의 역사적 격변들 및 자연재해들을 신학적으로 해석하고 청중들에게 회개와 질정을 강청하는 신탁이었다. 예언자들의 예언은 점성술에서 주로 시도하는 미래 예측(fortune-telling)이 아니라 하나님 중심적 현실비판이었으며, 동시대 지배층과 유력 시민들(왕, 관리, 지배계층, 그리고 일반 백성)의 마음에 모종의 결단을 하도록 촉구하는 신언(神言) 대변이었다. 그래서 예언은 한 사회가 하나님의 공평과 정의의 잣대로 볼 때, 급격한 퇴락과 해체의 길로 치달을 때 분출하였다. 예언은 위기의 순간에 인간의 역사를 덮친 신적 언어의 기습이었다. 남유다와 북이스라엘 왕국이 맞이한 주전 8세기 중후반(750~701년, 아모스 사역 시작 기점−이사야 사역 종료시점)은 이런 의미의 위기시대였다. 정상적으로 운용되던 하나님 뜻의 전달 과정(왕을 통한 전달, 제사장과 선견자, 혹은 성소 중심의 예언자 집단)은 더 이상 효과적인 기능을 수행하지 못했다. 그래서 제사장들은 낮에 넘어지고 예언자들은 밤에 실족해서 하나님의 뜻을 더 이상 중개하지 못했다(호 4:5).

그래서 하나님의 회리바람같은 예언운동이 주전 8세기 중후반에 일어났던 것이다. 하나님은 땅의 유력자들(호 4:1, '땅의 주민'이라고 번역된 말은 '땅을 차지한 유력자들'을 지칭)과의 쟁변에 착수하신다. 이스라엘을 언약적 결속감으로 묶어 하나님께 책임지는 율법준수 공동체로 지탱시키는 결정적인 공중도덕과 내적 유대감이 더 이상 작동하지 못하고 있었다. 당시 북이스라엘 왕국에 결정적으로 없었던 것이 진실(사회적 유대감), 인애(사회적 환대와 형제자매의리와 우애), 하나님을 아는 지식(정의와 공의 실천, 즉 고아와 과부 등 최약자층 인권 및 생존권 옹호행위)이었다 (호 4:1). 이세 가지가 없었을 때 창궐하는 여섯 가지 사회해체적이고 공동체 파괴적인 악행이 있다. 저주, 속임, 살인, 도둑질, 간음, 무죄한 피를 흘리는 의인살해적 폭력, 즉 십계명의 사회계명 다섯 계명의 철저한 위반이 하나님을 아는 지식, 인애, 그리고 진실을 대신했다. 이렇게 된 이유가 무엇이었을까? 사람들은 하나님을 아는 지식 담당자인 제사장과 예언자들의 정당한 영적 중개사역을 배척했고 그 자리에 거짓 예언자들이 들어섰다. 거짓 예언자들은 사회지배층의 죄를 눈감아 주고 종교적 번영을 누리는 자들이었다.

하나님의 영에 사로잡힌 공적 예언자들(지배층을 겨냥한 성문과 광장담론 주도자들)이 질풍노도처럼 이스라엘과 남유다의 상류사회를 진동하기 전에 이와 같은 많은 생계유지형 예언자들이 활동하고 있었다 (미 3장). 그들은 모두 소비자/고객 중심의 예언활동에 종사하고 있었다. 그들은 하나님 말씀을 공적인 담론으로 전하지 못하였고, 지극히 사유화된 '예언'으로 개인들의 길흉화복을 예측하고 그것들에 대처할 만한 액땜들을 처방하는 사역에 매몰되었다. 요즘 식으로 말하면 지역교회 목회자들 수준으로 자신들의 예배당에 찾아오는 교인들에 최적화된 설교를 하는 자들이었다. 자신들의 고객들의 종교적, 정치경제적 아젠다에 충실한 신탁중개는 특정 이데올로기 체제에 길들여진 사제들에게 친숙한 사역이다. 이에 비해 고전적인 예언자들, 특히 주전 8세기 예언자들은 하나님의 말씀을 공적 담론으로 격상시켰고, 자신들을 찾아오는 소비자/고객 중심의 신탁을 중개한 것이 아니라 하나님이 보내시는 사람들/계층에게 하나님의 말씀을 중개하였다. 그들은 당대의 중심모순이나 근본문제를 놓고 하나님께 기도하며 응답을 받았다. 그래서 그들은 나라의 근본을 뒤흔드는 역사적인 재난이나 국내적/국제적인 위기정세들을 하나님의 의도와 목적의 빛 하에서 해석했다. 이런 점에서 볼 때 예언자들은 철두철미하게 동시대의 중심과제를 안고 씨름하던 사람들이다.

3. 8세기 예언자들 공통 메시지와 개별적 특징[1]

아모스, 호세아, 이사야, 그리고 미가의 예언들은 하나님의 언약공동체의 회복과 재정위(reorientation)하려는 열심이라는 공통점으로 묶여 있다. 이

네 선지자들이 이스라엘과 유다의 유력자들이 신봉하던 통속적인 구원신학을 문제시했다. "우리는 출애굽한 하나님의 백성이다. 우리는 하나님과 언약으로 결속된 백성이다. 우리는 특별한 백성이다. 우리는 율법을 가진 백성이다." 당시의 이스라엘과 유다의 주류 구성원들은 "지난날의 하나님의 모든 구원활동에 비추어 볼 때 앞으로 닥칠 재난도 두려워할 필요가 없다. 야웨 하나님은 이스라엘의 하나님이기 때문이다"와 같이 재래적인 구원신학에 목을 매고 있었다. 그런데 네 예언자들은 이 모세오경의 구원사 전승을 정반대로 급진적으로 과격하게 상대화하였다. 그들은 이스라엘과 유다는 지난날 하나님이 베푸신 모든 위대한 구원역사(출애굽, 가나안 땅 하사, 언약과 율법 수여, 기근과 재난, 그리고 전쟁으로부터 보호 등)는 하나님백성들의 도덕적 영적 방종이나 일탈의 면죄부가 아니라 더욱 엄격한 책임추궁의 구실이 된다는 점을 강조했다. 공통점을 가진 것은 분명하다. 그러나 면밀하게 관찰해 보면 그들의 신학적인 스펙트럼에는 다소간 차위점(差位点)이 드러난다.

호세아와 이사야의 차이점은 무엇일까? 호세아는 북쪽 왕국 출신이며 왕국 혹은 왕에 의하여 함축되는 모든 사상/제도들에 대하여 적대적인 입장을 취하였다 (참조 6:2). 네 예언자들 중에서 호세아가 제의로부터 도출되는 족장시대의 관념(patriarchal concepts)에 가장 깊은 이해를 보여준다. 호세아는 족장전승과 출애굽 전승을 명시적으로 인용한 듯이 보인다. 그는 성스런 영역들에서 일어나는 문제들과 제의적인 불법/일탈들에 대하여 특별히 주목하였다.

이에 반하여 이사야는 남유다 왕국의 수도인 예루살렘 출신이며 그 자신이 왕족이거나 귀족이었을 것이다. 그래서 그는 유다의 궁중정치 내부에서 일어나는 일에 대단한 관심을 드러낸다. 이사야는 다른 어떤 예언자들보다 세계정치와 정세의 예리한 관찰자였다 (13-23장). 그는 정치적인 요지경 속에서 일어나는 모든 변화들을 하나님의 과격한 의도(계획)의 일부로 파악하였다. 그는 어찌하든지 야웨께서 시온을 보호하실 것이라고 믿었고, 결국에는 의와 공평의 통치를 가져올 한 이상왕이 시온에 나타나 하나님의 세계적 통치를 매개하게 될 이상왕 시대를 갈망하였다. 호세아와는 달리 그는 왕이야말로 하나님의 우주적인 통치 한 가운데 배치되어 있는 구속사적인 중심기관이라고 보았다 (시편 72, 89, 132편).

이런 특징적인 차이들은 아모스와 미가 사이에서도 발견될 수 있다. 아모스는 겉으로 보기에는 호세아의 주요 논제 — 가나안 바알숭배에 의한 야웨 예배의 순결성 위협 — 에 의하여 영향을 별로 받지 않은 것처럼 보인다. 아모스는 오히려 공의없는 종교의 위험성과 아무런 의미없는 성지순례의 위험성을 공격하는 데 힘을 쏟는다. 그는 또한 이사야와는 달리 잘못 기획된 정책들이나 군사무장 정책, 그리고 외국과의 동맹정책들에 대하여 말하거나 비난하지 않는다.

마지막으로 미가와 이사야는 시온 함락가능성에 대하여 약간 다른 생각을 가졌던 것처럼 보인다. 당대의 예루살렘 권력 엘리트들이나 일반 백성들은 시온불패(the invincibility of Zion; 시온의 안전보장에 대한 신적인 확신) 신앙을 가지고 있었다. 하지만 이사야는 시온이 멸망당하는 미래에 대해서는 예언하지 않았으나 시온이 굴욕을 당할 가능성에 대하여 여러 차례 말했다. 한 걸음 더 나아가 미가는 시온이 역사의 기억으로부터 도말될 것이라고 기대하였다.[2]

하지만 앞서 말했듯이 이 네 명의 8세기 예언자들을 하나로 묶어주는 공통적인 요소들이 많이 있다. 그들의 종교적인 관념들은 그들이 물려받은 관념들에 비하면 너무나 과격하고 변혁적이었다. 이 급진적 변혁성이 네 예언자의 공통점이다. 이 과격성의 일치가 그들의 차이들을 사소해 보이게 만든다. 8세기 예언자들이 당대의 사람들에게 급진적으로 변혁적인 예언자들로 보이게 만든 요소들을 살펴보면 다음과 같다.

무엇보다도 8세기 예언자들은 당대의 사람들과 구별된 외톨이들이었다. 그들의 소명경험은 그들에게 야웨에 대한 독특한 앎과 이스라엘을 향한 야웨의 계획들에 대한 직접적인 앎을 제공하였다. 그들은 전승(전통)의 창조적인 계승자였다 (시내산 전승; 출애굽 전승; 선택 및 계약 전승; 십계명 전승). 그들은 이 물려받은 구원사전승을 그들 당대의 시대에 상관성있게 말하도록 해석한 자들이다 (예: 암 9:7 블레셋과 아람의 "출애굽"). 그들은 이러한 과격한 재해석이 야웨의 '계몽' 혹은 '계시'에 의한 것임을 고백하였다 (점진적으로 확보한 지식이나 확신이 아님).

둘째, 주전 8세기 예언자들은 비인습적인 용어로 하나님을 묘사(사 7:20 이발 비유; 호 5:12 이스라엘 몸에 생긴 종기; 성공하지 못한 연인[사 5:1ff])하였다. 이러한 과격성은 예언자들이 직면한 상황과 그들의 말을 듣는 사람들의 마음의 틀에 의하여 정당화되었다.

셋째, 그들이 외친 가장 새롭고 충격적인 메시지는 야웨가 이스라엘을 심판의 보좌 앞으로 소환하고 있었다는 주장이다 (암 8:2). 이런 메시지를 가능케 한 역사적인 상황은 앗수르제국의 팔레스틴 진출이었다. 거의 상투적인 문체이긴 하지만 아모스는 그 심판이 포로로 잡혀가는 형식으로 집행될 것이라고 제시한다. 이 선지자들의 예언활동은 하나의 요인이 아니라 다수의 요인들에 의하여 촉발되어졌다. 그들은 하나님의 진노를 하나의 사실로 말하였고 그들 동시대의 사람들의 전적인 삶 — 경제적, 정치적 및 종교적 삶의 체계 — 이 심판의 대상이 될 것이라고 말하였다. 이러한 새로운 종교적 사상들, 특히 하나님과 이스라엘 백성들 사이에 있는 관계성에 대한 새로운 이해는, 그 예언자들이 옛 야웨 신앙의 전승들을 그들의 출발점으로 삼았다는 사실과 부합되지 않는다. 옛 전승들이야말로 그들의 공격의 주 대상이 되었고 거듭하여 그것들을 그들의 논쟁의 토대로 삼았다. 옛 야웨주의 신앙은 그들과 동시대 청중들이 공통으로 서 있는 근거였다. 그러나 그들은 동시대인들과 전승 해석상에서 달랐다. 예언자들이 보기에는 그 옛 전승들이 결코 구원을 담보해 주지 못하였다 (예. 암 3:1f). 여기가 '율법' — 그 용어의 고유한 의미에서 — 이 처음으로 설교되었던 경우다 (상업적/경제적인 불의의 비판 근거인 율법). 예언자들은 스스로를 어떤 특정한 사회집단의 혁명적인 대변인으로 자임하지 않았다. 그들이 옛 율법을 그들 자신의 당대적인 상황에 적용하려고 시도했다.[3] 이사야는 시온전승을 이용하여 예루살렘 사람들의 행위를 비판하였다. 그는 유다의 군사적 무장이나 외국과의 동맹외교를 통하여 안전보장을 획책하는 것을 하나님의 도우심을 거절하는 불신앙의 행위라고 보았다. 호세아는 땅의 구원적 가치(saving gift)에서 출발하여 당대의 이스라엘 사람들의 어마어마한 불신실성을 공격하였다. 이스라엘 동시대인들은 땅이 얼마나 놀라운 하나님의 조건적인 선물인지를 완전히 이해하지 못하고 있었다. 그들은 어떤 사회의 전형적인 죄라고 생각되는 모든 행위들을 이스라엘을 심판하는 야웨 하나님의 심판 근거로 제시한다.

그러므로 구약 예언자들은 역사 속에 작용하는 야웨의 의도와 목적들의 존재를 가장 명확하게 인정할 뿐만 아니라 역사 속에 작용하는 그 다양한 힘들을 다른 사람들과 전혀 다르게 파악한다. 정치적인 무대의 중심무대를 차지하였던 위대한 세력들(열강이나 토착지배층)은 하나님에 대하여 그들의 눈(관점)을 멀게 하지 못하였다.[4] 그러나 예언자들이 현대인들의 실증주의적인 역사이해를 가졌다고 생각하면 안 된다. 예언자들의 미래예언은 그들이 기반하고 있는 옛 전승에 영향을 받고 있다. 다가올 미래의 구원은 옛 전승들에서 경험된 구원에 상응한 구원들이라는 것이다. 일종의 반(反)모형과 모형의 관계다. 예언자들이 미래를 말할 때 그들은 옛 전승의 해석자로 기능했다는 것이다. 결국 예언자들은 구원이 심판의 그림자라는 형태로 온다는 사실을 선포하였다. 이런 점에서 그들의 예언은 변증법이다. 새로운 사회생활은 옛 사회가 죽어야 시작된다는 것이다. 야웨께서는 이스라엘에 대한 심판을 구원의 행위와 상관없이 의도한 것은 아니라는 것이다. 물론 네 예언자들은 하나님께서 허락한 특별소명계시를 수납한 자들이겠지만 이런 논리, 즉 하나님의 언약 혜택경험 안에는 그것을 잘못 사용하면 하나님의 호의가 심판추궁으로 전환될 것이라는 깨달음은 특별한 계시의 도움이 없이 구원전승자체에 내재된 원리의 확장이었다.[5]

이런 점에서 예언자들은 굉장히 보수적이었다. 그들은 옛 구원사 전승을 진정으로 믿고 그 안에 담긴 참된 의미를 찾았다. 그들은 새로운 종교를 창시한 자가 아니라 조상들이 팠던 우물들이 조상들의 누적된 악행으로 폐쇄되고 방기된 상황을 보고 조상들이 퍼마셨던 우물들을 다시 판 이삭같은 창조적 전통보수자들이었다. 실로 예언자들은 아브라함-모세에게까지 거슬러 올라가는 하나님과 이스라엘의 언약역사에 정통했기 때문에 그것들의 원래 의미를 되찾아 계승하고 회복하려던 참된 보수주의자들이었다. 그들은 옛 언약 전승의 창조적 해석자들이요, 당대적 적용자들이었다.

주전 8세기 예언자들이 특히 상기시킨 구원사 전승은 야웨 하나님과 이스라엘이 맺은 시내산 언약이었다. 그들은 시내산 언약의 참다운 회복적 중재자(言約中哉者, Covenant Mediator)들로서 땅을 잃고 소작인이나 노예로 전락한 이스라엘 자유농민들을 다시금 하나님의 존전으로 소환했다. 그들은 모세 뒤에 모세적 권위를 갖고 하나님말씀을 대변했다 (신 18:15-18). 그들은 언약공동체에서 이탈된 개인들을 다시 언약적 의무로 불러들이고 언약관계가 부서져 해체의 길로 질주하는 사회를 하나님의 언약으로 대면시켰다. 예언자들은 하나님 앞에서 자신의 죄와 상관없이 멀리 추방된 자들을 위로하는 과정에서 왕들과 지배층들과 갈등과 충돌을 자초했다. 예언자는 왕들과 지배층들에 대한 비난 목적이 아니라 언약의 중재자로서 하나님의 언약백성들을 보호하기 위해서 애쓰다가 야웨의 언약백성들 고난의 뿌리에는 왕들과 지배층의 탐욕과 불법과 부당한 재판이 있다는 것을 알고, 왕들과 지배층을 비판했다. 예언자는 이스라엘 자유농민들의 삶을 자세히 돌보면서 그들의 곤경을 뼛속깊이 공감한 후에 그들을 도와주기 위해서 왕들과 지배층에게 이스라엘과 야웨가 맺은 언약을 상기시킨 것이다. 예언자들의 왕들과 지배층 비판, 그리고 자유농민 옹호(과부와 고아) 행위는 언약의 역사라는 맥락 안에서 일어난 것이다. 이처럼 **예언자는 생활 밀착형 언약중재자, 특히 자유농민 친화적 언약중재자였다.** 이런 언약중재적인 예언자들의 효시에 모세가 있다. 히브리 노예들이 안식을 박탈당한 채 학대받을 때 그들에게 안식권을 보장해주기 위해서 파라오에게 가서 "Let my people go(내 백성을 가게 하라)"라고 외쳤다. 하나님과 이스라엘 백성 사이에 체결된 언약을 되찾기 위하여, 언약의 의무사항인 하나님에 대한 예배권리와 의무를 되찾아 주기 위해 파라오에게 요구했다. 모세가 "하나님의 산에 가서 3일 동안 예배드리고 오겠습니다"라고 말한 것은 히브리 노예들이 민족 파괴적인 죄의 노예상태로 전락하기 전에 마땅히 누렸던 예배를 되찾으려는 것이었다. 그러니까 모세는 언약중재권을 행사한 것이다. 이처럼 하나님 말씀(신탁)의 대언자인 예언자들은 하나님말씀을 육화시키는 언약중재자들이다. 하나님과 이스라엘 백성의 언약관계를 유지, 보존, 심화시키는 자들이었다.

더 나아가 예언자들은 하나님과 이스라엘 백성 사이에는 언약관계가 존재한다는 사실을 의식했을 뿐만 아니라 이 세상 자체가 하나님과 언약관계로 창조된 것임을 깨달았다. 창세기 1:26-28, 2:16-17은 하나님이 세상을 창조하고 아담에게 사명을 주시는 일 자체가 하나님이 아담과 하와를 언약적 관계 안으로 창조한 것임을 보여준다. 창세기 2장 16~17절의 핵심인, "네가 이 선악을 알게 하는 나무 열매를 먹어서는 안된다"는 경고는 신명기 30:11-16의 논리와 닮았다. "내가 네 앞에 생명과 죽음을 놓았다. 생명을 선택하라. 만일 이 경고를 어기면 죽는다." 이것은 계약저주 조항이다. 창세기 1-3장에도 '창조 — 문화창조계명 — 생명과 죽음의 계명 제시-계명 불순종시 일어날 사태 선포'의 논리가 작동하고 있다. 이 안에 바로 모세오경의 언약신학적인 패턴이 완벽하게 작동하고 있다.[6] 아담도 진공상태에서 창조된 것이 아니라 계약과 의무와 약속의 조건상태에서 창조됐다는 말이다. 하나님은 아담을 창조할 때 본능으로만 행동하는 하등동물로 만들 것인지, 아니면 자유의지를 가져 하나님과 맞설 수 있는 예측불허적 우발성(자유선택)을 누리는 존재로 만들 것인지 고민하다가 후자를 택하셨다.

전능하신 하나님이 인간의 우발적인 행동 때문에 당황하실 수 있는 사태를 예상했다는 것이다. 전능하신 하나님도 인간이 어떻게 행동할지 몰라서 조바심을 내는 인격적 차원을 가진 언약의 하나님이다. 하나님은 전능하시면서 인격적인 하나님이 되시기 위해 스스로 무력해지신 것이다. 아담인류가 마음대로 악행을 범해도 속수무책일 수밖에 없는 요소가 있다는 말이다. 이것을 조직신학에서 'defenseless God(자기 보호를 못하는 하나님)'이라고 말한다.[7] 속수무책으로 인간들에게 공격당하고도 자신을 방어하지 못하는 지극히 인격적인 하나님을 발견한 사람들은 유대인 신학자들이었다 (엘리 위젤, 존 레벤슨). 이런 하나님의 곤경을 다루는 신학을 '2차 세계대전 유대인 대학살 이후 신학'(Post-Holocaust Theology)이라고 한다. 유대인 대학살 이후의 신학은 하나님은 전능하신 하나님이 아니라 인간의 악과 공격에 무차별하게 당하는 하나님이라고 말한다. 그 이유는 하나님이 인간에게 자유를 준다고 약속하셨기 때문이다. 그래서 하나님은 이 인격성과 자유 허용 때문에 인간의 악행을 무효화하기 위해 신적 공권력을 임의로 쓰지 못하신다. 하나님이 공권력을 마음대로 쓰지 못하는 것은 전능성이 없기 때문이 아니라 전능성과 인격성의 변증법적인 긴장 때문이다. 전능하신 하나님은 무력하게 죽임을 당했다가 부활하는 방식으로 인간의 양심에 호소해서 인간의 자발적인 협조를 얻어서 악을 일망타진하는 방법을 취하신다. 이처럼 하나님은 언약관계를 설정해 놓고 인간을 창조해 이 언약관계로 초청했고,[8] 또 인간의 행동이 하나님에게 영향을 끼치는 방식으로 창조했기 때문에, 인간의 자유의지(악행의지까지 포함)를 유효하게 만드시기 위해 인간악행을 순식간에 취소시키는 그런 방식의 전능성을 억제하신다. 그래서 하나님은 공권력 대신에 예언자들을 통해 인간양심에 호소하시고 지극히 자발적인 인간의 순종과 이해를 요청하신다. 예언자들은 바로 이런 하나님의 마음을 대변하는 신언(신탁) 납득자요, 신언대변자였다.

예언자들은 왜 갑자기 주전 750년경부터 떼지어 등장했는가? 앞서 잠시 암시했듯이 주전 8세기가 언약공동체 해체위기의 시대였기 때문이다. 주전 780년부터 약 30년 동안 이스라엘과 유다의 땅에 전쟁이 없었다. 그래서 이스라엘과 유다에 전설적인 두 왕이 최장기간 나라를 통치한다. 52년간 유다를 통치한 웃시야왕과 50여 년간 북이스라엘을 통치한 여로보암 2세 왕이 각각 나라를 장기 통치하면서 부국강병의 시대를 열었다. 이 안정된 시기로 인해 관료제도가 발전했고 그 결과 생겨난 지배층의 기득권도 비약적으로 늘어났다. 이 전쟁 없는 50년간 여로보암 2세의 북이스라엘과 웃시야왕의 남유다 지배층(지주, 재판관, 거짓 예언자, 종교지도자들)은 일치단결해서 자유농민의 땅을 빼앗고 안식년과 희년이 되어도 자유농민 동포들에게 되돌려주지 않았다. 지주들을 비롯한 지배층 엘리트들은 재판제도를 통하여 자유농민들이 조상으로부터 물려받은 기업의 땅을 다 빼앗았다. 이사야 5장 8~10절, 아모스 3장, 5장에서 땅을 빼앗긴 사람들에 대한 예언자적 동정이 표출된다. 땅을 빼앗긴 사람들은 채무 때문에 살림 전체가 어려워졌고, 급기야 노예로 전락했다. 그래서 주전 8세기에 처음으로 이스라엘 역사에 '가난한 사람들'이라는 말이 등장했다. 가난한 사람들은 기업의 땅을 상실해 언약백성으로 살아갈 수 없게 된 신앙위기에 내몰린 사람들이었다. 이런 위기의 상황에서 예언자들은 이스라엘 자유농민들의 땅을 되찾아주고 그들의 생존권을 옹호해주기 위하여, 즉 하나님마음을 대변하기 위해서 신탁을 전했다. 예언활동의 목적은 하나님과 이스라엘 백성의 언약관계를 보호하기 위한 것이었다. 이 언약관계를 구체적으로 보존하기 위한 물질적 증거는 땅이었다. 맹자가 말한 무항산 무항심(無恒産 無恒心)의 원리[9]와 유사한 모세오경의 땅 신학사상을 내세우며 예언자들은 하나님 언약백성의 권리인 땅을 되찾아주려고 분투했다. 땅은 단지 생존권의 토대 이상이었다. 하나님의 율법을 지키려면 땅을 자작자경하는 자유농민의 신분이 요청되었다. 땅은 하나님의 언약선물이었기 때문이다. 하나님께서 주신 경작할 땅은 이스라엘 백성을 하나님의 언약에 결박시키는 가시적 언약 자체였다. 경작할 땅이 없으면, 언약을 지킬 필요도 없는 노예로 전락해 버린다.

그래서 예언자들에게 언약관계 안에 머문다는 것은 땅을 경작한다는 의미였다. "내가 너희에게 하나님이 되고, 너는 나에게 백성이 된다"는 말은 구약성경 전체를 관통하는 하나님-이스라엘 언약을 정형화한 공식구문인데, 여기서 하나님이 되어준다는 말은 하나님이 언약백성에게 땅을 준다는 말이다 (창 17:7-10). "너는 내 백성이다"라는 말은 땅을 경작해서 언약적 의무를 행하는 백성이 되었다는 말이다. 땅이 없다는 말은 언약의무가 없다는 말이다(No Land, No Covenant) (삼상 26:19; 시 104:44-45). 그래서 하나님이 이스라엘 백성에게 하나님역할을 하려면 땅을 주셔야 한다. 주전 8세기 예언자들의 회복적 정의는 땅과 신앙의 자유와 권리, 언약의무감을 한꺼번에 되찾아주려는 신정정치적 관여행위였다.

4. 예언자들의 회복적 정의, 치드코트 아도나이

이상에서 살펴본 것처럼 8세기 예언자들의 공통메시지는 응징이나 대파국적 재난예고나 집행이 아니라 언약공동체를 다시금 하나님의 존전(언약적 의무감)으로 소환하는 하나님의 회복적 의(義)였다. 그들은 언약공동체에서 분리되어 잃어버린 자된 농민들을 다시 자유자작 농민으로 재활복구시켜 하나님의 율법을 준행하는 언약백성으로 회복시키려는 하나님의 언약수호 의지를 대변했다. 그들이 외친 정의는 체데크(tsedeq)와 미쉬파트(mishpat)로서 체데크는 이스라엘 백성을 언약공동체 안에 결속시켜 주시는 신적 호의와 친절함이다. 미쉬파트는 사회적 약자에게 위해를 가하는 강한 자들과 지배층들을 법적으로 억제하고 견제하는 형평(衡平)활동이다. 선지자 엘리사가 열왕기하 8장에서 수넴 여인의 땅을 찾아주는 재판일화는 이 두 개념을 잘 예해한다. 기근 때문에 외국으로 피난갔던 수넴 여인의 땅을 찾아주기 위해 예언자가 엘리사 왕에게 공평한 재판을 요구한다. 그 결과 왕은 이 여인의 땅을 차지하고 있던 유력자에게서 그 땅을 되찾아 수넴 여인에게 되돌려주기에 이른다. 유력자의 탐욕을 견제하고 억제하여 과부의 땅을 되찾아주는 이 행위 안에는 미쉬파트와 체데크가 동시에 작동했다. 여인의 땅을 부당하게 차지하고 있던 사람의 탐욕을 재판을 통해 억제한 것은 미쉬파트이며 그 땅을 과부에게 되돌려준 것은 체데크이다. 이처럼 체데크는 항상 가난하고 억압당하는 자 쪽을 편드는 회복적 정의이다 (사 1:11-17; 암 5:24; 호 6:6; 렘 22:16). 이 회복적 의(義)는 과부에 대한 신적인 연민이요, 그들의 삶에 하나님 자신을 정서적으로, 의지적으로 얽어매는 일이다. 일방적으로 노예백성의 운명과 얽어맨 하나님은 바로 의(義)의 하나님이시다 (시 89:13-14). 하나님의 의(義)는 단순한 규범이 아니라 불의의 방벽을 넘어 무너뜨리는 도전이며, 쉬지 않는 돌진이다. 메마른 땅에 생명을 주는 강물같이, 메시아적 의에 목마르고 굶주린 세계를 향해 하나님의 의(義)는 오늘도 힘차게 작용한다. 아모스가 노래불렀던 정의(체데크)가 하수처럼 흐르는 세상은 이사야 11장에서 완벽한 평화공영세상으로 시각화된다. 사자와 어린 양이 한데 뒹굴고 풀을 먹는 사회가 바로 체데크가 강물처럼 흘러내리는 세상이다.

이런 점에서 예언자들이 주창했던 회복적 의(義)는 서구인들의 헬레니즘적 정의 개념과는 다른 개념이다. 각자에게 제 몫을 돌려주는, 플라톤의 공화국에서 시행되는 정의는 계급사회를 온존시키는 이데올로기의 표현 이외와 다름이 없다. 또한 하나님의 의는 역사의 적폐에 대한 무자비한 숙청과 응징적 처벌을 의미하지도 않는다. 그동안 예언자들의 의사상에 대한 통속적 이해는 냉정함, 정확성, 수학적 평형상태, 창백한 합리주의와 함께 연상되어진다. 아마 이런 이해는 구약종교를 율법주의적이며 신약의 은혜스러움과는 동떨어져 있다고 보는 데서 기인했을 것이다.

앞에서 잠시 언급했듯이 예언자들을 통해 선포된 하나님의 의로운 행동들, 치드코트 아도나이(the Righteous Acts of God)는 정의(체데크)와 공의(미쉬파트)로 구성되어 있다. 하나님의 의로운 행동들은 정의라고 번역된 체데크(tsedeq)와 츠다카(tsedaqa)이다. 이 예언자들의 의란 이상적인 관계 혹은 정적인 평형 상태 혹은 지각있는 기준들의 설정을 의미하지 않는다. 인격적 관계에 대한 법률적 규정 이상이다. 예언자들이 외친 의란 창조주 하나님 안에 있는 인격적 신실성(firmness)이며, 하나님 안에서 살아 움직이는 역동적인 성품운동이다. 의는 하나님의 인격 속에 있는 물리지 않을 정도로 집요하고 끈질긴 신실성을 가리키며 세계창조의 원천이며 세계보존의 원동력이다. 이 신적 집요성과 초지일관성은 삼위일체 하나님을 하나되게 만드는 우주적 항구여일성이다. 하나님께서 삼위일체 하나님 사이에 있는 의의 역동적 관계성을 피조세계에까지 확장하기 위하여 이 세계를 창조하셨다. 그리고 이 세계 속에 하나님의 의에 상응할 존재자로서 계약의 머리인 사람을 창조하셨던 것이다.

그런데 이 세계가 계약적 우두머리인 인간으로부터 전면적인 반역(불의)으로 하나님의 의에 응답하였다. 그러나 하나님의 의로부터 멀어지는 인간의 부단한 일탈을 하나님께서는 지치지 않는 당신의 의로 회복시켰고, 인간과 하나님 사이에 있는 의의 단절을 일방적으로 메꾸어가셨다. "마음이 완악하여 의에서 멀리 떠난 너희여 나를 들으라 내가 나의 의를 가깝게 할 것 인즉 … (이사야 46:12)." 즉 인간이 저질러온 창조계약의 왜곡을 하나님께서 구속사를 진수시킴으로써 의의 관계성을 회복시키려 하신 것이다 (창 15:6). 결국 하나님의 의는 냉혹한 합리주의와 창백한 공정성이 아니라, 불합리한(?) 사랑의 원천이요, 납득할 수 없을 정도로 은혜로운 하나님의 자비인 것이다. 이 부조리할 정도로 지치지 않는 하나님의 사랑과 소진되지 않는 선(善)의지야말로 하나님 의의 진면목이다. 이 하나님의 의가 구약의 여호와 하나님의 변함없는 진심이며, 이 진심은 당신의 독생자를 십자가에 내어주는 사랑에서는 인간을 향한 일편단심(丹心)의 사랑으로 표현되었다. 〈하나님의 의〉의 자기표현인 이 세계가 하나님의 인격적 신실성에 조응하지 못하고 끝없는 의의 왜곡과 일탈로 치달을 때, 하나님의 의는 가변적이고 신실하지 못한 피조물들을 쉴새없이 붙들었고, 이 세계를 보존해 오셨다. 그러다가 마침내 "율법 외에 하나님의 한 의"가 나타났다 (롬 3:21). 율법의 실천으로는 도저히 하나님의 의에 조응할 수 없는 의의 일탈자와 실패자들에게 하나님께서는 압도적인 은혜를 베푸셔서 그동안의 의의 채무(죄의 빚)를 다 탕감하셨다. 이 죄탕감을 받은 인간의 보은심의 역동성 안에서 다시 한번 하나님께서는 죄인된 인간에게 그 의에 조응할 수 있는 능력을 주셨다 (롬 1:16-17). 의의 실패자들에 대한 이 불공정한(?) 호의와 친절은 세상 마지막 날 의의 거룩한 요구 앞에 당신의 독생자를 죽음의 심판에 내어주는 십자가의 부조리한 냉혹함에 의해 상쇄되었다.

5. 이스라엘과 온 인류에게 전가되고 요구되는 의(義)

앞서 살펴보았듯이 의(義)는 삼위일체 하나님 안에서 살아 움직이는 세계창조의 원천이며, 하나님의 인격의 핵이다. 그것은 하나님께서 당신의 내면속에서 유지하고 계시는 수미일관한 올곧음이시다. 처음부터 끝까지 올곧고 신실한 성품이 바로 이 세계를 놀라운 질서와 운동으로 보존하시는 하나님의 의(義)이다. 따라서 세계의 물리적 기초뿐만 아니라 도덕적 기초도 하나님의 의(義)다. 인격적 신실성이 이 세계의 존재기반이다. 하나님이 어느 날, 당신의 자아동일성을 잃어버리거나, 인격적 통전성(Wholeness)을 상실해 버리면, 이 세계는 혼돈과 파멸로 치닫는다. 온 인간이 다 혼돈과 불의의 포도주에 취해 있어도 우주의 창조자시고 주재자이신 하나님이 당신의 인격적 신실성을 거두지 않으면, 이 세계에는 여전히 구원의 여망이 남아있는 것이다. 하나님의 의(義)는 이 세계를 지켜주실 것을 스스로 천명하시는 자기다짐적인 극한 신실성이다. 이 극한의 신실함을 가진 하나님이 이 세상을 창조하신 것 자체가 당신의 의(義)의 과시적 표현이다. 그런데 우주만물 중 인간이 가장 대표적이고 의식적으로 하나님의 의(義)를 맛보고 그것에 응답하도록 창조하셨다. 이것이 바로 하나님의 형상대로 인간을 창조하셨다는 뜻이다 (창 1:26-28). 하나님은 이 세상 모든 피조물과 인간을 당신의 극한적 신실함을 맛보고 즐기고 그것을 의존하도록 초청하셨다. 의로운 하나님을 맛보고 즐기고 하나님을 의지하면 모든 피조물은 의를 배우게 된다. 인간은 의로운 하나님과의 교제를 통해 이 하나님의 의(義)를 체득하고 그 의(義)가 성품 속에 유입되는 놀라운 경험을 하게 된다. 이것이 바로 하나님의 의(義)가 인간에게 전가되는 과정이다. 극한 신실성을 가지신 하나님을 알고 교제하면 인간에게 파생적인 신실성이 형성되고 의로운 존재로 변형되어 간다.

이처럼 하나님께서는 창조사건을 통해 세계 속에 당신의 의(義)를 전가시켜 놓으셨다. 또한 하나님께서는 창조계약이 파괴되고 하나님의 의(義)가 훼손된 곳에 당신의 의를 전가시키는 분이시다. 따라서 하나님의 의(義)는 역동적이며 쉴새없이 일하는 의(義)이다. 훼손된 의(義)를 복귀시키는 능력이며 온 세계를 의롭게 하시고야 마는 의(義)이다.

하나님께서는 아브라함을 선택하여 강대한 나라(고이 가돌)가 되게 하시려고 작정했다. 그 강대한 나라는 의(義)와 공도(公道)를 준행하는 나라다 (창 18:19; 창 12:2 고이 가돌=큰 민족). 의(義)와 공도는 체데크와 미쉬파트다. 언약공동체의 붕괴와 해체로 하나님신앙과 율법준수 의무에서 탈락하는 잃어버린 자들을 재활 복구시키는 일에 투신된 나라가 강대한 나라다.

이 의(義)와 공도의 현저한 실현은 다윗왕국에서 잠정적으로 나타났다 (삼하 8:15). 다윗왕국의 멸망 후, 의와 공도를 기둥으로 건국될 나라의 이상적 모습은 역사의 중간 시점에서 실현될 나라가 아니라, 역사의 마지막 시점에 출현할 메시야왕국에 가서야 발견될 것이라고 기대되었다. 메시야왕국은 인류 역사의 마지막에 출현할 왕국으로서 하나님의 의(義)에 역동적으로 화합하는 나라다. 불의에 대한 진노와 의에 대한 목마름을 비롯하여 모든 하나님의 마음(Pathos)에 완전히 공명하는 왕은 바로 메시야이며 그가 이룰 왕국은 메시야왕국이다 (사 9:1-8; 11:1-10). 이 메시야왕국은 하나님의 의가 왜곡된 곳에 하나님의 의(義)를 베풀어서 전가된 의(義)를 발생시킨다. 하나님께선 이 전가된 의(義)를 체험한 자에게 하나님의 의(義)에 대한 응답하는 의의 실천을 요구하신다.

이 논리가 주전 8세기 예언자들의 예언을 관통하였다. 주전 8세기 예언자들이 이스라엘에게 의(義)와 공평을 요구했는데(암 5:24; 사 5:7), 이것은 야웨 하나님의 신학적 의(義)를 체험한 전(前) 역사를 전제하지 않으면 이해할 수 없는 무리한 요구가 된다. 하나님의 선행적인 의(義)를 출애굽 구원 이래로 계속적으로 체험해오지 않은 민족에게 갑자기 야웨 앞에 의를 실현하라고 할 수 없다. 이스라엘 민족은 대제국 애굽의 피억압 노예집단이었다. 그런데 이들은 아브라함의 후손이었다. 아브라함은 의와 공도의 나라를 이루도록 부름받은 전가된 의(義) 속에 살던 사람이다. 그런데 아브라함 사후 400년만에 그의 후속들은 노예백성의 곤고와 억압으로 탄식하고 있었다. 이때 하나님은 아브라함과 맺은 언약을 기억하여 그의 후손들을 아무 값 없이 구원해주셨다 (출 2:24). 더 나아가 거룩한 백성과 제사장 나라로 삼으시겠다고 더 심층적인 약속까지 하신다 (출 19:5-6). 남의 땅에 붙여 살던 땅의 나그네들인 히브리 노예들에게(레 25:23) 하나님께서는 출애굽 전쟁과 시내산 율법수여 및 계약체결, 가나안 정복전쟁 등 일련의 일방적인 은혜를 베푸셨다. 하나님의 계약적인 신실성에 대한 극치의 표현이었다. 하나님은 선행적(先行的)인 의(義)의 체험에 히브리 노예를 초청하셨다. 히브리 노예들은 하나님의 형용키 어려운 압도적이고 일방적인 은혜와 신실성의 체험을 통해 이스라엘로 거듭 태어났다.

이스라엘에게 전가되고 기대되어지고, 예언자들의 입을 통해서 요구되어진 의(義)는 인간의 도덕적 자율성의 산물(임마누엘 칸트)도 아니고, 인간 상호간의 약정(존 로크나 장자크 루소)도 아니다. 인간의 소위 기본적 양심과 이성이 요구하는 최상의 수준의 윤리도 아니다. 하나님의 부조리할 정도로 일방적이고 은혜로운 사랑과 자비의 결정체인 의(義)에 대한 최소치의 인격적인 응답이다. 아모스가 성문에서 정의를 세우라고 소리칠 때 그 정의는 플라톤의 공화국에서 논의되는 4주덕(四主德) 중의 하나인 '정의' 덕목 정도가 아니다. 하나님의 의(義)에 대한 은혜로운 회상과 깨어있음 없이는 이스라엘 공동체 자체는 딛고 설 땅이 없어진다. 아모스, 호세아, 이사야, 미가의 정의 요구는 이스라엘의 존재기반이 되는 하나님의 은혜에 대한 역동적 응답으로서 전가된 의(義)의 요구다. 무(無)에서 시작된 가나안 땅 정복과 그 후의 땅 분배는 완전히 하나님의 계약적 신의의 관계, 이웃과의 의(義)로운 관계의 유지에 봉사해야 한다는 것을 너무나 당연하게 만든다. 그런데도 이스라엘은 이 하나님의 의에 대한 집단적 체험을 전가된 의(義)로 응답치 못했다. 참 포도를 심었는데 들포도를 맺었다 (사 5:1-2). "그들에게 공평(미쉬파트)을 바랐더니 도리어 포학(미쉬파흐)이요. 그들에게 의로움을 바라셨더니 도리어 부르짖음이었도다"(사 5:7).

하나님의 의(義)의 선행적 체험, 즉 전가된 의의 관계 속에 건국된 이스라엘이 정치경제적 영역 등 모든 삶의 영역에서 의(義)를 유지하지 못할 때 그것은 존재 소멸을 뜻한다. 여러 중근동 나라들 중의 하나로 존재하는 것은 가능할지 모르나, 역동적 의(義)의 체험 속에서, 그 의(義)로 유지되고, 성장해가는 이스라엘은 더 이상 존재할 수 없다는 것이다. 주전 8세기 예언자들은 이스라엘의 죄가 일반적 도덕률의 파괴에 있지 않고, 하나님의 압도적인 은혜에 대한 인격적 배은망덕에 있다고 지적했다. 그들이 보기에 이스라엘의 국기(國基)는 하나님의 의(義)와 은혜스러움에 대한 쉼 없는 각성 위에서 창출되는 후속적인 전가된 의(義)의 실천이었다. 이 전가된 의(義)가 사라진 곳에는 반드시 이스라엘 공동체의 해체가 뒤따를 수밖에 없었다 (신 28:15-68; 29:28-29). 이는 당연한 귀결이다. 결국 이스라엘은 전가된 의(義)의 관계를 유지하지 못하고 의(義)의 실패자가 되었다. 이스라엘의 실패 속에 인류 또한 실패하였다.

6. 사회적 치유자로서 예언자들의 사역을 이어받은 왕같은 제사장들의 공동체, 교회

하나님께서는 당신 속에 있는 의(義)의 심층 전부를 과시하기 위하여 이 세계를 창조하셨다. 하나님 속에 끔 없이 흐르는 의(義)는 이 세계를 유지시키는 에너지요, 그것은 의(義)가 훼손된 곳을 향해 하수와 강물처럼 돌진하는 흐름이다. 하나님의 의(義)의 요구는 중립지대에서 발생치 않고 하나님의 의(義)의 은혜스러움을 미리 맛본 자에게서 발생한다. 이스라엘은 하나님의 계약적 당사자로서 하나님의 인격적 신실성이 집중적으로 베풀어진 곳이다. 하나님의 의(義)와 일방적인 구원과 자비의 역사가 강물처럼, 하수처럼 흘렀던 곳이다. 따라서 이스라엘도 이 선행적이고 원천적인 하나님의 의(義)에 대한 응답으로써 정의를 하수처럼 흘려보내야 했다. 야웨가 히브리 노예에게 해방자, 기업무를 자(채무를 대신 갚아 주는 친족관계에 있는 계약 당사자)로 행세해 주듯이, 이스라엘은 동료 계약 당사자를 향하여 서로 해방자, 기업무를 자가 되어야 했다. 야웨의 일방적인 의(義)에 초대받지 못한 열국민족들이 '만인의 만인에 대한 이리상태'를 유지할 수밖에 없을 때도 이스라엘은 '만인의 만인에 대한 해방자'로 살아야 했다. 왜냐하면 앞서 보았듯이 고대 이스라엘에서는 의(義)란 자기의 노동과 공로에 따라 정확히 제 몫을 찾아먹는 헬라적 정의라기보다는 제 몫을 찾지 못하는 무능한 자에게도 은혜를 베풀어서 같이 사는 견인적인 의(義)이기 때문이다. 이것은 불합리(?)하고 다소 부조리(?)하기까지 한 편애이다. 그래서 의(義)는 박애, 친절, 관용을 포함하며, 억압당하는 자에 대한 애타는 동정이며(신 24:10-

13), 재판관들만의 전문영역이 아니라 계약 구성원 모두의 관심사였다. 야웨는 이스라엘의 모든 일상생활에서 단지 법률조항의 문자적 준수를 요구한 것이라 더 심층적인 인격투신적인 의(義)를 요구하셨다. 예를 들어, 가난한 자의 옷을 담보로 잡았을 경우라도, 해질 무렵이면 반드시 돌려주는 것이 의였다. 법률적으로 전집물을 채무자가 변제를 마칠 때까지 유치할 수 있으나 언약적 의리로 보면 그것은 불의한 행동이 된다. 이처럼 고대 이스라엘의 정의는 신적 호의와 친절함이며, 가난하고 억압당하는 자 쪽으로 쏠리는 편애이다. 이 의는 고아와 과부에 대한 신적인 연민이요, 그들의 삶에 자신을 정서적으로, 의지적으로 얽어매는 의리(義理)였다. 이런 의(義)의 원천이 바로 하나님이셨다. 자신을 일방적으로 노예백성의 운명과 얽어맨 하나님은 바로 의(義)의 하나님이시다. 하나님은 항상 가난한 자와 억압당하는 자와 자신을 동일시하시기 위하여 계약을 맺어 얽어매시는 분이다. 이 말은 가난한 자는 하나님과 항상 계약관계에 있는 도덕적으로 의로운 자라는 것을 의미하지 않으며 특정 도덕적 자질만이 반드시 의로운 사람들을 가리킨다고 말하는 것도 아니다. 일차적으로는 의로운 사람들은 하나님의 의의 요구에 응답하는 사람들을 가리키는 말이다 (신 6:25). 그러나 또 다른한편 하나님의 의에 지탱되는 사람들, 즉 하나님의 일방적인 편애를 유발하는 비참한 자들도 하나님께는 의로운 사람들이다. 하나님의 의(義)에 지탱되고 견인되어 언약적 수혜자 신분을 유지하는 사람들도 의로운 사람들이라는 말이다. 언약에 속했으나 언약 밖으로 내몰린 사람들도 잠재적으로는 의로운 사람들인 것이다 (잠 14:31; 시 41:1; 렘 7:6). 그들이 하나님의 의로운 손에 붙들려 있기 때문이다. 그래서 하나님의 의가 일차적으로 그들에게로 경사된다. 또한 하나님의 의는 억압자에게는 시퍼런 사법적 징벌의 방망이가 되어 타격한다.

실로 하나님의 정의는 하수와 개울물처럼 온 세계가 하나님의 의로 충만할 때까지 쉼 없이 넘실거리며 투쟁한다. 하나님의 의(義)는 단순한 규범이아니라, 불의의 방벽을 넘어 무너뜨리는 도전이며, 쉬지 않는 돌진이다. 메마른 땅에 생명을 주는 강물같이 메시야적 의에 목마르고 굶주린 세계를 향해 하나님의 의(義)는 오늘도 힘차게 작용한다. 하나님의 가슴 속에서 흘러나오는 의(義)의 강물이 터져 나오는 물길이 어디인가? 세계의 마지막에 터져나온 메시야의 의(義), 예수의 십자가 보혈이다 (롬 4:25). 그는 하나님을 향해 패역과 완악으로 도전하고 있는 이 세계에서 순종과 피로써 하나님의 의(義)를 열어보였다 (롬 3:24-26). 율법적 요구로 정죄와 불화로 찢겨진 세계를 향해서, 하나님의 정복되지 않는 사랑은 용서와 화해를 과시한다. 예수는 의(義)의 사막 지대에 의(義)의 물길을 끌고 온 메시야다. 예수의 메시아적 의(義)는 값없는 구원이며, 이 값없는 구원 속에는 메시야적 시대에 걸맞는 메시야적 전가된 의(義)의 요구가 함축되어 있다. 이 의(義)의 요구를 이루기 위해서는 감격과 기쁨 속에서 값을 치러야 한다. 곧 메시야가 가져온 구원은 메시야적 의(義)의 요구에 부응하는 삶이다. 믿음으로 의롭게 된 삶이란, 실상 하나님의 의(義)라는 한 도덕적 윤리적 자질이 우리 속에 스며들었다는 뜻이 아니다 (롬 1:16-17). 또 최후심판 때 법정에서의 무죄선언에 미리 참여하는 것만도 아니다. 의(義)가 결핍된 역사를 향해 해일처럼 밀려오는 메시야의 의(義)의 요구에 매일매일 감격과 기쁨으로 응답함이다. 기독교에서 '구원받았다'는 것은 구원 과정의 완료 과정이 아니다. 구원 과정의 첫 진입을 뜻한다. 하나님의 의(義)의 요구에 응답하는 삶에 참여하게 되었다는 말이다. 이 땅의 그리스도인들은 자아갱신적이고 사회변혁적인 하나님의 의(義)를 먼저 덧입은 수혜자요, 이웃들에게 하나님의 구원하시는 의(義)를 덧입도록 초청하는 중보자들이다.

이상에서 살펴본 것처럼 예언자들의 예언행위는 하나님과 이스라엘이 맺은 언약을 따라 기능하던 언약공동체가 양극화되고 파편화되어 해체되는 것을 막아준 집단상담적 치유활동으로 나타났다. 오늘날 한국교회에게 요청되는 하나님말씀 대언도 죽어서 가는 천당에만 초점을 맞추지 말고 지금 이 땅의 사람들 사이에 근본적인 화해와 평화가 정착하도록 돕는 화해사역이어야 한다. 그 옛날 이스라엘이 참여했던 하나님의 언약잔치에 온 세상만민을 초청하는 선교적 노력도 결국 죽어서 가는 천당고객을 모집하는 일이 아니라 지금 이 땅에서부터 하나님의 의와 평화를 누리는 공동체 창조로 결실되어야 한다는 말이다.

오늘날 주전 8세기 예언자들의 집단상담적 치유활동과 그것을 통한 사회적 화해는 무엇보다도 먼저 공교회의 예배, 예배 중 맛보는 하나님의 말씀과 찬양, 공기도를 통해 실현될 수 있다. 둘째, 모든 그리스도인들의 직업현장이 바로 이런 예언자적 중보사역의 현장이 될 수 있다. 모든 그리스도인들은 자신들의 직업현장에서 왕같은 제사장이 되어 부서지고 망가진 세상을 근본적으로 치유하는 영적 중보자들이 되어야 한다. 하나님의 회복적인 의를 먼저 맛보는 그리스도인들은 이 세상과 스스로를 화목케 하신 하나님을 대표하는 자들이기 때문이다.

7. 결론: 우리 겨레의 화해와 용서 시대를 여는 향도로서의 교회

에베소서 2:11-22과 고린도후서 5:14-21은 그리스도 안에서 새 피조물이 된 그리스도인들이 화해사역의 선봉이자 향도임을 선언한다. 에스겔 36장 25~26절은 돌같은 굳은 마음에 새 영을 부어주셔서 새 마음을 만들어주시는 하나님의 은혜를 증거한다. 새로운 영은 하나님의 율례를 준행하고 싶은 열망을 불러일으키고 하나님의 율례를 실천할 능력을 부어준다. 그런데 자신이 돌같이 굳은 사람이요, 하나님에 대하여 죽은 자라는 정확한 자기인식을 가진 사람에게 하나님의 새 영, 새 마음 창조하심의 은혜가 역사한다. 예언자들은 우리 개인과 우리 사회가 하나님의 영으로 갱신되고 중생되지 않으면 안되는 죄와 죽음의 악순환에 얽매여 있다고 선언한다. 주전 8세기 예언자들은 바로 우리의 영적 황무함, 심판 아래 있는 우리의 굳은 마음과 굳은 사회를 들추어낸다. 예언자들의 통렬한 메시지는 영적으로 죽어버린 사람들에게 자신의 영적 황무함을 애통해하는 사람들에게만 부흥과 쇄신의 가능성을 열어준다. 이 예언자들의 메시지의 총화가 바로 우리 주 예수 그리스도이시다.

그리스도는 죄를 알지도 못한 자였으나 우리를 대신해 저주와 심판의 십자가를 지셨다. 사도 바울은 그리스도의 저주받은 십자가 죽음에서 모든 하나님과 가장 멀리 떨어져사는 이방인들과도 스스로 화목케 하시려는 하나님의 사랑을 보았다. 그리스도의 십자가는 이방인들에게 사랑의 손길을 내뻗는 하나님의 사랑이었다. 이방인은 자기 땅에서 쫓겨난 표류하는 고아와 과부같은 최약자, 스스로를 보호할 수 없는 추방당한 비국민(非國民: 어느 나라의 보호도 받지 못하는 사람들)이다. 이런 이방인들을 다시 하나님나라에 초청하기 위하여 스스로 저주의 십자가를 지신 그리스도의 모습을 보고 바울은 하나님의 보편적인 사랑을 보았다. 바울 사도는 "아! 하나님은 옛 이스라엘의 특권화된 자아를 십자가에 못박고 불운한 처지에 빠져사는 사람들까지도 하나님나라의 생명잔치에 초청하는구나"를 깨달았다.

사도 바울에게 모든 인류를 대신하여 죽은 그리스도의 죽음은 사실상 옛 자아를 가진 모든 인간의 죽음을 의미했다. 예수가 십자가 못박혀 죽는 순간 우리 모두의 옛 자아는 십자가에 못박혀 죽었다. 예수 그리스도가 십자가에 못박혀 죽었다가 다시 삼일 만에 부활한 것은 아담 안에서 죄인이 된 모든 인간이 그리스도 안에서 하나님께 순종적이며 이웃에게 책임적이고 응답적인 인간으로 새롭게 창조되었다는 것을 의미했다 (롬 6:3-5). 결국 그리스도 안에서 새로운 피조물이 되었다는 말은 이웃과 심지어 원수에게까지도 화목과 평화를 나누는 사람이 되었다는 말이다. 이방인들을 하나님의 집으로 맞아들이는 선교적인 개방성을 갖게 되었다는 것이다. 그리스도 안에서 인류에게 당신을 화해의 하나님으로 나타내신 하나님께서 그리스도인들에게 화해와 화목의 직분을 주셨다. 이방인들을 영접하여 하나님나라식탁에 초청하는 것이 화목의 직책(디아코니아스 테스 카탈락게스)이다.

결국 그리스도 안의 새 피조물은 화해적이고 평화적 개방성으로 가득 찬 사람이다. 그리스도의 사랑에 강권되고 추동되는 사람들에게는 이방인들도 친구삼는 능력이 가득 차게 된다. 그리스도 안에 있는 성도들에게 이방인을 배척하고 이웃을 거부하던 겉사람은 후패하고 낡아지지만 속사람은 날로 새로워지기 때문이다 (고후 4:16-18). 이 그리스도 안의 새로운 피조물은 심지어 원수(이방인)와 화해하기에도 최적화된 사람들이다. 지주들에게 소작인들이, 권력자들에게는 고아와 과부같은 최약자들이, 남한의 기독교인에게 북한 공산당들이 가장 먼 이방인이다. 예언자들이 품으려고 했던 고아와 과부, 소작인들과 노예들은 중산층적인 유여(裕餘) 속에 살아가는 모든 그리스도인들에게 화목을 이뤄야 할 대상인 '이방인'이다.

주

1) 이 단락의 논의는 G. von Rad(trans. D. M. G. Stalker), *Old Testament Theology*, vol. 2 (Louisville: John Knox Press, 2000), pp. 177–184에 빚지고 있다.
2) von Rad (2000), p. 176.
3) von Rad (2000), pp. 180–182.
4) von Rad (2000), pp. 83–184.
5) 이 단원은 von Rad (2000), pp. 176–180, 183–184 혹은 동일 저자의 다른 글, "Eighth Century Prophecy," in Eds. Ben C. Ollenburger et al., *The Flowering of Old Testament Theology* (Indiana: Eisenbrauns, 1992), pp. 120–147에 빚지고 있다.
6) 창조를 언약관계로 다루는 신학적 논의를 참조하려면 G. Vos가 쓴 *Biblical Theology*, 이승구 역, 『성경신학』 (서울: 생명의 말씀사, 1983)과 P. Robertson이 쓴 책 *Christ of the Covenants* 김의환. (서울: 역기독교문서선교회, 1991)을 보라.
7) 위르겐 몰트만 지음, 김균진 옮김, 『십자가에 달린 하나님』 (서울: 한국신학연구소, 1967)은 하나님의 전능성의 일시적이고 자발적 유보를 설명한다. 이 속수무책적인 하나님의 파토스에 대한 심층해설은 아브라함 요수아 헤셀의 책 이현주 역, 『예언자들』 (서울: 삼인, 2006)에서 자세히 제시된다. 가장 자세한 논의는 헨드리쿠스 베르코프(Hendrikus Berkhof), *Christian Theology* 신경수 역, 『기독교신학개론』 (서울: CH북스, 1999)에 나온다.
8) 하나님과 아담과 하와 사이는 언약관계적인 상대이기 때문에 사실상 아담이 최초의 언약관계 중보자였다.
9) 성백요, 『孟子集註』 (파주: 한국인문고전연구소, 2017), p. 52. "떳떳이 살 수 있는 생업이 없으면 따라서 떳떳한 마음도 없어집니다."

참고문헌

G. Vos 지음, 이승구 역, 『성경신학』. 서울: 생명의 말씀사, 1983.

성백요. 『孟子集註』. 파주: 한국인문고전연구소, 2017.

요수아 헤셀 지음, 이현주 역. 『예언자들』. 서울: 삼인, 2006.

위르겐 몰트만 지음, 김균진 역. 『십자가에 달린 하나님』. 서울: 한국신학연구소, 1967.

헨드리쿠스 베르코프 지음, 신경수 역. 『기독교신학개론』. 서울: CH북스, 1999.

Robertson, P. *Christ of the Covenants*. NJ: P & R Publishing, 1987.

von Rad, G. "Eighth Century Prophecy." in Eds. Ben C. Ollenburger et al. *The Flowering of Old Testament Theology*. Indiana: Eisenbrauns, 1992.

_____. trans. D. M. G. Stalker. *Old Testament Theology*, vol. 2. Louisville: John Knox Press, 2000.

2부

한반도에서의
용서와 화해

5장

평화와 화해:
책임정치와 심정윤리의 간극

박명규 (서울대 사회학과 교수)

1. 평화와 화해

평창동계올림픽이 '평화올림픽'으로서 성공적으로 마무리되었다. 무엇보다도 그 과정에서 남북관계에 새로운 전기가 마련된 것은 참 다행스럽다. 북한의 고위급 대표단이 방남하여 청와대를 예방한 것도 특기할 일이지만 한국의 특사단이 평양을 방문하여 김정은 위원장과 회담하고 남북정상회담을 포함한 6개 항의 결과를 발표한 것, 연이어 워싱턴을 방문한 특사단을 면담한 트럼프 대통령이 북미정상회담을 수락한 일은 한반도에 심대한 변화가 다가오고 있다는 예감을 갖게 만든다. 물론 북한의 진의가 불명료하고 여러 불확실성이 남아 있어서 완전한 봄날을 기대하기는 어렵다. 하지만 전쟁위기를 염려하던 분위기는 상당부분 가라앉고 남북관계의 진전에 대한 관심이 높아질 것은 분명해 보인다. 그럴수록 단순한 수사로서가 아니라 구체적인 실천과제로 평화와 화해의 문제를 깊이 궁구하는 것이 매우 중요해 지리라 생각한다.

평화와 화해는 정치인 못지않게 문인이나 종교인들도 중시하는 보편적 주제다. 모든 인간존재가 갈등과 분쟁의 고통에서 벗어나고 싶어 하는 보편적 열망을 지니고 있기 때문이다. 국가 간 전쟁 못지않게 환경위기, 테러, 인종갈등, 종교분쟁, 젠더억압과 같은 문제들이 심각해진 21세기에 접어든 이후에는 국가와 시민 사이, 종족과 종족 사이, 종교와 종교 사이, 문명과 문명 사이에서도 평화와 화해가 중요해졌다.[1] 이처럼 국가정치적 사안과 사회문화적 사안이 함께 포괄되면서 평화와 화해의 적용공간은 넓혀졌지만 그에 걸맞은 변화가 뒤따른 것 같진 않다. 포괄적 평화이론의 선두지역처럼 여겨졌던 유럽 곳곳에서 극우적이고 국가주의적인 세력이 다시 힘을 얻고 있는 현실을 보면, 아직 인류사회가 보편공동체 차원에서 화해 문제를 논의할 만큼 진화하지 못했을 뿐 아니라 자기중심성과 배타적 폭력성으로부터 자유롭지 못한 듯하다.

평화도 화해도 논의되는 사회적 맥락과 시대적 상황에 따라 내용이 크게 달라진다. 양자의 관계도 단순치 않아서 화해가 평화의 필수 조건일 수도 있지만 평화가 화해에 선행해야 할 때도 있다. 뿐만 아니라 평화와 화해가 어느 정도 정치적 사안이 될 것인지 어느 정도 시민사회의 자율사안이 될 것인지도 상황에 따라 달라진다. 이 글에서는 두 가지 점을 중시하면서 이 논의를 한국적 맥락에 대입해 보려 한다. 첫째는 국가중심주의, 정치중심주의를 넘어서서 평화와 화해의 다양한 논의와 실천영역을 포괄적으로 고려해야 한다는 것이다. 사회집단, 세대, 젠더, 외국인 등도 주체가 되고 심성과 도덕도 쟁점이 되는 복합적인 평화론, 화해론이 필요하다. 둘째로, 그럼에도 불구하고 국가적인 것과 비국가적인 것, 정치적 사안과 비정치적 사안 사이의 질적 차별성을 분명히 하는 것이 필요하다. 개인이나 집단 차원의 대응과 공동체 전체 차원의 대응 사이에는 상당한 간극과 긴장이 존재한다. 정치신학자 라인홀드 니버의 표현을 빌어본다면, '도덕적인 인간'과 '비도덕적 사회'의 질적 차이, 상이한 작동원리와 모순적인 관계성을 깊이 인식하는 것이 평화와 화해를 숙고하는 데서도 필요하다.

2. 한국사회와 화해논의

한반도는 평화나 화해라는 말이 자주 사용되지만 그 말을 둘러싼 긴장도 적지 않다. 그만큼 절실하기 때문이겠지만 주체별로 이 말을 변용하여 편의적으로 사용하는 탓도 있다. 휴전선 일대에서 쉽게 볼 수 있는 평화동산, 평화전망대, 평화관광 등의 표지는 군사적 긴장상태를 역설적으로 강조한다. 일본은 과거의 잘못을 제대로 인정하지 않으면서도 화해를 적극적으로 주장한다. 국가권력의 남용에 분노한 촛불시민들 앞에서 "화해와 용서"라는 플래카드를 들고 반대집회를 벌이는 사람들도 있었다. 이런 사례들은 화해를 논의할 때도 "어떤 화해인가?", "누구와의 화해인가?"를 물어야 할 필요성을 드러낸다. 말을 던지는 주체별로, 그 말이 적용되는 맥락에 따라 화해라는 말의 실질적 내용이 달라지기 때문이다.

1) 네 개의 맥락

한국에서 화해가 언급되는 맥락은 크게 네 가지다.[2] 첫 번째로 북한과의 관계에서 논의되는 화해다. 분단 이후, 특히 한국전쟁 이후 60년이 넘도록 정치적 적대, 군사적 긴장, 사회경제적 단절상태가 지속되고 있는 남북관계를 평화로운 상태로 전환하려는 노력이 화해라는 주제로 이어지는 것이다. 실제로 남북 사이에서 화해의 필요성과 화해의 실천방식에 대해 논의가 시작된 지는 꽤 오래 되었다. 1991년 남북 간에 이루어진 논의에서는 화해와 불가침, 남북교류라는 세 개의 화두를 중요한 과제로 다루었다.[3] 여기서 화해라는 항목 하에 논의된 사항은 대체로 '상호체제인정 및 현상질서존중'과 관련된 것이었다. 남북기본합의서에서 '남북화해' 항목으로 담겨있는 조항들을 보면, 서로 상대방의 체제를 인정하고 존중한다 (1조), 상대방의 내부문제에 간섭하지 않는다 (2조), 상대방에 대한 비방·중상을 하지 않는다 (3조), 상대방을 파괴·전복하려는 일체 행위를 하지 않는다 (4조), 현 정전상태를 평화상태로 전환시키기 위하여 공동으로 노력하며 이러한 평화상태가 이룩될 때까지 현 군사정전협정을 준수한다 (5조) 등이다. 그리고 이러한 목적을 위해 민족의 이익존중(6조), 판문점 남북연락사무소 설치(7조), 남북정치분과위원회 구성(8조) 등이 합의되었다. 상대방에 대하여 무력을 사용하지 않으며 상대방을 무력으로 침략하지 아니한다 (9조)와 의견대립과 분쟁문제들을 대화와 협상을 통하여 평화적으로 해결한다 (10조)는 불가침 관련 조항 역시 화해의 내용과 긴밀하게 연결되는 조항이다. 여기서 알 수 있듯이 남북사이의 화해는 기본적으로 상대방 체제의 인정, 내정간섭과 상호비방 중지, 파괴와 전복행위 금지, 정전협정체제의 준수, 무력사용의 중단 등 정치군사적이고 구조적인 사안들을 주로 포괄한다.

두 번째로 식민지 유산의 청산 및 극복과 관련한 화해가 있다. 식민종주국이었던 일본과의 화해는 물론이고 친일파 문제, 재일조선인 문제, 군위안부 문제 등이 이에 해당하는 사안들이다. 해방 이후 일본과의 화해는 좀처럼 진전되지 못하다가 1960년대 중반의 한일국교정상화로 정상화되었고 이후 한일관계는 경제, 정치, 문화, 학술 등 다양한 분야에서 크게 발전했다. 1998년 김대중-오부찌의 "21세기 새로운 한일 파트너십 공동선언"을 계기로 미래를 향한 협력이 더욱 강화되고 일본정부의 과거사 반성노력이 더해지면서 한일관계는 화해의 모습에 가까워지기도 했다. 하지만 지속적인 신뢰구축 과정은 지체되었고 내부의 정치적 이해관계에 따라 독도 문제, 교과서 문제가 서로의 불신을 심화시켰고 화해의 과제는 여전히 미완의 상태로 남아있다. 국내에서도 친일파 규정과 처벌, 식민지 시기의 각종 제도와 법규, 변화의 재평가 등이 제대로 이루어지지 못했고 그로 인해 과거와의 인지적, 정서적, 사회적 화해가 여전히 현안으로 존재한다.

세 번째로 한국전쟁 및 권위주의 정부 하에서 이루어진 국가폭력 희생자들과의 화해가 있다. 제주 4·3사건, 한국전쟁기 양민학살, 광주 5·18민주항쟁 등 국가의 공권력에 의해 다수 국민이 희생당했던 사건들은 오랜 시일 제대로 밝혀지지 않은 채 봉합되어 있었다. 탈냉전 이후 민주화가 진행되면서 묻혔던 과거사에 대한 조사와 진상규명, 책임자 처벌, 희생자의 추모 등을 통해 화해의 정치가 비로소 본격화했다. 정부 차원에서 진실화해를 위한 과거사정리위원회가 2005년 출범하고 사실의 확인, 책임인정과 사죄, 보상과 기념, 공적 추모를 적극 추진했다. 이런 과정을 통해 처벌에 주목하는 응보적 정의보다 가해자의 사죄와 피해자의 용서가 뒤따르는 전환기 정의, 회복적 정의가 적극 추구되었다. 이 과정은 남아공의 진실화해위원회 활동과 유사한 방식으로 진행되었다. 여전히 불충분한 문제들이 남아있긴 하지만 우리 사회에서는 비교적 잘 진행되고 있는 화해의 한 측면이라 할 수 있다.

네 번째로는 사적 인간관계에서 겪게 되는 상처로부터의 해방, 트라우마의 해소 차원에서 논의되는 화해다. 집안 간의 갈등이 배경이 될 수도 있고 권력형 지배관계로부터 비롯된 것도 있다. 청소년 범죄와 같이 일시적인 일탈에서 비롯된 상처도 있다. 남남갈등이라고 불리는 이념적 긴장이 작용할 수도 있고 가부장적 사회구조 속에서 작동해 온 젠더관계의 개별화 형태로 나타날 수도 있다. 이 차원에서의 화해는 가해자의 처벌도 필요하지만 무엇보다도 피해자의 치유를 통한 정상으로의 회복을 우선시한다. 사실확인과 가해자 사과도 중요하지만 2차 피해가 없도록 섬세하게 다루어야 할 필요도 있고 그 과정에서 피해자의 우선적 화해조치가 권유되기도 한다. 종교나 도덕의 영역에서 강조되는 화해는 용서라는 윤리적 차원을 함께 중시하는데 용서야말로 내면적인 화해를 가져올 수 있다고 간주되기 때문이다.

이상과 같이 화해가 논의되는 맥락과 계기들은 단순하지 않고 그 함의도 같지 않다. 국가-국가 차원에서의 화해가 있고 국가-개인 간의 화해가 있으며 사적인 개인들 사이의 화해가 있다. 화해의 종국적 목표도 반드시 동일한 것은 아니어서 갈등과 대립 이전의 통합단계로의 회복이 상정될 수도 있고 미래의 새로운 소통관계의 창출을 목표로 할 수도 있다. 또한 화해의 과정에서 갈등하던 당사자들이 수행해야 하는 도덕적, 정치적 책무 역시 다양하다. 사죄와 용서가 조건이 될 경우도 있고 그러한 전제 없이 정치군사적 차원의 조치가 더욱 중시될 수도 있다. 화해가 논의되는 맥락과 차원의 차이를 무시할 때는 예상치 못한 결과를 초래할 수 있다. 화해의 역설이라고도 할 이런 문제를 실제 한국사회는 절실히 경험하고 있는 중이다.

2) 화해의 세 유형

위에서 살펴본 화해들은 그것이 추진되는 맥락과 목적에 따라 세 유형으로 나누어볼 수 있다. 그 첫째는 현재 작동하고 있는 갈등과 대립의 구조를 해체하는 작업으로서의 화해다. 신뢰하기 어려운 상대방과의 긴장이 엄존한 상황에서 갈등의 구조 자체와 대결해야 하는 이런 유형을 '정치로서의 화해'라 할 수 있다. 둘째로는 과거청산과 정의구현의 차원에서 추구되는 화해가 있다. 인종차별제도 철폐 이후의 남아프리카 공화국, 발칸의 참화 이후와 같이 구조적 갈등이 종식된 이후의 상생과 회복을 위한 조치로서의 화해다. 이를 '정의로서의 화해'라 할 수 있다. 셋째로는 사적 영역에서 필요한 화해가 있다. 개인이 이런저런 이유로 지니게 된 내면의 증오, 불신, 트라우마로부터 벗어나기 위한 결단행위로서의 화해를 '윤리로서의 화해'라 이름할 수 있을 것이다. 이 세 차원은 상호 연결되고 영향을 주고받지만 독립적으로 작동할 수도 있어서 반드시 상호연동되는 것은 아니다.

정치로서의 화해는 갈등의 구조를 해체하고 화해의 조건을 창출하기 위한 기획과 실천을 중시한다. 당연히 진상규명이나 책임소재의 다툼보다 갈등의 구조해체, 악순환의 고리단절을 위한 전략적 행위를 고려한다. 그런 점에서 결과에 대한 냉정한 예측, 미래지향적 기획력과 결단이 요구된다. 노태우 정부 시절 이루어진 한중수교 결정은 이런 사례에 해당한다. 냉전시기의 한중관계는 단절상태였을 뿐 아니라 이념적으로 적대관계였고 과거 한국전쟁에서 총을 겨누었던 관계다. 이런 쟁점들이 충분히 해소되지 않은 상태로 관계개선과 상호신뢰구축의 길을 선택한 것이다. 대북정책으로 추진된 햇볕정책 역시 이런 유형의 하나라 함 직하다. 정치군사적 적대성, 한국전쟁의 책임문제 등 어려운 쟁점들을 일단 유보해 둔 채 협력과 교류를 추진하려는 논리, 그 과정에서 다소의 양보와 지원도 가능하다는 자신감이 주요한 기초를 이루었다. 실제로 그 정책입안자들은 남북관계에서도 냉정한 상호주의보다는 한쪽의 선의와 신뢰가 선행될 때 악순환의 고리를 끊고 선순환을 창출할 계기를 만들 수 있다고 생각했다.[4] 중요한 쟁점을 미루어 둔 타협적인 화해조치가 긴 역사 속에서 어떤 평가를 받을지는 이견이 있을 수 있지만 정치로서의 화해가 심대한 변화를 추동하는 동력이 될 수 있음을 부인할 수는 없다.

두 번째, 정의로서의 화해는 갈등구조가 해체된 이후에 추구되는 사회적, 법적 조치가 주된 내용을 이룬다. 과거의 잘못을 밝히고 책임을 규명함과 동시에 희생자의 고통에 호응하면서 새로운 질서를 창출하는 것이 주요한 목표다. 남아프리카 공화국에서 만델라와 투투가 강조했던 이 모델의 정신은 가해자의 사법적 처벌이나 응보적 정의를 내세우기보다 사실의 정확한 파악과 필요한 책임인정, 사죄와 함께 피해자의 명예회복, 보상, 추모와 기념의 공공화를 통해 집단적으로 존속해 온 트라우마를 해소하는 것을 중시한다. 한국은 식민지배라는 억압, 한국전쟁이라는 참화, 그리고 국가폭력이라는 문제를 경험했지만 이 모두 과거의 일이 되었다. 식민지배체제가 끝난 지 70년이 넘었고 한국전쟁이 휴전상태로 마무리된 지도 60년이 넘었으며 국가폭력의 문제들을 해결하기 시작한 민주화의 역사도 30년을 지나고 있다. 과거의 유산은 오늘 한국인의 일상과 현실에 핵심적인 문제로 작동하는 것은 아니다. 그럼에도 불구하고 일본과의 사이에, 친일파 문제를 둘러싸고, 국가폭력 사건에 대해 화해의 일상화가 이루어지지 못하고 있는 것은 정의로서의 화해에 필요한 조치들의 미흡함에서 기인한다.

세 번째로 윤리로서의 화해는 개인이 지닌 내면의 불안, 증오, 우울을 극복하고 평안을 찾는 과정과 관련된다. 현대사회의 복잡한 경쟁체제는 인간관계의 안정성을 해치는 환경을 끊임없이 만들어내고 있다. 힐링과 웰빙이 삶의 과제가 되면서 불안과 초조를 먹고 사는 각종 힐링 산업도 발전하고 있다. 종교 역시 그런 기대에 부응하면서 기복적이고 자기만족적인 신앙의 확산을 독려한다. 도덕과 처세, 정신치료의 영역도 개인의 내면적 건강을 주목한다. 내면을 힘들게 만드는 각종 스트레스로부터 벗어나기 위해 보다 주체적인 자아, 타자의 수용 및 이질성에 대한 관용, 지나친 예민함으로부터의 거리 등 심리학적 조언들도 만연하고 있다. 명상이 주목을 받고 다양한 처세학과 자기계발서가 베스트셀러가 되는 현상은 화해의 개인적 차원, 내면의 평화가 여전히 큰 문제임을 반증한다.

3) 동력과 긴장

이 세 유형은 독자적으로 병립하면서 서로 간에 별다른 영향을 주고받지 않을 수도 있다. 남북관계와 한일관계, 개인적 갈등이 서로 별개의 차원으로 존속하는 것처럼 말이다. 하지만 서로 영향을 미치면서 변화의 계기를 만들거나 긴장과 갈등을 초래하는 경우도 적지 않다. 정치로서의 화해가 정의로서의 화해, 윤리로서의 화해로 이어질지, 또는 그 역의 관계가 가능할지는 불확실하다. 과거와 현재, 정치와 윤리, 구조와 행위의 관계를 포괄적으로 이해하면서 베버의 문제제기를 숙고해야 하는 것도 이 때문이다.

첫 번째로 햇볕정책의 화해효과에 대해 검토해 보자. 햇볕정책은 김대중 정부의 정책을 일컫지만 김영삼 정부 출범 직후의 대북정책도 기본적으로 유사했다. 세계는 탈냉전의 큰 진전을 이루었고 북방정책으로 중국과도 수교한 상황에서 문민정부의 출범이 갖는 질적 차별성을 가시화하고 싶었던 김영삼 대통령은 취임사에서 '어느 동맹보다도 민족이 우선'이라는 과감한 선언을 했다. 그리고 장기수 이인모 노인의 무조건 송환을 결정했다. 이 조치는 남북관계에서 통용되던 상호주의, 조건부 교류의 틀을 과감히 넘어서는 결정이었다. 하지만 이런 선의는 기대한 결과로 이어지기보다 '값비싼 대가'를 요구했다. 북한은 송환 바로 그 이튿날 NPT 탈퇴를 선언함으로써 갓 출범한 김영삼 정부의 대북정책을 혼란에 빠트렸다. 보수층으로부터는 유화정책이라는 비난에 시달려야 했고 전문가들로부터는 낭만적이라는 공격을 받았다.

김대중 정부 하에서 추진된 햇볕정책은 남북협력의 선순환을 상정한 기능주의적 전망 위에 서 있었다. 하지만 북한은 교류협력의 진전이 미칠 체제이완 효과를 우려했다. 1차 남북정상회담 이후 확대된 남북교류와 대북지원은 한반도의 긴장완화에 중대한 계기가 되었지만 북한은 남측의 대북지원과 각종 협력사업이 북한사회 전반으로 파급되지 않도록 통제하는 데 심혈을 기울였다. 북한이 1차 핵실험을 감행한 2006년 10월은 노무현 정부 하에서 남북 간의 신뢰와 협력수준이 최고조에 달해 있던 시기였다. 두 체제의 국가이익, 공동체 안보, 집단적 자존감 등과 밀접하게 결합되어 있는 현실적 조건 하에서 햇볕정책이 화해의 결실을 가져오는 충분조건이 되기 어려움을 보여준 것이다. 남북한 사이의 적대적 공존상태로부터 기인하는 역사적 관성을 고려할 때, 상호주의 협상, 책임이 동반된 타협과정이 필요한 것이다. 그럼에도 불구하고 이 원대한 전환의 고리, 계기를 만들어내는 어떤 촉발적 동력이 필요했고 화해를 위한 선의의 이니셔티브가 그러한 초기적 동력을 만들어준 것은 부인하기 어렵다.

두 번째로 일본과의 거듭된 화해조치가 가져온 역설적 상황을 보자. 박근혜 정부에서 시도되었던 군위안부관련 한일합의는 적절한 선에서의 정치적 타협을 통해 과거사를 더 이상 문제시하지 않는 '불가역적' 합의를 목표한 것이다. 오랜 한일관계의 진전에도 불구하고 과거사를 둘러싼 양국 간 갈등이 계속되던 상황에서 다소의 불만이 있더라도 과거의 문제를 매듭짓고 미래를 향해 나아가자는 의도는 큰 문제가 없다. 그럼에도 불구하고 피해당사자의 강력한 반발과 새로운 관계악화의 계기가 된 것은 아이러니. 일본의 진정성 없고 몰역사적인 태도가 중요한 요인임은 분명하지만 그것만으로 이런 역설적 결과를 충분히 설명하기는 어렵다. 식민경험이라는 과거의 족쇄로부터 벗어나기 위해서는 어느 한순간의 정치적 담판, 정치지도자들의 약속만으로 충분하지 않고 피해당사자들의 마음을 사는 사죄와 성찰을 동반해야 한다. 또한 과거청산은 사실확인, 정확한 고증, 책임규명 등이 요구되면서 동시에 피해자들의 명예회복, 필요한 경우 적절한 보상, 공공의 추모와 기념 등이 화해에 뒤따라야 하는 요소들이고 이러 일들은 정부차원의 협상만으로 완료되는 것이 아니다. 가해자의 반성과 진정어린 역사인식이 당연히 요구되는 전제 하에, 일정한 단계에서 피해자의 용서도 필요하고 심지어 아픈 과거를 역사화하는 일도 필요할지 모른다. 그런 노력이 화해에 필요한 이니셔티브, 선순환의 계기 창출을 위한 노력을 가져올 수 있기 때문이다.

세 번째로 최근 요원의 불길처럼 퍼지고 있는 미투운동을 통해 개인차원의 화해문제를 살펴보자. 성폭력을 겪은 당사자는 아무리 오랜 시일이 지나도 그 마음에 깊은 상처와 트라우마를 지니게 되며 개인 차원에서의 망각과 용서로 해결될 수 없다는 것을 최근의 사태는 보여준다. 또한 개인 간의 가해와 피해로 나타나는 은밀한 범죄이지만 그 바탕에 한국사회의 뿌리 깊은 남성중심주의, 가부장적 관행, 위계적 권력문화가 자리하고 있어서 사회적 차원의 조치와 개혁을 동반해야 함을 보여주고 있다. 이번의 사태는 영화 〈밀양〉의 테마를 떠올리게 한다. 영화 〈밀양〉은 가해자와 피해자 사이에서 화해와 용서가 얼마나 미묘한 결을 가지는 사안인지를 잘 보여주었다. 과연 피해자의 일방적인 용서만으로 진정한 화해가 가능한가? 가해자의 사죄는 용서의 전제조건인가? 가해자가 피해자에게 사죄하는 대신 신에게 사죄하고 용서를 받아도 되는 것인가? 피해자의 용서할 권리를 다른 주체가 대신할 수 있는가? 이런 질문들은 사적 관계에서의 화해도 고려해야 할 요소들이 다양함을 잘 보여준다. 이번의 미투운동에서 보듯, 숨기고 싶었던 트라우마도 사회적으로 드러내고 가해자의 책임을 묻는 과정을 절실히 필요로 한다. 개인 차원에서의 화해, 용서, 관용 같은 대응이 중요하지만 이것을 희생자에게 윤리적으로 강요해서는 안된다. 희생자를 배제한 화해는 자칫 정의 없는 용서를 초래함으로써 결과적으로 진정한 사죄와 신뢰회복의 기회를 가로막을 수도 있다.

이상의 사례들은 화해의 노력, 화해의 실천 과정에서 상이한 차원과 층위들을 정교하게 이해하고 그 각각의 애씀을 연결하는 작업이 필요함을 말해준다. 결과가 예상과 다르게 나타날 경우에도 단순한 비난이나 옹호로 치닫기보다 역설적 결과를 초래할 수도 있는 상호관계의 복합성을 깊이 분석하려 노력해야 한다. 화해와 용서를 값싼 자기합리화의 수단으로 활용하지 않게 만드는 것, 금방 효과가 나타날 정략적 프로그램으로 만들려는 조급함으로부터 거리를 두는 것도 필요하다. 이런 노력을 통해 화해를 정치적 계산 행위로 보는 관점이나 도덕적 윤리론으로 접근하는 편향성을 극복하는 길이 찾아질 수 있을 것이다.

3. 화해의 역량구축

화해를 원하는 것과 화해를 실현하는 역량은 같지 않다. 마찬가지로 평화로운 사람, 평화를 소원하는 사람이 평화를 실현하는 실천역량을 잘 갖추었다고 말할 수도 없다. 화해는 그에 필요한 심성 못지않게 그것을 구체화할 수 있는 역량을 필요로 한다. 이를 위해서는 구조의 틈새를 활용하여 악순환을 선순환으로 만들어낼 의지와 가치가 중요한 동시에 그 과정과 결과에 대한 냉정한 평가와 책임을 수반해야 한다. 한국사회를 염두에 둘 때 크게 두 가지 점을 주목할 수 있다고 생각한다.

1) 책임정치와 심정윤리의 균형

한국사회는 명분에 의해 동원되는 집합적인 힘이 강하다. 정치적 사안도 자주 도덕적인 평가대상이 된다. 그 점에서 정치인과 종교인, 학자의 덕목을 엄격히 구별하고 그것들이 무분별하게 뒤엉키는 것을 경계한 막스 베버의 문제의식을 숙고할 필요가 있다.[5] 불신과 갈등이 구조화되어 있는 상황에서는 윤리적 대응과 정치적 결과 사이의 간극이 클 수 있다. 뿐만 아니라 종교 갈등에서 보듯 동기의 순수성을 강조하는 집단들 사이에서 오히려 갈등이 심각하게 나타날 수 있다. 초월적 현실주의의 주창자로 알려져 있는 라인홀드 니버도 개인적 차원과 집단적 차원에서 작동가능한 목표와 방식이 달라야 한다고 보았다. 니버는 각종 갈등을 사회공학적으로 해결할 수 있으리라는 합리주의자들의 견해에 찬동하지 않았다. 사랑과 용서, 설득과 양보에 기반한 비폭력과 무저항으로 집단 간 갈등을 해결하려는 움직임에 대해서도 비판적이었다. 그는 권력욕, 자기애, 자기확장은 인간실존의 핵심이어서 부정하거나 소멸될 수 없다고 보았고 따라서 집단들 사이의 평화는 늘 세력 균형에 의해 부분적이고 잠정적으로 얻어질 수밖에 없다고 보았다.

남북관계를 비롯하여 한국사회에서의 화해 논의 속에도 이런 현실주의적 접근이 상호주의나 힘의 논리로 자주 언급된다. 그런데 철저히 현실주의의 입장을 고수할 때 갈등의 악순환을 벗어날 계기를 찾기 어려운 딜레마에 부딪친다. 이 점에서 충분조건은 아니지만 도덕적 결단이 열어주는 가능성을 함께 사고하지 않을 수 없다. 비전을 소유한 측의 이니셔티브, 꿈과 의지의 적극적 개입에 의해 새로운 진전이 가능해지는 경우가 적지 않다. 매 순간 냉정한 책임정치의 장에서 평가되고 자기수정을 해야 하지만 선한 동기와 도덕적인 의도에 추동되는 가치지향의 중요성을 숙고할 이유도 여기에 있다. 이 맥락에서 김영삼 정부와 김대중 정부에서 대북정책에 중요한 역할을 담당했던 한완상의 다음과 같은 주장은 음미해 볼 가치가 있다. 그는 남북관계가 매우 어려워진 시점에서 출간한 자신의 책의 제목을 『우아한 패배』라고 붙이고 다음과 같이 말했다.

> "지금이야말로 우아한 패배를 용기 있게 선택하여 증오와 불신과 폭력의 악순환을 종식시켜야 한다. 나아가 새로운 선순환을 작동시켜야 한다. 그 힘은 어디서 오는가? 우아하게 패배할 수 있는 그 용기의 힘은 자기의 탐욕을 비워낼 수 있고, 자기의 독선을 내려놓을 수 있는 사랑의 힘에서 나온다."[6]

종교적 신념과 도덕적 확신이 강하게 배어있는 서술이고 가슴에 울림을 주는 글이다. 하지만 이런 주장이 남북관계를 다루는 차원에서 나왔다는 점에서 베버의 문제의식과 니버의 경고를 함께 생각하게 만든다. 과연 우아한 패배를 선택할 사랑의 용기, 희생과 비움의 결단으로 냉엄한 한반도 문제의 해결, 화해의 결과를 기대할 수 있는가? 이것은 도덕적일 수 있는 인간의 차원과 도덕적이기 어려운 집단구조의 차원을 혼동하는 것은 아닌가? 이런 선의가 가져올 역설적 결과에 대해 어떻게 책임을 질 수 있는가? 이런 질문들은 당연히 예상되는 것이고 결코 무시되어서는 안되는 쟁점이다. 이 점을 생각하면 집단 간에서는 선의보다도 인간의 악함, 자기중심성, 이기적인 욕망을 전제한 세력균형적 접근이 필요하다는 니버를 다시 떠올리게 된다. 니버는 강제력을 회피하려는 평화주의나 비폭력주의로 국가 간 화해를 이룰 수 있다는 주장은 중대한 오류라고 간주했다. 니버의 다음과 같은 주장을 함께 음미해 보자.

> 집단 간의 관계는 윤리적이라기보다는 정치적이다. 이들 관계는 각 집단
> 의 필요와 주장에 대한 합리적이고 도덕적인 평가가 아닌, 힘의 비례에 따
> 라 결정된다. … 피상적인 분석으로는 도덕적, 합리적 요소가 주도하는 것
> 처럼 보이며 실제 갈등에서 나타나고 있는 강제력과 힘의 은밀한 내용에
> 대해 무심하기가 쉽다.[7] (175)

한완상과 니버의 글은 각기 다른 점을 강조하고 있지만 우리에게 필요한
두 측면을 보여주는 것으로 이해될 필요가 있다. 이것을 배타적인 것으로
사고하지 않고 종합하려는 노력, 양자의 균형을 취하는 것이 필요하다. 선
의에 의한 윤리적 결단, 타자를 신뢰하는 도덕적 이니셔티브가 열어줄 가능
성의 힘을 존중하면서, 동시에 정치현실의 냉정함과 인간주체의 자기중심
성을 통제할 강제력의 중요성에도 민감할 필요가 있다. 자기만족적인 도덕
주의자로 경도되지 않으면서 구조적 모순에 순응하지는 않는 어떤 틈새, 공
간을 만들어내는 것이 요구된다. 니버 역시 이런 맥락에서 '윤리적 이중주
의'를 주장하기도 했다. 책임정치를 감당하려는 현실주의적 시각과 그것을
초월할 수 있는 사상적, 윤리적 지향성을 함께 지니는 균형감각이야말로 화
해를 실현하는 주요한 역량이 될 것이다.

2) 문화적 관용과 생활 민주주의

우리가 화해를 필요로 하는 것은 반드시 국가 간의 관계에 한정되지 않는
다. 남북관계 이외에도 다양한 차원에서 화해는 요구된다. 세계적으로 본
다면 종족 간, 종교 간, 문명 간 긴장이 확대되고 있고 최근 한국사회에서는
각자도생의 생존주의가 평화를 위협하고 있다. 이런 점에서 관용의 정신,
포용의 문화를 함양하는 것은 매우 중요하다. 한국은 근대화 과정에서 적절
한 수준의 관용과 포용의 문화를 만들어왔다. 한국은 서구적인 것과 동양적
인 것, 민족적인 것과 세계적인 것, 전통적인 것과 근대적인 것, 자본주의와

사회주의 원칙이 길항하고 갈등하면서도 독특한 혼합구조를 형성했고 다이내믹 코리아의 자산이 되었다.[8] 불교와 기독교와 천주교가 평화롭게 공존하고 유교적 가치관과 서구적 생활양식이 독특하게 접합된 사회이기도 하다.

그런데 최근 이런 융합과 관용의 동력이 점점 약화되고 기형적인 것이 되어가고 있다. 한국사회의 급격한 다문화화와 영역 간 갈등의 증대에 적절하게 대응하지 못한 결과다. 문화적 관용에 대한 명분적인 승인과 실제생활에서의 포용력 사이에는 상당한 괴리가 있다. 집단중심의 동질화의 힘이 강하면서 실제 개개인의 삶은 각자도생이라 할 정도로 원자화되어 있고 차별적으로 위계화되어 있다. 유난히 도덕적인 명분을 따지는 이면에서 무원칙과 탈규범의 실상이 커지고 있다. 결과적으로 이중적인 태도가 삶의 지혜처럼 사회화되고 있는 것이 한국의 현실이다. 최근 미투현상은 가부장적 관행과 권위주의적 위계로 가려온 이중성, 모순성의 치부를 드러내고 있는 것이기도 하다.

문화적 관용은 규범의 부재나 무책임한 태도와 같은 것이 아니다. 그것은 타자의 가치와 생활, 그들의 존재를 승인하고 존중하는 생활원리다. 당연히 자기 자신의 정체성과 가치체계의 일관성과 소중함을 인정하는 자세를 수반한다. 그런 점에서 이것은 민주적 시민사회의 발전과 함께 가는 것이다. 한국의 현대사 속에서 나타난 민주주의와 인권에 대한 감수성, 개별시민의 역동성, 최근 촛불혁명에서 확인되는 강인한 민주적 대의에의 헌신성 등은 화해역량에 있어서 소중한 사회자본이 될 수 있다. 민주주의의 진전이 새로운 국가주의로 귀결되지 않도록 노력하는 것도 중요한데 이 점에서 시민 차원의 개인윤리, 자유와 책임의 정신을 회복하는 것이 필요하다. 동북아시아에서 국가주의가 다시 부상하고 있는 것은 개인의 존재가치와 시민적 자율성 수준이 낮은 탓도 없지 않다. 타자에 대한 인정, 개인에 대한 존중의 정신이 미약한 곳에서 화해의 역량이 커지기 어렵다. 독일의 평화연구자 디터 젱하스는 이런 맥락에서 민주주의를 평화형성에 핵심적인 요소로 강조했는데 화해에 있어서도 마찬가지다. 평화나 화해는 그런 삶을 가능케 하는 구체적이고 경험적인 실천으로, 생활의 양식으로 자리 잡는 것이어야 한다는 것이다.[9] 그런 점에서 관용은 자유의 정신과도 통하고 인간존중의 사상과 직결된다. 민주주의가 생활의 원리로 자리 잡고 모든 사람의 권리와 존엄이 일상화할 때 화해의 역량도 커질 것이다. 남아프리카 공화국에서의 실험 역시 투투 대주교가 설명한 우분투의 정신이 뒷받침 되었던 것이다.[10]

4. 어디에서 출발할 것인가?

21세기의 평화나 화해는 제도적이고 정치적인 차원의 문제와 함께 문화적이고 심성적인 차원의 문제를 주목한다는 특징이 있다. 역사학자 홉스봄은 21세기는 국가 간 전쟁이 점차 사라져가는 대신 종족 간 분쟁이 심해질 것이라 예측했다. 문명 간의 공존이나 화해는 생각처럼 쉽지 않아 탈냉전 시대에 문명 간 충돌 가능성이 커지리라고 예언한 헌팅턴의 주장이 다시금 주목을 받고 있다. 분노와 혐오가 자기정의감과 결합될 때 생겨날 위협은 이미 다양한 종교분쟁과 인종분규를 통해 확인되고 있다. 따라서 평화나 화해는 구조와 행위, 책임정치와 윤리문화의 두 측면에서 동시적으로 추구되어야 한다. 역사적으로 형성되어온 증오, 편견, 원한의 정서를 어떻게 해결할 것인가 하는 문제와 함께 삶의 불안정, 내면적 위기를 어떻게 해소할 것인가 하는 문제와도 싸워야 하는 사안이다. 전자가 과거와 연계되어 있는 것이라면 후자는 생활양식 자체와 연결되어 있는 오늘의 문제다. 한국의 경우와 관련해서 말한다면 북한에 대한 근원적 불신, 한국전쟁 이래 내면화되어온 적대적 대립구조를 어떻게 해소해 갈 것인가 하는 점이 전자의 쟁점이라면, 각종 위험과 구직난, 무한경쟁 속에서 경험하는 내면의 불안과 아픔이 후자의 숙제다.

● 주

1) 박명규, "왜 지금 평화인문학인가," 서울대 통일평화연구원, 『평화인문학이란 무엇인가』 (서울: 아카넷, 2013).
2) 평화도 같은 차원에서 고려될 수 있을 것이다. 논의의 일관성과 편의를 위해 여기서는 화해에 초점을 맞춘다.
3) 임동원, 『피스메이커』 (서울: 중앙북스, 2008), pp. 223-232.
4) 이 정책의 입안과 추진에 중요한 역할을 했던 한완상, 임동원 등의 회고록에서는 모두 기독교적 가치관과 평화지향성이 자신들의 행동에 큰 바탕이 되었음을 밝히고 있다.
5) 막스 베버, 『직업으로서의 정치』; 막스 베버, 『직업으로서의 학문』 참조.
6) 한완상, 『우아한 패배』 (서울: 김영사, 2009), p. 17.
7) 전재성, 『정치는 도덕적인가』 (서울: 한길사, 2012), p. 175.
8) 필자는 이러한 역동성을 "서로 상이한 가치지향이 동시적으로 발전함으로써 긴장과 동력이 창출되는 기제"였다고 설명한 바 있다. 박명규, "한국적 역동성의 현대적 기원-해방 70년 한국인의 삶," 박명규 외, 『주제어로 본 한국 현대사』 (서울: 대한민국 역사박물관, 2016).
9) 이동기, "디히트리히 젱하스의 평화연구," 『통일과평화』.
10) 투투 주교의 다음과 같은 말을 음미해 볼 필요가 있다. "우분투를 지니고 있는 사람은 사람들에게 개방적이고, 도움을 주며, 그들을 지원하지요. 다른 사람들이 훌륭하다거나 능력이 뛰어나다고 해서 위협을 느끼지는 않습니다. 왜냐하면 우분투를 지닌 이들은 더 큰 전체에 그/그녀가 속한다는 것을 알기에, 다른 이들이 모욕을 당하거나 위축되거나 억압이나 고통을 당한다거나 마땅히 받아야 할 대접을 받지 못할 때, 자신도 위축된다는 것을 아는 데서 오는 자기확신이 있기 때문입니다. 김현숙, "경합 중인 과거와 열린 미래," 한국사회사학회, 『사회와 역사』 제61집 (서울: 문학과지성사, 2002년 봄), pp. 70-71에서 재인용.

● 참고문헌

김현숙. "경합 중인 과거와 열린 미래." 한국사회사학회. 『사회와 역사』 제61집. 서울: 문학과지성사, 2002년 봄.
박명규. "왜 지금 평화인문학인가." 서울대 통일평화연구원. 『평화인문학이란 무엇인가』. 서울: 아카넷, 2013.
박명규. "한국적 역동성의 현대적 기원-해방 70년 한국인의 삶." 박명규 외. 『주제어로 본 한국 현대사』. 서울: 대한민국역사박물관, 2016.
이동기. "디히트리히 젱하스의 평화연구." 『통일과평화』.
임동원. 『피스메이커』. 서울: 중앙북스, 2008.
전재성. 『정치는 도덕적인가』. 서울: 한길사, 2012.
한완상. 『우아한 패배』. 서울: 김영사, 2009.

6장

한반도 통일과 과도기 정의*

조정현 (한국외대 법학전문대학원 교수)

1. 서론: 과도기 정의와 한반도

사회적·국가적 차원에서의 '용서'와 '화해' 문제는 한반도 분단 및 통일과 관련해서도 제기될 수 있다. 특히, 국제사회에서 북한의 심각한 인권침해 상황과 관련해 형사처벌이 활발히 논의되는 현 상황에서 가해자에 대한 용서와 화해를 주장한다면 일견 상호충돌하는 해결책으로 보일 수도 있을 것이다. 그러나 공의의 하나님과 사랑의 하나님이 서로 모순되지 않듯이, 적절한 처벌과 철저한 진실규명을 동시에 조화롭게 병행해 나간다면 가해자의 진실한 반성과 사죄를 도출하고 이를 받아들이는 피해자의 용서와 당사자 간 화해, 더 나아가 사회적 통합을 이뤄나가는 것도 불가능하지 않을 것

---

* 이 글은 졸저, "과도기 정의(Transitional Justice)와 한반도 통일," 『서울국제법연구』, 제21권 1호 (2014. 6.)의 내용을 기반으로, 제57차 한반도평화포럼(KPI) 공개포럼 『용서와 화해에 대한 성찰: 한반도 분단과 통일을 중심으로』(2018. 3. 19)에서의 발표 및 본 저서의 발간을 위해 지속적으로 수정·보완한 것임.

이다. 이러한 논의는 '과도기 정의'라는 학제 간 개념을 통해 이 글 전체에서 살펴보고자 하는 내용이다.

과도기 정의(transitional justice, 과도적 정의, 이행기 정의, 전환기 정의)란, 권위주의나 전체주의 체제의 국가가 민주체제로 전환하거나 내전이나 분쟁이 종식되고 새로운 체제가 들어설 경우, 과거 체제 하에서 또는 내전이나 분쟁 중에 발생한 각종 인권유린이나 전쟁범죄 등을 어떻게 처리하여 관련국 및 그 국민이 항구적인 평화 및 화해·통합으로 나갈 수 있을지에 대한 방안을 고민하기 위해 고안된 개념이다.[1] 통상 동유럽 공산권 국가들의 체제전환이나 남아공에서의 인종차별정책 철폐 후의 사례, 또는 아프리카 국가들에서 내전 등 무력충돌 후나 중남미의 독재청산 시의 사례들을 살펴볼 때 과도기 정의가 많이 논의된다. 또한 식민지 청산이나 통일 이후의 불법청산과 관련해서도 역시 논의되고 있다.[2] 즉, 항구적 평화와 진정한 화해란 목표 달성을 위해, 체계적이거나 광범위한 인권 침해의 유산이 있는 국가나 사회에서, 책임 추궁(형사처벌, 응보적 정의)과 피해자의 고통 인정(진실화해, 회복적 정의) 간에 균형을 추구하는 정의에 대한 총체적(holistic)이고 회복적인(restorative) 접근법을 통칭 과도기 정의라 칭한다.[3]

남북의 평화적 통일을 헌법적 과제로 안고 있는 우리로서도 이러한 국제적인 활발한 논의들을 잘 분석하여 언젠가 다가올 한반도의 통일 후 상황에 대한 시사점을 도출할 필요가 있다. 이러한 점에서 독일 통일을 비롯해, 남아공, 캄보디아 등 다양한 관련 사례의 분석은 상당히 직접적 혹은 간접적인 함의를 제공할 수 있을 것이다.[4] 다른 한편, 과도기 정의의 구체적 방법론으로 들어가면, 각기 다른 지역적 특성 및 각국의 특수한 제반 환경 등이 고려되어 여러 변형되고 다양한 형태의 과도기 정의 방법론 및 결합의 형태가 나올 수 있으며,[5] 한반도의 경우 역시 통일 시나리오도 다양할 뿐 아니라 여러 처한 국내외 환경이 외국의 사례와는 차이가 날 수밖에 없으므로 이러한 지역성 및 특수성에 대한 신중한 고려도 병행되어야 할 것이다.

과도기 정의와 관련된 한반도 문제 전반 및 각론을 포괄적이고 심도 있게 다루는 작업은 아직 초기 단계에 있으며 앞으로도 지속적으로 수행해 나가야 할 중요한 사안이다.[6] 이 글에서는 과도기 정의 관련 국제적 논의 내용을 일반적으로 개관하고 이러한 내용이 한반도의 상황에 어떻게 적용될 수 있으며 또 어떻게 적용되어야 하는지에 대해 기본적 분석 및 논의 방향을 제공한다. 이 글은 기본적으로 우리 헌법이 요구하는 대로 자유민주적 기본질서 하에 남북이 평화적으로 통일을 달성한 경우를 상정하여 논의를 진행한다. 그러나 필요하다면 기타의 경우들도 함께 논의한다. 독일 통일 사례를 가장 주요한 비교 사례로 분석하되, 기타 관련 사례들에 대해서도 필요시 함께 검토한다.

2. 과도기 정의의 형태/방법

과도기에 있는 국가들은 대개 현재의 사법 및 비사법적 구조를 가지고는 완전한 해결이 불가능한 이전의 대량 인권침해사태에 직면하게 된다. 이러한 경우, 과거를 단순히 잊는 것이 아니라, 책임 추궁, 진실 규명, 피해자 구제 등 과도기 정의의 해결 장치들을 통해 국민화해와 통합을 향해 나아갈 필요가 있으며, 이러한 필요성은 최근 들어 더욱 주목받고 있다.[7] 아래의 과도기 정의 형태는 각각 개별적으로 진행될 수도 있지만, 통합적인 전략 하에 서로 보완적 역할을 해가며 다양한 장치들이 함께 수행될 때 더 효과적일 수 있다.[8]

1) 형사처벌(Prosecutions)

정의를 실현하기 위한 가장 이상적인 방법은 인권침해의 가해자를 기소하여 처벌하는 것이다. 국내 법원은 집단살해죄(genocide), 인도에 반한 죄(crimes against humanity), 전쟁범죄(war crimes) 등 국제범죄 및 기타 심각한 인권위반 사항에 대해 재판을 행할 1차적 책임이 있다. 국내판사와 국제판사를 섞은 혼합 법원 내지 국제 법원은 국내 법원이 실효성 있는 수사 및 기소를 할 능력 내지 의사가 없는 경우에 한해 고려되어야 할 것이다. 국제적 상설 형사법원인 국제형사재판소(ICC: International Criminal Court)가 상기 국제범죄들을 처리하기 위해 1998년 로마규정에 근거해 네덜란드 헤이그에 설립되었는데, 국제형사재판소 로마규정의 발효 시점인 2002년 7월 1일 이후에 발생한 사건에 대해서만 시간적 관할권을 가진다.[9] 혼합 법원은 캄보디아, 동티모르, 코소보, 시에라리온 등에서 설립된 바 있으며,[10] 임시 국제형사재판소로는 르완다 및 구 유고슬라비아에 설립된 바가 있다. 국제법상 심각한 범죄를 저지른 자들에 대해서는, 설사 그들이 관련 평화협정 체결에 기여했다고 하더라도, 사면 등 특별한 면책 조치들이 행해져서는 안 된다는 것이 유엔을 포함한 국제사회 및 인권법·인도법적 시각에서의 요구이다.[11]

2) 진실 규명(Truth-Seeking)

진실화해위원회(truth commission, 진실위원회)는 대량 인권침해사태에 대한 진실을 규명하기 위해 공식적으로 권한을 위임받아 임시적으로 설립된 비사법적 기구를 말한다. 여기서는 개인 및 관련 기관의 책임 소재는 물론 당해 침해사태의 근본 원인에 대해서도 조사한다. 이러한 활동은 피해자의 고통에 대한 이해 및 인정을 수반하고, 그러한 활동을 통해 실제 문제 해결을 도모하는 데 도움을 주며, 때에 따라 형사소추(prosecutions)의 사전 단계의 성격을 가지기도 하고, 많은 경우 화해(reconciliation) 절차를 지원하는 역할을 하기도 한다. 진실화해위원회는 40여개 국가에서 이미 설립된 바 있는데, 동티모르, 라이베리아, 모로코, 페루, 시에라리온, 남아프리카공화국 등이 그 예이다. 사실심사위원회(commission of inquiry, 조사위원회)도 넓게 보면 진실화해위원회의 한 종류로 볼 수 있는데, 다른 점은 사실심사위원회의 경우 특정 사건이나 기간, 위반 종류 등을 한정하여 상대적으로 좁은 범위의 임무를 부여받는다는 점이다. 사실심사위원회는, 관련 분쟁을 보다 넓은 맥락에서 원인 분석 등을 하기 보다는, 관련 개인의 책임을 추

궁하는 것에 보다 초점을 맞추고 시간적 범위도 상당히 제한적이다.[12]

진실화해위원회는 40여 년이란 짧은 역사를 가진 장치로, 단순히 사면 등을 통해 과거를 잊는 것이 아니라 진실을 규명함으로써 과거 적대적 관계에 있던 세력 간의 화해를 도모한다는 데 의의를 가진다. 화해는 적대세력 간에 이해의 마음을 가지고 서로 대면하는 자리를 가질 때, 또 진실을 수면 위에 공개함으로써 받은 상처를 치유하는 과정을 거칠 때 달성될 수 있다는 믿음에 기반한다. 비록 여러 현실적 제약으로 인해 사법적 진실(forensic truth)과는 다소 다른 완화된 의미로 진실화해위원회에서의 '진실(truth)'이 개념 정의될 수는 있지만, 기본적으로 과거 진실에 대한 규명 및 이의 영구적 기록 보존이란 측면에서 법원에 대한 대안적 기능을 수행한다고도 볼 수 있다.[13] 즉, 진실화해위원회는 기본적으로 형사처벌이 가능하지 않거나 바람직하지 않은 경우의 대안으로 등장하였는데, 가해자에 대한 형사처벌을 시도함으로써 평화를 깨고 가해자들이 진실을 은폐하도록 만드는 것보다는 진실고백을 유도하여 진실을 밝히는 것이 사회의 평화와 화해를 위하여 바람직하다는 믿음에 기초한 것이다. 개별적 사건보다는 인권침해 배경을 포함한 광범위한 사실조사를 실시함으로써 실체적 진실에 더욱 근접하게 되고 결과적으로 치유 및 화해에 대해 긍정적인 영향을 끼친다는 것이다. 이러한 긍정적 영향은 장래에 유사한 인권침해 가능성을 줄이는 효과도 있을 것이다.[14]

진실화해위원회의 구체적 기능은 실제 사안에 따라 위원회별로 상당히 다르고 다양한데, 통상 조사결과 발표와 함께 적절한 조치에 대한 권고의 내용을 발표한다. 권고 내용 중에는 사면에 관한 내용이 포함되기도 하며, 기타 과도기 정의 방법론인 가해자 처벌, 피해자 배상, 제도 개혁 등이 포함되기도 한다.[15]

3) 피해자 구제(Reparations to Victims)

범죄 행위자에 대한 형사처벌의 필요성에 더해 인권위반행위의 피해자들은 국제법상 보장받는 적절한 구제 및 손해배상에 대한 권리를 가진다는 점을 고려할 필요가 있다. 손해배상의 방법은 반드시 금전적이거나 물질이 수반될 필요는 없으며, 사죄 또는 기념일 제정·기념비 설립과 같은 피해 사실 인정 등의 상징적 조치로도 가능하다. 국가에 의한 사실관계 확인 및 진실 인정 또한 중요한 손해보전 조치라 할 수 있다. 실제로 많은 분쟁 후 사회(post-conflict societies)의 경우, 가장 심각한 피해를 입은 공동체에 대해 집단적인 손해배상의 방법이 고려되기도 한다. 결국 포괄적이고 통합된 피해자 구제 프로그램이 필요한데, 이는 집단적 조치와 개별적 조치가 모두 포함됨은 물론 물질적 손해배상 및 상징적 조치도 함께 수반될 필요가 있다.[16] 또한 필요하다면 정치적 피해자들의 형사적, 행정적 복권 조치들도 함께 취해져야 할 것이다.[17]

4) 기관 개혁(Institutional Reforms)

마지막으로 기관 개혁 또한 과도기 정의와 관련되는데, 이는 분쟁 발생에 기여했거나 권위주의 정권을 지지했던 공공기관들을 개혁하는 것을 말한다. 조직적 인권침해는 직접 피해 당사자에게만 영향을 미치는 것이 아니라 그 사회 전체에 영향을 미치기 때문에, 국가는 유사한 위반이 재발되는 것을 방지할 의무가 있으며 이를 위해 관련 위반에 직접 관여했거나 이를 예방하지 못했던 기관들을 개혁할 필요가 있다. 기관 개혁은 대상기관들을 인권, 평화, 법치주의를 존중하는 효율적이고 공정한 기관으로 변형시키는 과정이어야 한다. 기관 개혁 조치에는 감독, 진정 및 징계 절차의 신설, 관련 사법제도의 수립 또는 개혁, 윤리 및 행동 강령의 개선, 적절한 임금, 장비 및 인프라의 제공, 그리고 군대, 경찰, 사법부와 같은 공직에서 부적절한 인사를 가려내어 배제하는 조치(vetting, lustration) 등이 포함될 수 있다.[18] 마지막의 부적절한 인사, 즉 인권침해 가해자를 공직에서 가려내는 일은 또 다른 인권침해의 위험성을 내포하고 있기 때문에 상당한 균형감각이 필요한데, 집단적인 방식이 아니라 개별적인 증거를 통해서 시행되어야 하며, 무죄추정의 원칙 준수 및 법적 불복수단 제공, 차별금지의 원칙 등이 지켜

져야 한다.[19] 또한 정책적 측면에서, 이러한 공직배제는 자칫 경험 있는 인력의 부족을 가져올 수 있고 지나칠 경우 오히려 국민화해와 통합에 지장을 초래할 가능성도 제기되므로 합리적인 관련 기준을 잘 설정할 필요가 있다.

3. 한반도에 있어서 과도기 정의

앞서 살펴본 과도기 정의 일반론을 구체적인 한반도 문제, 즉 남북통일 시에 어떻게 적용할 것인가의 문제는 그리 간단한 문제가 아니다. 우선, 합의에 의한 점진적 통일, 무혈 흡수통일, 무력충돌을 수반한 통일, 그 중에서도 전면전인 경우와 급변으로 인한 소규모 충돌의 경우, 급변 중에서도 일방적 개입의 경우와 국제공동체의 개입으로 과도적 공동관리에 들어간 경우(이 경우 급변의 해결이 통일로 직접 연결되지는 않을 것이다) 등 다양한 시나리오의 가능성을 염두에 두어야 한다. 또한, 한 국가 내에서의 체제변환이나 식민지배로부터의 해방의 경우와 비교해, 남북한 통일의 경우는 다양한 국내법 및 국제법적, 그리고 정치·외교적 어려움이 과도기 정의와 관련해 야기될 가능성이 높다.

여기서는 이러한 한반도 문제의 복잡성을 기본적으로 고려하면서도, 과도기 정의의 논의들 중 한반도 통일의 경우 가장 일반적으로 적용될 수 있는 사항들을 중심으로 살펴본다. 앞서 언급했듯이, 이 글은 한국 주도의 평화통일의 경우를 기본으로 상정하며, 필요한 경우 기타의 경우들도 함께 논의한다. 결론부터 말하자면, 어떠한 과도기 정의 방법론이나 조합이 가장 적합한 지에 대해서는 기본적으로 정답이 있을 수 없으며, 한반도의 구체적 상황에 맞춰 일반 국민들의 정서를 고려하고 특히 피해자들의 의사를 존중하여 여러 형태를 적절히 배합하며 도출될 필요가 있을 것이다. 원칙적으로 헌법에 의거 한국의 법령이 북한 지역에 바로 적용되거나 남북한 합의에 의해 체결·제정된 통일의정서 및 통일헌법에 관련 내용이 포함될 수도 있겠으나, 구체적이고 실질적인 문제 해결을 위해서는 관련 특별법들을 제정하여 특수상황에 맞는 종합적인 맞춤형 접근이 필요하다.[20] 이 경우 심각한 인권침해행위에 대해서는 형사처벌을 적극 추진해야 하겠지만, 기타 상대적으로 경미한 침해행위에 대해서는 진실규명 등을 통해 보다 큰 맥락에서의 화해와 통합을 추진하는 방안들이 진지하게 고민되어야 할 것이다.[21]

1) 국제범죄자에 대한 형사처벌

북한의 심각한 인권침해 상황은 이미 국제사회에 널리 알려져 있어 여기서 상세한 논의를 요하지 않는다.[22] 북한 정권은 특히 자신의 체제 유지를 위하여 정치적 반대자에 대하여 고문과 살인, 정치범수용소(관리소)에의 강제수용과 강제노동, 탈북자에 대한 가혹한 처벌 등 불법행위를 광범위하게 자행하고 있다. 일반 범죄의 경우에는 북한의 형사사법제도가 일정 부분 정상적으로 작동하고 있다고도 볼 수 있으나, 각종 정치적 범죄자에 대해서는 정식재판절차를 전혀 거치지 않고 가족 3대가 모두 하루아침에 정치범수용소에 수용되는 등 초법적 행위가 일상적으로 일어나고 있다. 최대 12만 명까지 수감된 것으로 알려진 북한의 관리소 체제는 국제형사법상 인도에 반한 죄(crimes against humanity)를 구성하기에 충분한 광범위성과 체계성을 가지고 있다.[23] 이러한 북한의 상황은 과거 동독의 상황과 비교해도 훨씬 더 심각하며, 국내 헌법적 기준 뿐 아니라 국제법적 기준에 의해서도 정의 실현을 위한 형사처벌의 필요성이 대두된다.[24]

남북한 통일 시 어떻게든 과거의 심각한 인권침해행위에 대한 처벌이 진행되어야 한다. 물론 이 경우에도 진실규명 작업은 별도로 병행하여 진행시키는 것이 바람직하다. 다만, 형사처벌의 경우, 남북 간의 조속한 사회통합 및 정치적 안정화를 위해서 그 범위를 상당히 제한적으로 설정할 필요가 있다. 김씨 일가 및 정권의 핵심 가담자 등 인치형 구체제의 핵심 가담자 수준으로 그 범위를 제한하고, 대다수의 일반 기술 관료층 및 중하위 엘리트층은 처벌의 부담에서 해방시켜 신속한 사회 통합을 촉진할 필요가 있다.[25] 북한 간부들이 통일 후의 보복이 두려워 통일에 반대한다는 소식들이 종종 들리는데,[26] 이러한 우려를 불식시키고 통일에 우호적인 환경을 조성하기 위해서라도 인적 처벌의 범위를 제한적으로 설정하고 이와 관련된 희망적 메시지를 북측에 전하는 노력이 필요하다.

앞서 살펴봤듯이 관련 형사재판은 국내법원에서 이뤄질 수도 있고, 혼합재판소, 임시(특별) 국제형사재판소, 국제형사재판소(ICC) 등에서도 이뤄질 수 있다. 먼저, 국제형사재판소의 경우 관할대상 범죄 중 인도에 반한 죄, 집단살해죄가 정치범수용소 등에 적용 가능하며, 불행히도 내전 등 무력충돌이 수반된 경우라면 전쟁범죄 혐의도 다뤄질 수 있다. 국제형사재판소는 최근 연평도 포격 사건 등에 대해 민간인 피해와 한국의 당사국 자격을 근거로 북한의 전쟁범죄 혐의에 대한 예비조사(preliminary examination)를 실시한 바 있다.[27] 한편, 한국의 국내법상 형사처벌은 차치하고, 이렇게 국제형사재판소를 통해 북한에서 통일 전 일어난 사건에 대해 형사처벌을 하는 것이 유엔 회원국이자 국제형사재판소 로마규정 비당사국인 북한의 지위를 고려할 때 적합한 것인지에 대해 법적 의문이 제기될 수 있을 것이다. 이러한 경우의 대안으로, 유엔 안보리를 통한 관련 문제의 국제형사재판소 회부나 (통일)한국의 국제형사재판소 관할권 행사 수락 특별선언,[28] 더 나아가 안보리 결의에 의해 한반도 문제만을 위한 임시(특별) 국제 내지 혼합 형사재판소를 설치하는 방안도 생각해 볼 수 있다.

보다 근본적으로는 국내 법원을 통해 형사재판을 진행함으로써 유사한 논란을 피할 수 있을 뿐 아니라, 한반도의 특수한 상황을 적절히 반영할 수 있다는 점에서도 국내 재판의 장점이 있다. 다만, 이 경우에도 공소시효 등 여러 법적 문제를 명확히 하기 위해 독일의 경우와 같이 특별법을 따로 제정해 처리하는 것이 적절할 것이다.[29] 처벌 대상자의 범위는 집단살해죄, 인도에 반한 죄, 전쟁범죄 등 국제형사재판소 로마규정 상 국제범죄를 저지른 자들로 한정하여 그 범위를 최소화할 필요가 있다.[30] 이러한 국제범죄는 이미 2007년 12월 제정된 "국제형사재판소 관할 범죄의 처벌 등에 관한 법률"에 의해 명확히 국내법화 되어 있다.

그런데 동 법 시행 이전의 북한 내 국제범죄 행위를 처벌하기 위해서는 앞서 언급한 바와 같이 이러한 목적에 부합한 특별법이 별도로 제정될 필요가 있는데, 이러한 경우 소급입법에 의한 처벌 문제가 제기될 수 있다. 이러한 상황은 국제법 논리의 적극적 채택으로 풀어갈 수 있을 것이다. 즉, 남북한이 모두 당사국인 1966년 시민적·정치적 권리에 관한 국제규약(자유권규약, ICCPR: International Covenant on Civil and Political Rights) 제15조 1항은 "어느 누구도 행위 시의 국내법 또는 국제법에 의하여 범죄를 구성하지 아니하는 작위 또는 부작위를 이유로 유죄로 되지 아니한다(No one shall be held guilty of any criminal offence on account of any act or omission which did not constitute a criminal offence, *under* national or *international law*, at the time when it was committed)"라고 규정하여 '국제법(조약 및 국제관습법)'에 근거해서도 형사처벌이 가능함을 시사하고 있는데, 전쟁범죄, 인도에 반한 죄 등의 국제범죄는 이미 2차 세계대전 당시 뉘른베르크 국제군사재판소 판결 등을 통해 국제관습법으로 인정된 바 있다. 또한 자유권규약(ICCPR) 제15조 2항은 "이 조의 어떠한 규정도 국제사회에 의하여 인정된 법의 일반원칙에 따라 그 행위 시에 범죄를 구성하는 작위 또는 부작위를 이유로 당해인을 재판하고 처벌하는 것을 방해하지 아니한다(Nothing in this article shall prejudice the trial and punishment of any person for any act or omission which, at the time when it was committed, was criminal *according to the general principles of law recognized by the community of nations*)"라고 규정하여 다시 한 번 '국제관습법'에 근거한 처벌을 정당화하고 있다.[31] 따라서, '행위 시' '국제법(여기서는 국제관습법)'에 의해 범죄를 구성하는 작위 및 부작위에 대해 사후 특별법의 제정을 통해 명시적으로 처벌 근거를 규정하는 것은 창설적이지 않은 '선언적' 효과만 있는 것으로 죄형법정주의나 형벌불소급의 원칙에 위배된다고 볼 수 없다.[32]

형사처벌을 위해서 독일에서의 중앙기록보존소(Salzgitter Erfassungsstelle)와 같은 북한인권기록보존소를 설치하는 문제가 한국의 북한인권법안을 중심으로 논의되었고, 첫 관련 법안이 발의된 지 11년 만인 2016년 3월에 통일부 북한인권기록센터 및 법무부 북한인권기록보존소의 2원화 체제 설립을 규정한 북한인권법이 여야 합의로 제정되었다. 이는 북한의 여러 불법행위에 대한 청산 의지를 밝힘으로써 추가적인 인권침해를 억제하는 효과를 기대할 수 있고, 축적된 기록은 통일 후 형사처벌의 증거로도 사용될 가능성이 있다. 반면, 북한의 반발 및 남북한 관계의 악재로 작용할 가능성이 존재하고, 또한 대부분의 경우 실제 가해자 신원이 잘 파악되지 않아 형사처벌의 근거나 증거로 사용될 가능성이 아주 높지만은 않다는 점 등의 한계도 있다.[33] 따라서 이러한 현실적 이유에서라도 형사처벌 대상자의 범위는 국제범죄자 수준의 고위급으로 한정하고 기타 인권침해기록 및 관련 자료들은 피해자를 구제하고 공직 참여 대상자의 범위를 한정하는 데 기초자료로 활용될 필요가 있을 것이다.[34]

2) 진실화해위원회 설치

국제범죄자 형사처벌과 함께 진실화해위원회의 설치가 적극 추진되어야 한다. 통상적인 체제불법에 단순 가담한 중·하위급 범죄자에 대해서는 '진실을 인정하고 사죄하는 조건'으로 사회통합에 더 우선순위를 둬 처리해야 할 것이다.

이를 위해 진실화해위원회의 권한 중 필요하면 사면권 내지 사면 권고권을 부여할 필요가 있다. 실제로 남아프리카공화국의 진실화해위원회(Truth and Reconciliation Commission)와 동티모르의 수용, 진실 및 화해위원회(Commission for Reception, Truth and Reconciliation)의 경우 이러한 사면권 내지 사면 권고권이 부여되어 중대한 범죄행위가 아닌 범죄행위에 대해서는 사면을 부여하거나 장래에 있어 소추를 금지하는 '공동체 화해 과정(Community Reconciliation Process)'을 설치할 권한을 가지고 있었다.[35]

진실규명의 대상 내지 범위 또한 고민해 볼 필요가 있다. 이는 위의 형사처벌 범위와도 관련되는데, 통일이 언제 일어날지 모르는 미래의 일이라 보다 구체적으로 규정할 수는 없지만, 6·25 전쟁과 같은 먼 과거의 일보다는

(이는 역사의 영역에 맡기고) 현재 가해자 및 피해자가 생존해 있는 비교적 최근의 인권침해사건에 보다 집중해서 진실화해위원회를 운영하는 것이 보다 현실적이고 미래지향적으로 사회통합에 기여할 수 있는 방안일 것이다.[36]

진실화해위원회의 조사 결과 일부의 경우 새로이 형사처벌로 이어질 수도 있겠지만, 기타 대다수의 경우엔 관련 조사 내용 및 자료가 아래에서 논의할 피해자 구제 및 공직 참여 배제 범위 설정에 참고자료가 될 수 있을 것이다. 실제 남아공, 칠레, 페루 등에선 관련 위원회의 최종보고서에 피해자에 대한 배상 권고 및 관련 계획이 포함되어 있었다.[37]

3) 피해자 구제 조치

통일한국이 불법청산으로 북한의 사법처분과 행정처분을 무효화, 취소, 반법치 국가성을 확인한 경우 정치적 피해자에게 원상회복청구권 및 보상청구권을 부여할 필요가 있다. 이 경우 원상회복 또는 보상청구의 요건·절차 등에 관하여는 재심사 절차를 위한 특별입법과는 별도의 법률로 규정할 수 있는데, 사법처분의 경우에는 형사보상법을 참고할 수 있고 행정처분의 경우에는 실질적인 원상회복 또는 보상의 내용에 따라 몰수재산처리 관련법령, 노동관련법령, 교육관련법령, 사회보장관련법령 등을 종합하여 단일한 보상법을 마련할 수 있을 것이다. 체제불법피해자의 원상회복은 재심사를 통해 반법치국가성이 확인된 사법처분 또는 행정처분의 효과를 장래에 대하여 또는 소급적으로 무효화 하는 것을 의미하며, 사법처분의 경우에는 형의 집행종료, 전과의 말소, 납입된 벌금 및 소송비용 반환, 몰수재산의 반환 등의 처분을 청구할 수 있다. 또한, 행정처분의 경우에는 몰수재산의 반환, 치료비 및 유족연금의 청구, 그리고 직업상의 불이익의 경우 직업의 회복 또는 관련 기간의 조정급부 청구 등을 인정할 수 있을 것이다. 원상회복의 청구로도 회복되지 않는 피해가 있을 경우 그에 상당한 보상급부를 청구할 수 있을 것이다.[38]

보다 구체적으로, 북한은 정치범수용소와 함께 형사범을 수용하는 노동교화소를 운영하고 있다. 통일 후 남한의 교정당국이 행할 가장 중요한 일 중 하나는 이들 수감자 중 정치범과 형사범을 구별하고, 이들에 대해 재심을 실시하여 살인·강도사건 및 반인륜범죄 등을 제외하고는 전면석방조치를 시행하는 일이 될 것이다. 이와 같이 북한 내 수용자 및 전과자를 구제하기 위해 관련 재심 및 복권에 대한 법률을 별도로 제정할 필요가 있다.[39] 이 경우 북한의 체제불법적 법령에 입각한 유죄판결을 법원의 개별적 재심으로 해결하는 접근보다는 관련 특별법 제정 시 예외적인 경우를 제외하고는 이러한 유죄판결을 일괄 정리하는 쪽으로 방향을 잡는 것도 고려할 수 있다. 예를 들어, 북한 형법 제3장(반국가 및 반민족범죄)에 의거한 유죄판결의 경우는 일반적으로 정치적 박해에 이용된 것으로 해석이 가능할 것이다.[40]

과도기 정의 차원에서의 피해자에 대한 보상 내지 배상은, 가해자에게 직접 청구를 할 수 있는 경우도 있겠지만, 기본적으로 통일한국의 국가 예산에서 이루어져야 할 것이다. 엘살바도르, 우간다 등 중남미나 아프리카 국가들의 경우 피해자 배상을 위해 미국, 덴마크 등 외국에서 기금을 원조받기도 하였지만, 통일한국은 자체적으로도 해결할 수 있을 것으로 예상된다. 이 때 북한 당국이나 지도자의 해외은행계좌의 (비밀)예금을 적극 환수하여 배상금으로 활용하는 방안에 대해서도 고려해 볼 수 있다.[41]

4) 공직 참여 배제 범위 설정

기관 개혁과 관련해 가장 주목받는 부분은 인적 청산, 그 중에서도 공직 참여 배제의 범위에 대한 부분이다. 앞서 언급한 대로 북한 재건사업을 진행하는 데 있어 또 사회통합을 실현하는 데 있어서 상당수 기존 공무원들의 재활용이 필요할 수 있다. 따라서 공직 참여 배제 범위를 너무 넓게 잡는 것보다는 합리적 기준을 마련하여 현실적인 절충을 시도할 필요가 있다. 형사사법기관의 통합에 있어서도 상당한 수준에서의 새로운 인력의 파견은 불가피하나, 동시에 어느 정도는 기존 인력을 보충교육 후 재임용 하는 방안도 고려할 필요가 있다.[42]

공직 참여 배제 결정은, 인권적 측면에서, 집단적 판단이 아닌 개별적인 판단에 의해 이루어져야 한다. 즉, 과거 어느 국가기관에서 일했다는 사실만 가지고 단체로 배제한다든지 하는 조치는 적절치 않을 것이다.[43] 원칙적으로, 개별적으로 인권침해사례에 가담한 정도를 판단하고 적절한 반론권도 보장되어야 한다.[44] 그러나 실제에 있어서는 북한 군부 및 국가안전보위성 등 핵심무력 및 정치경찰 부분에 종사했던 간부들은 인민보안성 등 민생치안 및 사회 통제를 담당하는 일반적 경찰기구의 간부들에 비해 더욱 공직참여에 제한받을 가능성이 높을 것이다.[45]

참고로, 통독 후 동독 출신의 공무원을 해임하기 위한 기준으로는, i) 국가공안부(Stasi)에 종사하였던 자, ii) 공산주의체제 수호에 적극적이었던 자, iii) 인권탄압에 관여한 자, iv) 전문성이 극히 취약한 자, v) 소속기관이 바뀌어 업무할당을 받지 못한 자, vi) 소속기관이 더 이상 필요치 않은 자 등이었다. 통일한국에서도 이와 같은 기준을 참조하여 합리적인 공직 참여 배제 기준을 만들 필요가 있다.[46]

4. 결론

이 글에서는 국내에서 다소 익숙지 않은 개념인 과도기 정의(transitional justice) 관련 국제적 논의 내용을 일반적으로 개관하고, 이러한 내용이 한반도의 상황에 어떻게 적용될 수 있으며 또 어떻게 적용되어야 하는지에 대한 기본적 분석 및 향후 논의 방향을 제공하였다. 보다 구체적인 각론의 내용들은 별도의 연구를 통해 각 분야별로 보다 정치한 국제법적 분석 및 균형 잡힌 정책적 검토와 함께 다루어질 필요가 있다.

과도기 정의는 앞서 살펴보았듯이 여러 프로세스가 동시에 진행되는 상당히 역동적인 과정이다. 또한 어떤 일반적인 정답이 주어지기보다는 각 국가와 지역의 특수한 상황에 맞춰, 또 그 당시 상황과 일반적 국민 정서 및 피해자의 의사를 충분히 고려하여, 사법적 정의 실현과 국민 화해 및 통합 간에 적절한 균형점을 맞추며 구체적 방법론을 추구하여야 한다. 이러한 신중하고도 총제적인 과정을 통할 때, 진실한 "용서와 화해"가 개인 차원에서, 또 사회와 국가 차원에서 함께 이루어질 수 있을 것이다.

전문가들의 미래 전망 적중률은 생각보다 그리 높지 않다. 더군다나 그러한 전망 및 예측이 한반도의 상황에 적용될 때에는 더더욱 높은 신뢰성 있는 답변을 얻어내는 것이 쉽지 않다. 자유민주적 평화통일을 염원하는 우리로서는 과도기 정의의 국제적 논의 동향 및 관련 내용을 면밀히 파악·분석하고 이의 구체적 적용 가능성에 대해 더욱 진지하게 논의하고 고민해야 할 것이다. 한민족이 진정한 민족공동체로 하나 되기 위해서는 형식적·제도적 통일과 함께 그 이후 찾아올 실질적 통합의 과정이 중요하며, 이러한 맥락에서 한반도 문제에 있어서 과도기 정의에 대한 더욱 활발한 논의들을 기대한다.

"우리가 알거니와 하나님을 사랑하는 자 곧 그 뜻대로 부르심을 입은 자들에게는 모든 것이 합력하여 선을 이루느니라(롬 8:28)"

주

1) Marty Logan, "What is transitional justice?," (OHCHR Nepal, 2007), p. 1. 가장 대표적인 관련 저서로 Ruti G. Teitel, *Transitional Justice* (New York: Oxford University Press, 2000) 참조.

2) Lavinia Stan & Nadya Nedelsky (eds.), *Post-Communist Transitional Justice: Lessons from Twenty-Five Years of Experience* (New York: Cambridge University Press, 2015); Juan Espindola, *Transitional Justice after German Reunification: Exposing Unofficial Collaborators* (New York: Cambridge University Press, 2015); Zachary D. Kaufman, *United States Law and Policy on Transitional Justice: Principles, Politics, and Pragmatics* (New York: Oxford University Press, 2016); Renée Jeffery & Hun Joon Kim (eds.), *Transitional Justice in the Asia-Pacific* (New York: Cambridge University Press, 2014) 참조. 국내에서의 관련 논의는, 이재승, "이행기의 정의," 『법과 사회』 제22호 (2002); 이재승, "과거청산과 인권," 『민주법학』 제24호 (2003); 최철영, "식민지 청산과 이행기의 정의: 동티모르의 사례," 『민주법학』 제45호 (2011. 3); 최철영, "한·일과거사 청산과 이행기 정의(transitional justice)

개념의 적용," 『성균관법학』 제23권 제2호 (2011. 8); 박기갑, "과도적 정의와 국제 인권 관련 규범," 『국제법평론』 통권 제38호 (2013. 10); 프리실라 B. 헤이너 지음, 주혜경 옮김, 『국가폭력과 세계의 진실위원회』 (서울: 역사비평사, 2008) 참조.

3) Ronli Sifris, "The four pillars of transitional justice: a gender-sensitive analysis," in Sarah Joseph & Adam McBeth (eds.), *Research Handbook on International Human Rights Law* (Cheltenham, UK: Edward Elgar, 2010), pp. 272-273.

4) 물론 동서독 통일 후 사례가 국내에서 형사처벌 중심의 '불법청산'이라는 이름으로 꾸준히 논의된 반면, '과도기 정의'는 이에 멈추지 않고 남아프리카공화국의 진실화해위원회(TRC: Truth and Reconcilation Commission) 등 진실화해 차원에서의 보다 다양한 메커니즘을 정의와 화해·통합의 균형 차원에서 적극적으로 모색해 본다는 점에서 차이점이 있다. 또한, 형사처벌 등 응보적 정의(retributive justice) 차원에서만 보더라도 1998년 로마규약에 의해 2002년 설립된 국제형사재판소(ICC: International Criminal Court)가 현재 존재한다는 점에서 독일 통일과 한반도 통일은 분명 다른 부분이 있다.

5) Logan (2007), p. 2; Gareth Evans, *The Responsibility to Protect: Ending Mass Atrocity Crimes Once and For All* (Washington, D.C.: The Brookings Institution, 2008), p. 166; 최철영 (2011a), pp. 74-75.

6) 김수암·조정현·백범석, 『한반도에 있어서 과도기 정의(*Transitional Justice*)』 (서울: 통일연구원, 2014); Baek Buhm-Suk & Ruti G. Teitel (eds.), *Transitional Justice in Unified Korea* (New York: Palgrave Macmillan, 2015); 윤여상 외, 『과거청산과 통합』 (서울: 북한인권정보센터 & 과거청산통합연구원, 2016); 강경모, 『유엔캄보디아특별재판부 연구: 캄보디아의 전환기 정의와 한반도 통일』 (서울: 전환기정의연구원(TJM), 2016) 참조.

7) Logan (2007), p. 1.

8) 전반적인 관련 내용 및 UN의 역할에 대해서는, "Report of the Secretary-General: The rule of law and transitional justice in conflict and post-conflict societies," UN Doc. S/2004/616 (23 August 2004); "Report of the Secretary-General: The rule of law and transitional justice in conflict and post-conflict societies," UN Doc. S/2011/634 (12 October 2011); Evans (2008), pp. 164-166 참조. 한국 현대사 관련 과거청산에서의 관련 내용에 대해서는, 이재승, 『국가범죄: 한국 현대사를 관통하는 국가범죄와 그 법적 청산의 기록』 (서울: 도서출판 앨피, 2010), pp. 38-57 참조.

9) ICC 로마규정 제11조.

10) 혼합 법원 내지 혼합 법정에 대한 자세한 내용은 Casare PR Romano, "Mixed Criminal Tribunals (Sierra Leone, East Timor, Kosovo, Cambodia)," *Max Planck Encyclopedia of Public International Law* (www.mpepil.com) (April 2006) 참조.

11) Logan (2007), pp. 1-2; 이재승 (2010), pp. 83-84. 사면과 진실화해위원회, 그리고 ICC의 관계 및 조화로운 해결방안에 대해서는 Darryl Robinson, "Serving the Interests of Justice: Amnesties, Truth Commissions and the International Criminal Court," *European Journal of International Law* (EJIL), Vol. 14, No. 3 (2003), pp. 481-505 참조.

12) Logan (2007), p. 1. 유엔 조사위원회(COI)에 대한 실제 다양한 사례는 김수암 외,

『유엔 조사위원회(COI) 운영 사례 연구』(서울: 통일연구원, 2013. 7) 참조.

13) Andreas O'Shea, "Truth and Reconciliation Commissions," *Max Planck Encyclo-pedia of Public International Law* (www.mpepil.com) (December 2008), paras. 38-44.

14) 오승진, "과도적 정의의 실현에 있어서 진실화해위원회의 역할과 한계," 『과도적 정의의 이상과 현실: 한반도에의 함의 (제6차 해성세미나)』(2012. 12. 28), pp. 42-43.

15) 오승진 (2012), pp. 43-47.

16) Logan (2007), p. 2.

17) 이효원, "통일 이후 북한의 체제불법에 대한 극복방안," 『서울대학교 법학』제51권 제4호 (2010. 12), pp. 102-107 참조.

18) Logan (2007), p. 2; Evans (2008), pp. 164-165.

19) 이재승 (2003), pp. 27-29.

20) 이효원 (2010), pp. 92-93 참조.

21) 독일의 경우를 살펴볼 때, 독일 나치 청산과 같은 경우 자기정화를 위해 과거를 철저히 청산하는 것이 바람직할 수 있으나 동서독 통일과 같은 이질적 체제 간 통합과정에서는 처벌보다는 정치적 통합을 우선시해야 한다는 주장이 제기된다. 이재승 (2002), pp. 53, 57. 통일독일에 비해 사회적 화합을 더 강조하여 형사처벌을 최소화한 동유럽의 사례들에 대해서는, 법무부, 『동구제국 체제개혁 개관: 법제·사법개혁과 체제불법청산 (법무자료 제204집)』(1996) 참조.

22) 이에 대한 자세한 내용은, 도경옥 외, 『북한인권백서 2017』(서울: 통일연구원, 2017) 참조. 일반적인 북한의 인권침해행위 외에도, KAL기 폭파나 조직적인 민간인 납치·억류, 불법적인 무기 개발 및 수출 등의 행위도 국제범죄와 연계될 수 있다. 김하중, "체제불법 청산방안에 관한 헌법적 고찰: 구 동독과 북한의 체제불법을 중심으로"(고려대학교 대학원 박사학위논문, 2008. 2), pp. 317-321 참조.

23) ICC 로마규정 제7조. 최근 유엔 북한인권 조사위원회(COI)가 1년간의 활동을 마감하며 발간한 보고서에서도 정치범수용소 관련 인권침해를 인도에 반한 죄로 인정하고 있다. "Report of the commission of inquiry on human rights in the Democratic People's Republic of Korea," UN Doc. A/HRC/25/63 (7 February 2014); "Report of the detailed findings of the commission of inquiry on human rights in the Democratic People's Republic of Korea," UN Doc. A/HRC/25/CRP.1 (7 February 2014).

24) 이효원 (2010), pp. 89-90.

25) 최진욱·김진하, 『통일 진입과정에서의 북한 재건 방향』(서울: 통일연구원, 2011), p. 40; Robinson (2003), pp. 493-495.

26) 변창섭, "북한 간부들, 통일 후 보복이 두려워 체제 붕괴 막으려 안간힘," 『자유아시아방송(RFA)』(2011. 10. 18).

27) ICC는 3년 6개월의 예비조사 끝에, 2014년 6월 23일, 현재 확보된 제한된 정보와 증거를 통해서는 연평도 포격 사건에서 북한이 고의적으로 민간인을 공격했다는 사실을 입증할 수 없으므로 ICC 관할 범죄인 전쟁범죄로 보기에 충분하지 않으며, 천안함 사건의 경우에도 민간인이나 민간 시설이 아닌 군인 및 군함에 대한 공격이라 전쟁범죄에 해당하지 않는다고 결론지으며 동 예비조사를 종결하였다. "ICC, 천안함.연평도 예비조사 종결 … '관할 전쟁범죄 아니다'," 『연합뉴스』(2014. 6. 23). 정누리,

"국제형사재판소 소추부(ICC-OTP)의 한국의 사태에 대한 2013년도 예비조사활동보고서에 대한 소고,"『국제법평론』 통권 제39호 (2014. 4) 참조.

28) ICC 로마규정 제12조 및 제13조 참조.

29) 이효원 (2010), pp. 101-102. 물론, ICC 관할대상범죄의 경우는 한국의 국내법인 "국제형사재판소 관할 범죄의 처벌 등에 관한 법률" 제6조에 의거 이미 시효의 적용으로부터 배제되어 있다. 한편, 북한은 1968년 "전쟁범죄 및 인도에 반한 죄에 대한 공소시효 부적용에 관한 협약(Convention on the Non-Applicability of Statutory Limitations to War Crimes and Crimes against Humanity)"의 당사국(1984년 11월 8일 가입)이다.

30) 오승진 (2012), pp. 52-55 참조. 한편, 북한 내에서 일어난 인권침해 사안이 국제범죄에 해당한다고 판단하여 수년 간 국제 NGO들이 연합하여 유엔에 북한인권 조사위원회(COI: Commission of Inquiry)의 설립을 촉구한 결과, 2013년 3월 유엔 인권이사회 산하에 북한인권 조사위원회가 설립되었고, 1년간의 조사활동 끝에 2014년 2월 북한 내 인도에 반한 죄 발생 사실을 인정하고 국제형사재판소에의 회부를 권고한 최종보고서를 발표하였다. 통상 조사위원회의 활동은 국제형사재판을 추진하기 위한 사전 단계의 성격이 강하다. 유엔 북한인권 조사위원회의 활동 및 보고서에 대한 자세한 내용은, 조정현, "유엔 북한인권 조사위원회(COI) 보고서 분석 및 평가,"『주요 국제문제분석』, No. 2014-07 (국립외교원 외교안보연구소, 2014. 3. 7) 참조. 이후 유엔 총회 및 안전보장이사회의 관련 후속 대응에 대해서는, 조정현·장석영, "국제사회의 유엔 북한인권 조사위원회(COI) 권고 이행과 전망,"『홍익법학』 제15권 제3호 (2014. 9) 참조.

31) Manfred Nowak, U.N. Convention on Civil and Political Rights: CCPR Commentary (2nd revised ed.) (Kehl: N.P. Engel Publisher, 2005), pp. 360, 367-368.

32) 이재승 (2010), pp. 80-86; 이효원 (2010), pp. 88-89; 김하중 (2008), pp. 43-44, 131-133, 140-143, 341-342, 360-361; 법무부, 『통일독일의 구동독 체제불법청산 개관 (법무자료 제191집)』 (1995), pp. 334-338; 법무부, 『독일통일 10년의 법적 고찰 (법무자료 제234집)』 (2000), pp. 46-49 참조. 1992년 독일 연방대법원 판결에서도 동독이 당사국이었던 자유권규약(ICCPR) 제6조 및 제12조를 국경수비대원 사건에 적용한 바 있다 (BGH Urteil vom 3. 11. 1992). 이효원 (2010), p. 98.

33) 이효원 (2010), pp. 114-116; 신의기·박학모·이경렬, 『통일대비 북한범죄자 처리방안에 관한 연구』 (서울: 한국형사정책연구원, 2009), pp. 203-205, 253-257 참조.

34) 염돈재, 『올바른 통일준비를 위한 독일통일의 과정과 교훈』 (서울: 평화문제연구소, 2010), pp. 81-84 참조.

35) 최철영 (2011a), pp. 56-57; 최철영 (2011b), p. 257.

36) 물론 만에 하나 무력충돌을 수반하여 통일이 달성될 경우, 이러한 과정 중에 새로이 발생한 전쟁범죄 사안에 대해서는 적절한 형사처벌을 실시하고, 상대적으로 경미한 사안에 대해서는 사실심사위원회(조사위원회) 또는 진실화해위원회 등의 운영을 통해 해결하는 방안을 고려해 볼 수 있을 것이다.

37) 이에 대한 자세한 내용은, 오승진 (2012), pp. 36-40 참조.

38) 이효원 (2010), pp. 102-110.

39) 신의기·박학모·이경렬 (2009), p. 278.

40) 이재승 (2010), p. 55; 이효원 (2010), pp. 107-108.

41) 이재승 (2010), p. 50 참조.

42) 신의기·박학모·이경렬 (2009), pp. 264-266; 이효원 (2010), p. 91; 국가안전기획부, 『독일 통일모델과 통독후유증』 (1997), pp. 159-163.

43) 참고로, 2006년 4월 주심양 미국총영사관에 진입해 망명을 신청한 4인의 20~30대 탈북자 중 1인만 과거 북한의 정치범수용소에서 근무했었다는 이유만으로 망명을 거부당했던 사건이 있었는데, 이와 같이 일반 경비 등 정치범수용소 근무만을 가지고 인도에 반한 죄 혐의를 둔다면 필요 이상의 국제범죄자를 양산할 우려가 제기된다. 『연합뉴스』 (2006. 7. 24) 참조.

44) "Report of the Secretary-General: The rule of law and transitional justice in conflict and post-conflict societies," paras. 52-53.

45) 최진욱·김진하 (2011), pp. 40-41. 노동당 간부 및 고위 행정 관료도 일반적으로 공직 참여에서 배제될 가능성이 높다.

46) 신의기·박학모·이경렬 (2009), pp. 273-274. 과거 카다피 시절 공무원들의 고위 공직 참여를 제한하기 위해 2013년 리비아에서 제정된 "정치적 고립법(Political Isolation Law)"의 내용 및 이에 대한 휴먼라이츠워치(HRW: Human Rights Watch) 등 국제 인권 NGO들의 평가 의견도 참조할 만하다.

● 참고문헌

강경모. 『유엔캄보디아특별재판부 연구: 캄보디아의 전환기 정의와 한반도 통일』. 서울: 전환기정의연구원(TJM), 2016.

국가안전기획부. 『독일 통일모델과 통독후유증』. 1997.

김수암 외. 『유엔 조사위원회(COI) 운영 사례 연구』. 서울: 통일연구원, 2013. 7.

김수암·조정현·백범석. 『한반도에 있어서 과도기 정의(Transitional Justice)』. 서울: 통일연구원, 2014.

김하중. "체제불법 청산방안에 관한 헌법적 고찰: 구 동독과 북한의 체제불법을 중심으로." 고려대학교 대학원 박사학위논문. 2008. 2.

도경옥 외. 『북한인권백서 2017』. 서울: 통일연구원, 2017.

박기갑. "과도적 정의와 국제인권 관련 규범." 『국제법평론』 통권 제38호 (2013. 10).

법무부. 『독일통일 10년의 법적고찰 (법무자료 제234집)』 (2000).

_____. 『동구제국 체제개혁 개관: 법제·사법개혁과 체제불법청산 (법무자료 제204집)』 (1996).

_____. 『통일독일의 구동독 체제불법청산 개관 (법무자료 제191집)』 (1995).

변창섭. "북한 간부들, 통일 후 보복이 두려워 체제 붕괴 막으려 안간힘." 『자유아시아방송(RFA)』 (2011. 10. 18).

신의기·박학모·이경렬. 『통일대비 북한범죄자 처리방안에 관한 연구』. 서울: 한국형사정책연구원, 2009.

염돈재. 『올바른 통일준비를 위한 독일통일의 과정과 교훈』. 서울: 평화문제연구소, 2010.

오승진. "과도적 정의의 실현에 있어서 진실화해위원회의 역할과 한계." 『과도적 정의의

이상과 현실: 한반도에의 함의 (제6차 해성세미나)』 (2012. 12. 28).

윤여상 외. 『과거청산과 통합』. 서울: 북한인권정보센터 & 과거청산통합연구원, 2016.

이재승. "과거청산과 인권." 『민주법학』 제24호 (2003).

_____. 『국가범죄: 한국 현대사를 관통하는 국가범죄와 그 법적 청산의 기록』. 서울: 도서출판 앨피, 2010.

_____. "이행기의 정의." 『법과 사회』 제22호 (2002).

이효원. "통일 이후 북한의 체제불법에 대한 극복방안." 『서울대학교 법학』 제51권 제4호 (2010. 12).

정누리. "국제형사재판소 소추부(ICC-OTP)의 한국의 사태에 대한 2013년도 예비조사 활동보고서에 대한 소고." 『국제법평론』 통권 제39호 (2014. 4).

조정현. "유엔 북한인권 조사위원회(COI) 보고서 분석 및 평가." 『주요국제문제분석』 No. 2014-07 (국립외교원 외교안보연구소, 2014. 3. 7).

조정현·장석영. "국제사회의 유엔 북한인권 조사위원회(COI) 권고 이행과 전망." 『홍익법학』 제15권 제3호 (2014. 9).

최진욱·김진하. 『통일 진입과정에서의 북한 재건 방향』. 서울: 통일연구원, 2011.

최철영. "식민지 청산과 이행기의 정의: 동티모르의 사례." 『민주법학』 제45호 (2011a. 3).

_____. "한·일과거사 청산과 이행기 정의(transitional justice) 개념의 적용." 『성균관법학』 제23권 제2호 (2011b. 8).

프리실라 B. 헤이너 지음, 주혜경 옮김. 『국가폭력과 세계의 진실위원회』. 서울: 역사비평사, 2008.

Buhm-Suk, Baek, & Ruti G. Teitel (eds.). *Transitional Justice in Unified Korea*. New York: Palgrave Macmillan, 2015.

Casare PR Romano. "Mixed Criminal Tribunals (Sierra Leone, East Timor, Kosovo, Cambodia)." *Max Planck Encyclopedia of Public International Law* (www.mpepil.com) (April 2006).

Espindola, Juan. *Transitional Justice after German Reunification: Exposing Unofficial Collaborators*. New York: Cambridge University Press, 2015.

Evans, Gareth. *The Responsibility to Protect: Ending Mass Atrocity Crimes Once and For All*. Washington, D.C.: The Brookings Institution, 2008.

Jeffery, Renée, & Hun Joon Kim (eds.). *Transitional Justice in the Asia-Pacific*. New York; Cambridge University Press, 2014.

Kaufman, Zachary D. *United States Law and Policy on Transitional Justice: Principles, Politics, and Pragmatics*. New York: Oxford University Press, 2016.

Logan, Marty. "What is transitional justice?." (OHCHR Nepal, 2007).

Nowak, Manfred. *U.N. Convention on Civil and Political Rights: CCPR Commentary* (2nd revised ed.). Kehl: N.P. Engel Publisher, 2005.

O'Shea, Andreas. "Truth and Reconciliation Commissions." *Max Planck Encyclopedia of Public International Law* (www.mpepil.com) (December 2008).

"Report of the commission of inquiry on human rights in the Democratic People's Republic of Korea." UN Doc. A/HRC/25/63 (7 February 2014).

"Report of the detailed findings of the commission of inquiry on human rights in the

Democratic People's Republic of Korea," UN Doc. A/HRC/25/CRP.1 (7 February 2014).

"Report of the Secretary-General: The rule of law and transitional justice in conflict and post-conflict societies," paras. 52–53.

"Report of the Secretary-General: The rule of law and transitional justice in conflict and post-conflict societies," UN Doc. S/2004/616 (23 August 2004).

"Report of the Secretary-General: The rule of law and transitional justice in conflict and post-conflict societies," UN Doc. S/2011/634 (12 October 2011).

Robinson, Darryl. "Serving the Interests of Justice: Amnesties, Truth Commissions and the International Criminal Court." *European Journal of International Law* (EJIL), Vol. 14, No. 3 (2003).

Sifris, Ronli. "The four pillars of transitional justice: a gender-sensitive analysis," in Sarah Joseph & Adam McBeth (eds.). *Research Handbook on International Human Rights Law.* Cheltenham, UK: Edward Elgar, 2010.

Stan, Lavinia, & Nadya Nedelsky (eds.). *Post-Communist Transitional Justice: Lessons from Twenty-Five Years of Experience.* New York: Cambridge University Press, 2015.

Teitel, Ruti G. *Transitional Justice.* New York: Oxford University Press, 2000.

[부록]*

과도기 정의 관련 사례 검토:
남아프리카공화국 및 캄보디아

아래에서는, 진실 규명과 화해·통합 차원에서 매우 중요한 시사점을 제공하는, '아파르트헤이트(apartheid)' 정책이 종식되고 흑백 간의 정권교체가 발생한 후의 남아프리카공화국의 사례를 진실화해위원회를 중심으로 살펴본다. 물론 남아공 진실화해위원회의 활동 외에도 기타 과도기 정의 관련 활동이 있었는지도 함께 검토한다. 두 번째 사례로는 '킬링필드'로 유명한 캄보디아의 크메르루즈 정권에 대한 캄보디아 특별재판부의 활동들을 고찰한다. 이는 남아공과는 달리 사법적 정의 내지 응보적 정의 실현에 더 방점을 둔 것으로 보이는데, 국내외적 요소가 결합된 혼합법정이라는 흔하지 않은 형태를 가까운 아시아 국가에서 취한 점이 흥미롭다.

1. 남아공 진실화해위원회

1) 배경

과도기 정의를 실현하는 대표적인 도구 중 하나로 거론되는 것이 바로 진실화해위원회이다. 진실화해위원회는 대량 인권침해사태에 대한 진실을 규명하기 위

---

* 이 '부록'은 김수암·조정현·백범석, 『한반도에 있어서 과도기 정의(Transitional Justice)』(서울: 통일연구원, 2014) 내용 중 필자가 작성한 부분을 일부 발췌한 것임.

해 공식적으로 권한을 위임받아 임시적으로 설립된 비사법적 기구인데 개인 및 관련 기관의 책임 및 당해 침해사태의 근본 원인에 대한 조사를 통해 사회 구성원의 치유 및 화해를 도모한다. 남아공의 진실화해위원회는 약 50여 년간 남아공에서 시행된 아파르트헤이트 정책으로 분열된 사회를 재통합하고 국가를 재건하기 위한 목적에서 1995년 설립되었다. 아파르트헤이트(apartheid) 정책은 유색인종들이 백인과 동등한 정치적 및 경제적 권리를 향유할 수 없고, 백인과 분리된 지역에서 거주하도록 하는 등 사회, 경제, 교육, 문화적으로 남아공에 거주하는 유색인종을 백인과 차별적으로 대우하는 남아공의 인종차별정책을 의미한다.

(1) 영국 및 네덜란드에 의한 남아프리카 지배

네덜란드 사람들은 17세기 중반 무렵부터 남아프리카 공화국으로 이주하기 시작했는데 이들은 대부분 농업에 주력하였다. 이들을 보어(Boer)인이라 한다. 한편, 영국 사람들은 유럽에서 나폴레옹 전쟁의 결과로 19세기 초순경부터 남아프리카로 이주하기 시작하였다. 네덜란드와 영국 이주민들 간의 갈등으로 인해 결국 보어인들은 내륙 지방으로 이주하기 시작했고, 보어인들은 내륙 지방에 Orange Free State 및 Transvaal Republic 지역을 설립하였다. 그런데 1867년 Orange Free State에서 다이아몬드가 발견되었고, 1885년에는 Transvaal Republic 지역에서 금이 발견되었다. 보어인들이 통치하는 지역에서 다이아몬드와 금이 발견되자 이에 욕심을 가진 영국인들은 결국 보어인들과 전쟁을 하게 되어 1899년부터 1902년까지 보어 전쟁이 계속 되었다. 전쟁을 통해 패권을 쥐게 된 영국인들은 1910년 보어인들에게 아프리카 토착민들이 거주하고 있는 지역의 통치권을 넘겨주었다. 그런데 보어인들은 아프리카 토착민들을 매우 인종차별적인 자세로 대했다.[1]

(2) Apartheid 정책의 시행: 1948~1993년

1910년 남아프리카 연합(South Africa Union)은 대영제국에 공식적으로 소속되었다. Louis Botha 및 Jan Smuts 수상들은 인종차별 정책에 반대하는 저항을 억누르고자 하는 목적에서 영국인과 보어인의 연합을 주장하였다. 1912년 남아프리카 흑인들의 정치적 견해를 대변하는 African National Congress(ANC) 정당이 창립되었다. 1948년에는 보어인들의 정치적 열망을 대변하는 National Party가 집권하기에 이르렀다. 1960년 백인들은 국민투표를 통해 남아프리카를 '공화국'으로 만들기로 결정하였고, 1961년 남아프리카는 영연방으로부터 탈퇴하였다. 1948년부터 1993년까지 집권한 National Party는 남아프리카 특유의 인종차별정책인 apartheid 정책을 시행하였다. 백인우월주의에 근거한 인종차별은 남아프리카에 백인들이 최초로 정착하기 시작한 1652년부터 시작되었다고 할 수 있다. 보어인들은 영국인들이 그러하였던 것처럼 토착민인 아프리카인에 대해 인종차별적인 태도를 계속 보여왔는데, 이는 1948년 보어인들이 지지하는 National Party가 집권하면서부터 국가의 공식적인 정책의 형태로 존재하게 되었다.[2]

National Party는 집권 이후 그 지지층의 지지를 더욱 굳건히 하기 위해 인종차별적인 입법을 진행하였다. National Party는 지난 정책들과 근본적으로 다른 새로운 인종차별정책인 apartheid를 도입하는데 이를 통해 아프리카인들의 기본적인 정치적 권리를 박탈하였을 뿐만 아니라 전 사회에 영향을 미치는 인종차별적인 정책을 시행하였다. National Party는 '분리 발전(separate development)'이라는 사상 하에 백인들과 유색인들을 분리하여 교육하였고, 백인들이 거주하는 지역과 유색인들이 거주하는 공간을 분리하였으며, 유색인들이 백인거주지역 내 토지를 소유할 수 없도록 제한하였다. 즉, 반투 홈랜드(Bantu Homeland) 정책으로 대표되듯 인종격리정책에 의한 인종별 분리의 발전을 추진하는 한편, 다인종사회적 현장 속에서 반투 정청법(政廳法, 1951)·유권자분리대표법(1956) 등에 의하여 유색 인종의 참정권을 부정하고, 산업조정법(1956)·패스포드법(1952)·원주민법 수정법(1952)·이인종 혼인금지법(1949)·집단지역법(1950) 등에 의하여 경제적·사회적으로 백인의 특권 유지·강화를 기도한 것이다.

(3) 1994년 정권 교체 및 Aprtheid 정책의 폐기

그런데 1950년대 초순경부터 apartheid 정책에 대한 반발의 새싹이 돋기 시작했다. 1955년에 만들어진 자유 헌장(the Freedom Charter)은 '인종차별적이지 않은 민주적인 정부'를 요구했다. 추후, 이 헌장은 ANC당의 이념적인 초석이 되었다. 1962년, ANC당의 당수인 Nelson Mandela가 체포되었고, 무기징역을 선고받았다. 동시에 apartheid 정책을 비난하는 목소리는 커져만 갔고 이는 총성 없는 전쟁과 같았다. 또한 National Party의 지지자들조차 apartheid 정책이 실패라는 점을 인정하기에 이르렀다. 개혁의 목소리가 점점 커져가자 1989년 새로 대통령으로 취임한 Frederik W. de Klerk은 그 다음 해 Mandela를 감옥에서 풀어주었다. 1994년 남아프리카 공화국의 모든 시민들에게 투표권이 주어진 첫 번째 선거가 시행되었다. 본 선거에서 ANC당은 의회 다수당의 지위를 차지하게 되었고, Mandela는 남아프리카를 apartheid 정책으로부터 해방시켜 줄 새로운 대통령으로 취임하게 되었다.[3]

2) 과도기 정의 장치: 남아공 진실화해위원회(TRC)

앞서 살펴보았듯이, 남아공에서는 1948년부터 1993년까지 약 45년 동안 시행된 조직적 인종차별정책 하에서 다양한 인종분리·인권유린행위 등이 자행되었다. 상기 기간 동안 아프리카 민족회의(African National Congress: ANC)의 저항운동으로 학살, 살해, 고문, 장기간의 투옥 등 인권침해가 그치지 않았다. 1994년 넬슨 만델라가 대통령으로 당선된 후 이러한 과거 인권침해행위 등을 해결하기 위한 진실화해위원회의 설립이 본격화되었다. 사면권, 압수수색권, 증인소환권 등 광범위한 권한을 갖고 모범적이라는 평가를 일반적으로 받는 남아공의 진실화해위원회는 자신의 임무와 관련하여 "장래의 인권침해가 재발하는 것을 방지하기 위하여 심각한 인권침해가 발생한 동기와 환경뿐만 아니라 과거의 사건에 관한 진실을 확인"할 필요가 있음을 확인하고 있는데,[4] 이는 과거의 인권침해 사실을 확인하는 것으로 어느 정도 장래의 인권침해행위가 재발하는 것을 막을 수 있다는 점을 전제로 한 것으로 보인다.[5]

(1) 설립 근거

남아공의 진실화해위원회(Truth and Reconciliation Commission: TRC)는 남아공에서 행해진 apartheid 정책으로 인한 피해 회복을 위해 설립되었다. 본 위원회는 1993년 임시 헌법(Interim Constitution)의 마지막 조항에 근거하고 1995년 의회에서 "국가통합 및 화해 증진법(Promotion of National Unity and Reconciliation Act, No. 34 of 1995)"이라는 명칭으로 통과된 법률에 기초하여 설립되었다. 법률의 시행에 따라 진실화해위원회는 1995년 말부터 그 활동을 개시하게 되었다.[6]

(2) 설립 목적

남아공 진실화해위원회의 목적은 과거의 분열 및 갈등을 초월하는 사회통합을 위하여 국가적 일체성과 화해를 촉진하는 것인데, 그 구체적인 목적은 다음과 같다. 첫째, 남아공 진실화해위원회의 목적은 사실 조사 및 심리를 진행하여 1960년 3월 1일부터 1995년 5월 9일 일자까지 자행된 인권의 중대한 침해의 원인, 내용 및 정도를 밝혀내는 것이다. 그런데 문제되는 인권 침해행위의 선행사건과 그 정황뿐만 아니라 피해자의 관점, 가해자의 동기와 관점까지 고려한다. 둘째, 남아공 진실화해위원회의 목적은 정치적 목적과 연관된 행위의 관련 사실을 밝히고 남아공 화해증진법이 정하는 요건을 충족하는 사람들에게 사면을 부여하는 것이다. 셋째, 남아공 진실화해위원회의 목적은 피해자의 생사 및 그 소재를 파악하고 피해자들에게 피해배상을 함으로써 인간으로서의 존엄성을 회복시키는 것이다. 넷째, 위원회가 조사한 인권 침해 사례를 집대성하고 장래 유사한 인권 침해 행위를 방지하기 위한 조치를 제안하는 보고서를 발간하는 것이다. 남아공 진실화해위원회는 정치적 이유로 인해 어쩔 수 없이 인권 침해 행위를 행한 가해자들을 사면시키고, 인권 침해 행위로 인해 피해를 입은 피해자, 그 가족 및 공동체의 치유를 위해 설립되었으며 나아가 치유의 과정 중 하나로 진실을 밝히는 것을 목적으로 한다. 진실을 밝히는 과정이야말로 화해와 평화가 번창할 수 있는 도덕적인 환경 조성의 토대가 되기 때문이다.[7]

(3) 위원회(TRC) 구성

남아공 진실화해위원회(TRC)는 1995년 12월에 설립되어 2002년 6월까지 활동하였다. 진실화해위원회는 11명 이상 17명 이하의 위원으로 구성되는데 위원은 대통령이 내각과 협의하여 선임한다. 위원은 공평한 자로서 정치적 경력이 짧은 자 중에서 선임한다. 남아프리카 공화국 국민이 아닌 외국인은 2명 이상 위원으로 선임될 수 없다. 대통령은 관보로서 위원의 선임을 공표한다. 대통령은 위원들 중에서 1인의 위원장(Chairperson)과 1인의 부위원장(Vice Chairman)을 지명한다. 위원은 위원회의 임기 동안 위원직을 수행하는데, 대통령에 대한 서면으로 언제든지 그 직으로부터 사임할 수 있다. 대통령은 위원의 능력부족 또는 비위행위가 문제된 경우에는 의회와 상원의 요청 및 합동위원회의 결정에 따라 위원을 그 직에서 해임할 수 있다. 위원의 사임 또는 사망 등을 이유로 위원직에 공백이 생긴 경우, 대통령은 그 내각과 협의하여 남은 기간 동안 그 직을 수행할 위원을 새로 선임하거나 그 직을 공백 상태로 둘 수 있다.[8]

(4) 위원회(TRC) 조직: 3개의 하부 위원회(3 Committees)

남아공 진실화해위원회는 그 하부조직으로 3개의 위원회를 두고 있는데, 인권침해 위원회(Human Rights Violations Committee), 배상 및 복권 위원회(Reparations and Rehabilitation Committee), 사면 위원회(Amnesty Committee)가 그것이다.

인권침해 위원회는 1960년 3월 1일부터 1995년 5월 9일까지 자행된 인권 침해에 대한 조사를 위해 설립되었다. 본 위원회는 남아공 화해증진법 제6장 및 제7장으로부터 그 권한을 부여받았다. 본 위원회는 피해자의 생사를 확인하고 그들의 현재 거주지를 파악하며, 그들이 입은 피해의 내용 및 그 정도에 대해 조사한다. 또한 위원회는 피해자들이 국가 또는 다른 기관, 단체 또는 개인의 의도적인 계획 하에 인권 침해를 당하였는지 여부를 조사하고, 이에 대한 조사를 마친 이후에는 배상 및 복권 위원회로 피해사건을 이전한다.

배상 및 복권 위원회는 배상 및 복권을 통해 피해자의 존엄을 회복시키는 역할을 한다. 본 위원회는 진실화해위원회, 인권침해 위원회, 사면 위원회가 회부한 사건을 검토하고, 피해자의 인적 사항, 생사 및 그 행방과 피해의 성질 및 정도를 파악하기 위한 증거를 수집한다. 또한 본 위원회는 긴급한 임시 조치를 포함하여 피해자 배상을 위한 적절한 조치에 관하여 권고할 수 있고, 안정적이고 공평한 사회를 위한 기관의 설립과 인권 침해 행위를 방지하기 위한 조치에 관하여 권고할 수 있다. 생존자들, 그 가족 및 공동체 전체의 치유를 위한 정책 제안을 하는데 이러한 제안의 목적은 또 다시 인권 유린이 반복되지 않도록 하는 것이다. 배상 및 복권 위원회는 그 활동과 관련하여 진실화해위원회에 중간 보고서를 제출할 수 있고, 그 활동, 조사 사항 및 권고 내용에 대한 최종보고서를 제출하여야 한다.[9]

인권의 중대한 침해 행위로 인한 피해를 입었다고 생각하는 사람은 누구든지 배상 및 복권 위원회에 피해배상을 신청할 수 있다. 어떠한 작위, 부작위 또는 어떠한 공격행위가 인권의 중대한 침해에 해당하는지 여부가 문제될 경우에는 본 위원회는 이 문제를 인권침해 위원회에 회부한다. 만약 신청인이 중대한 인권 침해의 피해자라고 판단되면, 본 위원회는 피해자의 인간으로서의 존엄성 회복을 위한 조치에 관하여 권고한다. 이는 긴급한 임시 조치를 포함하고, 또한 본 위원회는 진실화해위원회에 조사 사항 및 권고 내용을 보고하여 대통령이 필요한 법령을 국회에 제안할 수 있게 한다. 대통령은 법무부 및 재무부와의 협의를 거쳐 피해자 배상을 위한 기금을 조성할 수 있다. 이 기금은 국회뿐만 아니라 사인들의 기부에 의해 조성되고, 이는 대통령이 정한 규정에 따라 피해자에게 배상금을 지급하는 데 사용된다. 배상은 잠정 배상(interim reparation)과 최종 배상(final reparation)으로 나뉜다. 잠정 배상은 중대한 인권 침해 행위로 인해 긴급한 배상이 필요한 경우 최종 배상 조치가 결정되기까지 이뤄지는 배상을 의미한다. 최종 배상 조치 내용은 본 위원회가 최종 보고서 작성 시 포함된다. 최종 배상 조치에서 가장 중요한 점은 피해자 및 생존자의 존엄성을 회복하는 것이다.[10]

사면 위원회는 정치적 목적을 가진 행위에 대하여 사면을 부여하는 것을 촉진한다. 사면은 관보에 게재함으로써 행하게 된다. 사면을 신청하고자 하는 자는 공포일로부터 12개월 이내에 정해진 양식에 따라 진실화해위원회에 사면을 신청하면 된다. 대법관이 의장인 사면 위원회는 중대한 인권 침해를 가져오거나 생명 또는 신체에 위해를 가져오는 경우가 아닌 한 그 심리를 공개한다. 신청서를 접수받은 사면 위원회는 사면 요건을 충족하고, 심리가 필요하지 않으며, 신청과 관련된 작위, 부작위 또는 공격행위가 중대한 인권침해를 구성하지 않는 경우에는 사면을 부여하고 이 사실을 신청인에게 통보한다. 그러나 만약 심리가 필요하다고 판단되면, 신청인에게 심리장소와 일정을 알려준다.[11] 신청인은 관련 사실을 모두 공개하여야 하고 이러한 사실을 기초로 사면 위원회는 사면 부여 여부를 결정하는데, 당해 작위, 부작위 또는 공격행위가 정치적 목적과 관련 없이 개인적 이익을 추구하기 위해 행해진 경우이거나 피해자를 향한 개인적인 고의 또는 악의에서 행위가 비롯된 경우에는 사면 대상에서 제외된다.[12]

(5) 활동 결과

남아공 진실화해위원회는 약 21,000명 이상의 피해자 및 증인들로부터 진술을 청취하였는데, 법에 규정된 소환권, 압수수색권 등 강력한 권한을 제대로 행사하지 않아 진실을 발견하기보다는 화해를 더 추구한다는 비판을 받기도 하였다. 남아공 위원회의 가장 특징적인 기능 중 하나가 정치적인 이유로 행해진 범죄에 대해 사면권을 행사하였다는 점인데, 약 7,000건의 사면 신청을 받아 약 1,500명에게 사면을 허가하였다. 동 위원회는 과거의 범죄에 관하여 완전히 진실을 고백하고 이것이 정치적인 동기에서 비롯되었다는 것을 입증한 경우에 한하여 사면을 부여하였다. 예를 들어, 가해자가 피해자의 사망이 사고에 기인한 것이라고 주장하는 경우에 그러한 피해자의 사망은 정치적인 동기에서 비롯될 수 없는 것이므로 사면은 거부되었다. 위원회는 행위와 정치적인 동기의 관계, 행위의 비례성 등을 고려하였다. 개인적인 이익이나 원한으로 범죄를 저지른 경우에는 사면이 거부되었다. 예를 들어, 정치적인 기관이나 국가 기관의 묵인이나 승인이 없이 단순히 개인적인 인종차별적인 감정에 기하여 범죄를 저지른 경우에는 사면이 거부되었다. 그러나 사면을 받기 위하여 사과를 하거나 범죄를 반성할 필요는 없었다.[13]

남아공 위원회의 결정에 대하여 법원이 적법여부를 심사하였다. 즉, 피해자의 유족들이 사면 결정의 합헌성에 이의를 제기하는 소송을 남아공의 헌법재판소에 제기한 예가 있는데, 헌법재판소는 위원회의 결정이 적법하다고 판단하였다. 위원회의 최종보고서를 공개하지 못하도록 하기 위하여 제기된 소송들은 그 목적을 달성하지 못하였다. 최종보고서는 1998년 10월 공개되었는데, 몇 개월 뒤 의회는 보고서를 공식적으로 검토하였다. 남아공에서 인종차별철폐투쟁을 벌였던 아프리카 민족회의(ANC) 정부는 보고서가 해방투쟁의 정당성을 훼손하였다는 이유로 위원회의 결론을 받아들이지 않았으며, 위원회의 권고사항을 이행하겠다는 약속도 하지 않았다. 위원회의 활동이 비교적 성공적이었음에도 불구하고 그 권고사항을 이행하기 위한 정치적인 의지는 부족하였다. 남아공의 대통령은 최종보고서가 나온 후 사면절차에서 사면을 얻지 못한 ANC 구성원들에게 사면을 부여하기도 하였다. 위원회가 제시한 개혁 및 배상 방안도 이행되지 않았다. 결국 진실화해위원회의 권고사항이 제대로 이행되느냐 여부는 위원회 활동에 대한 신생 정부의 태도 및 여론의 태도 등이 중요한 영향을 미치는 것을 알 수 있다.[14]

3) 평가

(1) 긍정적 평가/장점

남아공의 진실화해위원회는 과도기 정의 메커니즘 중에서도 가장 대표적인 성공사례의 하나로, 남아공에서 인종차별을 종식시키고 남아공을 민주적인 사회로 변화시키는 데 긍정적인 기여를 하였다고 일반적으로 평가된다.

먼저, 동 위원회는 사회 대통합의 수단으로 기능하였는데, 남아공 진실화해위원회는 무엇보다 그 당시 무슨 일이 있었는지를 소상히 세계에 알림으로써 피해자, 그 가족 및 친구들의 심적, 정신적 치유를 돕고 화해를 통한 사회 대통합의 수단이 되었다는 평가를 받고 있다. 즉, 지난 과거의 일을 쏟아낸 범죄자뿐만 아니라 그 이야기를 듣게 된 피해자의 가족 및 친구들은 일종의 '카타르시스'를 느끼게 되고, 이를 통해 심적, 정신적으로 치유가 가능하게 되었다는 것이다.

두 번째로, 남아공 민주주의 및 법치주의 확립에 기여하였는데, 소위 진실화해위원회가 갖춰야 하는 본질적인 요소, 즉 완전한 공개(full disclosure), 사면(amnesty), 배상(reparation) 및 복권(rehabilitation)을 모두 갖추고 있는 남아공의 진실화해위원회는 과도기 정의를 실현하는 역할을 충실히 수행하였다는 평가를 받고 있다. 민주주의로 향하는 과도기에 진실화해위원회의 활동은 법치주의의 초석을 놓는 데 큰 기여를 했다는 것이다.[15]

마지막으로, 진실 규명 및 권위적 기록을 했다는 차원에서 의의가 있는데, 남아공의 진실화해위원회는 1년 6개월이 넘는 기간 동안 다양한 사람들로부터 다양한 진술을 받고 심리를 진행하면서 apartheid 정책과 관련하여 일어난 중대한 인권침해 사실을 면밀히 조사하고 기록하였다. 남아공의 진실화해위원회는 일반적인 형사 절차보다 더욱 상세히 사실을 조사하고 이를 토대로 진실을 규명하였으며, 그에 대한 역사적인 기록은 장래에 이와 같은 비극이 다시 일어나지 않도록 억제하는 효과가 있다고 평가받는다.[16]

남아공 사례가 특히 성공적이었다는 평가를 받는 좀 더 구체적인 이유는, 국민화합 등 정치적 고려에 의한 사면 위원회와 타 위원회를 분리하여 운영하였고, 남아공의 종교적·문화적 측면에는 특유의 용서라는 가치의 포용성이 녹아 있었다는 점, 그리고 1년여에 걸친 다양한 집단 참여를 통한 성공적인 위원회 구성 등을 생각해 볼 수 있겠다.

(2) 부정적 평가/단점

물론 남아공 진실화해위원회는 일정한 한계와 문제점을 노정하기도 했다. 먼저, 용서의 어려움을 들 수 있는데, 범죄자들의 범죄 행위에 대한 상세한 묘사는 많은 경우 피해자 및 그 가족들에게 더욱 심한 고통을 준다. 고문이나 살해행위에 대한 진술은 피해자 및/또는 그 가족들에게 치유는커녕 오히려 치명적인 정신적인 충격을 주는 데 그치는 경우가 많다. 또한, 잔혹한 범죄행위를 범한 범죄자들이 처벌당하지 않고 사면된다는 점은 피해자, 그 가족 및 친구들에게 더 큰 상처로 다가올 수 있다. 진실화해위원회는 진실을 규명하기 위한 유인책으로서 사면을 내세웠고, 이를 통해 숨겨진 진실이 파헤쳐진 것은 사실이다. 그러나 자신의 가족과 친구가 어떻게 죽어갔는지를 알게 된 피해자의 가족과 친구들이 그 가해자가 그러한 행위를 하였음에도 불구하고 아무런 처벌도 당하지 않을 것이라는 점을 받아들인다는 것은 그리 쉬운 일이 아니다. 많은 경우, 피해자의 가족과 친구들은 '정의'를 원한다.[17]

두 번째로, 진실화해위원회가 정쟁의 도구로 쓰인다는 비판도 있다. National Party는 1997년 이른 여름 진실화해위원회가 정치적 탄압의 수단으로 쓰이고 있다고 주장하였다. 이에 National Party는 수 차례에 걸쳐 진실화해위원회의 활동에 반대하는 성명서를 발표하였고, 진실화해위원회를 상대로 법적 조치를 취하는 등 그 활동에 협조하지 않았다. 또한, F. W. de Klerk 대통령 이전에 대통령직에 있었던 P. W. Botha 전 대통령을 National Party가 소환하였으나 Botha 전 대통령은 그 소환에 응하지 않았다. Botha 전 대통령은 자신이 인권

침해 행위를 지시한 사실이 없다고 하며 자신이 집권할 당시 정부의 행위에 대해 사과하는 것을 거절하였다. 소환에 응하지 않은 행위에 대해 법원은 1998. 8. 22. Botha 전 대통령을 12개월의 징역 및 벌금 약 미화 1,577불의 지급을 명하는 판결을 내린 바 있다.[18]

마지막으로, 보복에 대한 두려움 때문에 사실을 진술하기 두려워할 것이라는 점은 진실화해위원회의 도입 시부터 지적되었다. 이에 대한 대책 중 하나로 위원회는 자발적으로 출두하지 않는 사람들은 소환하여 진실규명 절차를 진행시켰다. 이와 관련된 문제로 본인의 익명성을 유지해 달라는 요청이 종종 있었는데, 예를 들어 ANC당은 당을 위해 스파이 행위를 한 사람들 목록에 대해 익명성을 유지해 달라고 요청하였다. 그러나 진실화해위원회는 익명성의 요구는 진실화해위원회의 근본적인 역할에 배치되는 것이라며 그 요청을 거절하였다.[19]

결론적으로 인권유린 등으로 기소당한 사람이 매우 적었다는 사실은 일정 부분 한계로도 파악할 수 있으며, 피해자 배상에 있어서 진실화해위원회의 권고보다 낮은 액수로 피해자에게 지급하는 등 실제 위원회의 권고사항이 제대로 이행되지 않는 경우들을 다수 확인할 수 있다.

4) 한반도에의 시사점

진실을 밝히기 위해 사면권까지 부여받은 남아공 진실화해위원회 사례의 장단점은 앞으로 유사한 위원회의 설립이 필요할 수 있는 한반도 상황에도 매우 구체적인 시사점을 제공할 것이다. 특히, 극심한 인종적 갈등을 겪은 사회임에도 관용의 정신으로 국민통합과 화합을 위해 적극적인 진실화해 메커니즘을 작동한 점, 그리고 진실화해위원회에 사면권을 포함한 강력한 권한을 부여하여 진실규명에 방점을 두고 사면을 그 도구로 활용한 점 등은 우리에게도 시사하는 바가 크다. 물론 이 경우에도 형사처벌 시도가 검찰에 의해 꾸준히 시도되었기 때문에 오히려 진실화해위원회의 활동이 사면과 관련하여 더욱 활기를 띄게 되었다는 점도 동시에 고려해야 한다.[20]

반면, 과도기 정의 메커니즘이 실제 적용되기 위한 미래의 한반도 상황이 워낙 다양하기 때문에 쉽게 예단할 수는 없지만, 평화적 정권교체 후 진행된 남아공에서의 사례가 한반도에도 곧바로 적용될 수 있을 것인지에 대해서는 상당한 의문이 드는 것 또한 사실이다. 특히나 한반도에서 과거 인권침해에 대한 처벌을 요청하는 피해자나 관련 단체의 목소리가 매우 강할 경우, 구체적인 과거사 청산과 관련해 사면권 등과의 긴밀한 연계를 통해 형사처벌 가능성을 상당 수준으로 제한한 남아공의 진실화해위원회 모델이 우리에게도 쉽게 적용될 수 있을지에 대해서는 부정적인 전망도 충분히 가능하다. 가장 중요한 국제적 인권 이슈로 부각된 북한의 현 인권상황을 보더라도 진실화해 보다는 사법적 정의의 실현을 주장하는 목소리가 더 클 수 있음을 또한 충분히 예견할 수 있다.

그러함에도 형사처벌로 모든 과거의 행위를 재단하는 것은 자칫 더 큰 사회적 갈등과 후유증을 야기할 우려가 존재하는 것 또한 무시할 수 없다. 한반도의 제도적 통일 후 진정한 사회적 통합을 이루기 위해서는, 일정 수준에서, 진실규명과 동반된 용서와 화해의 절차가 반드시 진행되어야 할 필요가 있다. 이러한 점에서 남아공의 진실화해위원회 사례는 우리에게도 중요한 선례를 제공해 주었으며, 우리 또한 한반도의 상황에 맞게 그 장점과 단점을 고려하여 적절히 차용할 부분이 있음을 인식하고 이에 대해 더욱 상세한 연구가 진행될 필요가 있을 것이다.

2. 캄보디아 특별재판부

1) 배경

1953년 프랑스로부터 독립한 캄보디아는 시아누크 국왕 하의 왕국 시기를 거쳐 1970년 론놀 정권이 쿠데타로 집권하였다. 이후 1975년 크메르루즈(Khmer Rouge)로 알려진 폴 포트가 주도하는 급진 공산주의자들의 게릴라 투쟁은 론놀 정권을 무너뜨렸고, 이들은 '민주캄푸치아(Democratic Kampuchea)'로 국호를 변경하였다. 크메르루즈 정권이 베트남의 침공으로 물러날 때까지 집권한 약 3년 반의 기간 동안 자신들의 자급자족형 공산주의 농업국가 목표에 적대적인 중산층 이상의 지식인 등 수많은 국민들을 학살하였다.[21]

크메르루즈 통치기간(1975년 4월 17~1979년 1월 6일) 동안 발생한 집단살해와 인도에 반한 죄는 당시 캄보디아 인구의 약 4분의 1에 해당하는 170만~

200만 명을 사망에 이르게 했다. 이러한 잔혹한 국제범죄 행위에 대해 관련 지도자들을 처벌해야 한다는 국제적 여론과 활동도 일부 전개되었지만, 1980년대에도 캄보디아에서는 친베트남 정부와의 내전이 계속 이어지면서 캄보디아 국민들은 과거의 일들을 처리하기 보다는 현재의 삶 자체를 힘겹게 영위하기에 여념이 없었다. 이는 전통적으로 갈등을 피하려는 불교적 태도에서 기인하는 것으로도 분석되었다. 또한, 권력에 있는 상당수 정치인들과 군인, 재계 엘리트들은 정도의 차이는 있으나 대개 과거 크메르루즈와 관계를 맺은 경험이 있었으며, 취약한 사법부 또한 정당한 재판에 대한 기대를 포기하게 했다. 유엔의 도움 등으로 1993년 입헌군주제로 새롭게 탄생한 캄보디아에서 국민에게 높은 신망을 받고 있던 국왕도 크메르루즈와의 화해 정책을 제안하였다. [22]

그러나 이러한 '망각'의 태도는 과거의 극심한 폭력과 인권침해에 대해 아예 무지한 사회로 만들어 버렸고, 심지어는 과거의 사실이 왜곡되고 부정되기까지 하였다. 이에 1990년대 초반 이후 미국 의회를 중심으로 국제사회의 크메르루즈 정권 폭압에 대한 진실 규명 및 책임자 처벌에 대한 요구가 지속되었고, 1998년 말 폴 포트가 체포된 후 사망하고 키우 삼판, 누언 체아 등 최후까지 활동하던 크메르루즈 지도자 수 명이 투항하고 크메르루즈가 완전히 해체되자 캄보디아 국민들 사이에 크메르루즈 최고 권력자 처벌에 대한 관심이 급상승하였다. 국제사회에서는 국제재판을 열어야 한다는 여론이 비등하였고, 캄보디아 정부는 캄보디아가 재판도 열고 진실화해위원회 설립도 고려할 수 있다는 의견을 피력하였다. 그러나 캄보디아 국내에 크메르루즈 출신들이 사회 곳곳에 퍼져 있고, 과거의 진실을 적극적으로 알리는 것은 얻을 것에 비해 잃을 것이 많은, 즉 상당히 위험할 수도 있었기 때문에, 진실화해위원회의 설립은 쉽지 않은 문제였다. [23]

2) 과도기 정의 장치: 캄보디아 특별재판부(ECCC)

캄보디아는 1970년대 후반 크메르루즈(Khmer Rouge) 통치기간 동안 발생한 집단살해와 인도에 반한 죄를 재판할 사법부 역량 등 관련 자원과 전문가가 없었기 때문에, 1997년 6월 당시 캄보디아 총리가 유엔과 국제사회에 과거청산 관련 지원을 요청하였다. 그러나 시간이 지나면서 캄보디아 정부는 유엔의 영향력이 커지는 것을 우려하였고 또한 재판절차를 자신의 통제 하에 두고 싶었기 때문에, 유엔과의 양자협정을 마무리하기 전인 2001년에 국내법을 통해 독자적으로 캄보디아 특별재판부를 설립하게 되었다.[24]

유엔은 캄보디아 정부의 간섭으로 인해 재판소의 독립성이 보장되지 않는다는 이유에서 추가 협상을 포기하였으나, 이후 유엔 총회의 압력을 받고 협상을 재개하였으며, 결국 2003년에 유엔은 캄보디아와의 협력협정을 체결하였다.[25]

캄보디아 특별재판부(ECCC: Extraordinary Chamber in the Courts of Cambodia)의 설립은 기본적으로 국내법에 근거하고 있으며, 유엔과 캄보디아 간의 협정은 양자 간 협력의 법적 근거를 제공할 뿐이다. 즉, 유엔 총회와 유엔 인권위원회가 재판소 설립을 촉구하는 총회 결의 52/135호,[26] 협정 초안을 승인하는 내용의 유엔 총회 결의 57/228호 B,[27] 그리고 유엔과 체결한 협력에 관한 협정[28] 등은 간접적으로 동 재판부의 설립을 지원하거나 재판부 운영에 있어서의 협력을 규정하고 있을 뿐 앞서 언급했듯이 동 재판부 자체는 캄보디아 국내법에 의해 캄보디아 국내법원 내의 특별재판부 형식으로 설립되었다.

캄보디아 특별재판부는 유엔과 체결한 협정에 따라 내국인 7명, 외국인 5명 등 총 12명의 재판관으로 구성되며,[29] 캄보디아 정부 부담금 및 유엔의 지원금, 국가들의 기부금으로 운영되고 있다.[30] 2006년 7월 재판부 및 검사들이 임명되어 2007년부터 본격적인 운영에 들어가 지금까지 활동하고 있다.[31]

캄보디아 특별재판부의 관할대상범죄는 캄보디아 형법 및 국제조약, 국제관습법 등에 근거하고 있는데, 구체적으로는 살인, 고문, 종교적 박해 등 1956년 캄보디아 형법상의 위반행위, 1948년 집단살해방지협약 위반, 인도에 반한 죄, 1949년 제네바협약의 중대한 위반, 무력충돌시 문화유산 보호에 관한 1954년 헤이그협약 위반, 그리고 1961년 외교관계에 관한 비엔나협약 위반행위 등을 대상으로 한다.[32]

실제 동 특별재판부에 기소된 사람은 5명에 불과한데, 이는 내전이 종결되는 과정에서 수만 명의 크메르루즈 일반 병사들이 캄보디아 정부로 귀순하였고, 캄보디아 정부는 이들에 대해 이미 사면 조치를 취한 바 있기 때문이다. 즉, 크메르루즈의 중·하급 관리자의 역할을 수행했던 사람들에 대해서는 형사책임을 별도로 묻지 않고, 대신 크메르루즈 정권의 최고 지도층 등 가장 큰 책임이 있는 자로 형사처벌대상을 한정하고 있는 것이다.[33]

최근인 2014년 8월 7일 키우 삼판 전 국가주석(83세) 및 누온 체아 전 공산당 부서기장(88세)은 수백만 명을 강제이주시켜 노역을 강요한 인도에 반한 죄(crimes against humanity) 혐의로 캄보디아 특별재판부에서 법정 최고형인 종신형을 선고 받았다. 이들 두 명의 집단학살(genocide) 등 기타 혐의에 대한 재판은 2014년 7월부터 시작되어 동 년 12월경에 형이 선고될 예정이다. 이에 앞서 2011년에 캄보디아 특별재판부는 크메르루즈 집권 기간 약 1만 7천명을 학살하거나 고문한 수용소 'S-21'의 책임자 카잉 구엑 에아브 소장에 대해서도 종신형을 선고한 바 있다.[34]

3) 평가

(1) 긍정적 평가/장점

여러 우여곡절 끝에 상당히 뒤늦은 형사재판이라는 비판도 받을 수 있으나, 최근 판결 결과 등에서도 알 수 있듯이 캄보디아 특별재판부의 활동은 과거 크메르루즈 정권 당시의 반인륜적 범죄 행위를 분명히 단죄한다는 메시지를 주며 동시에 국민통합에도 기여하고 있는 양상을 보이고 있다.

캄보디아 정부는 국내법원에 동 재판부를 설치함으로써 자신의 독자적 권한을 상당 부분 유지하면서도, 동시에 국제적 참여를 보장하고 국제적 지원을 획득하는 형식으로 혼합법정을 설치함으로써, 국제사회와의 협력을 통해 자의적인 재판을 방지하고 캄보디아 국민들로부터도 재판 결과에 대한 신뢰성을 가지게 하는 성과를 거두었다. 이러한 형사재판은 물론 처벌을 통한 응보적 정의의 기능을 수행함과 동시에, 캄보디아 내 피해자 및 여러 시민단체의 적극적 참여를 보장함으로써 사회통합적 기능도 준수한 수준에서 수행하고 있는 것으로 평가된다. 구체적으로 캄보디아 특별재판부는 피해자의 재판 참여를 용이하게 하는 '민간(피해자) 당사자(civil party)' 제도를 도입하여 시행하고 있는데, 이는 기존 국제법정 및 혼합법정에 존재하지 않던 창의적 방식이다. 이러한 성과를 반영하듯, 캄보디아 국민들에 대한 여론조사에 의하면 캄보디아 특별재판부가 정의를 실현해 줄 것이며, 국가적 화합을 증진할 것이고, 또한 새로운 신뢰를 재건하는 데 도움을 줄 것이라는 응답이 계속 긍정적인 방향으로 상승하여 현재 응답의 대다수를 차지하고 있다. 이는 현재 세대는 물론 미래 세대에 대한 교육 차원에서도 의미가 있는 결과라고 하겠다.[35]

(2) 부정적 평가/단점

상당히 오랜 시간이 경과된 관계로 범죄 입증의 어려움이 드러나기도 했으며, 과학적 수사 및 유해발굴 등에 대한 기술력 부족 등 다양한 역량 부족으로 인한 문제점이 발생하기도 하였다. 법정 운영 또한 정부의 개입이 빈번히 일어났으며 이로 인해 재판이 지체되고 타협적인 결과를 도출하는 경우도 존재하였다. 또한, 제한된 형사처벌 대상의 설정으로 인해 기타 수많은 크메르루즈 부역자들이 특별한 진실·화해 과정 없이 사면되었다는 문제점도 존재한다. 따라서 별도의 진실 규명 및 피해자 구제 프로그램이 부족한 상태에서 상기 형사재판적 절차만을 통해 과도기 정의를 충실히 구현하고자 하는 데는 상당한 한계 또한 존재한다는 것을 인식해야 할 것이다.[36]

4) 한반도에의 시사점

캄보디아 특별재판부의 경우와 비교해 볼 때 한국의 자체 사법 능력은 국제적으로도 뒤지지 않고 재정적 능력도 상대적으로 양호하다는 점에서 가능하다면 과거 독일의 경우와 같이 한국의 자체 능력으로 관련 사법절차를 진행할 수 있을 것이다. 다만, 사법재판에 있어 남한 내에서, 남과 북 간에, 또는 북한 주민들 간에 의견 대립이 격화될 가능성도 배제할 수 없으므로, 국내 법원이나 국제형사재판소(ICC: International Criminal Court)가 아닌 국내적 특수성과 국제적 객관성을 적절히 배합한 '혼합법정'의 설립 및 운영 효과에 대해서도 관심을 가지고 검토할 필요가 있을 것이다. 이러한 맥락에서 캄보디아 특별재판부의 사례는 우리에게 다양한 시사점을 준다.

특히, 앞서 살펴본 남아공의 사례와 달리 한국적 분위기에서는 형사재판 절차 없이 진실화해 절차만으로 과도기 정의가 마무리 될 가능성은 그리 높아 보이지 않는데, 최소한 수준의, 또는 상징적 수준의, 고위급 인사에 대한 형사처벌로 그 대상을 한정한 캄보디아의 사례는 우리에게도 구체적인 처벌대상의 범위를 한정하는 데 참고가 된다. 구체적으로 캄보디아 특별재판부 내에서 국제범죄 혐의 중심으로 재판이 진행되고 판결이 내려지는 상황을 보여주고 있는데, 한반도에 서도 그 처벌대상의 범위를 결정하는 기준으로 국제범죄와 같은 국제적인 기준 이 중요한 판단의 잣대가 될 수 있을 것이다.

또한, 캄보디아 특별재판부에 피해자가 다양한 형태로 참여할 수 있도록 제도 적으로 보장한 점은 우리에게도 시사하는 바가 크다. 국가적 통합을 이룩하고 과도기 정의를 실현하는 데 있어서 피해자 관점에서의 접근의 중요성은 아무리 강조해도 지나치지 않다. 따라서 동 특별재판부의 구체적 관련 메커니즘 또한 장래의 한반도 관련 절차에 참조할 수 있을 것이다.

다만, 캄보디아의 경우와 같이 재판소 중심으로만 과도기 정의 장치들이 작동 한다면, 진실 규명, 피해자 구제 및 기관 개혁 등 기타 다양한 측면에서의 중요 한 과도기 정의 논점들이 충분한 관심을 못 받을 우려가 있다. 이에 한반도 상황 에서는 남아공 진실화해위원회 사례와 캄보디아의 혼합법정 사례를 당시 상황 에 맞게 적절히 병행하는 방안을 창조적으로 고민해야 할 것으로 판단된다.

● **부록 주**

1) Paul Lansing & Julie C. King, "South Africa's Truth and Reconciliation Commission: The Conflict between Individual Justice and National Healing in the Post-Apartheid Age," *Arizona Journal of International and Comparative Law* (1998), p. 754.
2) Lansing & King (1998), pp. 755–756; Karen Cananaugh, "Emerging South Africa: Human Rights Responses in the Post-Apartheid Era," *Cardozo Journal of International and Comparative Law* (1997), p. 293; Tama Koss, "South Africa's Truth and Reconiciliation Commission: A Model for the Future," *Florida Journal of International Law* (2002), p. 519.
3) Makau wa Mutua, "Hope and Despair for a New South Africa: The Limits of Rights Disclosure," *Harvard Human Rights Journal*, Vol. 10 (1997), p. 79.
4) Aeyal M. Gross, "The Constitution, Reconciliation, and Transitional Justice: Lessons from South Africa and Israel," *Stanford Journal of International Law*, Vol. 40, p. 69.
5) 오승진, "과도적 정의의 실현에 있어서 진실화해위원회의 역할과 한계," 『과도적 정의의 이상과 현실: 한반도에의 함의 (제6차 해성세미나)』 (2012. 12. 28), pp. 36–37.
6) http://www.justice.gov.za/trc/legal/justice.htm

7) http://www.justice.gov.za/trc/legal/justice.htm

8) http://www.justice.gov.za/trc/legal/justice.htm

9) http://www.justice.gov.za/trc/trccom.html.htm

10) http://www.justice.gov.za/trc/trccom.html.htm

11) http://www.justice.gov.za/trc/legal/justice.htm

12) http://www.justice.gov.za/trc/legal/justice.htm

13) 오승진 (2012), p. 37. 김영석, "국제범죄를 범한 개인에 대한 사면(amnesty)의 국제 법적 효력," 『서울국제법연구』 12권 2호 (2005), pp. 9-10 참조.

14) 오승진 (2012), pp. 38, 47.

15) David Dyzenhaus, "Debating South Africa's Truth and Reconciliation Commission: A Symposium," *University of Toronto Law Journal* (1999), p. 311.

16) Justin M. Swartz, "South Africa's Truth and Reconciliation Commission: A Functional Equivalent to Prosecution," *DePaul Digest of International Law* (1997), pp. 25-27.

17) Paul Lansing & Julie C. King (1998), pp. 770-772.

18) Paul Lansing & Julie C. King (1998), pp. 773-774.

19) Paul Lansing & Julie C. King (1998), p. 775.

20) 프리실라 B. 헤이너 지음, 주혜경 옮김, 『국가폭력과 세계의 진실위원회』 (서울: 역사비평사, 2008), pp. 181-183.

21) 송인호, "크메르루즈 특별재판소 사례를 통해 본 통일 이후의 과거청산의 기본 방향에 대한 고찰," 『인권과 정의』 Vol. 442 (2014. 6), pp. 70-71.

22) 프리실라 B. 헤이너 지음 (2008), pp. 336-338; 송인호 (2014), p. 71.

23) 프리실라 B. 헤이너 지음 (2008), pp. 336-338.

24) "Introduction to the ECCC," http://www.eccc.gov.kh/en/about-eccc/introduction

25) UN Doc. A/RES/57/228 (18 December 2002).

26) UN Doc. A/RES/53/135 (27 February 1998).

27) UN Doc. A/RES/57/228 B (22 May 2003).

28) "Agreement between the United Nations and the Royal Government of Cambodia concerning the prosecution under Cambodian law of crimes committed during the period of Democratic kampuchea," Phnom Penh (6 June 2003).

29) "Agreement between the United Nations and the Royal Government of Cambodia concerning the prosecution under Cambodian law of crimes committed during the period of Democratic kampuchea," 제3조.

30) "Agreement between the United Nations and the Royal Government of Cambodia concerning the prosecution under Cambodian law of crimes committed during the period of Democratic kampuchea," 제17조; "How is the court financed?," http://www.eccc.gov.kh/en/faq/how-court-financed

31) 송인호 (2014), p. 72. 보다 자세한 내용은, 강경모, 『유엔캄보디아 특별재판부 연구: 캄보디아의 전환기정의와 한반도 통일』 (서울: 전환기정의연구원(TJM), 2016) 참조.

32) 송인호 (2014).

33) 송인호 (2014), p. 73.

34) "'킬링 필드' 전범에 종신형 … 35년 만에 단죄," 『연합뉴스』, 2014년 8월 7일.

35) 송인호 (2014), pp. 77-78. "Transitional Justice in Cambodia: Analytical Report," *Atlas Project & British Institute of International and Comparative Law* (October 2010), pp. 3-4 참조.

36) "Transitional Justice in Cambodia: Analytical Report," pp. 3-4; Kirsten Ainley, "Transitional Justice in Cambodia: The Coincidence of Power and Principle," in Renee Jeffery & Hun Joon Kim (eds.), *Transitional Justice in the Asia-Pacific* (New York: Cambridge University Press, 2014), pp. 153-156 참조.

● 부록 참고문헌

강경모. 『유엔캄보디아 특별재판부 연구: 캄보디아의 전환기정의와 한반도 통일』. 서울: 전환기정의연구원(TJM), 2016.

김영석. "국제범죄를 범한 개인에 대한 사면(amnesty)의 국제법적 효력." 『서울국제법연구』 12권 2호 (2005).

송인호. "크메르루즈 특별재판소 사례를 통해 본 통일 이후의 과거청산의 기본 방향에 대한 고찰." 『인권과 정의』 Vol. 442 (2014. 6).

오승진. "과도적 정의의 실현에 있어서 진실화해위원회의 역할과 한계." 『과도적 정의의 이상과 현실: 한반도에의 함의 (제6차 해성세미나)』 (2012. 12. 28).

프리실라 B. 헤이너 지음, 주혜경 옮김. 『국가폭력과 세계의 진실위원회』. 서울: 역사비평사, 2008.

Ainley, Kirsten. "Transitional Justice in Cambodia: The Coincidence of Power and Principle." in Renee Jeffery & Hun Joon Kim (eds.). *Transitional Justice in the Asia-Pacific.* New York: Cambridge University Press, 2014.

Cananaugh, Karen. "Emerging South Africa: Human Rights Responses in the Post-Apartheid Era." *Cardozo Journal of International and Comparative Law* (1997).

Dyzenhaus, David. "Debating South Africa's Truth and Reconciliation Commission: A Symposium." *University of Toronto Law Journal* (1999).

Gross, Aeyal M. "The Constitution, Reconciliation, and Transitional Justice: Lessons from South Africa and Israel." *Stanford Journal of International Law,* Vol. 40.

Koss, Tama. "South Africa's Truth and Reconiciliation Commission: A Model for the Future." *Florida Journal of International Law* (2002).

Lansing, Paul, & Julie C. King. "South Africa's Truth and Reconciliation Commission: The Conflict between Individual Justice and National Healing in the Post-Apartheid Age." *Arizona Journal of International and Comparative Law* (1998).

Mutua, Makau wa. "Hope and Despair for a New South Africa: The Limits of Rights Disclosure." *Harvard Human Rights Journal,* Vol. 10 (1997).

Swartz, Justin M. "South Africa's Truth and Reconciliation Commission: A Functional Equivalent to Prosecution." *DePaul Digest of International Law* (1997).

7장

북한에서의 용서와
화해에 대한 성찰

김경숙 (한동대 통일과평화연구소 객원연구원)

1. 서론

이 글을 쓴 본인은 탈북자 출신의 목회상담 전문가이다. 북한이라는 잔혹한
계급사회에서 적대계급의 후손으로 살았었다. 그러면서 '반혁명세력' 출신
으로 극단적인 북한체제의 정치현실을 아프게 겪었고, 그러기에 오직 자신
들의 체제생존과 유지만을 위하는 북한권력의 실체를 누구보다 더 깊이 다
층적으로 볼 수 있었다. 이 연구는 저자가 북한에서 직접 경험하고 보고 들
었던 사례들, 현재 남한에 살고 있는 탈북민들에게서 들었던 사례들, 그리
고 본 연구를 위해 저자가 탈북민들과 한 면담 등을 통해 얻은 자료들에 기
초하여 쓰여졌다. 이 글을 쓰면서 저자는 가급적이면 저자 자신의 주관적인
시각과 감정, 기존에 가지고 있던 생각 등은 배제하고, 좀 더 객관적인 외부
자의 시각을 가지기 위해 노력하였다.

오늘날 적대적 분단체제, 정전체제에 고착된 한반도의 생존은 위태롭기

그지없다. 강대국들의 먹잇감같이 패권경쟁과 복잡한 이해관계에 얽혀 뒤틀리는 한반도, 북한의 핵도발로 인해 군사적 옵션까지 거론되고 있는 정황에서 미래는 예측불허하다. 한국전쟁의 참화와 공동체의 붕괴, 극단적 이념대결과 남북갈등, 북핵문제 등으로 얽힌 70여년의 분단역사는 거대한 한반도 트라우마로 점철되어있다. 한반도 트라우마는 남과 북 우리민족에게 개인적이며 집단적인 적개심과 분노, 두려움, 원한감정과 같은 정서를 확장시키고 있다.

특히 북한은 잔혹한 폭력으로 사람들을 굴복시키고 노예화하면서 북한권력자의 '생물학적 생명'과 '정치적 생명'을 유지하며, 체제를 재생산하고 있다. 수용소관리체계로 작동되는 섬뜩한 억압형벌 기법과 만성적인 공포환경, 경제위기로 인한 절대적 가난과 결핍, 국제사회로부터의 고립 등 북한적 현상은 집단적 적개심과 분노, 무력감, 불신, 단절감, 용서 불가능 등 심각한 심리사회적 파급력을 가중시키고 있다. 북한은 파국적인 북한적 현상들을 오로지 분단체제와 미군의 '남조선강점'이라는 외부상황에 투사하며 내부의 폭력성을 명분화하고 있다. 북한은 이를 위해 북한권력자를 찬양하고 신격화하는 정치사상교양과 함께 원수를 무조건적으로 응징하고 복수하는 혁명교양·계급교양을 한 개인이 살아가는 날 동안 반복적으로 주입시킨다. 북한에서 '불구대천의 원수 미제국주의자'들과 '천인공노할 매국노 남조선 괴뢰도당'은 '절대 악'으로 천백배로 복수하고 응징해야 할 세력이다. '최고 존엄'에 반하는 '반동' 역시 '절대 악'으로 박멸해야 하는 대상이다. 이러한 계급교양교육은 인지적 차원에서의 교육적 효과를 넘어 북한사람들의 현재적 고통과 분노, 원한감정과 얼크러져 경험적 차원의 산물로 신체 깊숙이, 영혼 깊숙이 새겨지게 된다.

오늘날 폭력과 증오가 난무하는 분단시대를 살아가는 우리민족에게 용서와 화해라는 주제는 민족의 생존을 위해, 한반도 트라우마 치유를 위해, 그리고 한반도의 미래를 위해 필수적인 덕목일 수밖에 없다. 통일 후 분단의 종식과 함께 북한 내 독재에서 민주주의로의 전환과정에서 다양한 공간에서 용서는 절실히 요청될 것이다. 용서하고 용서받는 문화보다 용서 불가능의 문화, 복수문화가 팽배하고, 아니면 잘못을 어물쩍 덮어버리고 넘어가려 하는 정서가 짙은 북한 정황에서 용서에 대한 성찰과 바른 이해는 매우 의미 있다고 본다. 따라서 북한에 우리가 보편적으로 알고 있는 원칙적인 용서의 가치가 존재하는지, 북한 내부에서 통용되는 용서의 개념은 어떠한지, 그리고 정치적 전환기마다 활용되었던 '정치적 용서'와 그 실제는 어떠했는지, 왜 북한은 용서가 불가능한 사회여야만 했었는지 살펴보려고 한다. 그리고 통일 후 북한정황에서 요청되는 용서의 내용은 무엇인지, 북한사람들의 용서의 가능성을 촉진시키는 자원은 무엇인가를 고찰해보려고 한다.

2. 북한체제하에 용서라는 가치가 존재하는가?

불완전한 존재, 관계적 존재, 미래를 향해 발달하는 존재[1]로 태어난 인간의 실존적 조건으로 인하여 용서는 인간에게 필수불가결한 것이다. 한나 아렌트에 따르면 관계 속에서 살아가는 인간은 삶에서 되돌리거나 바꿀 수 없는 환원불가능성의 곤경으로부터 벗어나 미래로 나아갈 수 있게 하는 '용서하는 능력'과, 또한 미래가 비록 예측 불가능한 불확실성을 가지고 있다고 해도 그 미래에 대한 약속에 자기 자신을 연결해놓고 안전한 섬을 세우며 사는 '약속하는 능력'이 있다고 한다.[2] 인간이 과거와 미래에 대해 어떤 시각을 가지고 살아가느냐 하는 것은 지금 우리가 살아가는 현재를 어떻게 구성하며 살아가느냐와 연관되기 때문에, 이 두 가지의 속성은 매우 중요한 의미를 갖는다고 볼 수 있다. 인간의 '용서하는 능력'에는 타자를 용서하는 능력뿐 아니라 자신을 용서하는 능력, 공동체적 용서도 포함된다.

북한사회에 용서라는 가치가 존재하는가? 한마디로 북한사회는 보편적이고 원칙적인 용서행위가 실종된 사회, 용서 가능성이 부재한 사회라고 말할 수 있다. 본 연구를 위해 저자는 탈북민들에게 북한에 있을 때, 용서에 대해 생각해보았느냐, 그곳에 용서행위가 있었느냐고 질문했었는데, 하나같이 없었다고 대답하였다. 북한에 '용서'라는 말은 있었지만, 내가 누군가를 용서해야 한다는 생각, 또 나를 가해한 타인이 나에게 용서를 구해야 한다는 생각을 한 번도 해본 적이 없었다고 말한다. '용서'라는 말이 마치 남의 나라 이야기처럼 너무 멀고 낯설게 느껴진다는 것이다. 그럼에도 불구하고 북한에도 용서의 개념이 있다. 우리가 알고 있는 원론적인 용서개념이 아닌, 굽어지고 변형된 '용서'라는 개념이 존재한다. 여기서는 북한사회에서의 용서의 개념은 어떠한지, 정치적 전환기마다 활용되었던 용서행위와 그 실제는 어떠했는지, 용서 불가능 문화, 복수문화의 북한적 현상은 어떠한지 보도록 한다.

1) 북한에서의 용서의 개념

거대한 한반도 트라우마의 발현인 북한체제의 폭력적인 생태환경은 보편적인 인류의 가치들인 정의·평화·사랑·인권·용서와 같은 원칙과 원리들을 변형하거나 왜곡시켰다. 심지어 인권사상과 같은 중요한 가치체계는 상실되었다. 오직 북한권력자의 생존과 안전, 정권유지와 재생산을 위한 정치적 목적 실현을 위해 활용되는 수단으로 바꿔버린 것이다. 용서의 개념 역시 심히 왜곡되어 용서의 절대적 불가능/싸구려 용서의 남발과 같은 극과 극의 개념으로 이해되거나, 혹은 복합적으로 얼크러져 있어 모순되기도 하다. 본래적으로 용서의 개념은 인간을 둘러싼 생태환경과 그 안에 살고 있는 인간 삶의 다양한 정황과 얽힌 매우 복합적인 개념이다. 따라서 다양한 용서가 요청되는 공적이며 사적인 공간에서 보편적이고 원론적인 용서개념은 깊은 숙고와 성찰을 거쳐 구체적으로 적용된다. 그 과정에서 용서의 참된 의미와 가치가 왜곡되거나 상실된다면 참된 용서행위라고 말할 수 없다. 따라서 북한에서의 변형되고 왜곡된 용서행위는 용서라고 말할 수 없다. 그럼에도 불구하고 실제 북한체제에서 용서의 개념은 어떻게 이해되고 활용되는지 살펴보는 것은 매우 의미 있는 일이라고 본다.

(1) 절대적으로 불가능한 요소로서의 용서개념

북한체제는 적대적 세력에 대한 일체의 관용과 용서가 배제된 사회로 천백

배의 복수와 응징이라는 문화 위에서 구조화된 절대적으로 용서가 불가능한 사회이다. 북한권력자는 적대적 분단체제와 북미대결이라는 위협적인 정치적 현실에서 살아남기 위해 극단적인 정치교육을 종교의 의식처럼 강요하며 무균사회를 지향하고 있다. 즉 '최고 존엄'을 위해 목숨까지 바쳐 무조건 충성하고 보위하는 '혁명가', 그리고 '최고 존엄'을 모독하는 일체의 세력에 대해 무자비한 징벌을 가하는 '김일성주의 신자'로 개조하고 있다. 그와 같은 인간은 탁아소 시절부터 노년기까지 평생 동안 극단적인 교육을 통해 북한권력자에 대한 절대적 충성과 복종, 그리고 적대계급에 대한 적개심과 증오심, 용서의 절대적 불가능 등을 인지·정서·신체적 차원에서 깊숙이 새긴다. 그들에게는 '철천지원수 미제국주의자'들을 비롯한 침략세력과, 내부의 '반체제 세력', '반동'들을 철저히 박멸해야 하는 '혁명가'로서의 절대적 의무와 권리가 주어진다. 이것이 곧 수령에 대한 절대적 충성심의 발현이며 '혁명성', '계급성'의 표징이다. 따라서 원수를 용서한다는 것은 곧 반역행위와 같은 것이며, '죽을지언정 타협할 수 없는' 생존전략인 것이다. 그들에게 용서 불가능은 곧 '김일성계명'과 같은 것으로 적대세력에 대한 용서란 절대적으로 불가능하다. 북한사람들에게 신념화된 공적인 공간에서의 용서의 불가능성은 사적인 공간에서 요청되는 다양한 관계적, 형이상학적 용서행위에도 치명적인 영향을 미치고 있다고 볼 수 있다. 극단적인 정치적 정황, 용서 불가능의 북한적 현상은 북한권력자의 생존과 안전을 위한 보루와 같은 것이다.

(2) 수령의 자비로서의 용서의 개념

북한체제에는 '회복적 정의'의 개념인 정치적 용서의 변형된 형태인 어버이 수령의 자비와 은혜로서의 용서의 개념이 있다. 북한권력자는 잔혹한 공포정치, '죄와 벌'의 보복과 응징의 정치를 위장하기 위한 전략으로 '광폭정치'와 '인덕정치'라는 포용의 정치를 자랑하고 있다. 이것을 믿고 가혹한 '적대계급'의 멍에를 벗으려고, 또는 실수와 실패의 '죄'에서 돌이키려고 수령을 위해 '불속이라도 물속이라도' 뛰어들며 자기목숨을 지푸라기처럼 던지는 집단적인 기류가 형성된다. 어버이 수령은 그들을 용서하고 그들이 바라던 명예와 정치적 위상을 회복시켜 '투철한 공산주의자'로 만들어준다. 우리가 뉴스를 통해 종종 접하게 되는 북한의 최고위층들에 대한 책벌인 '혁명화'과정, 적대계급의 출신을 당에 입당시키고 영웅칭호를 수여하는 것 등은 자애로운 수령의 자비로운 '용서'행위인 것이다. 북한에서 정기적으로 진행되는 조직생활총화의 비판과 자기비판도 용서의 개념요소와 잇닿아있다. 더 큰 죄를 짓기 전에 허물을 고백하고 용서받는 일종의 '고해성사'와 같은 것이다. 수령의 자비와 은혜에 의한 '용서'의 과정에서, 지난날의 과거를 덮어주고 만인을 용서하는 어버이 수령은 벌레보다 못한 그들에게 영원한 정치적 생명을 부여하는 신적 존재로 부각된다. 이것 역시 북한체제의 생존과 안전, 사회적 응집력을 위한 정치적 위장전략이라고 볼 수 있다.

(3) 묵인과 망각에 의한 용서의 개념

북한사회에서 전통적으로 대인관계에서의 용서개념은 원론적인 용서의 개념요소들이 아닌 묵인과 망각이다. 묵인은 명백히 부당한 것을 잘못으로 보지 않고 그대로 받아들이기 때문에 가해자와 피해자 모두 도덕적 불감증에 빠지게 한다. 북한사람들에게 묵인과 망각은 몸과 영혼에 깊숙이 새겨진 개념요소이기 때문에 거의 반사적으로 이루어진다고 볼 수 있다. 그래서 탈북민들은 의식의 차원에서 내가 용서받아야 한다는 생각, 그리고 내가 누군가를 용서해야 한다는 생각을 한 번도 해본 적이 없다고 말하는 것이다. 대체로 북한은 대인관계에서의 피해를 가해자/피해자 구도로 인식하고 용서에 대해 숙고하거나 성찰하는 문화가 아니다. 남한에서도 여전히 탈북민들은 대인관계에서의 용서행위에 대해 북한의 관습을 답습하고 있다. 남자들은 대인관계에서의 피해상황을 서로 싸우면서 해결하려고 한다. 주먹을 휘둘러 때리고 싸운 후에 술잔을 기울이며 어물쩍하게 덮어버리고 넘어가는 분위기이다. 여성들 역시 대인관계에서의 피해를 묵인과 망각으로 덮어버린다. 글쓴이는 교회에서 16년 동안 탈북민들과 함께 생활하며, 돌보고 관찰해왔다. 그녀들은 상대방에게 상처를 주고는 며칠 후에 넌지시 피해자와 눈을 맞추고 웃는다든지, 아니면 슬며시 다가와 손을 잡는 행위를 하는데, 이것은 묵인해달라는 사인이다. 피해자 역시 이 사인을 묵인한다는 의미로 받아들인다. 대체로 대인관계에서 입은 가벼운 상처에 대해서 이렇게 어물쩍 넘어가지만, 배신이나 금전적 문제로 인한 피해 등에 대한 묵인이나 망각은 더 오랜 시간이 소요되기도 한다. 이와 같은 것이 북한사람들이 대인관계에서 용서하고 화해하는 관습이고 정서이다. 이렇게 피해를 어물쩍 덮어버리고 넘어가는 묵인과 망각이 광범위하게 잠재되어 있어 북한사람들은 부부관계, 가족관계, 이웃관계 등 다양한 인간관계에서 상처와 피해를 입을 가능성에 지속적으로 노출되어 있다. 그래서 상처받지 않기 위해 타인을 외면하거나 단절하기 때문에 북한사람들의 대인관계가 제한되어 있거나 축소되어 있는 것이 사실이다.

(4) 불법적인 뇌물 등 돈 주고 사는 용서의 개념

북한에서 불법적인 뇌물 등 돈을 주고 사는 용서는 공권력과 가해자 사이에 이루어지는 비공식적인 검은 거래이다. 돈 주고 사는 용서에는 '최고 존엄'을 모독하거나 건드리지 않는 것에 한하여 일체 모든 형사법상의 죄가 해당된다고 볼 수 있다. 공금 횡령, 개인 돈 횡령, 사기죄, 강도, 살인 등이 속한다. 북한에서 1990년대 경제난을 기점으로 수면깊이 가라앉아 있던 돈 주고 사는 용서의 개념이 수면 위로 떠올랐다. 그 이전에는 은밀하게 물밑에서 거래되었지만, 그 이후에는 "돈만 있으면 살인자도 살 수 있다"(사형당하지 않는다는 의미)는 말이 유행할 정도로 돈 주고 사는 용서개념이 공공연하게 확산되었다. 이 용서는 가해자와 피해자 사이에서 법적인 배상과 보상의 개념으로서의 공식적인 용서행위가 아닌, 공권력의 중요한 직책에 있는 한 개인과 가해자 사이에 불법적으로 거래되는 비공식적인 '용서'행위이다. 그래서 피해자는 가해자가 처벌받지 않는 현실을 보면서 2차, 3차 피해에 노출되고, 가해자 역시 수단방법 가리지 않고 원하는 것을 얻으려하기 때문에 2차, 3차로 가해에 노출된다. 따라서 모두의 인간성은 더 깊이 파괴되는 것이다. 한편, 북한에 남아있는 탈북민 가족들 대부분이 연좌제를 면할 수 있는 것도 돈 주고 용서를 사기 때문이다. 이렇게 북한은 '돈만 있으면 무엇이든지 가능한' 불법이 판을 치는 국가이다. 북한은 날마다 무법천지, 범죄소굴로 전락되고 있다.

2) 정치적 전환기마다 활용되었던 정치적 용서의 상황과 실제

(1) 프롤레타리아 독재정권 수립과정에서 활용되었던 정치적 용서개념

해방 후 일제의 식민잔재를 청산하고 프롤레타리아 독재국가를 건설하는 과정에서 정치적 용서가 활용된 적이 있었다. 북한은 프롤레타리아 독재정권을 수립하는 과정에서 행해진 잔혹한 형벌과 억압에 대해 정권을 잡은 노동계급이 국가기구를 통하여 반혁명요소를 진압하고 사회주의, 공산주의 사회를 건설하기 위하여 실시하는 정당한 정치적 행위라고 규정하였다. 이글에서는 일제에게 부역한 친일파 청산 문제는 생략하고 유산계급인 지주, 자본가에 대한 청산과 숙청, 용서에 초점을 맞추어 설명해 갈 것이다.

역사적으로 통상 독재 정권에서 민주주의로 이행되는 과정에서 정치적 용서가 주요한 주제로 등장하였다. 권력문제가 개입되고 연결된다는 점에서 정치적 용서는 복합적인 질문들을 던지게 된다. 즉 정치적 정황에서 벌어지는 용서에서 용서를 베풀 수 있는 사람이 누구인가, 누가 용서를 구해야 하는가, 무엇을 용서하고 어떻게 용서하는가[3]의 질문에 의해 진실규명과 그에 따른 사죄와 용서의 과정을 거치게 된다. 북한권력은 지주, 자본가를 비롯한 유산계급을 반혁명세력으로 규정하고 적대계급이라는 주홍글씨를 새겼고, 그들의 재산을 무상으로 몰수하여 '산업 국유화'와 '토지개혁'을 단행하였다, 그리고 유산계급을 숙청하고 고립시키는 한편, '당의 품은 양심적인 유산계급과 또한 그 자녀들은 부모의 과거를 묻지 않고 용서'한다는 정책을 펼치면서 정치적 용서가 등장하게 되었던 것이다.

프롤레타리아 독재정권을 수립하는 과정에서 활용되었던 정치적 용서에서 북한독재 권력이 그 독재의 희생자인 유산계급에게 용서를 베푸는 지위에 서게 되었던 것이다. 독재정권은 유산계급을 '무산계급의 고혈을 짜내는 흡혈귀', '착취계급'으로 규정하고, 그들의 행적을 반인권적 행위로 진실규명하고 처벌하였다. 그 과정에서 처벌에 대해 체념했던 부류는 '양심적인' 그룹으로 분류하여 고립시켰고, 저항했던 그룹은 대부분 '반혁명세력'으로 몰아 숙청하거나 청산하였다. 반면, '양심적인' 그룹을 포함한 모든 '적대계급'의 자녀에게는 부모의 과거를 묻지 않고 용서한다는 것을 당의 정책으로 내세웠던 것이다. 실제로 지식층에 속해있던 양심적인 적대계급의 몇몇을 주요한 직위에 등용하고 건국 초기 북한정권수립과 발전을 위한 '엘리트'로 활용하였었다. 사회적 결속과 갈등해소 목적으로 필요한 시기마다 간헐적으로 적대세력의 후손들을 김일성을 영접한 '접견자', '노력영웅'으로 만들어 선전선동을 위한 정치적 도구로 활용해오고 있다.

그러나 대부분은 북한권력의 감시통제 체계에서 특별관리 대상으로 취급되고 있으며, 세대를 넘어 다음 세대에 이르기까지 정치, 경제, 교육, 복지 등의 기회와 권리를 박탈당하며 차별을 당하고 있다. 특별감시 대상인 이 계층과 후손들 다수가 척박한 지방으로 추방되거나 정치범 수용소에 수감된 사례가 적지 않을 것이다. 북한권력은 오늘까지 적대계층에 대한 '용서'라는 키워드를 당 정책의 일환으로 간헐적으로 활용하고 있다. 예측불허하게 파격적으로 그들을 당에 입당시키고, 영웅으로 만들어주는 등 반짝 희망을 던져주면서 충성심을 고취시키고 불만을 소거하려고 꾀하고 있는 것이다.

적대계층을 철저히 숙청하고 배제시키면서, 한편으로는 포섭하고 권력에 통합하려고 시도했던 북한지배 권력의 정치적 딜레마는 정치적 용서행위를 무용지물로 만들어 버렸다. 한마디로 수용소와 같은 공포환경에서 '죄와 벌'의 응징/용서와 화해의 '포용정책'이라는 극과 극의 폭력기법을 통해 체제를 유지하며 안전을 확보하고 있는 북한권력은 보편적인 원칙으로서의 용서를 적용한 것이 아니라 정치적 목적을 위해 부분적, 선택적으로 용서를 활용한 것이다.

(2) 전후 복구건설시기에 활용되었던 정치적 용서개념

북한 정황에서 두 번째로 정치적 용서가 활용되었던 것은 전쟁으로 인하여 참혹한 피해를 입고 무너진 사회를 재건하는 전후의 정치적 전환기이다. 전쟁기간 동안, 한국군과 미군에 부역한 사람들, 월남한 사람들의 가족을 분류해내고 내부를 정비하기 위해 정치적 용서가 활용되었던 것이다. 한국전쟁시기 전선이 바뀔 때마다 피란가지 않았던 사람들은 미군부대 또는 한국군을 도와 여러 직종에서 일하게 되었다. 건장한 청장년들은 군대에 징집되고 마을에 남아있던 미성년자와 여성들, 노약자들이 자의로 또는 타의로 부역에 동원되었던 것이다. 그들은 대체로 마을을 지키고 불순분자들을 색출하는 치안유지, 보초, 장작 패고 말리는 일, 식수를 보장하는 일, 이발사 등 자질구레한 일에 종사하였던 것이다.

전쟁이 끝난 후, 정치권력은 후방에 남아있었던 사람들에 대한 행적조사, 불순세력 진압, 사회적 계층의 정비 등 내부결속을 위해 부역자들, 월남자 가족에게 적극적인 '자수'를 유도하였다. 자수하는 사람들은 당의 품 안에서 용서받고 새로운 삶을 시작할 수 있지만, 만일 자신의 행적을 숨기든지 자수하지 않을 땐, 반드시 엄중한 처벌이 있을 것이라고 공포하였다. 그래서 극히 일부를 제외하고 대부분의 사람들이 자수하였지만 진정한 용서행위는 없었다. 자수한 사람이든, 고발당한 사람이든 처벌과 추방, 피의 숙청으로 이어졌다. 대체로 전쟁 기간 총을 메고 '빨갱이'들을 죽이는 일에 동원되었던 사람들은 '악질적인 치안대'로 분류되어 인민의 이름으로 처단되었다. 대부분은 '불순분자'로 낙인찍혀 당원증을 빼앗기고 추방당했다. 그에 대한 사례는 다음과 같다.

첫 번째 사례

어떤 탈북여성의 아버지는 평양 철도국에서 일했었는데, 보복이 두려워

자진하여 자수하였다고 한다. 그 결과 아버지는 출당당하고 가족은 평양에서 단천광산으로 추방되었다. 세대를 넘어 다음 세대인 자녀들에게까지 가해지는 차별과 박탈을 경험하며 원한감정만이 쌓여갔다고 말한다.

두 번째 사례

한 탈북민의 아버지는 전쟁 시기 미군부대에서 청소하고 식수를 길어오는 일을 했는데, 그 일을 자수했었다. 그녀의 아버지 역시 출당당하고 강제 추방당하여 함북도 한 시골마을 농부로 살아오셨다. 아버지의 '죄'로 인하여 삶의 모든 기회를 박탈당하고 미래가 없이 시골에 묻혀 농부로 살아갈 수밖에 없었던 자녀들의 불만과 분노를 받아내며, 그녀의 아버지는 평생 죄책감을 느끼며, 말을 거의 하지 않고 죄인처럼 사셨다고 말한다.

세 번째 사례

전쟁기간 '빨갱이'/'반동'으로 예리하게 대립했던 마을공동체에서 떠나지 못하고 오늘까지 함께 살아가고 있는 부역자들의 처지는 더 비참하다. 북한의 어떤 시골마을에서 살았던 한 여성의 이야기다. 시골에 살고 있던 50대 여성 역시 전쟁 시기 마을에 주둔한 한국군의 머리를 깎아준 이발사였다. 그녀는 이미 자수하고 용서를 받았지만, 여전히 동네 사람들의 핍박을 받으며 죄인처럼 살아왔다. 그녀의 행적을 아는 마을사람들은 오랜 시간이 지났음에도 여전히 그녀를 용서하지도, 용납하지도 못한다. 대를 이어가면서 '치안대', '반동'이라고 정죄하고 고립시킨다. 그녀는 단절감과 수치심, 죄책감에 빠져 심각한 우울증과 정신신체화 증상으로 인해 폐인으로 살아야 했다. 어느 날, 고등중학교를 졸업한 아들이 군대에 입대할 수 없다는 통보를 받고 괴로워하는 모습을 보면서 그녀는 뇌졸중으로 쓰러졌고 영영 다시는 일어나지 못했다.

이상과 같은 사례를 통해 볼 때, 부역자들과 월남자가족에 대한 정치적 용서가 제도적 차원에서 제한적으로 이루어졌지만, 실제상황에서는 집요하게 따라다니는 '불순세력'의 낙인을 지울 수 없었다. 그들은 일생동안 공적인 공간에서뿐 아니라 대인관계와 같은 사적인 공간에서도 섬뜩하게 차디

찬 경험을 하면서 단절되고 파괴되고 있는 것이다.

(3) 재입북한 탈북민을 위해 활용되고 있는 정치적 용서개념

1990년대 북한의 경제위기, 식량위기는 '철의 요새-수용소'와 같은 북한체제의 근간을 뒤흔든 일대 사변이었다고 말할 수 있다. 1990년대 위기는 북한권력이 사회를 통제하고 규율과 복종을 확보하는 주요한 보루였던 중앙경제 관리체계와 국가배급체계, 조직생활체계, 가족체계를 붕괴시켰다. 극심한 식량위기로 나라전체가 아수라가 되었고 200만 이상이 굶어죽는 대참사가 빚어졌고, 생존을 위해 두만강을 넘는 탈북민 문제가 국가적 난제로 떠오르게 되었다. 통상 북한체제하에서 탈북행위는 절대주의적 주체사상과 수령에 반하는 행위로서 '반혁명세력', '반동'으로 낙인찍혀 처형 또는 정치범 수용소에 끌려갈 수 있는 무거운 반역죄이다.

1990년대 중반, 북한의 기근과 굶주림, 아사 등 아수라로 인한 대량 탈북은 또다시 정치적 용서가 활용되는 계기가 되었다. 북한권력은 불법체류자로 체포되어 하루에도 수백 명이 북송되는 정황에서 그들을 모두 '민족 반역자', '반체제세력'으로 낙인찍어 처벌할 수 없었다. 곧 김정일은 그들을 배고파서 강을 건넌 '생계형'으로 보고 경중에 따라 용서하고, 사상교양을 통해 다시 사회에 복귀시키도록 하였다. 특히 한국에 왔다가 어떤 이유 때문에 재입북한 탈북민들도 예외가 아니다. 한국방송에 출현했던 탈북민 임지현씨가 재입북 후, 북한매체를 통해 한 말처럼 "조국 앞에 지은 죄가 너무 크고 두려워서 감히 조국으로 돌아올 생각을 못하고 있던"[4) 이들도 '용서하고 관대하게' 받아주고 있는 것이다. 북한은 그들을 대외선전매체에 출연시켜 체제선전선동의 수단으로 적극 활용하고 있다. 그러나 재입북 탈북민들도 특별 관리대상으로 분류되어 감시 레이더의 그물망을 벗어날 수 없다는 것은 자명한 일이다.

중국에서 체포되어 북송되었던 탈북민들은 보위부 감옥에서 조사받는 과정, 안전부 구류장에서 혹사당하는 과정, 그리고 노동단련대에서 1~3년 동안 혹독한 노동에 내몰리는 과정에서 자신의 이름보다 '반역자', '인간쓰레기'로 더 많이 불리며, 짐승보다 못한 처우를 받았다고 말한다.[5] 석방된 후에도 한 동네 이웃들, 친구들, 인민반장, 보위지도원에 의해 누가 집에 왔는지, 어디에서 누구를 만났는지, 언제 외출했는지, 어떤 말을 했는지 등 일거수일투족이 통제와 감시 속에 있었음을 말하고 있다. 심지어 가족까지도 그들을 '반역자', '도강쟁이'라고 멸시하고 외면하면서 받아주지 않는다고 말한다. 탈북민들은 재입북한 사람들 역시 북한 내의 탈북현상을 막고 사회적 결집을 위한 수단으로 일정기간 활용되다가 종당에는 정치범 수용소행으로 귀착된다는 현실을 정확하게 내다보며 확신하고 있다.

이처럼 북한에서 정치적 전환기마다 매우 제한적인 용서행위가 있었지만, 그것은 사회적 불화를 다스리면서 체제생존과 유지, 내부의 결속을 위한 하나의 허구였을 뿐, 정치적 폭력을 미화하고 정당화하는 위장도구였다.

(4) 정치적 용서의 실제와 결과는 어떠했는가?

해방 후 프롤레타리아독재정권 수립과정과 전쟁이 끝난 후 전후복구건설시기, 그리고 1990년대 경제난 등 정치적 혼란기마다 정치적 용서라는 주제가 등장하였지만, 이것은 선전선동의 방편으로 또 다른 형태의 차별과 압제였던 것이다. 오늘까지 북한체제를 유지하고 재생산하는 정치적 전략과 기법 중 가장 강력한 것은 '죄와 벌'의 응징과 처벌로 북한사람들을 굴복시키고 무력화시킨 공포정치이다. 북한사람들은 '최고 존엄'인 수령에 대립되는 원수에 대해 눈에는 눈으로, 이에는 이의 동해보복이 아니라 천백배의 복수와 응징만이 있을 뿐이라는 확고한 신념을 내면화하게 된다. 원수에 대한 흑백 논리적 태도만이 '공산주의 혁명투사'의 생존양식이기 때문에 반대세력에 대한 용서와 관용이란 절대적으로 있을 수 없는 일이고, 또 있어서는 안 되는 일이다. 따라서 정치적 용서행위의 실제와 결과는 다음과 같다.

첫째, 정치적 용서행위는 체제안전과 유지를 위한 치밀한 정치적 위장전략으로 허구였다는 것이다. 북한은 가혹한 '죄와 벌'의 보복과 응징, 그리고

'광폭정치', '인덕정치'의 자비와 은혜, 이 극단적인 정치적 전략들과 기법들을 활용하면서 사람들을 '기계화'하였다. 신적 존재인 '최고 존엄'에 대한 무조건적이고 절대적인 충성과 굴복, 그에 반하는 적대세력에 대한 무자비한 복수와 응징이라는 극과 극의 억압형벌 체계를 통하여 체제생존과 안전, 사회적 결집을 이루려고 하였던 것이다. 한마디로 정치적 용서행위는 극단적인 주체형의 인간개조를 위한 하나의 정치적 명분으로 폭력을 정당화하는 허구였다.

둘째, 북한사람들은 북한정권의 정치적 용서행위가 허구일 뿐이라는 사실을 알았고, 따라서 용서에 대해 신뢰하지도 않고 용납하지도 않았다는 것이다. 북한권력자가 세대를 이어 다음 세대까지 적대계급을 차별하고 감시하고 엄하게 다스리는 것과 똑같이, 대부분의 북한사람들 역시 그들을 용납하지 않았고 '반역자', '반체제 세력', '인간쓰레기'로 대해왔다는 것이다. 적대계급은 언제든지 '혁명전사의 신념'을 표출할 수 있는 공격의 대상이었고, 반복적인 트라우마로 인한 분노와 원한감정, 적대감을 투사할 대상이었다. 한마디로 극단적인 삶 속에서 억압된 자신들의 내면의 폭력성과 공격성을 쏟아낼 수 있는 애꿎은 대상이었던 것이다.

셋째, 용서라는 지점에서 과연 권력을 독점하고 가혹한 폭력을 일삼는 가해자가 용서할 수 있는 자격이 있느냐 하는 문제이다. 오직 정권유지와 생존만을 위해 폭력을 휘두르며 유산계급을 숙청한 가해자, 참혹한 전쟁을 일으킨 가해자, 수백만을 굶겨 죽이고 탈북현상을 초래한 가해자가 그 정치권력의 희생자인 피해자들을 용서할 수 있는 자격이 있느냐 하는 문제이다. 정치권력을 독점한 가해자가 권력의 불균형 안에서 피해를 당한 희생자를 용서한다는 논리적 모순에 부딪치게 되는 것이다.

넷째, 북한권력자의 생존과 체제유지를 위한 위장된 용서행위는 사회적 트라우마를 발현하는 또 하나의 촉발요인이었다는 것이다. 극과 극의 혼란스러운 생태환경에 적응해야 했고, 또 살아남아야 했던 북한사람들의 생존전략은 자기(self)를 손상하기까지 트라우마에 적응해가는 것뿐이었다. 그들은 감시 통제와 가혹한 처벌의 생존환경에서 적극적인 행동전략으로 공포환경을 벗어날 수 있는 선택의 여지가 없었기 때문에, 병리적인 방어기제에 의한 심리적 대처전략으로 그 환경을 탈피해야만 했던 것이다. 북한사람 모두가 정치적 폭력의 피해자이면서 동시에 가해자, 방관자로 트라우마 희생자들이다.

거대한 분단 트라우마의 잔해 위에서 확립되고 진화해 가는 병리적 북한체제는, 또한 북한사람들의 트라우마의 잔해 위에서 체제생존과 안전을 이어가며, 그 포악성은 더욱 체계화된다. 따라서 북한사회의 거대한 트라우마는 거대한 분단 트라우마의 발현으로 그 깊은 증상에 지나지 않는다. 거대한 북한사회 트라우마의 심리사회적 파급력은 그 깊이를 다 알 수 없고 측정할 수도 없을 것이다.

3. 왜 북한체제가 용서 불가능한 사회여야만 했는가?

북한의 정치적 정황에서 사회적 응집력을 위해 활용되었던 정치적 용서행위는 허구였을 뿐, 실제로 극단적인 이념주의로 얼룩진 정치현실은 사회구성원 모두의 인간성을 파괴하였고, 감시와 고소고발, 불신이 가득한 공동체 내에서 모든 연결을 끊어버렸다. 따라서 굽어지고 왜곡된 '용서'행위는 오히려 사회적 트라우마의 파급력을 강화하는 결과를 가져왔다. 한마디로 정치적 용서는 북한권력자에 대한 찬양과 체제안전, 체제재생산을 위한 선전선동의 수단으로써 위장된 '용서'행위였다. 여기서는 왜 북한체제가 용서가 불가능한 사회일 수밖에 없는지, 인간개조, 사상개조를 위한 사회화가 북한주민들의 정체성에 어떤 영향을 미쳤는지, 폭력적인 생태환경이 남긴 트라우마에 대해 보도록 한다.

1) 사회화 과정: 수령에 대한 신격화와 혁명적 세계관 확립

북한체제 유지와 재생산을 위한 사회화 과정은 일종의 종교적 현상이라고 말할 수 있을 것이다. 북한권력자에 대한 신격화, 충성과 효성을 위한 정치사상교양과 의식들, 미일제국주의자들과 계급적 원수들에 대한 극렬한 적개심과 증오심을 고취시키기 위한 혁명교양·계급교양 등 극과 극의 사회화 과정을 통해 북한사람들의 집단기억과 집단정서를 생산해내고 있다. 세계에서 유일무이한 '김일성주의자', '주체형의 인간'의 집단정체성을 형성해왔던 것이다. 이 체제하에서 북한권력자는 '왕 같은 존재', '신적인 존재'와 같다. 따라서 '최고 존엄'을 대적하는 세력들은 '악'이며, 반드시 권선징악의 원칙에 의해 심판받아야 하는 것이다.

1973년에 김정일이 집필한 것으로 알려진 『영화예술론』에 의하면, 주체형의 인간개조를 위한 가장 중요한 첫 단계는 착취계급과 착취사회의 본질을 인식시키는 것, 부패한 자본주의 사회를 붕괴시키는 것, 그리고 사회주의·공산주의 사회를 위해 끝까지 싸우는 혁명적 각오를 가질 수 있도록 혁명적 세계관을 확립하는 것이다.[6] 북한에서 모든 언론 및 영상매체의 목적은 "김일성 혁명사상 선전, 로동당과 정부의 입장대변"[7]이라고 규정하고 있다. 실제로 북한영화, 드라마, 아동영화 등 모든 문학작품들과 예술작품들은 소재에 상관없이 북한권력자는 최고의 자애로운 어버이로 묘사되고 북한체제는 대단히 만족스러운 나라로 표현되는 반면, 미국을 비롯한 적대세력은 지극히 잔인하고 용서 불가능한 원수라고 주장하는 내용들이 반드시 포함되어 작품이 구성된다.[8]

북한에서 자비로운 수령 형상창조의 내용들은 대표적인 작품들인 〈조선의 별〉[9], 〈민족의 태양〉[10], 〈민족과 운명〉[11], 〈보증〉등 혁명영화를 비롯하여 수많은 예술영화, 기록영화, 아동영화에서 주를 이루고 있다. 작품의 모든 내용들이 어버이 수령은 죽을 수밖에 없는 사람들을 용서하고 구원을 베푸는 '신'적인 존재로 부각되며, 구원받은 사람들은 자신의 목숨을 지푸라기처럼 던져 충성과 효성을 다하는 모습으로 구성하고 있다.

특히 혁명교양·계급교양 작품들의 장르적 특성에서 권선징악의 측면이 두드러지는데, 이러한 선악의 대립은 "적들과의 치열한 싸움이 단순히 누가 누구와 하는 대결마당이 아니라 수령보위, 제도보위, 인민보위의 성스러운 대결전이라는 것을 예술적 형식으로 잘 보여주는 것"[12]이기 때문에 꼭 필요로 하는 요소로 꼽고 있다. 이처럼 원수에 대한 천백 배의 응징과 '섬멸'은 누가 누구와 맞서는, 단순히 적과의 대결이나 대립이 아닌 '최고 존엄'을 사수하는 것, 체제의 생존, 안전과 직결되는 것, 또한 인민이라고 일컫는 '김일성주의자'들을 지키는 선과 악의 대결, 성스러운 대결전이라는 것이다.

태생적으로 '최고 존엄'인 수령을 신격화하는 북한체제의 특수한 정치적 현실은 필연적으로 반대세력에 대한 용서를 불가능한 것으로 규정해버리고 있는 것이다. 한마디로 북한권력이 생존하고 유지되고 재생산되기 위해서는 필연코 '최고 존엄'에 반하는 세력인 적대세력에 대한 용서의 불가능이라는 문화적, 구조적인 요소가 전제될 수밖에 없다.

2) 사회화 과정: 집단적 적개심, 복수심 내재화

북한권력자의 생존과 안전을 위한 가장 주된 목표는 북한사람들을 '주체형의 인간', '김일성주의자'로 개조하는 것이다. 즉 '최고 존엄'인 수령에게 절대적으로 충성하는 존재, 적대세력에 대해서는 필사적으로 싸워 '섬멸'하는 존재로 만드는 것이다. 이에 따라 북한사람들은 탁아소 양육 단계에서부터 '미국놈·일본놈·남조선괴뢰=나쁜 놈=천백배 복수'라는 혁명의식과 적개심을 인지적 차원에서, 정서적 차원에서 직간접적으로 경험하며 성장하게 된다.

> 혁명교양과 계급교양에서 중요한 것은 또한 근로자들과 새 세대들이 제국주의착취 제도를 끝없이 미워하고 그것을 반대하여 비타협적으로 투쟁하도록 교양하는 것이다. 여기에서 특히 미일제국주의의 침략적 본성과 야수적 만행, 남조선의 반인민적 파쑈 통치제도의 반동적 본질, 자본가들의 가혹한 착취행위, 남조선 인민들의 비참한 처지에 대해 똑똑히 인식시켜 근로자들과 새 세대들이 계급적 원쑤들과 착취제도에 대한 불타는 증오심과 비타협적 투쟁정신을 가지도록 교양해야 한다 (김일성 저작선집).[13]

북한사람들에게 있어 원수를 집단적으로 응징하고 보복하는 것은 '최고 존엄'인 수령의 생명과 권위를 지키는 것이고, 우리 공화국의 안전과 미래, 나 자신의 행복을 지키는 필수적인 것이다. 더 나은 미래인 사회주의 공산주의 위업을 완성하기 위해 마지막 원수까지 '섬멸'하는 것은 '혁명전사의 투철한 투쟁정신'이며 태도이다. 이에 따라 모든 교육과정과 문학예술작품, 영화, TV 드라마 등 영상매체들은 원수의 '침략적·착취적 본성'에 대한 비인간적 이미지를 부각시키고 있다. 집단적 적개심과 원한감정을 극대화하고, 그 원수를 천백 배로 응징하며 복수하는 내용으로 일관되어 있다.

탈북민들에게 북한에서 접했던 책이나 영화, 드라마 중 원수에 대한 적개심과 복수극으로 가장 인상에 남는 작품 몇 가지만 선택해보라고 했을 때, 대표적인 작품이랄 것 없이 거의 모든 계급교양 작품들이 원수의 만행과 복수극으로 구성되어 있지 않았냐고 오히려 반문하기까지 한다. 계급적 원수에 대한 응징과 복수는 법에 의한 처벌이나 재산몰수, 유배정도가 아니다. 원수를 천백배로 보복하며 살상하는 장면에서 일체의 용서와 관용은 배제된다.

대표적인 혁명교양·계급교양 작품들을 살펴보면 우선 항일혁명기를 다룬 작품들이 있다. 〈피바다〉[14], 〈꽃파는 처녀〉[15], 〈한 자위단원의 운명〉[16], 〈강물은 흐른다〉등을 비롯한 많은 작품들은 피착취계급인 민중이 계급의식과 혁명적 신념으로 눈뜨고 성장하는 모습을 그리는 과정에서 계급적 원수의 착취적 본성과 잔인성을 부각시키고, 종당에는 권선징악의 원칙에 의해 원수가 처단되거나 죽임을 당하는 것으로 막을 내린다.

한국전쟁 시기를 다룬 작품들 역시 미제에 대한 극렬한 적개심과 증오심, 천백배의 복수와 응징, 전쟁을 고취시키는 내용으로 구성되어 있다. 〈전사의 맹세〉[17], 〈최학신의 일가〉[18], 〈마을을 지켜 싸운 인민무장대〉[19], 〈화선에서 부르던 노래〉[20], 〈종군기자의 수기〉 등 작품들, 잔혹한 양민학살이 일어났던 신천에서 미제의 '야수 같은 만행과 잔인성'을 다룬 북한 드라마 〈붉은 흙〉, 그리고 제주 4·3을 다룬 〈한나의 메아리〉 등 수많은 작품들이 있다. 모든 작품들은 미군의 '천인공노할' 만행을 부각시키며, 한 동네에서 살아온 사람들이 극단적 이념주의로 대립하며 서로를 고발하며 잔인하게 죽이는 내용으로 구성되어 있어 원수에 대한 적대감과 증오심, 분노에 몸을 떨게 한다. 수없이 많은 작품들은 '혁명적 각오와 신념'으로 끝까지 싸워 원수를 '섬멸' 하는 것으로 구성되어 있다. 원수를 무자비하게 칼로 찔러죽이거나, 수백 발의 총탄을 퍼부어 살상하거나, 절벽에서 추락시키는 것이 일반적이다. 오히려 용서를 구하는 원수에 대해서는 '비열한 놈', '더러운 놈'으로 더욱 혐오하며 응징하는 모습으로 그려지기도 한다.

북한사람들은 이와 같이 극단적 이념대립을 내재화하는 과정을 통해 '최고 존엄'인 수령에게 절대적으로 충성하고 굴복해야 하는 '노예'의 자세 외에 다른 선택도 있다는 것을 학습하지 못한다. 그리고 자신과 대립되는 사상을 가진 타인, 적대적인 사람들과의 관계에서는 천백 배의 복수와 응징외에 다른 선택도 있다는 것을 경험하지 못하게 된다. 그들은 극과 극의 선택과 태도만이 수령에 대한 충성심의 확고한 표징이며, 공포환경에서 살아가는 방법임을 경험적 산물로 학습하게 되는 것이다. 이렇게 북한권력은 수령을 신격화하고, 적대세력을 천백배로 심판하는 극단적인 사회화 과정을 통해 용서 불가능한 생태환경을 조성해가면서 체제안전과 유지, 체제재생산을 구축해가고 있다.

3) 사회화의 결과: 개인의 내면적 상처로 인한 용서능력 저하상태

북한권력자의 생존과 권력유지를 위한 잔혹한 생태환경에서 북한사람들은 트라우마성 사건에 일생동안 직간접적으로 반복적으로 노출된다. 그들의 일상의 삶이 트라우마 사건이라고 해도 과언이 아니다. 인간의 의도성에 의해 반복적으로 경험하는 트라우마 경험은 자연재해, 사고와 같은 일회성 트라우마 사건에 의한 단순 외상 후 스트레스 장애보다 훨씬 더 심층적인 심리구조인 성격 및 자기(self)체계의 변화를 가져온다.[21]

실제로 탈북민들은 "성격이 폭력적이고 공격적이어서 폭력범죄율이 높다. 분노를 격렬하게 폭발한다. 언어폭력은 폭력인줄도 모른다"[22]고 한다. "또한 의심이 많고 믿지 않는다. 감사할 줄 모른다" 등 복합 트라우마의 증상으로 나타나는 성격의 변형에 대해 보고되고 있다. 대부분 탈북민들은 자기 손상으로 인하여 자기와 타인표상의 변화, 대인관계 표상변화, 신 표상 변화 등으로 인하여 자기와 세상, 신에 대한 신뢰, 세계질서에는 의미가 있다는 원형적인 도식이 파괴될 수 있다. 따라서 자기뿐 아니라 타인, 신, 세상에 대해 위조되었다고 느끼며 불신하며 용서하지 못한다. 즉 자기 자신을 비하하고 비난하고 증오하면서 비인간화한다. 타인에 대해서 역시 적대감을 가지고 비난하며 비인간화한다. 적대적인 인간관계와 세상과의 연결을 끊어버리고 스스로 외딴섬에 갇힌다.

또한 트라우마의 가장 역기능적 증상인 정서조절의 어려움으로 인하여 분노와 적대감, 공격성, 충동성을 잘 조절하지 못하며, 감사와 기쁨 같은 긍정정서를 잘 느끼지도 못한다. 다시 말하여 트라우마는 한 개인이 자기 자신과 타인, 세상에 대한 불신과 두려움, 복수심, 용서의 불가능, 무력감, 정체성의 변화, 핵심신념체계의 외상화와 함께 부정정서의 확장, 긍정정서의 감소와 같은 심리사회적 증상들을 유발한다. 이처럼 적대적인 분단체제에 둘러싸인 북한체제의 불안정한 정치적 정황, 집단적 적개심과 집단적 대결의식, 복수심 등 사회문화적 배경, 그리고 그와 같은 폭력 생태환경에서 지속적인 종속과 억압 속에서 유발된 북한주민의 트라우마는 불신사회, 용서불가능사회, 응징과 보복성 문화를 더욱 강화하고 재생산하는 메커니즘으로 작동할 수 있다. 통일 후 거대한 사회적 트라우마를 겪은 북한사람들의 집단적이며 개인적인 심리적 특성들이 다양한 차원에서 요청되는 용서 가능성을 힘들게 하며 사회치유와 화해를 저해할 수 있다.

4. 통일 후 북한사회 치유를 위해 요청되는 용서의 내용들

전우택은 통일은 치유라고 말한다.[23] 한반도 트라우마 치유는 용서의 긴 여정으로 마무리 될 것이라고 한다. 한반도 통일 후 과거의 굽어지고 암울했던 역사를 청산하고 사회적 트라우마를 치유하는 과정에서 정치적 용서, 대인

관계에서의 용서, 타인과 신, 세상에 대한 용서 등 다양한 공간에서 용서가 중요한 주제로 등장할 것이다. 용서는 자기와 타인과의 관계라는 사적인 차원에서 뿐 아니라 특정한 정치적 정황이라는 공적인 차원에서 일어나는 사건이다. 또한 인간의 삶에서 사적인 공간과 공적인 공간은 서로 얼크러져 있어 구분될 수 없는 사건이기도 하다. 인간에게 용서가 필요한 것은 불완전한 존재인 인간이 개인적이며 공적인 관계 속에서 살아갈 수밖에 없으며, 가족과 친구처럼 친밀한 사이에서도, 또한 알지도 못하는 타인들에게도 폭력을 경험하고 상처입기 때문이다. 용서는 폭력적 사건에 대한 응보적 처벌에만 집중해서 모두의 인간성이 파괴되고 공동체가 붕괴되는 것을 막고, 피해자와 가해자의 인간성 유지와 회복을 위한 선결조건이다. 또한 사회적 치유와 회복을 통해 보편적 인권이 보장되는 더 나은 인류공동체를 세우기 위한 필수적 조건이다. 여기서는 통일 후 북한의 사회적 트라우마 치유를 위한 필수적 조건으로서 요청될 수 있는 용서의 내용에 대해 살펴보려고 한다.

1) 누가 누구를 용서할 것인가?: 피해자와 가해자의 복합성 문제

통일 후 북한 정황에서 요청되는 정치적 용서는 모두가 정치폭력의 희생자이면서 동시에 가해자로 피해자와 가해자의 관계가 구분되지 않고 복합적으로 얽혀있고, 또 모두가 이미 그 나름의 고통을 충분히 받았기에 용서는 복잡하고 힘든 여정이 될 것이라고 생각된다. 북한은 주민감시통제체계가 거미줄처럼 촘촘히 늘여져 있어, 출신성분에 의해 삼엄한 감시통제가 느슨해지거나 더욱 엄해지기는 하겠지만, 최고위층에서부터 최하층까지 한사람도 이 감시망의 레이더를 벗어날 수는 없다. 이 감시망에서 사람들 대부분이 자의든 타의든 감시자, 고발자로서 국가폭력에 동조하거나 협력하면서 살아가게 된다. 마찬가지로 적대계층과 불순세력 대부분도 고발당하지 않기 위해 폭력의 협력자로 동조할 수밖에 없는 구조다. 서로가 서로를 감시하고 물고 먹는 감시망은 가해자와 피해자가 구분되지 않는다. 그들 대부분이 '비밀감시보고자'이고 또 그것의 희생자이기도 하다. 친구관계, 연인관계, 한동네 이웃들, 직장동료, 동창생, 심지어 가족구성원의 감시와 고발에 의해 정치범으로 끌려가게 된다. 특히 특별 감시대상, 특별 관리대상들을 향한 감시통제체계는 더욱 촘촘히 중복되어 가로세로 얽혀 있어 가혹하다. 그래서 그들이 일반계층 국민보다 더 많은 숫자가 정치범 수용소에 끌려갔다는 것은 자명한 일이다. 그에 대한 사례를 보면 다음과 같다.

첫 번째 사례

글쓴이가 북한에서 큰 어머니처럼 알고 지냈던 한 여성은 기독교인 가정에서 출생한 모태신앙인으로, 해방 후에 미성년 어린 나이에 서북청년단에 가입했었다. 체포되었지만 용서받게 되었고 가족은 고향인 평안북도를 떠나 멀리 함경남도로 이주하게 되었다. 그 여성의 가족에게는 '예수쟁이', '반동분자'라는 낙인이 찍혀 어디에 살든지 특별관리 대상이었다. 늘 홀로였던 이 여성은 유일한 남자친구였던 동창친구에 의해 1980년대 말, 정치범 수용소에 끌려가게 되었다. 그녀의 남자친구는 특별감시대상에게 유일하게 가까이 접근한 대상이었기 때문에 보위부의 감시레이더에 포착되었을 것이고, 따라서 강압에 의해 고발자가 되었을지도 모른다.

두 번째 사례

어떤 탈북여성의 남편은 술좌석에서 김정일의 어릴 적 이름과 출생 장소를 누설했다는 이유로 고발되어 정치범 수용소로 끌려가게 되었다고 한다. 그녀는 부엌에서 설거지를 하다가 남편이 김정일 출생비밀을 누설하는 말을 듣자마자 미닫이를 쾅 열어 제치고 "○○아빠 반동이야? 무슨 말이야, 당신을 조직에 사건화(고발)하겠다"고 말하고 그 이튿날 당 조직에 '사건화'했다고 한다. 그녀는 가족을 살리기 위해서는 고발당하기 전에 먼저 자수하고, 용서받아야 한다고 생각하고 대처했었다. 그러나 남편은 3개월 후, 한밤중에 출장을 간다고 떠났다가 길에서 체포되어 끌려갔고 가족은 추방되었다.

세 번째 사례

한 탈북여성은 결혼 후, 지속적으로 부부폭력에 내몰리면서 남편이 자신을 죽이려 한다는 느낌을 받게 되었다. 그녀는 남편의 마수에서 벗어나는 방법으로 극단적인 선택을 하게 되었다고 말한다. 그의 폭력에서 벗어나기 위해 방법을 모색하던 중, 중국으로 달아나려고 꾀하던 남편과 그 동료들의 행적을 기록하여 보위부에 고발하였던 것이다. 남편과 친구들은 반혁명분자로 정치범 수용소에 끌려가고 그녀 자신은 본 남편과 이혼하고 다른 남자와 재혼하였다. 이들 탈북여성들은 현재 성격장애와 정신신체화 증상을 보이며 트라우마의 흉터 속에서 살아가고 있다.

이상과 같은 사례를 통해 볼 때, 사람들은 고발당하지 않기 위해 고발자가 되었지만, 그 자신들도 고발당하면서 피해자로 살아갈 수밖에 없었다. 이렇게 피해자와 가해자가 복합성을 띠고 있어 진실규명과 처벌이 어려울 수밖에 없고, 이러한 상황은 용서의 가능성과 치유, 회복을 저해할 수 있을 것이다. 이 지점에서 가해자와 피해자의 구별이 얼마나 가능한지, 진실규명과 처벌을 위해 어떻게 접근해야 하는지, 또 그것을 하지 않으면 용서와 화해를 통한 사회치유는 가능한 것인지, 정의와 용서를 위해 어떻게 접근해야 하는지 근본적인 질문 앞에 서게 된다.

2) 정치적 공간에서 과거를 어떻게 다룰 것인가?: 진실규명, 명예회복, 배보상의 문제

용서는 수많은 고통과 분노, 슬픔과 원한이 얼크러진 '과거'를 어떻게 다룰 것인가에서 시작되며, 과거에서 배운 교훈에 근거하여 미래에 그러한 비극이 반복되지 않도록 하는 데 목표가 있다. 그래서 미래사회를 더 살만하고 안정적인 사회로 만들어가며 다음 세대에 도움이 되도록 하는 것이다. 통일 후 북한에서도 인간성 회복과 관계회복, 사회치유, 그리고 더 나은 미래를 위해 과거를 기억하고, 용서하고 잊어버리는 용서의 과정이 필수적이다. 과거를 다루는 가장 핵심적이고 우선적인 사안이 진실규명이다. 그리고 그것을 기억하는 것이다. 통일 후 북한에서 다음과 같은 정치적 피해자들에 대한 과거사 진실규명을 해야 할 것이다.

첫째, 우선 해방공간에서 적대계급으로 낙인찍힌 유산계급에 대한 과거사 진실규명이 요청될 것이다. 그 세대를 넘어 다음 세대에 이르기까지 정치적 박해와 차별을 경험하며 한 인간으로, 사회인으로 누려야 할 권리와 기회를 잃어야만 했던 사람들에 대한 진실규명이 있어야 하는 것이다. 진실로 그들이 착취계급으로 피착취계급의 고혈을 짜낸 '흡혈귀', '반체제세력'인지 진실을 규명하고 명예를 회복하고 배보상을 해야 할 것이다.

둘째, '반혁명세력', '반동', '간첩'으로 몰려 정치범 수용소에 끌려간 수감자들에 대한 진실규명과 명예회복의 문제가 있다. 수감자 대부분은 누군가의 고발에 의해 끌려가면서 자신이 '어떤 죄를 지었는지?', '왜 끌려가야 하는지?', '어디로 끌려가는지?' 알지도 못한 채 끌려가는 경우가 대부분이다. 그들이 누구에 의해, 무엇 때문에, 어떤 죄명으로 고발당했는지, 왜 정치범으로 낙인찍혀 가혹한 수감생활을 했어야 했는지 그 진실이 밝혀져야 한다. 아울러 그들의 명예가 회복되어야 하고 잃어버린 삶에 대한 배보상이 있어야 할 것이다.

셋째, 아오지 탄광 등 집단구역에 격리되어 감시와 차별 속에 학대당했던 국군포로에 대한 진실규명과 배보상 문제, 또한 불순세력으로 분류되었던 치안대가족, 월남자가족에 대한 진실규명과 명예회복, 배보상 문제도 요청될 수 있을 것이다.

넷째, 특히 전쟁 시기 전선에서 포로가 되었다가 돌아온 인민군 포로귀환병들에 대한 진실규명이 수면에 떠오를 것이다. 북한에서 '포로귀환병은 간첩임무를 받고 온 사람들'라는 속설이 흉흉했었다. '00의 아버지가 포로귀환병이야'라는 말만 들어도 간첩의 이미지가 상상되었고, 포로귀환병이 정치범 수용소에 끌려갔다는 말만 들어도 '간첩이구나.'라는 생각이 반사적으로 이어질 정도였다. 일생동안 포로귀환병은 '간첩'이라는 오명을 쓰고 집요하게 감시레이더의 초점이 되었고, 따라서 여전히 '포로병'으로 살아야만 했다. 실제로 글쓴이가 살던 주변에서 다수의 포로귀환병들이 정치범 수용소에 끌려갔었다. 그들에 대한 진실규명과 명예회복 배보상의 문제도 있을 것이다.

북한권력의 폭력행위에 대한 진실을 규명하고 피해자들의 명예를 회복시키고, 배보상 등이 이루어질 때, 피해자들은 응어리진 과거의 원한감정에서 풀려나 치유를 경험하게 될 것이다. 회복적 정의를 실현하는 이 같은 용서의 과정에서 피해자의 회복뿐 아니라 공동체의 회복과 가해자를 비롯한 모두의 인간성 회복, 보편적 인권이 세워지는 더 나은 미래로 나아갈 수 있을 것이다.

3) 대인 관계적 용서

통일 후 북한 정황에서 상호 불신하며 단절되었던 대인관계·가족관계에서의 용서가 요청될 것이다. 용서 불가능의 사회, 복수와 응징의 사회문화적 환경에서 굳어진 기본적인 신념과 가치관, 그리고 반복적인 트라우마로 인하여 대인 관계적 용서는 더욱 어려운 것이 될 수 있다고 본다. 지속적인 국가폭력에 내몰리며 트라우마에 노출되어 살아온 북한사람들은 세상에 대한 불신과 적대감뿐 아니라, 자기 자신과 타인에 대해서도 믿지 못하며 적대감과 증오심 등을 드러낸다. 북한에서 종종 대인관계갈등, 부부갈등, 고부갈등 등이 정치적 문제로까지 확대되어 누군가는 정치범 수용소에 끌려가고, 관계가 파괴되고, 가정이 파괴되기도 한다. 이와 같은 위협적인 환경에서 대체로 북한사람들은 자기 자신까지도 믿을 수 없다고 말한다. 태어나 첫발을 내딛는 시절부터 죽을 때까지 듣는 말은 '말을 조심하라'이다. 이 말의 숨은 뜻은 '고발당해 죽을 수 있다.' '누구도 믿지 말라'는 것으로 율법처럼 새겨진다. 그래서 나 외의 타인, 심지어 가족까지 경계해야 하고 감시해야할 대상이다. 핏줄로 연결된 가족이 아닌 법적인 가족으로 엮인 남편, 며느리, 사위는 절대로 믿을 수 있는 대상이 아닌 것이다. 친구가 친구를 고발하고, 연인이 연인을 고발하고, 한동네 이웃이 이웃을 고발하고, 직장동료가 동료를 고발하고, 아내가 남편을 고발하고, 며느리가 시집가족을 고발하여 정치범 수용소로 끌려가는 사례는 종종 흔히 볼 수 있는 일이다. 그에 대한 사례를 보면 다음과 같다.

첫 번째 사례

1990년대 말, 북한에 살고 있던 단란한 한 가족이 탈북을 계획했었다. 연로한 부모님과 결혼한 맏아들과 미혼인 두 아들, 며느리와 어린 손자 등 온 식구가 두만강을 건너려고 가족회의를 하고 길 떠날 차비를 서둘렀던 것이다. 그런데 며느리가 이 사실을 보위부에 고발하였고, 그래서 통행증 발급과 기차표를 끊는 것에 이르기까지 보위부의 감시와 각본에 따라 일사천리로 이루어졌다. 가족은 두만강변에서 체포되어 정치범 수용소로 끌려가게 되었다. 3살짜리 어린자식까지 엄마와 떨어졌고, 며느리를 제외한 모든 가족이 수감되었다.

두 번째 사례

1995년 6군단 군사쿠데타 모의사건이 실패하면서 관련자들이 처형되고 정치범 수용소로 끌려가게 되었다. 그때 남편이 정치범으로 처형된 한 여성이 한 살배기 아기와 함께 함흥시에 이주하여 살게 되었다. 그런데 아이가 7살 되던 해, 그 아이가 정치범 수용소로 끌려가고 엄마만 남게 되었다. 이유는 그 여성은 남편이 처형되었을 때 이혼을 했던 것이다. 고위계층의 자녀인 그 여성은 자신의 의사와 상관없이 자동적으로 이혼을 당했던 것이다. 만일 이혼하지 않으면 그 여성의 직계가 정치적 영향을 받기 때문이다.

세 번째 사례

문화적·구조적 폭력 환경에서 일생동안 가정폭력에 내몰린 여성들의 가족관계에서의 용서가 요청될 것이다. 폭력적 생태환경에 둘러싸인 북한의 가정에서 가정폭력은 관행처럼 일어난다. 폭력을 일상의 삶처럼 경험하며 여자의 숙명이라고 여겨왔던 여성들의 트라우마 치유를 위해 관계의 회복이 필수적이다. 이를 위해 부부관계, 고부관계, 그리고 자신과의 관계에서의 용서도 요청될 것이다.

이상과 같은 사례를 볼 때, 북한체제에서 가해자와 피해자로 살아왔던 북한사람들에게 정치적 사건과 얽힌 대인 관계적 용서는 어려울 것이라고 사료된다. 특히 정치범 수용소로 끌려가며 헤어진 엄마와 자녀와의 관계에서 누가 누구를 용서하고, 무엇을 어떻게 용서해야 하는지 복합적인 질문 앞에 서게 된다. 그리고 찢어져 남남이 되었지만, 여전히 아이로 인하여 엄마와 아빠, 할머니와 할아버지로 엮어질 수밖에 없는 관계에서 누가 무엇을, 어떻게 용서해야 하는지의 문제도 있을 수 있다. 이처럼 폭력생태 환경에서 서로서로 감시하며 고발하고 고발당하며 살아왔던 북한사람들이 불신·적대감·회피·단절과 같은 관계적 패턴에서 신뢰·사랑·소속감·배려의 관계로 회복되고, 나아가 공동체의 회복과 변혁으로 연결되기 위해서는 관계적 용서가 정말 중요하다고 본다. 무엇보다도 자기 자신까지도 믿을 수 없다고 말하는 그들에게 자신과의 관계에서의 용서는 그의 인간성을 회복하고 용서의 가능성을 위한 선결조건이 될 것이다.

5. 북한 사회에서 용서 가능성을 위한 촉진요인들

통일 후 북한사회의 거대한 사회적 트라우마를 치유하고 모두의 인간성을 회복하며, 보다 나은 미래를 구축해가는 데서 용서는 필연적으로 요청될 것이다. 북한사회에서 요청되는 용서의 다양한 공간에서 용서행위를 가능하게 하고 촉진시킬 수 있는 요인들을 살펴보고 성찰하는 것은 매우 의미 있는 탐구일 것이다. 여기서는 북한 정황에서 용서 가능성을 촉진시킬 수 있는 요인으로 트라우마 치유, 인간실존의 불완전성에 대한 인정, 인간존중-인간사랑에 대한 지향성, 정의에 대한 새로운 관점의 인식, 한국사회에서 이루어졌던 용서와 화해를 위한 노력들, 종교와 기독교 영성적 자원에 대해 살펴볼 것이다.

1) 트라우마의 치유

지속적인 트라우마로 인한 자기(self)의 손상은 통일 후 다양한 공간에서 일어나는 용서의 가능성을 축소 혹은 저해할 수 있다. 정치적 용서, 대인관계에서의 용서, 타인과 신, 세상을 향한 용서 등 다양한 차원의 용서 가능성을 촉진시킬 수 있는 자기용서는 트라우마 치유에서부터 시작된다. 알다시피 폭력적인 생태환경에서 북한사람들은 일생동안 트라우마 사건에 내몰린다. 트라우마 경험자들이 세상은 살만한 곳이라는 안전한 느낌을 느낄 때 치유가 시작된다.

통일 후 한반도의 안전과 평화가 회복되는 공간에서 세상이 살만하고 믿을만하다는 느낌, 자신이 사랑받을만한 존재라는 느낌, 의미체계변화, 정체성의 변화를 경험하는 과정이 곧 치유의 과정이 된다. 즉 증오하고 비난하던 자신을 용서하고 수용하게 되며, 적대적으로 대하던 타인과 신, 세상을 용서하며 용납하는 과정이 될 것이다. 이 과정에서 트라우마 정서인 파괴적 분노와 적개심, 원한 등 부정적인 정서가 변화와 성장을 촉진하는 동기적 힘으로 승화될 것이다. 이와 같이 북한사람들이 보다 안전하고 민주적인 생태환경에서 외상 후 성장을 경험할 때, 즉 한 개인이 자기 기능화와 공동체 기능화와 같은 자기능력을 회복할 때, 멀고도 어려운 용서의 여정에서 용서 가능성이 더욱 촉진될 수 있을 것이다.

2) 인간실존의 불완전성에 대한 인정

인간실존에 대한 불완전성을 깨닫는 것 역시 용서를 촉진시킬 수 있는 중요한 요인이다. 강남순은 타인이나 환경에 의해 영향을 받을 수밖에 없는 연약하고 불완전한 존재인 인간, 사회적 관계 안에서 상호의존적으로 살아갈 수밖에 없는 인간의 존재론적 실존은 용서에 대해 진지하게 사유하게 하는 이유라고 말한다.[24] 북한사람들에게는 주체형의 인간상이 뿌리 깊이 잠재되어 있다. 주체사상에서 말하는 인간은 자주성, 의식성, 창조성을 지닌 사회적 존재로서 모든 것의 주인이며, 모든 것을 결정할 수 있고 이루어낼 수 있는 '전능'한 존재이다. 현실적으로 북한사람들은 종속적 환경에서 주체적으로 어떤 것을 선택하고 도전하면서 성공과 실패를 통해 인간능력의 한계를 체득할 수 있는 기회를 거의 갖지 못했다. 즉 인간이 모든 것을 결정할 수 있는 운명의 주인일 수 없다는 존재론적 의미를 내면화할 수 있는 다양한 경험을 대부분 해보지 못하는 것이다. 따라서 주체형의 인간은 '당이 결심만 하면 못해낼 것이 없다'는 정치적 신념을 '내가 결심만하면 못해낼 것이 없다'는 과대 자기로 신념화하게 된다.

이분법적 사고에 고착된 주체형의 인간은 도덕적인 악(반역자, 반체제세력 등)을 행할 수 없는 전형적인 의인이며, 악인은 정형화되어 있다. 따라서 원수 또는 가해자를 '악을 행한 사람'이 아닌 악 그 자체로 보며, 악을 박멸하는 것을 선한 행위(혁명가, 공산주의자)로 보는 극단적인 시각에 고착되어 있는 것이다. 그래서 악인은 권선징악의 심판을 받아야 하며, 천백 배로 응징해야 마땅한 존재이다.

통일 후 다양한 공간에서 요청되는 용서에 응답하기 위해서는 '나'와 '너'가 온전한 선인도 아니고 악인도 아니라는 인간본성을 깨닫는 것이 중요하다. 악은 '너와 나', '우리와 그들' 사이를 관통하기 때문에 인간은 선과 악의 두 얼굴을 가질 수밖에 없다는 존재론적 역설을 깨달아야 하는 것이다. 이와 같이 인간은 악의 유혹이나 위협 앞에서 취약할 수밖에 없는 존재라는 사실을 깨닫는 것, 동시에 도덕적 존재로서 존엄성을 가지고 있는 존재라는 사실을 깨닫는 것이 용서의 시작이 된다.

따라서 주체형의 인간상이 뿌리 깊이 잠재되어 있는 북한사람들에게 인간의 존재론적 취약성과 도덕적 존재로서의 가능성에 대해 경험할 수 있도록 도와야 할 것이다. 교육적, 종교적, 경험적 차원에서 자기 자신의 내면에도 악행을 행할 수 있는 악의 본성과 불완전함이 존재한다는 것을, 또한 인간은 무수히 잘못을 저지를 수 있는 존재이기 때문에 용서를 통해 새로이 시작할 수 있는 존재라는 것을 깨닫도록 해야 할 것이다. 즉 용서를 통해 새로운 존재에의 희망을 가지고 성장하고 발달해가는 도덕적인 존재임을 가르쳐야 하는 것이다.

3) 모든 존재는 존엄하다는 인간존중-인간사랑에 대한 지향성

인간존재를 지고한 가치를 지닌 존재로 존중하는 것은 사랑의 윤리와 직결되는 것으로 용서의 가능성을 촉진시키는 요소가 될 수 있다. "이웃을 내 몸같이 사랑하라", "원수를 사랑하라"는 예수의 가르침은 사랑과 용서의 밀접한 관계를 보여준다. 예수는 "자기사랑-이웃사랑-원수사랑"을 사랑의 범주에 포함시키는데, 이러한 사랑의 윤리는 용서의 무한성을 전제로 한다고 볼 수 있다.[25] 이러한 사랑의 윤리에 정초하여 피해자가 가해자를 과거의 삶의 내용에 의해서가 아니라, 그 인격이 가진 고귀한 존엄성을 수용하게 될 때, 분노와 원한감정을 넘어서 가해자를 용서하는 지점에 이를 수 있는 것이다.

불행하게도 북한사회는 용서덕목의 부재뿐 아니라 인간존중-인간사랑의 가치가 상실된 사회이다. 왜곡되었을지라도 '용서'라는 개념은 존재했지만, '인간존중-인간사랑'은 그 단어자체, 그 개념자체가 실종되었던 것 같다. 태어나서 보니까 이미 거기에 복수와 응징, 용서 불가능의 문화적·구조적 사회시스템이 존재했고, 그것을 내면화 하고 신념화한 사람들이 살고 있었다. 그들은 인간이란 주체사상에 정초한 '정치적 생명체'일 뿐이며, 당과 수령을 위해 죽어도 함께 죽고, 살아도 함께 사는 존재라고 학습한다. 남의 허물을 들춰내어 호상 비판하는 것을 사랑이라고 경험한다. 왜냐하면 '동지'의 '정치적 생명'이 소멸되기 전에 구원하기 위한 것이라고 배웠기 때문이다.

이와 같은 환경에서 아주 어린 시절, 탁아소에서부터 '나쁜 놈=원수=까부수다'를 온통 보고 듣고 배우면서 자란다. 집에서 매일 TV를 통해 천백배로 원수를 살상하는 장면을 접할 수밖에 없는데, 그 내용이 돌이나 총칼로 죽이거나 절벽에서 추락시키는 것으로 구성되어 있어 인간생명에 대한 경시와 혐오부터 학습하게 된다. 심지어 유치원에서 배우는 산수문제까지 "수류탄으로 미국놈을 까부셨다. 몇 놈이 죽었느냐?" 이런 식으로 구성되어 있어 인간생명에 대한 경외나 존중에 대해 접할 수 있는 기회는 근본적으로 없는 것이다. 그래서 어린 시절 놀이문화도 남녀가 나무총으로 상대방을 '섬멸'하는 군사놀이가 주를 이룬다.

이와 같은 사회화 과정을 통해 인간은 화학분자 몇 개로 구성된 '물질'이 거나 '고깃덩어리', '수단' 일 뿐임을 내면화하게 된다. 북한권력자가 부여하는 '정치적 생명'을 누릴 때 온전한 '주체형의 인간'이 되는 것이다. 주체형의 인간은 '영생하는 사회적 존재'로 정치적 생명을 준 김일성을 위해 자기존재를 지푸라기처럼 던지는 '이념' 또는 '사상'일 뿐이다. 불붙는 건물에 들어가 김일성 초상화, 그 종이장의 불을 끄고 자신은 불에 타죽는 '정치적 생명체'인 것이다. 이렇게 인간은 오직 북한체제 생존과 유지를 위한 수단일 뿐, 도구일 뿐, 그 존재만으로 고귀한 도덕적 주체인 인격적인 존재가 아니다.

북한사회에 깊이 뿌리내린 문화적 현상인 인간존중-인간사랑에 대한 가치상실 역시 비인간적이고 잔혹한 북한체제의 폭력성에 동조 또는 협력하거나 방관하며 북한체제를 지속시키고 유지하는 요소로 작동했다고 볼 수 있다. 쓸모없는 "고깃덩어리 반동은 죽여도 좋다"는 집단적인 적개심과 용서 불가능의 신념을 강화시키는 요인으로 작동하였던 것이다. 이렇게 자기 자신을 포함하여 모든 인간존재에 대한 존중·사랑·배려·용서 등을 접해보지 못했기에 북한사회에서 용서와 화해가 더욱 불가능하고 어려운 여정이 될 것이라고 사료된다. 인간존중-인간사랑에 대한 윤리적 지향성을 가지는 것만으로 그것을 바로 실천하게 되는 것은 아니지만, 그럼에도 불구하고 이러한 정신을 깨닫고 확고하게 지향하는 것은, 이미 내면화된 가치들과 신념들을 조금씩 몰아내며 용서의 가능성을 촉진시키는 중요한 요인이 될 것이다.

4) 정의에 대한 새로운 관점의 인식

남아공의 진실화해위원회는 가해자를 처벌하는 데 중점을 두지 않고 피해자와 가해자의 용서와 화해, 개별적 상황에 대한 고려, 관계회복에 관심을 두고 회복적 정의개념을 적용하였다. 회복적 정의는 범죄가 야기한 심층적 손상과 피해에 구체적으로 반응하는 것으로 사회적 불화의 치유, 가해자와 피해자의 관계치유와 인간성 회복, 공동체의 치유와 변혁을 모색하며 지향하는 것을 목표로 한다.[26] 여기서 용서는 회복적 정의를 지향하는 윤리적 활동이 되며 응보적 정의를 넘어서는 것이 되는 것이다.

　정의의 개념이라는 측면에서 볼 때, 북한은 오직 '범죄자'에 대한 응징과 처벌에만 관심을 두는 응보적 정의개념을 적용하였다. 출신성분에 의한 차별과 적대계층에 대한 처벌, 정치범 수용소, 공개처형 등 그 자체가 북한체제 생존을 위해 '사회적 정의'를 세워가는 엄혹한 수단이었다. 이러한 '응보적' 정의는 피해자뿐 아니라 모든 사람들을 비인간화하였고 모든 관계망을 끊어버리고 공동체를 파괴하였던 것이다.

　통일 후 북한사람들에게 정의란 과연 무엇인가, 진지하게 숙고하며 징벌이나 처벌이 유일한 정의의 수단이 아님을, 그것을 넘어서는 회복적 정의의 개념에 대해 체계적으로 교육하고 가르치고 적용해 나가야 할 것이다. 특히 다양한 사례를 통해 거대한 사회적 트라우마를 치유하는 여정에서 사회적 불화와 갈등해결, 관계의 회복, 사회적 변혁을 일구어낸 나라들의 실제적인 경험을 통해 회복적 정의의 개념을 인식하도록 돕는 것이 좋을 것이다. 그 과정 속에서 개인적 차원뿐 아니라 정치적·역사적 차원에서의 용서의 중요성을 인식시킴으로써 다양한 공간에서의 용서가 개인의 삶은 물론 공동체의 미래와 희망과 긴밀하게 연결되어 있음을 알도록 해야 한다. 이를 위해 교육적, 목회적, 복지적, 심리 상담적 차원 등 다양한 영역에서 탈북민들에게 용서와 화해, 정의, 치유 등에 대한 체계적인 교육과정을 개설하고 가르치며, 다양한 공간에서 용서하는 법을 훈련한다면, 용서의 가능성을 촉진시킬 수 있는 내면의 근육을 키울 수 있을 것이다.

5) 한국사회에서 이루어졌던 진실규명과 용서 화해를 위한 노력들

한국사회 내 독재에서 민주주의로의 이행과정에서 민주화의 성과로 일구어낸 진실화해위원회의 활동 경험과 세계 각국에서의 정치적 용서와 사회치유에 관한 방대한 연구문헌들은 통일 후 북한에서 민주주의를 위한 회복적 정의 실현에 주요한 시사점을 줄 것이라고 사료된다. 과거를 청산하는 진실화해위원회의 궁극적 목적은 진실을 규명하고 과거를 기억하는 것, 회복적 정의를 실현하며 진정한 용서와 화해의 완성을 모색하는 것이다. 오랜 세월 과거의 음지에 묶여 있던 가해자와 피해자의 상처를 치유하고 공동체와의 연결을 회복하는 과정을 통해 역사의 정의를 바로 세우고 더 나은 미래를 만들어 나가는 전제조건인 것이다.

김귀옥에 의하면 한국사회에서 과거사 청산은 우선 일제강점하의 친일행위와 일제의 강제동원에 협력한 행위 등에 대한 진실규명과 그 역사적 책임에 대한 처벌, 해방 후 분단과 한국전쟁기간 자행된 양민학살과 극단적 이념대립으로 인한 갈등의 실상에 대한 규명과 피해에 대한 보상, 그리고 독재정권하에서 일어난 인권침해에 대한 진실규명과 명예회복, 보상 등으로 이루어지고 있다.[27] 이러한 진실화해위원회 활동을 통하여 진실규명과 명예회복, 개인적, 집단적인 배보상 등을 통해 피해자의 상처를 보듬고, 굴곡진 과거를 바로잡아 나갈 수 있었다. 제주와 구림마을에서 이루어진 마을공동체 차원에서의 대화와 위령제 등 용서와 치유를 위한 노력들 또한 귀한 교훈을 주는 경험들이다.

그러나 해방 후 1948년 9월 과거청산을 위한 위원회가 만들어진 이래로 민주화의 여정에서 수십 년간 진실규명과 명예회복을 위한 피해자들의 눈물겨운 노력과 목소리가 그치지 않았지만 아직도 과거청산은 과정 중에서 후퇴하기도 한다.[28] 우리사회에서 오늘까지 친일파청산, 위안부 문제, 강제징용 문제와 같은 과거청산은 미완으로 남아있다. 5·18광주민주화운동과 같은 역사적 사건에 대한 국가적 진실위원회가 아직 수립되지 않고 있다. 물론 관련자 보상은 이루어졌지만, 이에 더하여 당시의 진실을 규명하고 용서와 화해의 과정을 거치는 '회복적 정의'를 실현하는 공간으로서의 진실위원회는 아직까지 없는 것이다.

우리 사회가 한반도 트라우마 치유를 위해, 더 성숙한 민주주의 사회를 이루기 위해 역사의 굽혀지고 왜곡된 음지를 밝히기 위한 활동과 노력은 더욱 촉진되어야 할 것이다. 용서와 화해를 위한 이러한 실천들이 보편적 인권이 보장되는 더 나은 민주사회로 성장하는 과정이며, 한반도 통일을 위한 의미 있는 자원이 될 것이다. 이렇게 축적된 의미 있는 경험들이 통일 후 북한사회의 트라우마 치유와 회복적 정의를 지향하는 용서와 화해의 밑거름이 될 것이라고 본다.

6) 종교와 기독교 영성적 자원

기독교의 가장 중요한 가치 가운데 하나가 용서이다. 성서는 용서란 '나'는 사실상 나에게 잘못을 한 '너'와 비슷한 사람이란 사실, 비록 죄를 지었지만 '너와 나'는 고유한 가치를 지닌 귀한 존재라는 사실을 받아들이고, 이를 통해 '너와 나'의 연결성을 다시 인식하고 인류공동체와 연결되며, 그 안에서 살아가야 한다는 사실을 기억하고 실천하라고 촉구한다.[29] 특히 종교와 영성은 인간의 모든 측면을 완전하게 통합시키는 내적 자원의 총체로, 인간 삶의 의미와 가치를 경험하게 하고, 자신과 타인을 연결하는 보편적 핵심 에너지라고 말할 수 있다.[30] 또한 인생에서 끔찍한 경험인 고통이나 죽음의 영역과 관여할 뿐 아니라, 사랑·존경·자기초월·용서·관계성과 같은 의미로 볼 수 있다는 것이다.

종교와 기독교 영성만큼 사랑과 직결된 초월적 행위인 용서의 무한성을 촉진시키는 강력한 요인은 없을 것이다. 영성은 인간의 내면을 통합하고 개인-타인, 개인-공동체, 개인-우주를 연결하며, 자기를 초월할 수 있는 심리 내적인 역량을 강화할 수 있다. 영성은 사랑과 용서, 관계성과 같은 의미로도 해석되기 때문에 자기 용서를 비롯하여 타인과 세상에 대한 용서 등 심층적, 관계적, 형이상학적 차원에서 다층적으로 용서 가능성을 강력하게 촉진시키는 요인이 될 수 있는 것이다. 따라서 종교와 기독교 영성은 트라우마 치유와 성장을 위한 강력한 치유자원, 성장자원이 될 수 있는 것이다. 한마디로 기독교의 의식과 영적 활동의 모든 것을 아우르는 영성적 자원은 용서 가능성의 촉진요인, 트라우마 치유와 성장을 위한 지지자원으로 개인과 사회의 치유와 회복, 변혁을 위한 위력한 보고이다. 기독교 영성적 자원으로는 신에 대한 믿음, 말씀 묵상, 기도, 예배와 친교, 봉사 등 예배활동, 영적 고전읽기, 화해와 치유의 기독교 공동체, 사랑·정의·환대·용서의 기독교

세계관과 비전 등이 있다. 따라서 한반도의 용서와 화해, 통일과 평화를 위한 한국교회의 사회적 책임과 사명은 지대하다.

6. 결론

적대적 분단체제에서 전쟁과 대결, 상대방에 대한 적대감과 분노, 응징과 보복을 내면화하며 살아온 우리 민족에게 용서는 매우 낯설고 불가능한 윤리적 덕목일 수밖에 없다. 특히 용서 불가능의 북한체제에서 극단적 주체사상에 의해 굳어진 기본적인 신념이나 가치관, 윤리의식은 용서보다는 내가 받은 것을 몇 백 배, 몇 천 배로 되돌려주려는 인간의 원초적 본성을 극대화함으로써 용서를 더욱 불가능한 것으로 만들어 버렸다. 우리는 극단적인 이념대립, 용서 불가능의 신념을 굳힌 북한사람들과 용서의 가능성에 대해 모색하며 한반도의 통일과 더 나은 미래를 만들어가야 하는 역사적 과제를 떠안고 있다. 통일된 한반도에서 남과 북은 필연적으로 한 국가의 국민으로, 한 마을공동체의 이웃으로 더불어 살아가야 할 운명공동체이다.

한국사회가 민주주의를 위한 과정에서 용서하고, 기억하고 그리고 잊기 위해 노력한 진실화해위원회 활동과 다양한 용서와 화해 경험들은 한반도 통일과 치유를 위한 가치 있는 자원이 될 것이다. 아직까지 우리사회에 미완으로 남아있는 친일청산 문제와 국가폭력에 의한 역사적 사건들에 대한 진실규명 등 진실화해위원회 활동과, 지속적인 노력을 통해 남남갈등 해결과 치유의 귀한 경험과 교훈들을 축적해나가야 할 것이다.

또한 먼저 온 통일인 탈북민들에게 인간존중-인간사랑의 인권개념과 함께 발달적, 관계적 존재로서의 인간의 실존적 연약함과 용기, 성장 가능성 등 인간의 실존적, 존재론적 의미에 대해 교육해야 할 것이다. 특히 주체형의 인간상이 몸 속 깊숙이, 영혼 깊숙이 숨겨진 그들에게 인지·정서·신체적 차원에서 전인적인 변화를 경험할 수 있는 다양한 학습의 장을 열어주어야 할 것이다. 북한사회에서 관습적으로 통용되는 변형된 용서의 개념요소가 보편적이고 원칙적인 용서개념이 아님을 깨우치고 용서에 대하여 가르쳐야 할 것이다. 이와 같은 경험이 통일 후 북한에서 용서 가능성을 촉진시키는 요인으로 이바지할 것이라고 본다.

현재 전쟁의 불 구름이 역하게 몰아치는 한반도 상황에서 통일과 평화는 거의 불가능한 것으로 보인다. 그럼에도 불구하고 지금 여기에서, 우리는 한반도의 통일과 평화를 꿈꾸며 남과 북이 함께 공존하며 평화롭게 살아가는 통일한국을 상상할 수 있어야 한다. 지금 여기에서, 우리는 적대적 분단체제하의 가해자이면서 동시에 피해자라는 사실을 자각하고, 용서와 화해를 통해 우리 자신이 치유되고 성장할 수 있음을 꿈꿀 수 있어야 한다. 그래서 지금 여기에서, 우리는 우리사회의 남남갈등과 과거청산을 위한 용서와 화해의 멀고도 힘든 여정에서 후퇴하지 말아야 하며, 한반도 통일과 트라우마 치유를 위해, 그리고 더 나은 한반도의 미래를 위해 우리가 꿈꾸며 이루려는 가치들을 포기하지 않아야 할 것이다.

주

1) 강남순은 우리가 용서에 대해 사유하고, 용서를 구체적인 삶의 현장에서 적용하고 실천해야 할 이유는 무엇인가에 대해 '인간이란 어떤 존재인가'라는 질문에서 그 답을 찾고 있다. 그가 정의하는 인간 존재란 첫째로 불완전한 존재로서의 인간, 둘째로 함께 살아가는 존재로서의 인간, 셋째로 제도 속에 살아가는 존재로서의 인간, 넷째로 미래를 향한 존재로서의 인간이다. 강남순, 『용서에 대하여』(서울: 동녘, 2017), pp. 33-39.
2) 한나 아렌트, 이진우 역, 『인간의 조건』(서울: 한길사, 2017), pp. 301-302.
3) 강남순 (2017), p. 146.
4) 김현진, "심층취재: 탈북자 재입북 배경", 『미국의 목소리』, http://www.voakorea.com/a/3959695.html (검색일: 2017. 7.26).
5) 김경숙, "탈북여성의 가정폭력 경험과 트라우마에 관한 연구," (연세대학교 연합신학대학원 박사학위논문, 2017), pp. 137-140.
6) 이효인, "북한의 수령 형상 창조 영화연구: 연작 〈조선의 별〉과 연작 〈민족의 태양〉의 신화형식을 중심으로." (중앙대학교 첨단영상대학원 박사학위논문, 2001), pp. 45-50.
7) 김정일, "조선중앙통신사의 기본임무-조선중앙통신사 일군들과 한 담화 (1964.6.12.)," 『김정일 선집1』(평양: 조선노동당 출판사, 1992), p. 8; 김미나, "북

한드라마의 장르적 특성 연구-「방탄벽」을 중심으로.”『한국문예창작』제16권 2호 (2017), pp. 163-185에서 재인용.

8) 박형균, “북한영화 실상과 특징분석,” 호남대학교 석사학위논문 (2002), p. 15.

9) 예술영화 〈조선의 별〉은 10부작으로서 1980~1987년에 만들어졌다. 1920년대 말부 터 1930년대 항일유격대 전통을 다룬 것으로, 조선의 별로 떠오른 수령형상을 신화 화한 작품이다.

10) 예술영화 〈민족의 태양〉은 5부작으로 1987~1992년 사이에 만들어졌다. 1934년 말 ~8.15해방까지 항일무장투쟁의 엄혹한 시련을 다룬 영화로서 조국광복을 이룬 민족 의 태양인 수령형상을 신화화한 작품이다.

11) 예술영화 〈민족과 운명〉은 박정주, 김영호 감독의 작품으로 1992년부터 시작하여 현 재까지 50부작으로 구성되었다. 조국광복을 가져다 준 탁월한 수령의 ‘광폭정치’, ‘인 덕정치’를 배경으로 수령형상을 신화화하고 있다. 수령은 만인의 아버지이며, 만인을 사랑하시며, 사회정치적 생명을 주는 구원자로서의 이미지로 형상화되고 있다.

12) 박철미, “당의 반제계급 로선 구현과 탐정극(2016.1),”『조선예술』 (평양: 문학예술 출판사, 2016), p. 72; 김미나 (2017), pp. 163-185에서 재인용.

13) 박갑수, “북한사회의 집단적 적개심과 남북한 관계에 미지는 영향,”『대외심포지엄』 (1993), p. 138; 김경숙, “남북한 사회통합을 저해하는 심층적 문제로서의 심리적 요 인에 대한 분석과 치유, 소통을 위한 교회의 역할에 대한 연구”에서 재인용.

14) 예술영화 〈피바다〉는 최익규 감독이 1969년에 만든 영화이다. “압박이 있는 곳에서 는 반항이 있고 혁명투쟁, 무장투쟁이 일어나는 법”이라는 인과응보의 사상을 드러낸 다. 일제의 잔인성과 침략성 부각, 피착취민중이 혁명적 이념을 신념화하며 혁명가로 성장하는 과정에서 어떻게 원수를 복수하고 응징하는지 보여준다.

15) 예술영화 〈꽃파는 처녀〉는 박학 감독이 1972년에 만든 영화이다. 이 영화는 제18차 체코국제영화제에서 특별상을 받기도 했다. 억압받고 짓밟히는 꽃분이 일가의 비참 한 삶을 통해 계급적 원수의 본성과 잔인성의 부각, 그리고 억압과 종속에 저항하여 혁명가로 성장하는 꽃분이의 일가, 그리고 마침내 민중을 깨우기 위해, 혁명을 위해 꽃을 파는 혁명전사 꽃분이의 모습을 그린 작품이다.

16) 예술영화 〈한 자위단원의 운명〉은 1970년에 만들어진 영화이다. 일제의 강제징용으 로 자위단으로 끌려갔던 가난한 청년이 일제와 그에 추종하는 적대세력을 응징하고 혁명대오를 찾아 떠나는 내용, 혁명가로 성장하는 모습으로 구성되어 있다.

17) 예술영화 〈전사의 맹세〉는 민정식 감독에 의해 1968년에 2부작으로 만들어졌다. 압 박받고 천대받던 무산계급 출신의 청년들이 해방과 함께 계급투쟁의 선봉에 서서 혁 명가로 성장하는 과정을 그린 작품이다. 특히 한국 전쟁에서 투철한 혁명적 각오로 당과 수령을 위해 불사신처럼 싸우며, 침략자들과 계급적 원수에 대해 일체의 관용과 용서가 배제된 복수와 응징을 어떻게 하는지 잘 보여주고 있는 작품이다.

18) 예술영화 〈최학신의 일가〉는 1965년에 만들어졌다. 한국전쟁시기 독실한 기독교신 자인 최학신 가정의 비극을 통해 선교사의 탈을 쓴 미제의 ‘침략성과 야수적 본성’을 그리고 있다. 영화는 한 손에는 칼을 들고, 다른 한 손에는 감람나무 가지를 흔들며 박애와 평화를 외치는 미제국주의는 한 하늘을 이고 함께 살 수 없는 천인공노할 원 수임을 절규하며 끝맺는다.

19) 예술영화 〈마을을 지켜 싸운 인민무장대〉는 1970년에 만들어진 영화이다. 전쟁물 영

화로 미군과 한국군이 점령한 마을에서 미처 후퇴하지 못했던 당원들과 농민, 노동자들이 빨치산을 조직하고 적대세력에 저항하며 싸우는 내용으로 구성되어 있다. 극단적인 이념대립으로 한 마을 사람들이 서로를 죽이고 응징하는 내용으로 구성되어 있다.

20) 예술영화 〈화선에서 부르던 노래〉는 1972년에 만들어졌다. 한국전쟁시기 최전방인 전선에서 수령보위, 조국 보위를 위해 어떻게 영웅적으로 싸웠는지를 보여주고 있다. '미제국주의와 그 앞잡이 남조선 괴뢰군'들을 철저히 섬멸하는 것은 혁명전사의 투철한 본분, 자세임을 그리고 있는 작품이다.

21) 안현의, 장진이, 조하나, "자기체계의 손상으로 본 복합외상증후군," 『한국심리학회지』 일반 제28권 2호 (2009), pp. 283-301.

22) "먼저 온 통일: 탈북민이 몇 가지로 유형화 되면서 구조적 문제점 나타나 … 대응책 마련해야," 『국민일보』, http://www.kmib.co.Kr (검색일: 2015. 1. 6); "대검찰청, 탈북자 범죄 분석 및 대책 마련 착수," 『세계일보』, http://www.segye.com (검색일: 2016. 6. 4).

23) 전우택, "통일은 치유다: 분단과 통일에 대한 정신의학적 고찰," Neuropsychiatr Assoc 제54권 4호 (2015), pp. 353-359.

24) 강남순 (2017), p. 101.

25) 강남순 (2017), p. 209.

26) 강남순 (2017), p. 142.

27) 김귀옥, "현장에서 본 과거청산 운동의 갈등과 과제: 개인과 국가의 소통을 위하여," 『구술사연구』 제5권 1호 (2011), pp. 165-207.

28) 김귀옥 (2011), pp. 165-207.

29) 손운산, 『용서와 치료』 (서울: 이화여자대학교 출판문화원, 2008), pp. 48-51; 강남순 (2017), pp. 198-210.

30) 이경열, 김정희, 김동원, "한국인을 위한 영성척도의 개발," 『상담 및 심리치료』 제15권 4호 (2003), pp. 17-28.

●── 〈참고문헌〉

강남순. 『용서에 대하여』. 서울: 동녘, 2017.

김경숙. "남북한 사회통합을 저해하는 심층적 문제로서의 심리적 요인에 대한 분석과 치유, 소통을 위한 교회의 역할에 대한 연구."

김경숙. "탈북여성의 가정폭력 경험과 트라우마에 관한 연구." 연세대학교 연합신학대학원 박사학위논문, 2017.

김미나. "북한드라마의 장르적 특성 연구-「방탄벽」을 중심으로." 『한국문예창작』 제16권 2호 (2017).

김정일. "조선중앙통신사의 기본임무-조선중앙통신사 일군들과 한 담화(1964.6.12.)." 『김정일 선집1』. 평양: 조선노동당 출판사, 1992.

박갑수. "북한사회의 집단적 적개심과 남북한 관계에 미지는 영향." 『대외심포지엄』 (1993).

박철미. "당의 반제계급 로선 구현과 탐정극(2016.1)." 『조선예술』. 평양: 문학예술출판
　　사, 2016.
안현의, 장진이, 조하나. "자기체계의 손상으로 본 복합외상증후군." 『한국심리학회지』
　　일반 제28권 2호 (2009).
이효인. "북한의 수령 형상 창조 영화연구: 연작 〈조선의 별〉과 연작 〈민족의 태양〉의
　　신화형식을 중심으로." 중앙대학교 첨단영상대학원 박사학위논문, 2001.
한나 아렌트, 이진우 역. 『인간의 조건』. 서울: 한길사, 2017.

"대검찰청, 탈북자 범죄 분석 및 대책 마련 착수." 『세계일보』 http://www.segye.com
　　(검색일: 2016. 6. 4).
"먼저 온 통일: "탈북민이 몇 가지로 유형화 되면서 구조적 문제점 나타나 … 대응책 마
　　련해야." 『국민일보』 http://www.kmib.co.kr (검색일: 2015. 1. 6).
"심층취재: 탈북자 재입북 배경." 『미국의 목소리』 http://www.voakorea.com/a/3959695.
　　html (검색일: 2017. 7.26).

8장

한국 교회 내에서의
회복적 정의와 화해

박종운 (법무법인 하민 변호사)

1. 서론

이 글을 처음 쓸 무렵의 상황이다. 북한에 김정은 정권이 들어선 후, 아니 미국에 도널드 트럼프 대통령이 등장한 이후부터 한반도를 둘러싼 국제정세는 더욱 험악해지고 급박해지고 있었다. 북한에서 언제 미사일을 쏘아 올릴 것인지, 핵 실험을 할 것인지, 트럼프 대통령이 언제 트위터를 통해 망발에 가까운 발언을 쏟아낼 것인지, 한반도의 생존은 어떻게 되는 것인지, 그 즈음, 이 땅에서 생명을 이어가는 우리는 하루하루가 조마조마한 상황이었다.

한편, 한반도 남쪽에 사는 우리는 동일 유사한 상황을 이미 여러 차례 겪었기 때문에 오히려 무덤덤하고 무딘 측면이 있었다. 그렇다고 해서, 한반도 정세의 불안정이라는 근본적인 문제가 해결되는 것은 아니다. 어떻게 하면 이 땅 한반도에 전쟁과 분쟁의 위험이 사라지고 평화와 안정이 찾아올 수 있을까? 우리 모두가 염원하는 평화는 어떻게 이루어지는 것일까?

이러한 상황에서 〈용서와 화해에 대한 성찰〉을 주제로 포럼을 연다는 소식을 들었을 때, 필자는 이 포럼이 우리 민족에게 어떤 의미가 되어 다가올지 너무 궁금하고 무척 기대가 컸다. '용서'와 '화해'는 개인적인 차원에서도 당연히 의미가 있지만, KPI(한반도평화연구원)의 존재 이유로 볼 때, 집단적인 차원, 민족적인 차원으로 승화되어야 할 것이기 때문이다.

필자는 KPI의 운영/연구위원이기도 하다. KPI는 한반도의 통일과 평화 문제에 집중하는 '기독교 싱크탱크'라 할 수 있다. KPI에서는 매달 원내세미나를 공개적으로 열고 있다. 2017. 11. 11.(토) 오전에는 "트럼프 시대: 한국의 외교전략"을 주제로 제103차 원내세미나가 있었다. 마침 KPI의 연구위원들이 아닌 일반 시민 몇 분도 참석하셨는데, 그 분들 간에 혹은 연구위원과 일부 참석자 간에 약간의 논쟁이 벌어지는 것을 보면서, 다른 날과는 다른 감정이 솟구쳤다. 보통은 대단히 신사적이고 학구적인 분위기였는데, 그날은 미국 핵 항공모함 3척이 동해안을 향하고 있었기 때문에 긴장이 더욱 고조된 상황에서, 현재의 험악한 상황을 타개할 방법과 관련하여 실현 가능한, 뾰족한 현실적 방안이 없거나 제시되지 못하는 것으로 판단한 분들은 군사적인 해결 방안까지 언급하게 되고, 제한적인 전쟁 즉, 이른바 외과적 수술이 가능하니 불가능하니까지 논란이 되었다. 그러다보니, 정말로 우리는 우리의 능력으로 해결할 수 없는 막다른 상황에 몰리는 것은 아닌지, 심지어는 그 상황을 견뎌내지 못하고 차라리 전쟁을 하는 것이 낫겠다고 오판해 버리거나, 전쟁을 피하기 어려운 상황으로 내몰리는 것은 아닌지, 그 날따라 마음이 무너지면서 어둡게 변하였다. 한 가족, 아니 부부 간의 화해와 평화도 쉽지 않은데, 교회 공동체도 어려운데, 남과 북이라니, 그것도 4개 강국까지 … 절망스러웠다.

남한과 북한은 여전히 정전(停戰) 즉, 전쟁 중에 잠시 멈춘 상태이고(정전 체제), 남한과 북한만이 당사자가 아니라 다양한 이해관계 당사자 특히, 미국과 중국의 패권 경쟁이 걸려 있으며, 우리 내부에는 상대방에 대한 적대적 감정과 두려움이 만연해 있는 등 이미 구조화된 문제가 지난 60여 년 동안 갈수록 공고화된 상황에서, 심지어 북한에 대한 "군사적인 옵션"이 세계 제일의 군사 강국이라는 미국에서 그것도 대통령의 입에서 언급이 되는 상황에서, '용서와 화해에 대한 성찰'이라니, 어쩌면 너무 안이한 것 아니냐, 미온적인 것 아니냐는 비판적인 시각을 가진 분들도 계실지 모르겠다. 그런데, 지난 2017. 11. 11. 토요일 오전의 세미나에서 어쩌면 절망적인 상황을 경험한 필자는 그날 하루 동안의 묵상을 통하여 깨달은 것이 두 가지 있다. 그것은 ① 어려울 때일수록 근본으로 돌아가야 한다는 것이다. ② 그리고 우리 연약한 인간들은 도저히 풀 수 없는 문제라 생각하고 절망하면서 견뎌내지 못한 끝에 잘못된 판단을 할 수도 있지만, 사랑과 공의의 하나님, 우리 아바 아버지께서는 우리에게 항상 해답을 주신다는 것이다. 우리의 능력과 지혜로는 불가능한 일지만, 우리가 근본에 충실하면서 하나님께 아뢸 때, 우리의 기도를 들으신 하나님께서 불가능을 가능으로 바꾸어 주실 것이라는 믿음, 바로 그것이었다. 그러면서 예수님께서 말씀하신 "부자와 바늘귀"이야기가 떠올랐다.

그로부터 몇 달 후, 이 글이 좋고 뛰어난 다른 글들 사이에 살짝 끼어서 책으로 발간된다는 계획이 현실화될 이즈음, 한반도와 이를 둘러싼 주변 정세는 그야말로 상전벽해(桑田碧海), 꿈꾸기도 어려웠던 상황으로 탈바꿈하고 있다. 남북정상회담, 북미정상회담, 핵 완전폐기 논의, 평화 … 불과 몇 년, 아니 몇 달 전에는 상상하기조차 힘들었던 상황이 전개되고 있다. 시대가 바뀌고 바뀐 시대는 새로운 패러다임을 요구하고 있다.

그렇다면, 평화통일을 염원하지만 아직은 분단이 공고화되어 있는 이 시대에, 나는, 그리스도인들은, 교회는, 우리 사회와 국가는 무엇을 준비하고 어떻게 살아내야 할 것인가? 평화적으로 통일이 될 수만 있다면, 인구 및 내수시장, 부존자원(賦存資源), 노동력의 확보, 분단유지비용의 해소, 경제력 등 거의 모든 측면에서 이른바, '대박'이 난다고들 말한다. 기독교인의 관점에서도 통일을 계기로 북한주민에게 복음전도의 문이 활짝 열리고 한국 교회를 새롭게 하고 부흥케 할 중대한 계기가 될 것이라고들 말한다. 그런데 한국 교회, 우리 사회와 국가가 과연 그럴 능력과 의지가 있는지에 대해서는 의문이다. 과연 우리는 평화통일 시대를 맞이할 준비가 되어 있을까? 우리는 그렇게 교육받고 훈련되어 있을까? 한마디로, 우리에게 '평화통일의 역량'이 있는가? 예를 들면, 민족중흥(民族中興) 혹은 민족의 번영과 발전이 우리의 목적이고, 평화통일(平和統一)이 우리의 목표라면, 결국은 체제전환기의 상황[1]이 도래할 것이다. 그때를 대비하여 Transitional Justice(과도기 정의, 이행기 정의, 전환기 정의)[2]를 고민해 볼 필요가 있는데, 우리는 함께 고민하고 함께 준비하고 있는가?

　평화통일의 역량은 정치, 경제, 사회, 문화 등 모든 영역을 망라해야 하겠지만, 특별히 우리가 평화통일을 맞이할 영적, 정신적 준비가 되어 있는가에 대하여 살펴보려면, 그 중에 '용서와 화해'는 반드시 포함되어야 할 내용이 될 것이다. '용서와 화해' 없이는 평화적인 통일도 불가능하고, 설사 어떤 경위로 평화통일이 되었다고 하더라도 통일한국을 유지·존속·발전시켜 나가기가 매우 어렵게 될 것이다. 그 때문에 우리는 '용서와 화해'에 대한 연구와 학습, 준비와 노력이 필요하다. 통일의 과정에서, 통일이 이루어진 다음에 더더욱, 남과 북, 통일된 한반도에서 정치경제적 양극화, 갈등과 분쟁은 더욱 심화될 수 있기 때문이다.

　전쟁을 피하려면 전쟁을 준비/대비해야 하고, 평화를 원하거든 평화를 준비해야 한다. 이를 위해서는 지금부터 우리 내부의 갈등과 분쟁을 해결하기 위한 노력에 전력을 기울여야 한다. 그러려면 그 동안 우리 한국 사회에서 갈등 해결을 위해 어떤 노력을 기울여 왔는지 확인해 볼 필요가 있다. 우리 한국 사회에서의 용서와 화해는 어떻게 가능했고 향후에도 가능하게 될 것인지 가늠해볼 필요가 있다.

　평화적으로 통일될 한국을 바라보면서, 특히나 그리스도의 복음이 우리에게 어떤 희망을 줄 것인지, 그 복음으로 인하여 통일과 화해에 우리 그리스도인들이 어떻게 기여하게 될 것인지, 특별히 '분쟁과 갈등'을 그리스도의 정신으로 '용서와 화해'로 변화시키려는 "인식의 대전환"과 관련하여 기독교 정신, 특히 회복적 정의에 거는 기대가 크다.

　다음에서는 교회 공동체 차원에서, 국가와 사회적 차원에서 그동안 우리가 갈등과 분쟁을 어떻게 해결하려고 노력해 왔는지, 특별히 회복적 정의 관점에서 최근의 노력과 성과에 대해서도 살펴보겠다.

2. 교회적 차원의 노력

1) 한국 교회의 갈등과 분쟁, 분열

(1) 서설

한국 교회의 갈등과 분쟁에 대해 이야기 하려면, 어떤 단위에서 벌어지는 갈등과 분쟁까지 포함할 것인지를 고민해 볼 필요가 있다. 한국 교회를 기독교 전체 단위로 놓고 보면 가톨릭교회, 그리스정교회, 개신교회 간의 갈등과 분쟁을, 개신교회 전체 단위로 놓고 보면 교단과 교단 간의 갈등과 분쟁을, 교단 전체 단위로 놓고 보면 교단 내부의 갈등과 분쟁을, 개 교회 단위로 놓고 보면 개 교회 내부의 갈등과 분쟁을, 개 교인 단위로 놓고 보면 교인과 교인, 교인과 비교인 간의 갈등과 분쟁을 말하는 것으로 볼 수 있다.

여기에서는 위 모든 경우를 포함하는 것으로 보되, 갈등과 분쟁의 발생 빈도(頻度)는 기독교계, 개신교계, 교단, 교회, 교인 단위로 내려 갈수록 높아지는 것을 감안하게 될 것이다.

필자는 2002년 교회개혁실천연대[3]가 창립된 이후부터 집행위원, 최근에는 공동대표로 겸하여 섬기고 있기 때문에 한국 교회 내·외의 분쟁, 분열에 대하여 직·간접적인 경험을 비교적 많이 한 셈이다. 그러다 보니 이른바 명망있는 교회 지도자 특히, 대형교회 목사님들에 대해 대단히 실망을 많이 하게 되었고, 급기야 왜 이런 한국 교회를 하나님께서 그냥 내버려 두시는지 원망하는 마음이 있었다. 그러나 CLF(기독법률가회) 사회위원회 활동을 통해, 우리 사회 각 분야 특히, 낮고 어두운 곳에서 사회경제적으로 연약한 분들을 위해 이름도 없이 빛도 없이 희생하고 헌신하는 수많은 그리스도인들을 발견한 이후부터는, 한국 교회에 여전히 희망이 있음을 발견하게 되었다.

지하철 안에서 싸우는 사람들을 보고 다른 탑승객들이 "여기가 교회인줄 아느냐? 그만 싸워라"며 야단을 치더라는 이야기를 들은 적이 있다. 그것이 실제 상황인지 혹은 웃자고 하는 이야기인지 분별하지 못하였으나, 얼마나 교회가 싸움을 많이 하는 곳으로 소문이 났으면 그런 이야기까지 생겼을까, 생각을 하니 문득 자괴감과 부끄러운 심정에 빠지게 된다.

(2) 기독교의 분쟁과 분열

예수 그리스도께서 부활·승천하신 후 바울 사도가 지중해 연안을 중심으로 예수님의 말씀을 전파하러 다닐 당시에도 고린도교회가 바울파, 아볼로파, 게바파, 그리스도파로 나뉘어 파당 간에 분쟁을 하였다는 기록이 고린도전서 1:10~17에 남아 있지만, 이것은 다음 세대에 나타날 분쟁 및 분열에 비하면 일종의 해프닝에 불과하였다.

중세 가톨릭 시대에도 공교회, 정통 교리가 세워지는 과정에서 수많은 분쟁과 분열이 있었고, 1517년 마르틴 루터가 당시 로마 가톨릭교회의 부패와 타락을 비판하는 내용의 95개조 반박문을 발표하여 시작된 종교개혁(宗敎改革, Protestant Reformation)은 성경의 권위, 하나님의 은혜와 믿음을 강조함으로써 부패한 교회를 새롭게 변혁시키고자 했던 신학운동이었지만, 그 결과 개신교(루터교, 장로교 및 개혁교회, 침례교, 성공회 등)가 로마 가톨릭교회로부터 분리되었다. 그리고 전세계적으로는 가톨릭교회, 그리스정교회, 개신교회 등 3개의 큰 흐름이 정립되어 갔다. 그 과정에서 유럽을 중심으로 여러 차례 종교전쟁이 발발하였고, 근대 식민지 쟁탈 시대에는 제3세계에서까지 종교전쟁의 성격을 띤 분쟁들이 발생하였다.

(3) 한국 교회 교단의 분쟁과 분열

한국 기독교 또한 가톨릭 200년, 개신교 100년의 역사를 지나는 동안 오랜 분쟁 및 분열의 과정을 거쳤다. 특히 개신교의 경우에는 전파되는 과정에서 각 나라 각 지역 각 교단들이 앞을 다투어 한반도를 선교지로 삼는 바람에 지역별, 교단별로 신앙의 색채가 달라지기도 하였다.

그중 장로교만 살펴보면 최소한 3번의 큰 분쟁 및 분열이 있었다.

① 1951년경, '신사참배' 참여 여부 및 그 이후의 태도에 따라 신사참배 반대 진영을 중심으로 '고신교단'[4]이, ② 1953년경, '성경해석, 사회참여' 등 성서관과 관련해서는 상대적으로 진보적인 '기장교단'[5]이 기존 장로교로부터 분립해 나갔고, ③ 1960년경 WCC등 에큐메니칼 운동과 관련하여서는 기존 장로교가 통합측과 합동측으로 크게 분열[6]하였다.

수년 전에는 금권선거, 이단 대처, 교권 등과 관련하여 한국기독교총연합회[7]를 탈퇴한 교단 및 단체가 한국교회연합으로 모이기도 하였다.

현재, 장로교단만 하더라도 예장(통합), 예장(합동)이라는 두 거대 교단과 한국기독교장로회(기장), 대한예수교장로회[8](합동, 통합, 고신, 개혁A, 개혁B, 합동보수A, 대신, 호헌A, 호헌B, 합신, 국제합동, 합동복음, 보수개혁, 국제, 고려, 개혁합동, 성합측, 합동중앙, 성장, 중앙, 총회측, 합동복구, 보수, 근본, 백석, 개혁선교, 합동개혁진리, 개혁총연, 합동개신, 합동개혁, 진리, 보수합동, 합동보수B, 예장, 합동총회, 선교, 브니엘, 웨신, 합동동신, 합동개혁a, 개혁 총회, 합동총신측, 피어선 총회, 고려개혁, 합동한신, 개혁복구, 합동보수C, 합동선목) 등 이른바 예수교장로회라고 표방하는 교단만 130개 정도 된다고 한다.

그리고 장로교 외에도 감리교, 침례교, 성결교, 하나님의성회(순복음교회), 그리스도의교회협의회, 그리스도의교회한국교역자회, 기독교대한하나님의성회, 기독교대한감리회(연합), 기독교대한성결교회, 기독교한국침례회, 기독교한국루터회, 기독교한국하나님의교회, 대한기독교나사렛성결회, 대한예수교복음교회, 예수교대한성결교회, 예수교대한감리회, 구세군 대한본영, 대한성공회 … 등이 있다.

(4) 한국 교회 개교회의 분쟁 및 분열

앞에서는 기독교 전체와 교단 차원의 분쟁, 분열에 대해서만 살펴보았지만, 한국 교회 특히 개신교회의 분쟁은 심각한 수준이다.

교회개혁실천연대가 펴낸 '교회개혁, 그 길을 걷는 사람들 10년의 발자

취(10년 연감보고서)'를 보면, 부설 상담소에서 공식적으로 다룬 분쟁 관련 상담 교회가 2003년 10개 교회, 2004년 18개 교회, 2005년 26개 교회, 2006년 24개 교회, 2007년 34개 교회, 2008년 35개 교회, 2009년 40개 교회, 2010년 30개 교회, 2011년 25개 교회, 2012년 19개 교회로 나타나 있고, 상담 건수를 기준(복수 응답)으로 하면, 행정전횡이 38.1%, 재정전횡이 53.1%, 부당한 치리 및 표적설교 35.3%, 목회자의 성폭력 13.9%, 교회 건축 및 매매 22.6%, 설교 표절 및 이단적 설교 7.6%, 허위 이력 및 청빙문제 15%, 교회법 3%, 기타 18.2%를 차지하고 있다.

2) 분쟁의 순기능과 역기능

앞에서는 기독교계, 개신교계, 교단 차원 혹은 단위의 갈등과 분쟁, 분열에 대해 살펴보았지만, 개 교회 단위의 분쟁이 가장 심각하다고 볼 수 있다.

교회에는 여러 다양한 사람들이 모여 있다. 교인들 중에는 구원받은 사람들도 있지만, 아직은 그 경지에 이르지 않았으나 구원받고자 소망하는 사람들, 그냥 마음의 평화라도 얻고자 하는 사람들, 자신의 이해관계와 비즈니스의 필요에 따라 교회에 나온 사람들, 누군가의 손에 이끌려 마지못해 나온 사람들도 있다. 이처럼 다양한, 온갖 사람들이 모여 있는 교회 내에서 어떤 사안에 대해 다양한 의견이 존재하는 것은 대단히 정상적이라 할 것이다. 만일 당회장, 담임목사의 말 한마디에 모든 것이 결정되는 교회라면 형식적, 외형적으로는 분쟁이 없는 것으로 보일지 모르나 실질적, 내면적인 분쟁의 씨앗이 자라나고 있는 것으로 볼 수 있다. 오히려, 어느 정도는 견해·입장의 차이·대립이 존재하는 것이 건강한 교회라 할 것이다.

이처럼 다양한 사람들, 다양한 가치관과 사고방식, 다양한 견해와 입장, 다양한 차이와 다름의 존재 그 자체는 하나님의 창조질서에 부합되는 것이므로 무조건 사탄의 장난으로 몰아 부칠 수는 없는 것이다.

또한, 분쟁이 발생하였다고 하여 반드시 부정적인 결론에 도달하는 것만도 아니다. 분쟁은 어떤 측면에서는 공동체 내에 곪아 있었던 부분이 고름으로 터져 나와 공개되고 통증과 아픔 가운데에서 관련자들의 협력 아래 치유로 나아가는 첫걸음이 되기도 한다. 분쟁이 잘 해결되면 오히려 그 이전보다 더 생동감이 있고 건강한 공동체가 될 수 있다.

그러나 역시 분쟁이 발생하면 공동체 구성원 간에 상처, 아픔을 넘어 오해, 왜곡, 애증, 악감정, 증오 등 부정적인 감정이 지배하게 되고, 제대로 해결되지 않으면 공동체의 붕괴를 가져오므로 차라리 분열·분리하는 것이 합리적일 수도 있다.

문제는, 그러한 다름, 차이가 생겼을 때 어떠한 방법으로 교회 공동체가 그러한 다양한 입장과 견해를 수렴해 나가느냐, 과연 그러한 능력과 역량이 있느냐, 하는 것이다.

3) 한국 교회 분쟁의 근본적인 원인

(1) 교회가 교회답지 못하다

한국 교회 분쟁의 원인과 관련해서는 많은 견해들이 있지만, 기본적으로는 현재 한국 교회가 교회답지 못하기 때문이라는 점에 대해서는 대부분 동의한다.

교회의 개념에 대해서는, 교회당(건물), 신자들의 특별한 조직체 등의 의미로 사용되는데, 교회사를 통해 나타난 교회의 모델들로 보면, ① 제도로서의 교회(Institution 가시적 조직, 구조, 직분을 가진 이들에게 권위나 권한이 집중된 유형), ② 교제와 관계로서의 교회(Communion and fellowship 하나님과 성도들 간에 교제하는 무리), ③ 성례로서의 교회(Sacrament 성례가 중시하는 교회), ④ 사자로서의 교회(Herald 예수 그리스도와 성경을 전달하는 것), ⑤ 종으로서의 교회(Servant 타자를 위한 공동체) 등이 나타나 있고, 일반적으로 교회의 5대 요소(기본적인 기능)로 ① 예배, ② 양육, ③ 친교, ④ 선교, ⑤ 봉사를 들고 있다.

그런데 현재 한국 교회는 위와 같은 역사적 교회나 교회의 기본 기능을 온전하게 수행하지 못하고 있거나, 어느 한 쪽에만 치우치거나, 아예 종교 기업화 하는 경향이 있다.

따라서 교회개혁운동 등을 통해 교회로서의 본질을 회복해야 한다.

(2) 세속화

백종국 교수는, 세속화(교회 본질에서 벗어나기)가 한국 교회 쇠퇴 및 분쟁의 가장 큰 원인이라고 주장하면서, ① 물신주의(돈으로 신앙을 사려는 태도), ② 성공주의(결과가 과정을 정당화한다는 태도), ③ 권위주의(신앙적 신분을 세속적 계급으로 생각하는 태도)를 가장 큰 문제로 들고, ① 물신주의에 대해서는 복음주의적 세계관으로 돌아가기, ② 성공주의에 대해서는 하나님의 공의로 돌아가기, ③ 권위주의에 대해서는 다수결과 소수자보호, 견제와 균형이라는 민주주의 회복을 각 대안으로 제시하였다.

특히, 모범 정관의 필요성을 강조하고 있는데, 교회 정관에는 ① 교회의 주권, ② 양심의 자유, ③ 복음적 분업을 3대 기본원리로, ① 개체 교회의 독립성, ② 직분의 평등성(직분의 재편과 업무분장, 직분별 임기제 도입), ③ 의사결정의 민주성(각급 회의체의 의사결정 정족수 확인, 의사결정구조의 일치성 확보), ④ 재정의 투명성(재정사항의 공개, 재정항목의 합리화, 재산관리의 절차 규정)을 지켜낼 것을 주장한다.

(3) 지도자와 규범의 부재

필자는 교회분쟁의 원인은 성도들이 신뢰하고 따를 만한 영적인 지도자가 없다는 점과 갈등상황이 발생했을 때 그것을 해결해 나갈 규범, 프로세스가 없다는 점이 가장 큰 문제라고 생각하고 있다.

지혜로운 교회 지도자가 존재한다면, 제대로 된 개교회 정관 및 교단헌법이 존재한다면, 개교회 ― 상회(上會) 혹은 광대역 회의체 ― 총회와 각 재판국이 제대로 작동한다면, 교회분쟁은 많이 줄어들 것이다.

(4) 기타

그밖에도 구교형 목사는 교회의 권력집중, 정치와의 밀착(정치적 특혜와 그로 인한 양적 성장) 등을 문제로 삼기도 하고, 어떤 이들은 권징의 부재 혹은 형해화, 목회자들의 절대권력화, 성도들을 우민화시키는 이단적인 말씀, 목회자 양성기관(신학교육)의 문제 … 등을 지적하고 있다.

4) 분쟁 해결의 방법

(1) 내부적인 자율구제 방법

대개 교회의 분쟁은 어떤 일이 발단이 되어 의견 충돌이 생기고 파당으로 나누어지는 과정을 겪게 된다. 그러한 가운데 교회 내 분쟁이 교회 내에서 해결되지 못하고 사회법정에서 다뤄지는 사례가 빈번하고 있다.

최근에 장로교단 중 하나인 예장고신총회가 교단 정기총회에서 교회 내부의 문제를 사회법에 제소할 수 없다는 내용의 헌의안을 결정해 통과시킨 적이 있다. 성경적으로, 교회 문제는 교회 내부에서 해결해야지 사회법으로 해결해서는 안 된다고 본 것이다. 기독교대한감리회 감독회장 후보 자격을 둘러싸고 법원이 내린 가처분 판결문에서도 종교단체 내부의 분쟁은 내부에서 자율적으로 해결하는 것이 가장 바람직하다는 의견을 제시하고 있다.

하지만 재산권 등 교회 내 다양하고 복잡한 문제를 교회법이 다 해결해줄 수 없는 경우가 많기 때문에 사회법을 통한 해결이 불가피할 때가 있다. 특히 교회법이 너무 오래되거나 규정이 모호한 경우, 또 일반 신자가 아닌 목회자의 입장에서 교회법이 제정되다 보니 독소조항도 많다. 교회법과 교회재판 결과도 일반적인 정서나 상식과는 거리가 먼 경우도 있어 사회법에 기댈 수밖에 없는 것이 현실이라는 지적이 있다.

한편, 합리적이고 정상적인 교회 내 치리나 노회 판결에 대하여 당사자들이 이를 겸허히 받아들이고 순종할 수 있도록 하기 위해서는 교회나 노회가 갖고 있는 도덕적 윤리적 권위의 수준이 지금보다 더욱 높아져야 한다.

문제 해결 방법 중에 가장 좋은 것은 ① 문제가 발생한 장소, 영역에서, ② 내부적으로 당사자 간의 합의에 의하여 해결하는 것이다. 내부적인 자율적 구제는 대·내외적으로 불필요한 파장은 줄이면서 내부 구성원 간의 대화에 의해 자체적으로 문제를 해결하는 과정에서 상호 간에 인식의 전환을 가져올 뿐만 아니라 자정능력을 기르는 좋은 점이 있다. 다만, 자율적인 구제가 사건이 외부로 알려지는 것을 막거나 은폐한다거나 오히려 피해 당사자를 억누르는 결과를 가져온다면, 그것은 오히려 더 큰 2차 피해, 나아가 폐해를 낳게 되므로, 공개한 후 외부 기관이나 기구를 활용하는 것이 더 나을 수도 있다.

이러한 내부적인 자율구제는 근대 민법의 3개 원칙 중 하나인 사적자치(私的自治)의 원칙에도 부합하는데, 당사자 간의 합의와 관련해서는 우리 민법 제731조(화해의 의의) "화해는 당사자가 상호 양보하여 당사자 간의 분쟁을 종지할 것을 약정함으로써 그 효력이 생긴다", 제732조(화해의 창설적 효력) "화해계약은 당사자 일방이 양보한 권리가 소멸되고 상대방이 화해로 인하여 그 권리를 취득하는 효력이 있다"는 규정이 기본적으로 적용될 수 있다.

그리고 분쟁의 해결방식에는 통상적으로 협상, 화해, 조정, 중재, 판결 등의 방법이 거론되고 있다. 판결은 국가에 의한 공권적, 강제적, 최종적 분쟁 해결방식인데, 관련 법령이 정한 소송절차를 거쳐서 상당한 시간이 흐르면 결론은 나겠지만, 소송 당사자의 정서적인, 감정적인 부분까지 해결해 주지는 못하는 한계가 있다. 이에 따라 자율적이고 대안적인 분쟁해결방식이 논의되고 있는데, 이를 통칭하여 ADR(Alternative Dispute Resolution)이라고 한다.

최근 기독교 정신에 의한 자율적인 구제방법과 관련하여 새롭게 제시되는 것이 '회복적 사법', '회복적 정의', '회복적 사법정의'라는 것인데, 회복적 사법정의의 철학이 자율적 구제방법에도 적용되기를 기대해 본다.

(2) 피스메이커적인 방법

이 방법은 (사)한국피스메이커를 통해 우리나라에 소개되고 구현되고 있다. (사)한국피스메이커는 주로 미국의 피스메이커(Peacemaker)적인 방법을 한국에 적용하려고 시도하고 있는데, '성경적 갈등해결과 관계 회복 방법'을 강조하고 있다.

(사)한국피스메이커는 "그리스도인과 교회가 갈등과 분쟁과 분열을 치유하는 화평의 능력자로 세워져 하나님의 아들이라 일컬음을 받을 수 있도록 돕는 것"을 'MISSION'으로, 화평케 하는 일이 교회와 그리스도인의 본질적 사명임을 상기시키고, 그리스도인이 인간관계의 갈등 상황에 직면했을 때 회피하거나 분노하지 않고 온유하여 화해하는 반응으로 대처할 수 있도록 교육훈련을 보급하며, 그리스도인 개인이나 교회에 제3자 개입이 필요한 갈등이 발생하는 경우 세상 법정을 이용하지 않고 그리스도인 공동체 안에서 해결할 수 있도록 대안을 제시하는 것을 'VISION'으로 삼고 있다.

특히, 핵심 가치(CORE-VALUE)로 4G를 들고 있는데, ① Glorify God 하나님을 영화롭게 하라(갈등을 보는 관점의 변화, 고전10:31~: 나는 어떻게 이 상황에서 하나님을 기쁘시게 하고 영화롭게 할 수 있는가?), ② Get the log out of your eye 먼저 네 눈 속에서 들보를 빼어라(마7:5~: 이 갈등에 대한 나의 책임을 어떻게 감당하는 것이 예수님께서 내 삶 가운데 행하신 일을 보여주는 것일까?), ③ Gently restore 온유한 심령으로 바로 잡으라(상대를 권고하라, 마18, 당사자 해결 우선 후 제3자 개입: 갈등 상대방을 사랑으로 섬기기 위해 그들이 져야 할 갈등에 대한 책임을 깨닫도록 어떻게 도울 수 있을까?), ④ Go and be reconciled 먼저 가서 화해하라(용서와 협상: 나는 어떻게 하나님의 용서를 보여주고, 이 갈등에 대한 합당한 해결책을 권할 수 있을까?)를 갈등의 원인을 규명하고 갈등에 대한 반응을 살펴본 후에 화해적 반응을 위한 성경적 원리로 제시하고 있다.

구체적으로는, 피스메이커 학교, 화해자 실습교육, 화해센터, 조정/중재 문화 구축 지원 등을 통해 화해사역을 구현하고 있다.

(3) 회복적 사법정의(Restorative Justice)적인 방법[9]

① 회복적 사법정의에 대한 이해

회복적 정의는 최근 우리나라 법원에서 가사사건, 소년사건 등에 적용되고, 공동체 화해와 치유 프로그램에도 확산되고 있는 방법이다.

회복적 사법정의는 범죄와 처벌에 대하여 전통적인 입장과는 다른 변화된 이해와 철학으로부터 출발한다. 회복적 정의는 전통적인 사법정의의 관행이 보복적인 입장에서 구금을 실행함으로써 범죄자를 개선시키기보다는 오히려 악화시킬 수 있는 점을 간과하지 않는다. 뿐만 아니라, 범죄로 인해 피해자가 받은 상처를 회복하도록 돕는 일과 가해자로 하여금 자신의 행위로 인해 파괴된 상태를 고쳐 바로 잡는 데 목적이 있다.

회복적 사법정의의 관점에서는 범죄를 국가에 대한 공격 행위로 이해하는 것이 아니라, 개인이 다른 개인에게 해를 끼친 행위로, 다른 사람과의 관계를 위반한 것으로 범죄를 개념화 한다. 범죄는 피해자에게 해를 끼치는 것은 물론이거니와 여러 관계(relationship)에 상처를 입히게 되는데, 피해자와 가해자 사이는 물론이고 주변의 많은 사람들과의 관계에 영향을 미치게 된다. 이 역시 지역사회와 국가를 거역한 행위이지만, 그보다는 개인에 반한 것으로 간주한다. 그렇기 때문에 개인과 개인의 관계가 우선적으로 취급될 수밖에 없다. 이와 같은 범죄에 대한 이해의 밑바닥에 깔린 철학은 가해자와 피해자의 전인적 회복을 추구하는 것이다.

회복적 사법정의는 그에 따르는 사법 절차를 거치는 전체 과정에서 피해자와 가해자, 그 범죄사건으로 피해를 입은 모든 사람의 상처를 아물게 하는데에 그 목적을 두고 있다. 피해자와 가해자, 그리고 주변 사람, 더 나아가 지역사회 등 어떠한 범죄와 관련하여 영향을 받는 대부분의 사람들을 포함하게 된다. 회복적 사법정의는 이러한 관련자들을, 범죄로 인해 뒤틀어진 관계를 바로 잡고 화해하고 정상적인 관계를 재확인시켜 주는 해결책을 강구하는 과정에 참여시킨다. 단지 참여시킬 뿐만 아니라 범죄로 인해 잘못된 결과를 올바르게 정정하는 모든 과정에서 변화가 시작되도록 자연스럽게 유도한다.

② 무엇이 잘못되어 왔나?

한국을 포함한 대부분의 문명국가들은 영국(영미법계) 혹은 독일(대륙법계)에 의해 발달된 서구식 재판제도를 사용하고 있다. 이 제도는 많은 장점을 갖고 있지만 많은 한계를 드러내고 있는 것 또한 사실이다. 앞에서 언급한 바와 같이 피해자의 여러 가지 의문과 만족은 소외되고 죄와 벌을 찾는 데 초점이 맞추어 진행되는 것이 일반적이다. 결국은, 처벌을 중시하게 되기(응보[應報]) 때문에 피해자와 가해자 사이에 진정한 의미의 만족이나 화해, 정신적 치유의 기회가 상대적으로 부족하게 될 수밖에 없다. "응당한 처벌을 받으면 되지, 무슨 화해나 치료가 필요한가?"라고 말할 수도 있겠지만, 지금까지 엄중한 처벌에도 불구하고 우리 사회는 범죄와 재범률 증가 등 악순환을 거듭하고 있는 것이 현실이다. 무엇보다도, 대부분의 사람들이 자신의 사회를 안전하다고 느끼지 못하는 데 더 큰 문제가 있다. 그 밖에도, 막대한 재판 비용과 시간의 낭비, 소송의 폭증과 전문 인력의 부족, 전과자의 사회 부적응, 국가 예산의 사용 증가 등 여러 가지 문제점을 드러내고 있다. 결국, 현 재판제도의 한계를 극복하고 쌍방에게 보다 만족스러운 정의를 이루기 위하여, 가해자와 피해자가 직접 대면하여 문제를 해결하려는 제도적 장치들이 생겨나기 시작하였다.

③ 현행 사법제도의 특징과 한계점

현재의 사법제도는 응보적 정의(Retributive Justice)에 뿌리를 두고 있다. 이때 범죄는 국가가 지정한 '법'을 어기는 것을 의미한다(Crime = Law Breaking). 누가 그러한 행동을 했고 어떤 법에 저촉되는 지가 수사의 핵심이 되고, 범죄 해결 과정에서 피해자와 가해자의 의견과 감정은 무시되기 쉽다. 재판 과정에서, 처벌을 피하거나 약화시키려는 피고인 측은 상황이나 증거에 관계없이 부인으로 일관하기 일쑤이다. 결국은 재판 과정을 통해 피해자와 가해자 사이는 더욱 더 극한 대립으로 치닫게 되는 것이 일반적이다.

처벌의 근본적인 원리는 가해자가 피해자에게 고통을 주었기 때문에 가해자도 그에 상응하는 고통을 받아야 한다는 것이다. 그러나 처벌이 이뤄진

후에도 가해자는 국가나 사법기관에 대한 불신과 불만이 남게 된다. 피해자도 재판 과정에서의 소외감과 재발에 대한 두려움을 갖게 된다. 국가와 사회는 범죄 해결을 소수의 전문가들 손에 맡기는 한편 더 강력한 처벌로 범죄를 줄여야 된다고 믿는 경향성을 갖게 된다.

④ 회복적 사법 정의의 제도는 어떻게 시작되었는가?

1974년 어느 날 캐나다의 작은 도시 엘미라(Elmira, Ontario)에서 수십 군데의 집을 턴 혐의를 받은 두 명의 십대 용의자들이 체포되어 재판을 기다리고 있었다. 오랫동안 그 지역 교정위원을 맡고 있던 메노나이트 교도 마크 얀치(Mark Yantzi)와 그의 동료 데이브 월트(Dave Worth)는 담당 재판관을 찾아가, 본인들이 십대 용의자들을 데리고 피해를 당한 집들을 찾아가서 합의를 보게 하겠다고 제안하였다. 물론 재판관의 첫 반응은 말도 안 된다는 것이었다. 법을 어기고 남의 집을 도둑질한 소년들을 그냥 가볍게 처리할 수는 없다는 것이 그 이유였다. 그런데, 막상 재판이 열리자 놀랍게도 담당 재판관은 마크와 데이브의 의견을 받아들여 두 소년 용의자들에게 피해자들과 직접 만나 사건을 해결할 것을 판결하였다. 다만, 합의에 이르지 못할 경우에는 다시 법정에서 최종 판결을 받을 것을 조건으로 하였다. 그 두 소년 용의자들은 마크와 데이브와 함께 자신들이 턴 집들을 일일이 방문하여 사과하고 자신들이 어떻게 하면 피해자들이 만족할 만한 처벌을 받을 수 있는지 물었다. 이사를 간 두 집을 제외하고는 모든 집에서 이들과 합의에 이르렀고, 그 둘은 봉사활동이나 현금배상 등의 방법으로 자신들의 잘못된 행위에 대해 책임을 지게 되었다. 실제로 몇 집은, 찾아와서 사과를 한 것만으로도 이 청소년들을 용서해주었고, 그 둘은 다시 마을의 구성원으로 건전하게 살아갈 수 있게 되었다.

⑤ 회복적 사법정의의 주요 특징

회복적 사법정의는 범죄를 이해하는 초점이 '인간관계'를 깨뜨린 것에 있다고 본다(Crime = Relationship Breaking). 그렇다면 논리상, 범죄에 대한 책임과 피해의 당사자인 가해자와 피해자는 당연히 문제해결 과정에서 자발적이고 능동적으로 참여하는 주체가 되어야 한다. 양측 간의 직접적 대면을 통해 피해자의 요구와 가해자의 책임을 통감하게 하고, 처벌에 대한 합의까지도 자발적으로 이루어 내게 된다. 기존의 재판제도로는 충분히 만족시키지 못하는 피해자와 가해자의 요구를 당사자의 합의에 의하여 채워주는 데 중점을 두게 되는 것이다.

피해자의 요구	가해자의 요구
범죄로 인해 초래된 물질적, 신체적, 정신적 피해를 인정받고 사과를 받고 싶다.	잘못에 대한 책임을 지되 피해자에게 직접 상황을 설명하고 싶다.
자신뿐만 아니라 가족을 비롯하여 주변 사람들이 받은 고통을 가해자에게 직접 알리고 싶다.	할 수 있으면 직접 용서를 구하고 잘못된 행동에 대해 사과하고 싶다.
가해자의 동기에 대해 직접 들어보고 싶다.	사람들이 비난보다는 이해해주기를 바라며, 제2의 기회가 주어지기를 바란다.
재발 방지를 약속 받고 싶다.	사회로부터 '죄인'으로 낙인찍히고 싶지 않다.
손해배상을 받고 싶다.	피해자뿐만 아니라 가족 등 주변 사람들과의 관계를 정상적으로 회복시키고 싶다.
가해자가 뉘우치고 새롭게 되기를 바란다.	
가능한 한 관계가 회복되기를 바란다.	

또한 법을 집행하는 전문기관과 더불어 지역사회의 참여와 관심을 강조한다. 비법률 전문가인 조정자들이 소정의 조정 관련 훈련을 받아 사건의 해결을 돕고, 피해자를 지원하며, 가해자가 사회에 다시 적응하도록 돕게 된다.

【현행제도와 회복적 사법정의의 비교】

	현행제도	회복적 사법정의
주요 관점	"누가 범인인가?" "어떤 죄를 범했는가?" "어떻게 처벌할 것인가?"	"누가 피해자인가?" "어떤 피해를 입혔는가?" "회복을 위해 필요한 것이 무엇인가?"

특징	범죄는 국가에 대한 위법행위	범죄는 사람과 관계에 대한 피해행위
	가해자의 상처는 소외됨	피해자의 요구와 권리 중시
	가해자에 대한 처벌 중시	가해자의 상처도 인정
	범죄행위를 전문적/법적 언어로 이해 (개인적 자유선택)	범죄행위를 종합적(도덕적, 사회적, 경제적, 정치적)으로 이해
	잘못된 행위는 죄를 낳는다.	잘못된 행위는 책임과 의무를 낳는다.
	죗값은 처벌을 통해서 갚아진다.	죄의 대가는 바르게 회복함으로 갚아진다
	범죄는 개인의 선택	사회적 역할의 강조
	시간, 비용의 부담증가	시간, 비용의 절감
	전문적인 대리인이 주로 역할	가해자, 피해자 본인들이 주로 역할
	경쟁, 부인, 책임회피 분위기 조성	반성, 책임, 용서, 화해 분위기 조성
	win-lose 결과	win-win 결과

⑥ 회복적 사법정의의 대표적 프로그램

■ 피해자-가해자 조정/화해 프로그램(Victim-Offender Mediation/Reconciliation Program): 조정자의 주관 아래 피해자와 가해자가 직접 만나, 피해와 책임에 대한 의견을 교환하고 자발적으로 합의에 이르는 과정

■ 가족 집단 회합(Family Group Conference): 피해자와 가해자뿐만 아니라 그 가족이나 친지까지 모여 직접 문제 해결을 위한 협의를 해나가는 과정. 주로 청소년 범죄 사건에 활용됨

■ 공동체 양형(Sentencing Circles): 북미의 원주민(인디안) 문화에서 발전된 것으로서 피해자와 가해자의 가족과 친지, 친구, 지역의 원로 등이 경찰과 판사(어떤 경우는 양측 변호사)와 함께 법원이 아닌 지역센터에서 비공식적으로 만나 문제를 해결하는 과정

■ 진실화해위원회(Truth and Reconciliation Commission): 국가적 차원에서 행해진 범죄에 대해 피해자는 공식적인 자리에서 자신의 피해와 감정을 밝히고 책임과 사과를 요구. 가해자는 진실을 밝히는 조건에서 최대한의

사면(용서)을 허락 받을 수 있음

■ 기타 프로그램들
  - 지속적 지원 프로그램: 형을 마친 사람들을 지원 팀이 정기적으로 만나 상담과 직업알선 등을 통해 사회복귀를 돕는다.(예: Post Sentencing Program, Circles of Support and Accountability)
  - 강력사건에 대한 프로그램: 손해배상이 불가능한 살인의 경우에 피해자의 가족과 가해자가 교도소 내에서 만나 화해와 치유를 위한 만남의 시간을 갖는다.

⑦ 회복적 사법 정의의 한계 및 장애

회복적 사법정의는 현 제도가 갖고 있는 한계와 문제점을 보완하는 의미에서 점차 확대되고 있지만, 이 새로운 개념의 시도 또한 완전한 제도로 나타나기에는 현실적인 한계가 존재한다는 것을 부인할 수는 없다. 우선, 쌍방의 자발적 참여로 이루어지는 것을 원칙으로 하기 때문에 강제성이 결여된다. 참석자들의 참석 거부나 참석 불가능 상황에서는 성과를 기대하기 힘들다. 또한, 회복적 정의의 중요한 성공 요소 중의 하나인 공동체의 역할이, 급변하는 현대 사회에서는 부재하거나 과거만큼 강하지 않다. 일부에서는 너무 약한 처벌(soft justice)이기 때문에 처벌회피용으로 이용될 가능성이 있다는 우려의 목소리도 있다. 이러한 우려를 극복하기 위해서는 잘 훈련되고 준비된 전문 인력(조정자나 프로그램 진행요원 등)의 양성이 필수적이지만 지금 한국의 상황은 이러한 전문 인력이 거의 전무한 상황이다. 다른 무엇보다도, 많은 민간단체들의 역할이 필요한 회복적 사법정의의 구조를 정부와 제도권이 어떻게 수용하고 지원할 것인가, 하는 점이 가장 큰 관건이라 하겠다.

5) 한국 교회의 개혁 및 분쟁 해결을 위한 노력

그동안 한국 교계에서는 교회의 갈등과 분쟁을 해결하기 위한 여러 노력들이 있어 왔다. 그 가운데, 그동안 지속적으로 활동을 해온 대표적인 단체들을 소개하면 아래와 같다.

(1) 교회개혁실천연대

① 교회바로세우기 운동, ② 교회바로세우기를 통한 사회개혁, ③ 교회바로세우기를 통한 하나님 나라의 확장을 목적으로 2002년 창립되어 ① 교회의 부정·부패척결을 위한 제반 운동, ② 건강한 교회 모델제시 및 교회 건강 회복을 위한 다양한 지원활동, ③ 교회개혁에 대한 조사, 연구 및 정보축적, ④ 교회개혁 일꾼 양성, ⑤ 기독교 정신에 기초한 사회개혁운동, ⑥ 개혁적 기독인 및 단체와의 연대, ⑦ 교회개혁 운동을 통한 개 교회 선교지원 사업 등을 펼치고 있다.

그동안 교회개혁을 위한 이슈 파이팅, 비판운동을 넘어 ① 대안 제시운동(민주적 정관 갖기 운동, 교회재정 건강성 운동, 목회자 청빙운동 등), ② 사랑으로 비판운동(교회 상담, 이슈 파이팅, 교단총회 참관활동 등), ③ 온전한 신앙운동(사경회, 교회개혁아카데미, 교회개혁제자훈련, 열린 강좌 등), ④ 함께하는 개혁운동(전국네트워크, 청년모임, 연대 사업 등) 등으로 확산되고 있다.

(2) 바른교회아카데미

바른교회아카데미(Good Church Academy)는 성서적이고 역사적인 바른 교회상을 연구하고 정립하여, 지상 교회의 왜곡된 신앙과 직제를 찾아 바르게 함으로써, 교회가 이 땅에 하나님의 나라를 실현하는 도구로 쓰임 받도록 하는 것을 목적으로 2004년 창립되었고, ① 교회의 신학적·이론적 바탕 정립을 위한 연구 활동, ② 연구 결과를 발표, 교육하는 각종 강연회 및 세미나 개최, ③ 바른교회세우기를 위한 인재 발굴 및 양성, ④ 바른교회세우기를 실행하는 회원 확장 운동, ⑤ 교회상에 따른 각종 자료 발행 및 도서 출판, ⑥ 국내외 유관 단체와의 교류, ⑦ 교회 목회 관련 자료실 운영 등의 사업을 펼치고 있다.

(3) 한국피스메이커

한국피스메이커(Korean Peacemaker Ministries)는 1982년 기독교법률협회의 부설기관으로 시작하여 2002년 3월경 독립하였는데, 그리스도인들이 갈등에 직면했을 때 성경적으로 대처할 수 있도록 준비시키고 돕는 데 목적을 두고 있으며, 교육자료, 세미나, 훈련 등을 통해 교회 지도자들과 평신도 모두에게 화평을 이루는 삶을 살도록 돕고, 교회와 가정, 직장에서의 갈등과 분쟁, 소송 등을 성경적으로 해결하기 위해 상담, 조정, 중재의 역할을 제공하고 있다.

최근 창립 15주년을 맞아 기념 포럼을 열고, '화해 센터'를 다시 열어 피스메이커적인 방법으로 갈등/분쟁을 해결해 나갈 것을 재천명한 바 있다.

(4) 한국기독교화해중재원

한국기독교화해중재원(The Korea Christian Conciliation and Arbitration Institute)은 한국 기독교 교회에서 발생하는 각종 갈등 및 분쟁(교회분쟁)을 성경적인 원리와 실정법의 적용을 통하여 상담, 교섭, 협상, 조정, 화해, 중재 등의 방법으로 원만히 해결하고, 이를 위하여 필요한 연구와 교육 및 훈련 등을 담당하되, 아울러 갈등 및 분쟁의 발생을 미연에 방지하는 것을 목적으로 하여 2008년 3월 21일경에 창립되었다. 2011년 11월 10일경 대법원으로부터 사단법인 설립허가를 받은 후부터 ① 교회 및 그리스도인들의 공식적인 분쟁해결기구 역할, ② 교회 및 교인 관련 법원 연계 조정, ③ 화해/화평의 문화 실현을 위해 사역하고 있다.

상대적으로 이 단체가 가장 직접적으로 화해와 조정, 그리고 중재에 참여하여 일정한 성과를 거두고 있기 때문에 이에 대해서는 별도의 항목에서 더 상세하게 살펴보겠다.

6) 한국기독교화해중재원의 현황과 평가

(1) 한국기독교화해중재원의 설립 경과

우리나라에서도 2000년대 이전부터 예수님의 정신, 사랑과 공의 등 기독교 정신으로 교회 및 성도 간의 갈등, 특히 교회분쟁을 해결하고자 기독중재센터, 교회분쟁해결센터 등 각종 아이디어를 내고 기도하는 분, 주명수 목사/변호사처럼 개인적/단체적인 차원의 기구를 세운 분들이 계셨다. 그 당시 필자가 사무국장으로 섬기고 있던 CLF(기독법률가회)에서도 비슷한 고민을 하였고, 그 결과 CLF Mission Statement[10]에 '기독중재센터'를 중장기 과제 중 하나로 명기하고 있었다.

그러던 중, 대법원은 2006년 4월 20일 선고 2004다37775 전원합의체 판결[11]에서, 그동안 적절한 선에서 교회 분립을 용인하여 왔던 과거 판례의 경향을 탈피하여, 교인들이 집단적으로 교회를 탈퇴한 경우 법인 아닌 사단인 교회가 2개로 분열되고, 분열되기 전 교회의 재산이 분열된 각 교회의 구성원들에게 각각 총유적으로 귀속되는 형태의 '교회의 분열'을 인정할 것인지 여부에 대해, 소극적인 태도를 취하였다. 이처럼 교인들이 교회를 탈퇴하여 그 교회 교인으로서의 지위를 상실한 경우, 종전 교회 재산의 귀속관계는 잔존 교인들의 총유로 본다는 매우 원칙적인 입장의 결론을 도출함으로써 교회 분쟁은 새로운 국면을 맞이하게 되었는데,[12] 그런 상황 속에서도 상당수 각 교단의 재판기구들은 목회자 편들기 권징, 분쟁에 대한 문제해결 능력의 부족이라는 비판을 받음으로써 제 역할을 다 하지 못하고 있었다.

필자는 2002년 교회개혁실천연대 창립 당시부터 집행위원으로 참여하여 무수한 교회 내부 분쟁, 목회자들의 부정과 범죄를 접하게 되었다. 그때마다 사실 규명을 위해 노력하고, 문제가 있는 쪽(어느 일방 혹은 쌍방)을 압박하고 회개를 촉구하면서 문제 해결을 도모하기도 하고 최후의 방법으로는 고소/고발을 통해 돌파구를 찾기도 하였다. 그러나 그 결과는 대부분 쌍방에 큰 상처를 남길 뿐, 근본적으로 문제 혹은 갈등이 해결되거나, 화해와 치유가 이루어지는 경우는 드물었다. 시민운동의 방법도 의미가 있지만, 보다 기독교적인 문제/갈등 해결의 방법은 없을까? 결국은 기독교화해중재센터가 필요하다는 결론에 이르렀고, 이를 위하여 비록 상담 단계에서는 어느 한쪽 편 당사자와 상담을 할 수 있겠지만, 사회법정으로 갈 경우에는 어느 편도 들지 않고 소송 수임도 하지 않으면서 화해중재자가 될 날을 기다리게 되었다. 그 때문에 필자를 비롯한 CLF 소속 변호사들은 다수의 교회분쟁 관련 사건에 개입하여 사례를 받고 수임하여 재판을 진행할 수 있었음에도 불구하고, 나중에 CLF가 중재센터를 설립하는 데 방해가 될까봐, 법률상담을 주로 할 뿐 가급적 사건 수임을 피하게 되었다.

이러한 고민의 결과, 2006년 7월 29일 〈2006년 성서한국 영역별 대회〉 마지막 날, 3개 단체 실무자 회의를 갖게 되었다. 기독교윤리실천운동으로부터 교회개혁 분야를 특화하여 2002년에 독립한 교회개혁실천연대, 그 당시 높은뜻숭의교회 담임 김동호 목사가 주도하는 바른교회아카데미, 그리고 기독법률가회(CLF), 이렇게 3개 단체 임원 및 실무자들이 모여서 필자가 기본적인 아이디어를 발표하였고 기독교화해중재센터의 필요성에는 모두들 공감을 하였는데, 결국은 "과연 이 센터에 누가 사건을 가지고 올까?", "그 분들이 화해나 중재에 따를까?"라는 문제에 부딪치게 되었다.

그 당시 필자는, "과연 이 센터에 누가 사건을 가지고 올까?"하는 문제에 대해서는 ① 기독교화해중재센터로 간다고 하더라도 모든 문제를 쌍방이 만족하도록 해결할 수는 없는 현실적 한계를 인정하되, ② 교단과 교계 명망가들을 설득하여 참여하게 함으로써 교계 공식적인 기구를 설립할 필요성, ③ 각 교단에서 추천하거나, 교단 헌법 상 공식적인 기구로 인정하게 하는 방법, ④ 합리적이고 적절한 결론을 도출함으로써 법원에서도 화해/중재기구로 인정하고 신뢰하도록 유도하는 방법, ⑤ 교단 헌법 상의 분쟁 해결기구(예컨대, 전권위원회)에 자문기구로 관여하여 신뢰와 경험을 획득하는 방법 등이, "그 분들이 화해나 중재에 따를까?"하는 문제에 대해서는 ① 교계와 교단에서 공식기구로 인정받음으로써 분쟁 당사자들을 자연스럽게 센터로 유도, ② ㉠ 권위 있는 인사들의 참여, ㉡ 합리적인 결론 누적, ㉢ 대·

내외적 신뢰 형성 등을 통해 법원으로부터도 합리적이고 권위 있는 기구로 인정받음으로써, 교회 분쟁 관련 법률문제가 발생하면 사전에 기독중재센터를 거치도록 소개·유도하고(직접 유도 혹은, 전문위원회 조정에 회부토록 하고 위원회에 기독중재센터의 관련자들이 포진), 중재센터의 결론을 그대로 인정하는 분위기를 조성하는 방법, ③ 중재법을 활용하는 방법 등이 있다고 답변한 적이 있다.

그 이후 실무진을 형성하고 회의를 진행하였는데, 시간이 흐르면 흐를수록 기독교적인 문제/갈등해결 방법이 무엇인가에 대해 고민하다가 피스메이커 사역을 기억해 내게 되었다. 이때 한국피스메이커에서 사역을 하던 여삼열 목사를 만나서 필자의 아이디어와 그동안의 논의에 대해 공유한 후, 피스메이커 사역과 기독중재센터 사역이 어떻게 만날 수 있는지, 조화될 수 있는지 서로의 의견을 나누었고, 가칭 '기독교화해중재센터'의 Software로 피스메이커 방식을 도입하는 것에 대해 논의하게 되었다. 그 자리에서 필자는 그저 우리만의 리그를 만들겠다거나, 일부 명망가로 구성된 중재기구만 만들면 되는 문제가 아니라 장기적인 시각을 가지고 교회 내부 갈등, 교인과 교인들 간에 갈등/분쟁을 어떻게 해결할 것인가, 그에 합당한 성경적 방법은 무엇인가를 알아내고 공부하고 훈련하여, 기독교 내외의 분쟁 해결 문화를 바꾸어 가는 것까지를 제기하였고, 여삼열 목사는 여기에 동의하였다. 그 이후 여삼열 목사는 한기총에서 법률지원단을 모집하는 것과 관련하여 법무법인 로고스의 양인평 변호사(장로)가 교회분쟁 만큼은 피스메이커적인 방법으로 해결해야 한다는 소신을 갖고 있다고 전하면서, 필자와 나눈 이야기를 그 분께도 말씀드리고 싶다고 하였다. 그 즈음 한기총에서는 각 분야별 분과(위원회) 및 법률지원단을 구성하고 기독법률가를 위원으로 위촉하는 중이었는데, 여삼열 목사 등이 가칭 '기독교화해중재센터'를 설립하는 데 한기총이 기여해 줄 것을 요청하게 되었고, 한기총 단위의 참여를 거쳐 마침내 한국기독교화해중재원의 설립에 이르게 되었다. 기독법률가회 — 교회개혁실천연대 — 바른교회아카데미가 고민했던 내용이 여러 실개천 중 하나가 되어 한국기독교화해중재원이라는 큰 물줄기에 합류하게 된 것이다.

(2) 설립 이후의 경과

한국기독교화해중재원은, 교회에서 발생하는 각종 갈등 및 분쟁(교회분쟁)을 성경적인 원리와 실정법의 적용을 통하여 상담, 교섭, 협상, 조정, 화해, 중재 등의 방법으로 원만히 해결하고, 이를 위하여 필요한 연구와 교육 및 훈련 등을 담당하되, 아울러 갈등 및 분쟁의 발생을 미연에 방지하는 것을 목적으로 하여 2008년 3월 21일경에 창립되어 그 해 4월부터 활동을 시작하였다. 2011. 11. 10.경 대법원(법원 행정처)으로부터 분쟁조정기구로 사단법인 설립허가를 받았고, 2012년 7월부터는 서울중앙지방법원의 법원 외부 조정위탁기관으로 선정되어 교회분쟁 관련 소송 사건의 조정을 위촉받아 수행하게 됨으로써 법원 연계 조정이 가능하게 되었다. 한국기독교화해중재원은 ① 교회 및 그리스도인들의 공식적인 분쟁해결기구 역할, ② 교회 및 교인 관련 법원 연계 조정, ③ 화해/화평의 문화 실현을 위해 사역하고 있다.

- 2008년 03월 21일 창립 이사회: 이사장 박종순 목사(충신교회), 이사회 및 임원 50명(이사장 1인, 부이사장 2인, 이사47인, 감사 2인, 실행이사 15인, 고문 5인), 원장 1인(김상원 변호사), 부원장 1인(양인평 변호사), 운영위원회 9인(부원장 1인 포함), 중재인 60인(법조인 33인, 목회자 17인, 학자 10인), 조정위원 54인(법조인 46명, 목사 8명)
- 2009. 03. 30. 제2차 정기 이사회
- 2010. 04. 09. 제3차 정기 이사회
- 2011. 01. 14. 사단법인 창립(발기인) 총회
- 2011. 04. 13. 제4차 정기 이사회
- 2012. 01. 30. 제5차 정기 이사회, 제2차 정기 총회: 명예원장 김상원 변호사, 원장 양인평 변호사, 부원장 손지열 변호사, 장우건 변호사
- 2012. 04. 23. 사무실 이전(종로 기독교회관-〉서초동)
- 2012. 07. 01. 서울중앙지방법원 연계형 분쟁해결기관 선정(조기조정제도)
- 2012. 07. 20. 서울중앙지방법원 연계형 조기조정 제1호 접수

- 2013. 01. 25. 제6차 정기이사회, 제3차 정기총회: 명예 이사장 박종순 목사, 이사장 피영민 목사, 부이사장 서상식 목사, 박재윤 변호사
- 2014. 01. 24. 제7차 정기 이사회, 제4차 정기총회: 중재인 72인(법조인 41인, 목회자 21인, 학자 1인), 조정위원 56인(서울 45인, 부산 11인)
- 2015. 01. 20. 제8차 정기 이사회, 제5차 정기총회: 중재인 74인(법조인 41인, 목회자 21인, 학자 12인), 조정위원 58인(서울 47인, 부산 11인)
- 2016. 01. 26. 제9차 정기 이사회, 제6차 정기총회
- 2017. 01. 20. 제10차 정기이사회, 제7차 정기총회: 명예원장 양인평 변호사, 원장 박재윤 변호사, 부원장 장우건/문용호 변호사

(3) 화해 사역의 성격 및 핵심 원리

한국기독교화해중재원은, '화해 사역의 성격'으로 "대안소송의 기능 및 성경적 원리의 적용"을 들고 있고, '기독교 화해사역의 핵심과 원리'로, ① 그리스도 중심성, ② 교회의 책임, ③ 진정한 화해의 추구, ④ 하나님 말씀의 포괄성을 들고 있다.

(4) 화해 사역의 내용

한국기독교화해중재원의 화해사역은 크게 ① 상담/교섭/협상(조정 전 과정, 주로 개별적 면담에 의함), ② 조정/화해, ③ 중재(仲裁)의 세 단계로 나눌 수 있으며, 각각의 단계는 대강 아래와 같이 진행된다.

① **상담/교섭/협상 단계**: 사건의 접수, 조사위원 구성 및 파견, 성경적인 화해의 기본원리 소개, 조정 및 중재에 대한 설명, 일정수립, 필요한 양식 기입, 충분한 대화(코칭)를 통한 분쟁상황 이해, 상담/교섭/협상 뿐 아니라 그 외의 다양한 해결방법 모색

② **조정/화해 단계**: 자율적이고 성경적인 방법으로 서로에 대한 이해 증진, 당사자들 간의 자발적인 합의와 일치에 도달하도록 협력, 최종 결론

이 도출되면 합의문서 작성, 작성된 합의문서는 당사자 간에 사법상 화해계약으로서의 효력을 가짐. 사후관리를 통한 이행여부 확인

* 법원연계형 조정제도(서울중앙지방법원, 서울북부지방법원, 부산지방법원, 서울고등법원 등): 해당 법원의 재판부(합의부 또는 단독판사)는 접수된 소송사건 중 조정할 사건을 심리(변론)에 들어가기 전에 조정담당판사에게 조정 회부하고, 조정담당판사는 소송사건 중 교회분쟁사건을 한국기독교화해중재원의 총괄조정위원에게 배당한다. 한국기독교화해중재원에서는 조정위원을 선정하거나 총괄조정위원으로 하여금 조정을 하게 한다 (원칙적으로 위탁받은 날로부터 45일 이내에 법원에 조정수행 사무보고서 제출).

③ **중재판정**: 조정/화해가 성립되지 않을 경우 당사자들로 하여금 중재 합의를 하도록 권고. 당사자들의 논쟁을 심리하여 성경적이고 합리적인 중재 판정을 함, 중재 판정은 중재법에 의하여 확정판결과 같은 법적 구속력이 있음, 사후 관리를 통한 이행 여부 확인.

(5) 화해 사역의 성과

① 각 년도/월 별 상담 건수

년도/월	2008	2009	2010	2011	2012	2013	2014	2015	2016	총계
01		7	9	3	3	6	6	6	6	46
02		11	4	7	13	5	5	1	5	51
03		18	6	5	10	9	7	3	6	64
04	3	15	10	8	6	5	1	5	5	58
05	25	5	9	3	17	1	4	3	3	70
06	30	4	8	11	12	10	4	6	3	88
07	10	9	7	8	12	2	7	1	2	58
08	12	7	3	3	1	6	3	3	3	41

계속

09	10	3	3	7	7	2	4			36
10	27	8	7	7	8	3	6	1	2	69
11	8	8	4	8	5	6	6	4		49
12	7	6	3	11	6	5	4	3		45
누계	132	101	73	81	100	60	57	36	35	675

주: 각 해당년도 정기이사회, 정기총회 자료집에 기술된 것을 종합하고 수정/보완한 것임.

② 각 연도별 조정/중재 현황

년도	조정 접수 건수	조정 결과	중재	중재 사건명
2008	2	진행 2건	0	
2009	3	철회 2건 화해(→중재) 1건	판정 1+1	– 부교역자 사직 – 교회 건축 대금 정산
2010	5	철회 3건 거부 1건 화해(→중재) 1건	판정 1	– 출판대금 정산
2011	5	화해 2건 철회 1건 거부 1건 진행 1건	진행 1	– 매매대금반환

2012	5	거부 1건
		유보 1건
		취소 1건
		진행 2건
			판정 1
			진행 1
				– 매매대금반환
				– 이사해임결의
				  부존재 및 징계결의
				  무효확인

2013	3	취하 1건 거부 2건	판정 1	이사해임결의 부존재 및 징계결의무효확인
2014	3	불성립 2건 화해(→중재) 1건	판정 1	건축 헌금 반환 청구
2015	1	화해(→중재) 1건	판정 1	상속 재산 분할 등
2016	9	상담 건을 조정으로 진행 하였으나 전부 불성립	0	
누계	36	성립 6건(형식적 중재 포함)	판정 7	

주: 각 해당년도 정기이사회, 정기총회 자료집에 기술된 것을 종합하고 수정/보완한 것임.

③ 법원 연계 조기 조정

년도	접수 건수*	성립 건수	불성립 건수	조정 성립율
2012	12	7	5	58%
2013	33	7	26	21%
2014	13	2	11	15%
2015	21	6	15	29%
2016	13	1	12	8%
누계	92	23	69	25%

주: 각 해당년도 정기이사회, 정기총회 자료집에 기술된 것을 종합하고 수정/보완한 것.
*: 접수된 이후에 신청 취하 등으로 인하여 취소된 건수는 제외함

(6) 세미나 및 포럼

① 화해중재원 제1차 기독교 화해 사역세미나

일시: 2008년 6월 28일(토) 10:00~13:00 (중재인 위촉식)

장소: 한국기독교연합회관 15층 한기총 세미나실

발표 1. 기독교 화해사역으로서 화해중재원의 의미와 사역원리: 여삼열 목사

발표 2. 소송외 분쟁해결방법(A.D.R.)에 대한 기독교적 이해와 적용: 최형구 교수

② 화해중재원 제2차 기독교 화해 사역세미나

일시: 2008년 7월 5일(토) 10:00~13:00 (조정위원 위촉식)

장소: 한국기독교연합회관 15층 한기총 세미나실

발표 1. 소송외 분쟁해결방법(A.D.R.)에 대한 기독교적 이해와 적용: 신은주 교수

발표 2. '기독교화해사역실무편람' 해설: 장우건 변호사

③ 화해중재원 제3차 기독교 화해 사역세미나

일시: 2009년 10월 19일(토)

장소: 한국기독교연합회관 중강당(3F)

주제 1. 갈등해결의 성경적 원리: 이철 목사(한국피스메이커 대표)

주제 2. 교회분쟁과 갈등관리: 김유환 교수(이화여자대학교 법과대학 교수)

주제 3. 한국기독교화해중재원의 운영 실태와 과제: 장우건 변호사(화해중재원 운영위원, 부원장)

④ 화해중재원 제4차 기독교 화해 사역세미나

일시: 2010년 10월 23일(토)

장소: 한국기독교회관 2층 강당

주제: 성도 간의 법적 다툼은 어떻게 해결할 것인가?

① 교회분쟁에 관한 화해적 해결의 시급성: 여삼열 목사(한국피스메이커 상임총무)

② 법원의 조정제도 운영의 실제와 법원 외 분쟁해결에 대한 기대: 정준영 부장판사

⑤ 화해중재원 제5차 기독교 화해 사역세미나

일시: 2011년 10월 25일(화)

장소: 한국기독교회관 17층 회의실

주제: 교회분쟁, 교회법정에서 해결되어야!

① 한국교회의 영성과 교회 내 갈등: 이철 목사(한국피스메이커 이사상, 화해중재원 실행이사)

② 교회 갈등의 자주적 해결: 손경한 교수(성균관대 법학전문대학원, 대한상사중재원 중재인)

⑥ 화해중재원 제6차 기독교 화해 사역세미나

일시: 2012년 9월 21일(금)

장소: 강남중앙침례교회 양수리 수양관

주제: 이제 세상 법정으로 가지 맙시다! – 중재원 활성화를 위한 구체적 방안

주제발표: 기독교화해중재원의 활성화를 위한 구체적 방안 – 장우건 변호사

① 중재원의 활용이 저조한 원인과 그 대책: 오준수 변호사/목사(화해중재원 운영위원)

② 한국기독교화해중재원의 활성화 방안: 박종운 변호사(화해중재원 조정위원)

③ 한국교회의 참여 촉구를 위한 방안: 여삼열 목사(화해중재원 운영위원)

⑦ 화해중재원 제7차 기독교 화해 사역세미나

일시: 2013년 10월 15일(금)

장소: 한국교회100주년 기념관 1층 소강당

주제: 이제 세상 법정으로 가지 맙시다! – 한국교회에 왜 중재원이 필요한가?

주제발표: 한국교회에 왜 중재원이 필요한가?: 장우건 변호사

① 교회재판과 국가재판: 서헌제 교수(중앙대학교 법학전문대학원)

② 소송대안(ADR)제도로서의 중재원의 사역: 김유환 교수(이화여자대학교 법학전문대학원)

③ 조정기관으로서의 중재원에 대한 평가: 조용래 판사(서울중앙지방법원 조정전담판사)

⑧ 제1회 화해중재원 포럼

일시: 2014년 6월 16일(월)

장소: 서울변호사회관 지하1층 대회의실

주제: 교회분열에 관한 대법원 판결의 의의

발제: 서헌제 교수(중앙대학교 법학전문대학원)

지정토론: 강봉석 교수(홍익대학교 법과대학, 법학박사)

지정토론: 백현기 변호사(법무법인 로고스 변호사), 김병덕 목사(예장 합동 총회 기획조정실장)

지정토론: 홍선기 변호사(기독교대한감리회 고문변호사)

⑨ 화해중재원 제8차 기독교 화해 사역세미나

일시: 2014년 10월 30일(목)

장소: 강남중앙침례교회 양수리 수양관

주제: 교회 정관의 제정 필요성과 문제점

　① 교회정관과 법원의 재판: 장우건 변호사(화해중재원 부원장겸 운영위
　　 원장)

　② 교회정관과 교회의 운영: 서헌제 교수(중앙대학교 법학전문대학원)

　③ 교회정관과 교회의 재정: 이석규 박사(세무사, 법학박사)

⑩ 제2회 화해중재원 포럼

일시: 2015년 6. 1.(월)

장소: 서울변호사회관 지하1층 대회의실

주제: 교회재판(교회 및 소속교단 등의 각종재판)과 교회분쟁해결

　① 교회재판의 현황과 문제점: 서헌제 교수(중앙대 명예교수)

　② 권징재판의 구조와 문제점: 권헌서 변호사(대한예수교 장로회 통합
　　 재판국장)

　③ 행정재판의 구조와 문제점: 송인규 변호사(법무법인 정원대표, 기감
　　 총회 특별재판위원)

　④ 교회재판과 국가재판의 관계: 장우건 변호사(화해중재원 부원장겸 운
　　 영위원장)

⑪ 화해중재원 제9차 기독교 화해 사역세미나

일시: 2015년 10월 16일(금)

장소: 한국기독교연합회관 지하1층

주제: ADR(대안소송제도)의 교회적 적용

　① 교회분쟁과 소송대안제도의 필요성: 김유환 교수(이화여자대학교 법

학전문대학원)

② 조정사례들을 통해 살펴보는 교회분쟁을 위한 ADR 활용방안: 황덕남 변호사

③ 민사조정제도의 이해: 문광섭 부장판사(서울중앙지방법원)

⑫ 제3회 화해중재원 포럼

일시: 2016년 6월 20일(월)

장소: 서울변호사회관 지하1층 대회의실

주제: 교회와 목사의 법률관계: 목사의 선임과 해임을 중심으로

발제: 박종언 목사(한국장로총연합회 인권위원장)

토론: 서헌제(중앙대 명예교수, 교회법학회 회장), 백현기 변호사(법무법인 로고스 변호사), 추일엽 목사(수원 주님의교회 담임목사)

⑬ 제10차 기독교 화해 사역 세미나

일시: 2016년 10월 28일 16시

장소: 사랑의 교회 제4층 국제회의실

주제: 교회와 재정

발표 1. 교회재정 투명성의 중요성: 황호찬 교수(세종대 경영학과, 한국기독교재정투명성협회 대표)

발표 2. 교회재정과 법적분쟁: 서헌제 교수(한국교회법학회 회장, 중앙대 명예교수)

(7) 한국기독교화해중재원의 사역에 대한 평가

한국기독교화해중재원은 갈등 당사자들의 자발적 신청에 의하여 절차가 시작되어 분쟁을 해결하는 방식을 채택하고 있으므로, 화해 사역이라는 측면에서 그 자체로 기독교 정신에 부합되는 측면이 있고, 나아가, 법원의 외부 연계형 조정기관으로서의 역량도 쌓아 나가고 있다. 그러나 지난 10년을 돌

이켜 보면, 여러 가지 한계 요인도 발견된다.

① 내부적인 한계 요인

- **인적 구성의 한계**: 한국기독교화해중재원은 조정, 중재위원들이 법률가, 목회자, 학자로 구성되어 있다. 법률적인 문제를 다룬다고 하더라도, 기독교 정신이 관철되려면 화해 사역에 전문적인 사역자들이 포함되어야 할 것인데 대부분 누락되어 있다. 즉, 기독교 정신에 입각한 대안적 분쟁 해결이라기 보다는, "법원에 가더라도, 소송으로 진행되더라도 이렇게 될 것이 충분히 예상되니, 시간 비용 들여서 그렇게 하지 말고 이렇게 조정/중재로 끝내는 것이 어떠냐?"고 설득하는 경우가 더 많아 보인다.

- **기독교적 방법으로 무장되어 있는가?**: 세미나 등을 통해 교육과 훈련이 이루어지고 있지만, 조정, 중재위원들이 주로 본인들의 경험과 경력에서 습득된 방법과 도구들을 가지고 업무를 수행한다고 보아도 무방할 것 같다. 피스메이커나 회복적 정의로 충분히 훈련되고 무장된 사람들이 많지 않다. 그러니 설사 조정이나 중재가 이루어지더라도, 과연 기독교 정신과 방법에 입각하여 그러한 성과를 거둔 것인지 알기 어렵다. 조정인/중재인을 선발할 때 혹은 선발된 이후에라도 성경적 원리에 맞는 분쟁해결 전문가 과정을 반드시 이수해야 할 필요가 있고, 이를 위해서 관련 기관과 협력하여 교육 과정을 만들고 연계시킬 필요가 있다.

- **후원 구조**: 사역을 위한 재정은 후원으로 채워지고 있다. 사역 자체로부터 수익구조가 창출되지 못하고 있다. 그 때문에 결국은 몇몇 특정 교회에 의존해야 하는 과거 교계 단체의 한계를 벗어나지 못하고 있는 것으로 보인다.

- **상담 위주의 사역**: 외부적인 한계와도 맞물리는 것이지만, 주로 1회적인 상담에 머물고 있고, 조정과 화해, 중재제도는 다른 기관이나 단체에 비하면 그래도 낫다고 볼 수 있지만, 엄밀하게 따져보면 적극적으로 활용되지 못하고 있다.

② 외부적인 한계요인

- **갈등을 대하는 한국 교회 및 사회의 풍토**: 교회 내부의 문제를 그 교회 외부로 가지고 나가는 것에 대해 여전히 불신과 두려움을 가지고 있다. 합리적이고 이성적인 판단보다는 기분과 감정을 더 중요하게 여긴다. 어떤 수단과 방법을 동원해서라도 달성, 성취, 승리해야 한다는 강박관념에 사로잡혀 있다. 따라서 한국기독교화해중재원으로 가져오는 사건이 적고, 그나마 점차 줄어드는 경향이 있다.
- **때늦은 신청**: 화해와 중재제도는 사전 예방적 효과도 큰 것인데, 이미 사건 당사자들이 상대방들을 서로 사탄/마귀, 악마의 자식들로 규정하고 사실상 정죄한 이후 소송까지 가기 직전에 오는 경우가 많다. 여전히 한국 교회와 교인들은 감정적인 싸움에는 몰두하지만, 막상 진정한 의미의 문제 해결을 위해 진지하게 시간과 노력을 기울이지 않는 것으로 보인다.
- **교계의 형식적인 태도**: 여러 교단에서 사역의 필요성에는 공감하지만, 막상 본인들의 문제를 한국기독교화해중재원으로 가져오지 않는 경향이 있다.

③ 발전 방안

이제 피스메이커 사역 16년(2002년에 창립되어 2012년 사단법인으로 새롭게 출범), 한국기독교화해중재원 출범 10년, 다시 시작할 때가 되었다.

아래에서는 ① 법률시장 외부가 아니라 법률시장 내부에 정착할 필요성, ② 비즈니스인 측면을 어떻게 활용할 것인가? ③ '중재산업 진흥에 관한 법률' 등 새로운 법 제도를 어떻게 활용할 것인가에 더하여, 한국기독교화해중재원의 발전 방향을 모색해 보았다.

몇 가지 원칙

설립 당시부터 지금까지 필자는 ① 한기총 등 어느 개인이나 단체에 소속되거나 영향을 받지 않는 중립성 확보, ② 한기총, KNCC 등 연합체, 교단, 교회의 협력과 지원 확보, ③ 신실한 기독법률가들의 참여(신뢰확보), ④ 법원과의 협력: ㉠ 민·형사소송 제기되었을 때 중재원을 거쳐 오도록 권장, ㉡ 재판과정에서 중재/조정위원으로 기독법률가들 투입 및 활약, ㉢ 판결을 선고할 때에 고려/참작, ⑤ 기존 제도의 개선: ㉠ 교회/교단/연합단체 분쟁 해결 관련 규정 등 수정 보완, ㉡ 재판국에 기독 법률가 참여를 통해 재판의 객관성, 신뢰성 확보, ㉢ 피스메이커 사역, 회복적 정의 사역 등의 확장으로 기독교적인 사전 분쟁 해결 도모 등이 한국기독교화해중재원의 성패에 큰 영향을 미친다고 생각해 왔고 현재까지도 여전히 유효하다.

위 사항들을 몇 가지 원칙으로 정리한다면, ① 기독성, ② 독립성, ③ 전문성, ④ 투명성, ⑤ 신뢰성 등이라 말할 수 있다.

기독성은, 한국기독교화해중재원의 기본 가치를 성경적 문제/갈등 해결 방법, 하나님 나라의 가치관에 둔다는 것이다. 이것은 근본이요 마지노선이라 할 수 있다.

독립성은, 어느 개인이나 단체에 휘둘리지 않고 철저하게 독립성을 유지해야 한다는 것이다. 이것은 참여 변호사들 및 사건 의뢰인들로부터 신뢰를 얻을 수 있느냐 여부와 직결되는 문제이다.

전문성은, 사회법적으로나 교회법적으로나 기독교적 문제/갈등해결 방법적으로나 전문성을 확보하고 있어야 한다는 것이다. 그렇게 되려면 내부 참여 변호사들에 대한 교육/훈련이 매우 중요하다.

투명성은, 활동 과정이나 내용, 재정 사용 등에 있어서 대내외 관계자들이 모두 수긍할 수 있도록 매우 투명하게 진행되어야 한다는 것이다.

신뢰성은, 이 모든 것은 하나님과 중재원, 중재원 내부자 간, 중재원과 교회, 중재원과 의뢰인 간의 상호 신뢰 확보를 기초로 진행되어야 한다는 것이다.

참여 확대 방안[13]

• 개방적인 교육·훈련 프로그램

지금까지도 몇 차례 정도 내부 교육훈련 프로그램이 있어왔지만, 〈교육 훈련부〉를 두고, 피스메이커, 회복적 정의, 기타 대안적 분쟁 해결방법론 등 그동안 우리나라에 도입/적용되어 오고 있는 기독교적 갈등해결 방법론을 중재원 내부 기독변호사들뿐만 아니라 외부 (기독)변호사, 각 교단/노회 소속 목회자, 갈등해결 사역자들을 대상으로 적극적으로 교육을 해나갈 필요가 있다.

그렇게 함으로써 중재원을 자연스럽게 교계 및 기독변호사계에 알리고 관련 전문가들을 양성함으로써 참여를 유도하게 될 것이다.

- 후배양성교육

이미 어느 정도 경력이 쌓이고 사회 및 법조계에서 본인의 역할이 고정화/안정화된 변호사들도 중요하지만, 이제 새롭게 법조계에 진출하는 후배 변호사들에게도 눈을 돌려서 후배들을 양성해야 한다.

필자는 개인적으로 이 문제에 관심이 있는 주니어 변호사들과 로스쿨 학생들을 스터디팀으로 모아서 교육 훈련을 실시한 경험이 있다. 중재원에서 적극적으로 활동할 수 있도록 상당한 정도의 교육 훈련을 마친 전문 인력을 매년 5명~10명씩 양성하는 것이 1차적인 목표이다. 이 스터디팀 사역은 아래에서 말씀드릴 인턴십 사역과 더불어 법률영역에 진입하는 신입 변호사들을 중재원으로 인도하는 물길 역할을 어느 정도 감당할 수 있을 것이다. 교육 프로그램은 교회개혁실천연대의 신앙적/시민운동적 방법, 피스메이커, 회복적 정의 등 각종 기독교적 갈등 해결 방법 훈련을 중심으로 채워나갈 생각이다.

- 체계화

현재의 상담-조정/화해-중재에 이르는 시스템을 계속하여 발전시키면서 기독변호사들이 상담위원, 조정위원, 중재위원(중재인)으로 활동할 수 있는 공간을 넓히는 것은 중재원의 가장 기본적인 역할이 되겠다.

참여 기독변호사들로 하여금 중재원 소속이라는 멤버십을 명확하게 재정비한 후에, 팀제, 순번제를 실시할 것을 제안한다.

팀제는, 4인 1팀(선배 변호사 2인, 목회자 1인, 인턴 1인)으로 구성하되, 인턴은 로스쿨 재학생, 일정 경력 미만의 주니어 변호사 등으로서 서기 보조 역할 등을 하면서 현장 실습, 실무 경험을 쌓을 수 있도록 함으로써 후배들을 양성하는 것을 목적으로 한다.

순번제는 매해 초에 몇 개의 팀이 결성되면 접수되는 사건을 팀별 순번제로 배당하는 것을 말한다.

- 중재원 전치주의

  기독변호사, 최소한 중재원 참여 변호사들은 본인이 상담 중에 있는 사건, 수임한 사건을 곧바로 사회법정으로 가져가지 말고 1차적으로 중재원으로 가져와서 중재원 절차에 따라 문제/갈등해결을 도모하도록 습관화시키는 〈중재원 전치주의〉를 관습법적으로나마 확립하는 것이 매우 중요하다.

- 기독시민단체와의 연계

  교회분쟁, 교회개혁, 교회상담 등을 진행하고 있는 기독교윤리실천운동, 교회개혁실천연대, 바른교회아카데미 등 건전한 기독시민단체와의 협약 등을 통해 그들이 상담하거나 분쟁 해결에 참여하고 있는 교회 분쟁 사건들은 각 단체의 1차 기초 상담을 거친 후에 2차적으로 중재원 및 중재원 소속 변호사들이 맡아서 진행할 수 있도록 하고, 중재원 절차를 통해서도 해결되지 못하면 그때에 가서 3차적으로 시민운동적 방법을 사용하도록 유도하는 것이 좋겠다.

- 교회 법/제도 개선의 참여

  나뭇가지가 많을수록 깃드는 새도 많게 된다는 점에서 중재원의 역할을 확대하는 것도 필요하다.

  중재원 내부에 일종의 〈제도개선부〉를 두어서, 각 교단의 헌법, 개 교회의 정관을 제정/개정/개선하고 각 교단/노회 재판국 등의 치리 제도를 현실적으로 개선하는 문제를 연구하고 협의하고 실행하였으면 좋겠다. 특히, 각 교단 재판기구에 기독변호사들이 적극 참여하도록 법제화/운동을 하는 것이 좋겠다.

  수년 전에 기독교윤리실천운동과 기독법률가회(사회위원회)가 각 교단 선거법을 연구하고 개선하는 모임을 가진 적이 있는데, 위 모임을 공식화시켜서 적절한 관계를 형성하고 중재원이 보다 적극적으로 이 문제에 관여하게 되기를 소망한다. 이 문제는 교회 내 분쟁이 사회법정으로 가는 것을 예방하는 데 무척 중요한 역할을 감당하게 될 것이다.

- 홍보전략

수많은 홍보 전략이 있겠지만, 무엇보다도 먼저 우리나라의 모든 교회와 변호사들을 대상으로 뉴스레터 사역을 시작해야 한다. 매주 뉴스레터를 통해, 교육, 홍보를 중점적으로 시행해야 한다. 필수적으로 이수해야 할 교육 내용을 매주 단위로 쪼개어 교육자료/정보로 제공하고, 기독교적 문제/갈등해결 방법론 및 사례를 전파함으로써 중재원을 홍보하고, 보다 많은 사람들이 중재원에 사건을 가지고 올 수 있도록, 보다 많은 기독변호사들이 중재원의 사역에 참여할 수 있도록 유도해야 할 것이다.

(8) 소결

한국기독교화해중재원은 사회법적 방법과 기독교적 방법이 중첩되어 활용될 수 있는 곳이다. 사회법적인 방법은 변호사 대리, 민사소송법적인 절차 및 방법, 기존 사회법령 활용 등이 있겠고, 기독교적 방법은 피스메이커, 회복적 정의, 그밖에 대안적 문제/갈등해결 방법이 있을 것이다.

그 결과 중재원은 일도양단적인 결론보다는 문제/갈등을 근본적으로 해결하고 화해를 통해 양 당사자들을 치유하고 회복시킬 수 있는 가장 기독교적이고 사회법에서도 가장 높은 단계의 문제해결 기구가 될 수 있을 것이다.

또한, 돈을 주고 시키면 시키는 대로 하는 〈의뢰인의 총잡이〉가 아니라 화해와 중재, 치유사역자로 법률가들의 위상을 높이는 것이기도 하다.

그런데 이렇게 좋은 제도와 기관을 가지고 있음에도 불구하고 활용도는 왜 이렇게 저조할까에 대한 고민이 있다. 확장해서 말하자면, 우리나라에서는 왜 ADR에 의한 분쟁해결 방식이 융성하게 활용되지 못하는 것일까?

'용서와 화해'는 기본적으로 ① 성숙한 인격을 가진 개인과 성숙한 사회에서 가능하고, ② 법치주의가 확립된 사회일수록 가능하다고 한다. 주로 서구(西歐) 즉, 기독교 정신과 교회법이 발달했던 곳에서 ADR이 활성화되는 경향이 있는 것을 보면 옳은 견해로 보인다. 그런데 우리나라의 경우, 법치주의는 급속하게 발전해 왔지만, 과연 성숙된 인격들로 이루어진 성숙한 사회인지에 대해서는 의문이 있다. 특히, 한국 교회는 과거 일제 강점기와 근대화 시기에는 선진적이었을지 모르나, 국가와 사회의 발전에 비해 계속 뒤처지더니, 법치주의, 민주주의의 개념이 없거나 아예 무시되고 있는 것이 현실이다. 아마도 짧은 기간에 외형적인 성장에 몰두하다보니 서구 사회와 같은 확립된 전통이 없고 오히려 샤머니즘적인 종교생활이 횡행(橫行)하기 때문은 아닌가 생각된다. 예컨대 장로교단은 어쩌면 가장 민주적인 질서로 조직되었다고 볼 수 있는데, 교회 내에서 오히려 민주주의는 커녕 객관적이고 상식적인 질서마저 무너져 내리고 있다. 헌법상 장로교회의 주권은 교인들에게 있고, 선거를 통해 장로, (안수)집사 등 대의민주제를 실현한다. 장로교단의 경우에 3권 분립을 논할 수 있는데, 입법권(공동의회) — 사법권(당회/장로회: 예배, 치리/권징, 인사, 성도들 돌보기) — 행정권(제직회/집사회: 재정, 행정, 대외적인 구제/봉사 업무)이 바로 그것이다. 담임목사는 '노회 위임' 목사에 불과하다. 현실은 그러나 담임목사가 해당 교회의 제왕적 대통령이 되고, 담임목사가 의장인 당회에서 모든 것이 처리되며, 제직회는 당회의 하부 실무적인 행정/집행기구화되고 있다. 세상의 기준보다 훨씬 못한, 뒤떨어진, 심지어는 퇴행하는 모습을 오늘날 한국 교회에서 찾아볼 수 있다. 모든 교회와 성도들이 예수를 닮아간다면 세상의 기준보다 훨씬 엄격하게 평가해도 부족함이 없어야 할 것인데, 현실은 그렇지 않다. 교회 자체가 이미 공공의 영역에 속한 것임에도 불구하고 목사나 장로와 같은 일부 성도들에 의해 사적 영역으로 변질되어 버렸다. 한국 교회에서 용서와 화해가 가능하려면, 거룩한 성도, 성화된 성도들이 많이 나와야 한다. 그리스도인 가정과 교회에서부터 화해와 용서가 빈번하게 이루어지고 연약한 자를 존중하는 풍토가 조성되어야 한다.

추가로 몇 가지 제안을 하자면, ① 중재원은 중재 판정 중심으로 특화되고, 나머지 단체들이 상담과 조정에 집중하는 것이 어떨까 하는 생각이 있다. ② 또한, 한국 교회와 성도들이 아직은 ADR에 친숙하지 않으니, '기다리는 서비스'에서 '찾아가는 서비스'로 전환하는 것이 좋을 것 같다. ③ 현대 전자통신기술에 발맞추어 SNS 등을 이용한 사이버 상담을 강화하고, ④

해당 교회의 외부에 있지만, 넓은 범주에서는 교회 안에 있는 중재원의 위치를 잘 활용하면, 교회와 성도들이 원하는 '비공개' 욕구를 잘 살릴 수 있을 것이다. ⑤ 마지막으로, 신학대학교에서는 화해 관련 교육을 의무적으로 시켜야 하고, 목사고시, 장로고시 등 각종 시험에도 포함시켜야 할 것이다.

우리는 그리스도인의 관점에서 갈등과 분쟁 해결에 관한 성찰을 통해 가정~교회~직장~사회, 모든 영역에서 피스메이커가 되어야 한다.

7) 갈등과 분쟁 속에서도 역사하시는 하나님: 피스메이커로서의 그리스도인, 기독법률가

(1) 분쟁 속에서 역사하시는 하나님

분쟁의 순기능과 역기능에서 살펴본 바와 같이 분쟁이 항상 부정적인 것은 아니다. '모이는 교회와 흩어지는 교회'의 모습 속에는 갈등과 분쟁으로 인해 흩어지는 교회도 상정하고 있으며, 하나님은 분쟁과 분열 속에서도 역사하시고 계신다.

그것이 때로는 부정적인 결과를 낳는 경우도 많지만, 역사적으로 관찰해 보면 종교개혁이 그러하듯 발전과 성장을 가져오기도 한다.

(2) 피스메이커로서의 그리스도인, 기독법률가

"화평하게 하는 자는 복이 있나니 그들이 하나님의 아들이라 일컬음을 받을 것임이요."(마태복음 5:9) 그리스도인은 예수 그리스도에게 매인 자, 그리스도(혹은 성경말씀)의 가르침대로 살려고 노력하는 자이므로, 그리스도인들은 모두 피스메이커(Peace-maker)로서의 사명을 받았다고 볼 수 있다. 하지만 한국의 그리스도인들은 선/악 간의 분별력이 강하여, 혹은 자기(自己) 의(義)가 강하여, 혹은 (사랑과 분리된) 정의(正義) 관념이 투철하여 그런지 모르지만, '용서와 화해'보다는 '죄를 묻고 따지는데', 이른바 정죄(定

罪)하는 데 더 능숙해 보일 때가 많다.

특히, 기독법률가들은 그리스도인이지만, 기독 신앙영역과 법률이라는 전문영역을 포괄하고 있기 때문에 일반 신앙인에 비하여 대단히 이성적, 합리적, 실용적인 측면이 강하다. 때로는 그것이 지나쳐서 신앙의 영역을 넘어서는 경우도 있지만, 송무와 자문이라는 변호사의 기본 업무, 수사와 공소제기라는 검사의 기본 업무, 재판이라는 판사의 기본 업무를 수행하는 가운데, 기독법률가는 피스메이커로서 기능과 역할을 감당하기에 적절하고 충분한 위치에 있다.

필자는 기독법률가로서 사무실 업무와 관련하여 4가지 개인적인 비전을 가지고 있는데, ① "적절한 가격에 질 좋은 서비스를 제공하자",[14] ② "법률가에서 상담가로", "법률적 해결사에서 마음과 영혼의 치유자로", "의뢰인의 총잡이에서 치유자로",[15] ③ "분쟁의 뒤처리자에서 제도개선을 통한 분쟁의 사전 예방자로, 화해와 평화의 선포자로",[16] ④ 기독 LAW FIRM의 모델링이 바로 그것이다. 그중 ②, ③이 피스메이커 사역과 관련이 있다.

기독법률가들도 업무와 사역에서 모두 피스메이커의 역할을 감당할 수 있기를 기대한다.

(3) 최근 CLF의 노력

그동안 CLF(기독법률가회)는 사회위원회를 중심으로 기독중재센터 창설의 비전을 품고 있었고 2006년부터 본격적인 조직활동에 들어가 CLF, 교회개혁실천연대, 바른교회아카데미를 중심으로 기독중재센터를 만들기로 노력한 바 있다. 그 비전은 한국피스메이커, 한기총으로 확산되었고, 급기야 한국기독교화해중재원 창립의 밑그림으로 사용되었다.

2013년에 CLF 사회위원회는 로스쿨 재학생들을 중심으로 교회개혁스터디팀을 만들었다. 교회개혁스터디팀은 1년 동안 4개의 영역을 개괄적으로 공부하게 되는데 ① 교회개혁실천연대와 함께 하는 교회개혁, ② 한국피스메이커와 함께 하는 피스메이커, ③ 현대종교와 함께하는 이단대처 세미나,

④ 그리고 회복적 사법정의 교육이다.

이러한 교육을 통해 피스메이커 사역을 할 수 있는 CLF 회원들이 많이 배출되고, 교회가 사회 각 영역에서 제대로 된 역할을 하게 되기를 기대한다.

3. 국가적, 사회적 차원의 노력

1) 용서와 화해 관련 법 규범

(1) 민법 상 화해 조항

자율적인 구제는 근대 민법의 3개 원칙 중 하나인 사적자치(私的自治)의 원칙에 부합하는데, 당사자 간의 합의와 관련하여 우리 민법 제731조(화해의 의의)는 "화해는 당사자가 상호 양보하여 당사자 간의 분쟁을 종지할 것을 약정함으로써 그 효력이 생긴다", 제732조(화해의 창설적 효력)는 "화해계약은 당사자일방이 양보한 권리가 소멸되고 상대방이 화해로 인하여 그 권리를 취득하는 효력이 있다"고 규정하고 있다.

(2) 각종 조정 관련 법률

화해와 조정, 중재에 관한 법률로는, 환경분쟁조정법, 의료사고 피해구제 및 의료분쟁 조정 등에 관한 법률, 노동조합 및 노동관계조정법, 민사조정법, 언론중재 및 피해구제 등에 관한 법률, 중재법, 중재산업 진흥에 관한 법률, 진실·화해를 위한 과거사정리 기본법, 공공기관의 갈등 예방과 해결에 관한 규정 등이 있다.

특히 '공공기관의 갈등 예방과 해결에 관한 규정'은 2007년 2월 12일에 대통령령으로 제정되어 2007년 5월 13일부터 시행되었고, 여러 차례 개정을 거쳐 오늘날에도 살아있는 규정이다. 이 영에 따르면, "중앙행정기관의 갈등 예방과 해결에 관한 역할·책무 및 절차 등을 규정하고 중앙행정기관의 갈등 예방과 해결 능력을 향상시킴으로써 사회통합에 이바지함"을 목적으로 하고(제1조), 중앙행정기관은 사회 전반의 갈등예방 및 해결 능력을 강화하기 위하여 종합적인 시책을 수립·추진하여야 하며(제4조 제1항), 갈등예방과 해결의 원칙으로 자율해결과 신뢰확보(제5조), 참여와 절차적 정의(제6조), 이익의 비교형량(제7조), 정보공개 및 공유(제8조), 지속가능한 발전의 고려(제9조) 등을 강조하고 있다. 만일 이 영이 법률로 제정되어 시행되고 경륜을 갖게 되었다면, 공공정책을 실현함에 있어서 관련 이해관계 당사자들과 국가, 당사자와 당사자들 간의 갈등과 분쟁은 한결 부드러워졌을 것인데, 그렇게 되지 못한 채 현재에 이르게 되어 아쉬움이 매우 크다.

2) 진실·화해를 위한 과거사 정리위원회[17]

(1) 서설

'진실·화해를 위한 과거사 정리위원회'(이하 '진실화해위원회')는 2005년 12월부터 2010년 12월까지 과거사에 대한 진실규명 활동을 하였다. 남아프리카공화국에서 만델라가 대통령에 당선되면서 1995년경 설립한 '진실화해위원회'(위원장: 데즈먼드 투투 대주교, truth and reconcilation committee)와 비교할 만한 사례로서, 국가적인 차원에서 과거사를 정리하는 데 상당한 성과를 거두었기에 여기에서 간단하게나마 살펴보고자 한다.

(2) 진실·화해를위한과거사정리기본법 제정

2004년 8·15 경축사에서 그 당시 노무현 대통령이 '보편적 방식에 입각한 포괄적 과거사 정리의 필요성'을 강조하였는데, 유족 및 시민단체가 이에 동의하여, '올바른 과거청산을 위한 범국민위원회'를 중심으로 의문사진상규명위원회에서 해결되지 못한 의문사 사건과 군의문사, 민간인집단희생사건 등을 다루는 입법운동을 전개한 결과, 2005년 5월 3일 진실·화해를위한 과거사정리기본법(이하 '과거사정리기본법')이 국회를 통과하였다.

(3) 진실규명의 범위 등 법의 주요 내용

과거사정리기본법은 "왜곡되거나 은폐된 진실을 밝혀냄으로써 민족의 정통성을 확립하고 과거와의 화해를 통해 미래로 나아가기 위한 국민통합에 기여"하는 것을 목적으로 하고 있기 때문에(법 제1조), 진실규명의 범위에는 그동안 진상규명이 요구되어 왔던 한국전쟁 전후의 민간인 집단희생사건, 위법한 공권력에 의한 인권침해사건 및 조작의혹 사건을 중심으로 대한민국 정통성을 부정하는 세력에 의한 테러 인권유린 폭력사건, 항일독립운동 해외동포사 등이 망라되어 있다 (법 제2조). "국가는 진실규명사건 피해자의 피해 및 명예의 회복을 위하여 노력하여야 하고, 가해자에 대하여 적절한 법적·정치적 화해조치를 취하여야 하며, 국민 화해와 통합을 위하여 필요한 조치를 하여야"하고(법 제34조), 위령 사업 및 사료관의 운영·관리, 추가 진상조사사업의 지원, 진상규명과 관련한 문화, 학술 활동의 지원 등을 목적으로 하는 과거사연구재단 설립을 지원할 수 있도록 하였다 (법 제40조).

(4) 진실화해위원회의 진실규명 활동 요지

진실화해위원회는 발족 후 1년간 진실규명의 대상에 해당하는 희생자, 피해자 및 그 유족이나 이들과 친족관계에 있는 사람, 진실규명사건에 관하여 특별한 사실을 알고 있는 사람들의 진실규명신청을 받을 수 있어서(법 제19조), 2005년 12월 1일부터 2006년 11월 30일까지 총 1만 860건(항일독립운동 274건, 해외동포사 14건, 민간인 집단희생 7,922건, 적대세력 관련 1,687건, 인권침해 612건, 기타 351건)을 접수받았다. 또한 역사적으로 중요한 사건으로서 진실규명에 해당한다고 인정할만한 상당한 근거가 있고 진실규명이 중대하다고 판단되는 때는 직권으로 조사를 개시할 수 있어서

(법 제2조 제1항 제6호, 제22조 제3항) 15건에 대하여는 직권조사를 하였다. 이렇게 신청사건과 직권조사 사건을 재분류하여 분리하거나 병합 처리한 결과 최종적으로 1만 1,175건을 조사하였다. 진실화해위원회는 2010. 6. 30. 조사를 완료하였으며, 6개월간 종합보고서를 작성한 후 2010. 12. 31. 기간만료로 폐지되었다.

진실화해위원회가 조사한 사건 중 1,729건에 대하여는 진실규명 신청이 명백히 허위이거나 이유 없다고 인정되는 경우, 각하한 신청과 동일한 사실에 대하여 다시 신청한 경우로 판단하여 각하결정을 하였고(법 제21조), 468건은 신청인이 취하하거나 사건을 타 기관으로 이송하거나, 조사를 중지하였다. 진실화해위원회는 조사를 마친 경우 조사결과를 진실규명, 진실규명불능 결정을 하여 당사자들에게 통지하고, 이의신청의 제기 및 이의신청 사항에 대한 조사 및 결정을 하였다. 이러한 과정을 거쳐서 진실화해위원회는 8,450건 진실규명 결정과 528건의 진실규명불능 결정을 하였다.

(5) 진실화해위원회의 화해 활동

진실화해위원회는 2006년 12월 한국전쟁 전후 민간인 집단희생과 관련하여 유해가 매장되어 있을 가능성이 높은 유해 매장 추정지 168개소에 대한 지표조사 및 유해발굴 가능성 조사를 실시하여 약 59개소의 매장추정지에서 유해 발굴이 가능하다는 결론을 얻고, 우선발굴대상지로 39개소를 선정하였으며, 2007년 3월 전원위원회에서 유해발굴을 의결한 후 2009년까지 3년 동안 전국 13개 유해매장 추정지에서 1,617구의 유해와 5,600점의 유품을 발굴하였다. 2009년까지 발굴한 1,617구의 유해는 진실화해위원회와 충북대학교의 협약에 의거해 충북대학교 내에 건립된 '한국전쟁 민간인 희생자 추모관'에 2008년 8월 1일부터 2011년 7월 31일까지 3년간 유해를 임시로 안치하였으며, 그 기간을 2016년 7월까지로 5년간 연장하였다.

진실화해위원회는 결정을 할 때 국가 등에 개별적 권고를 할 수 있기 때문에 각 결정서에 개별 권고를 하였으며, 대통령과 국회에 2009년 8월 21

일 한국전쟁 전후 민간인 집단희생사건에 대한 배·보상 특별법 제정과 과거사 연구재단 설립을, 2009년 10월 7일 한국전쟁 전후 민간인 집단희생 유해발굴과 안장을 위한 건의를 하였다.

또한 진실화해위원회는 2010년 종합보고서를 작성하면서 '피해자의 명예회복과 구제를 위한 조치'에 관한 권고(1.~4.), '재발 방지를 위한 국가의 조치'에 관한 권고(5.), '법령, 제도, 정책, 관행의 시정 및 개폐'에 관한 권고(6.~10.), '진실규명사건의 가해자에 대한 법적·정치적 화해조치에 관한 사항'에 관한 권고(11.), '국민화해와 민주발전을 위한 조치'에 관한 권고(12.~14.), '역사의식의 함양을 위한 교육·홍보에 관하여 국가가 하여야 할 조치'에 관한 권고(15.), '그 밖에 국가가 하여야 할 필요한 조치'에 관한 권고(16.~17.)를 남긴 바 있다.

(6) 진실화해위원회 활동의 한계

그동안 부분적으로 진상규명을 위한 활동을 하던 과거청산에 대해, 포괄적인 과거사정리기본법으로 진상규명을 한 것은 커다란 성과로 볼 수 있다. 그러나 과거사정리기본법은 한국전쟁을 전후한 민간인 집단희생사건과 위법한 공권력에 의한 인권침해사건, 의문사 사건의 조사 방식과 내용이 서로 다른 점을 고려하지 않고 단일한 조사방식을 규정하여 조사에 있어서 많은 장애를 초래하였다. ① 집단희생사건은 집단적인 피해가 있었고, 장기간의 시간이 경과한 뒤 조사함에 따라 직접적 자료가 거의 없고, 피해자가 모두 사망하였으므로 유족의 간접적인 진술에만 의존해야 하고, 학술적인 성격이 강한 조사방식임에 반하여, ② 인권침해 사건은 대부분 피해가 개별적이고, 형사 절차를 거친 경우가 많고 관련 자료가 있는 경우가 많아 조사 방식의 차이 등이 존재한다. 집단희생과 관련한 '제주4·3사건진상규명및희생자명예회복에관한특별법'과 '의문사진상규명에관한특별법'은 사건의 성격에 따라 조사방식을 서로 다르게 규정하고 있는데, 과거사정리기본법은 의문사진상규명에관한특별법의 조사방식을 따랐다. 그러다 보니 집단희생사건도 개별 사건으로 진실규명 신청을 받아서 기본적으로 신청 사건별로 조사를 진행하게 되어, 신청하지 않은 다수의 피해자에 대한 조사가 제대로 진행되지 못하였다.[18]

그리고 입법단계에서 조사를 위한 자료제출명령권, 청문회 조항, 영장청구 의뢰권 등이 주장되었으나 반영되지 않았고, 이로 인하여 진실화해위원회는 정부 기관의 미협조로 조사에서 많은 장애에 부딪혔으며, 관계기관이 자료제출을 거부 내지 부재를 통지하면 이를 극복할 길이 거의 없었다. 더 나아가 한국전쟁과 관련하여 많은 자료가 미국에 존재함에도 불구하고 미국의 자료를 많이 확보하지 못하여, 미군과 관련된 집단희생 사건을 제대로 조사할 수 없었다.

또한 신청기간이 1년밖에 되지 않아(법 제19조 제2항), 많은 피해자와 유족들이 진실규명신청을 못하였다. 신청기간 연장에 대한 민원이 끊이지 않았으나 법 개정을 하지 못하여 예상보다 훨씬 적은 인원만이 신청을 하게 되었다. 만약 신청기간이 늘어났다면 진실화해위원회의 활동 기간을 2년 연장하여 더 많은 진실규명을 할 수 있었을 것이다 (법 제25조 제2항).

나아가 발굴 가능한 유해 매장지를 확인하고도 유해 발굴이 충분하게 이루어지지 않았고, 발굴한 유해를 안치할 시설마저 마련하지 못하여 충북대학교에 임시로 안치할 수밖에 없었다. 정부가 손을 놓고 있는 동안 유해는 계속 훼손되어 가고 있으며, 유족들은 자력으로 유해 발굴을 시도하려고 하고 있을 정도이다. 과거사연구재단 역시 건의만 하였을 뿐 아무런 진전이 없는 상태이다.

(7) 진실화해위원회 활동 종료 이후의 상황

진실화해위원회의 활동 종료 이후에, 정부는 2008년 1월 8일 과거사 관련 권고사항 처리에 관한 규정을 제정하여 국무총리 소속으로 과거사 관련 권고사항 처리 심의위원회를 두어서 과거사정리기본법 제32조 제4항에 따른 권고사항 등에 대한 정부의 이행 방향을 수립하고 이행 상황을 점검·관리하는 등 권고사항 이행의 실효성을 확보하도록 하였다. 그러나 권고사항 규정은 이후 수차례 개정되었고, 심의위원회는 소속이 변경되었으며 과거사 관련 위원회(이하 '폐지·종료 위원회')가 피고 등이 되는 쟁송과 관련된 사항, 폐지·종료 위원회 업무의 후속 조치에 관한 사항 등을 담당하게 되었다.

그밖에 소송을 통한 피해자구제가 일부 이루어졌는데, 집단희생 사건에서는 소송 자체가 쉽지 않은데다가, 소멸시효 등의 주요 쟁점으로 등장한 반면, 인권침해사건에서는 재심 청구를 통해 많은 피해자들의 권리 회복이 이루어졌다.

그동안 제2기 진실화해위원회의 필요성이 주장되고 있는데, 관련 법안은 국회에서 발의가 되고 있지만, 정권이 교체되면서 성과를 거두지는 못하고 있고, 과거사연구재단(법 제40조) 또한 설립되지 못하였으며, 여전히 유해 발굴의 시급성이 제기되고 있다.

3) 회복적 정의의 응용

(1) 학교의 '회복적 대화 모임'

'입시'라는 무한경쟁의 틈바구니 속에 놓이게 된 중·고등학생들은 청소년기, 사춘기에 학교라는 단체 활동을 배경으로 폭력적인 상황에 처하게 된 것이 오늘날 대한민국의 현실이다. 어느 시대에나 청소년기 학교 폭력이 없었던 것은 아니나, 최근에는 입시경쟁 속에서 받은 스트레스가 증폭되는 탓인지, 학교폭력 또한 일상화되고 폭력성이 가중되고 있다.[19]

이러한 현실 속에서 기존의 사회에서는 눈감아주거나 형사적인 처벌을 앞세우거나, 가해자와 피해자라는 이분법적 사고 속에서 학교폭력의 원인을 발견하고 해결하기 보다는, 대증적인 요법을 취하면서 졸업하기만을 기다리는 양상이었다. 법으로 해결하기도 쉽지 않고, 교사들을 소진시키는 학교폭력 대책이 난무하며, 학교폭력은 피해 학생뿐만 아니라 그 가족들도 고통 가운데 몰아넣고 학생 공동체를 파괴하는 수준에까지 이른 경우도 많아지고 있다.

이에 대하여 학교폭력 문제를 회복적 정의 차원으로 풀어보려는 시도들이 나타나기 시작했고, 회복적 서클, 공감과 소통이라는 용어들이 점차 익숙해지고 있다.

'학교폭력 예방 및 대책에 관한 법률'(이하, 학교폭력예방법)은 학교폭력의 예방과 대책에 필요한 사항을 정함으로써 피해학생의 보호, 가해학생의 선도/교육 및 피해학생과 가해학생 간의 분쟁조정을 통하여 학생의 인권을 보호하고 학생을 건전한 사회구성원으로 육성함을 목적으로 제정되었다(위 법 제1조).

학교폭력예방법은, 학교폭력의 광범위한 개념,[20] 학교폭력대책자치위원회(이하, 자치위원회)의 필요적 개최,[21] 가해학생에 대한 선도조치의 의무화,[22] 학생생활기록부 기재,[23] 조치에 대한 불복수단[24] 등을 주요 내용으로 하고 있다. 그런데 학교 현장에서는 위 법률에 대하여, ① 학교폭력의 개념이 너무 광범위하고, 의무적 조치로 인하여 자치위원회의 업무가 과중하다, ② 학생생활기록부 기재로 인하여 변칙적 합의 및 소송이 급증하고 있다, ③ 재심기관의 이원화로 인하여 양 재심기관의 결정 간에 모순 혹은 저촉이 발생하고 분쟁이 무한적으로 악순환될 수 있다, ④ 법 제18조(분쟁조정)[25]의 기능이 제대로 발휘되기 어렵다는 등의 어려움을 토로하고 있다.

이러한 상황에 놓이게 되자, 분쟁조정 기능의 활성화, 학생생활기록부에의 기재 금지, 재심기관의 일원화 등의 대책을 고민하게 되었다.

그러한 가운데, 학교 현장에서는 '너와 함께(With YOU)' 프로그램,[26] '회복적 생활교육'[27] 등이 시행되면서, 회복적 과정 도입을 위한 학교폭력예방법 개정의 필요성이 논의되고 있다. 이러한 과정에서 특히, 갈등의 평화적 전환 프로세스인 '회복적 대화모임'을 통하여 회복적 정의 프로그램이 가동되고 있다.

2011년 10월경 (사)좋은교사운동에서는, 권위적이고 응보적인 생활지도에서 벗어나 관계와 공동체성을 강조하는 회복적생활교육을 제안하였고, 2012년 고양시 덕양중학교와 회복적생활교육이라는 교육실험을 1년간 진행하였는데, 여기에서 의미있는 결과를 얻어내자 2013년부터 회복적생활교육운동의 확산을 위해 원격연수 개발 및 단행본 출판, 매해 토론회 및 컨퍼런스 개최, 교사대상 자율연수 등을 진행해 오고 있다. 여기에서는, 문제의 행동으로 공동체에 피해가 발생했을 때 피해를 회복하고 공동체가 다시 통합되는 회복적 과정으로 "피해 확인 -〉 해법 탐색(당사자와 공동체 구성원이 회복적 대화모임을 구성하여 진행) -〉 회복하기, 책임지기 -〉 공동체로 재통합하기"라는 절차를 제시하고 있다.

2016년 6월경, (사)좋은교사운동과 회복적생활교육센터가 교사 129명, 학생 70명(피해 29명, 가해 41명)을 대상으로 설문지를 이용한 온라인 조사를 진행한 바에 의하면, 회복적 대화 모임 이후 학생들의 심리적 안정 상태가 회복[28]되었고, 피해학생과 가해학생 모두 자기 성찰 및 관계 개선도가 뚜렷하게 좋아졌으며, 회복적 대화모임을 다시 선택하겠냐는 물음에 대하여 학생들은 95.71%가 선택할 것이라고 답변하였다.[29]

(2) 법원의 '회복적 사법'

회복적 정의는 형사재판 절차 특히 소년, 가사사건 등에서 '회복적 사법'이라는 명칭으로 도입되고 있다. 범죄행위를 한 가해자에게 적절하고 공정한 처벌이 무엇인지에 초점을 맞추는 것이 전통적인 응보형 사법절차라면, 그와 더불어 범죄행위로 인해 발생한 피해를 회복하고 범죄 피해로 발생한 손실과 깨어진 관계에 대한 책임 있는 변화를 만들어내는 것을 지향하는 새로운 사법 이념으로 회복적 사법이 등장한 것이다. 피해자와 가해자 및 이해관계인들이 공정한 제3자가 주관하는 대화 등의 모임에 참여하여, 가해자는 피해자의 고통을 보고 들음으로써 자신의 행위를 진심으로 뉘우치고 책임을 느끼며 피해회복을 위해 최선을 다하도록 하고, 피해자는 이러한 가해자의 모습을 통해 비록 가해자가 자신에게 범죄를 저질렀지만 왜 그런 범죄를 저지르게 되었는지 조금이라도 가해자를 이해하게 되면서 분노와 복수의 감정이 풀리고 용서하겠다는 자연스러운 마음이 생기도록 하는 회복적 사법은 전통적인 응보형 사법절차라면 불가능했을 결과를 만들어내고 있다.

이와 관련하여 인천지방법원 부천지원에서는 형사재판 절차에 회복적 사법을 도입하여 시범적으로 실시한 후 2013. 12. 16. 종합평가 합동포럼을 개최한 적이 있다. 위 법원은 회복적 사법 전문가 기관/단체와 연계 사업 형태로 시범실시 전담재판부와 법원 행정 인력, 검찰, 피고인과 변호인 등이 협력하여 이 사업을 진행하였다. 구체적으로는, 담당판사가 대상 사건을 선정[30]하고, (증거조사를 마치고 사실관계가 확정된 단계에서) 회복적 사법 프로세스에 참여할 것인지에 관하여 당사자들[31]에 대한 의사 타진과 리딩 인(Leading-in) 작업[32]을 거친 후, 공판절차와 분리하여 전문기관의 회복적 사법 프로세스를 진행하고, 재판에 그 결과를 반영[33]하는 방식으로 진행되었다. 그해의 참여자 만족도 조사 결과, 피고인과 피해자 및 그 가족 등은 90%이상의 만족도를 보였다. 피고인들은 대체로 진지하게 실질적인 피해 회복의 노력을 하였는데, 피해자들에 대한 금전적, 정서적(이해, 사과), 관계적(화해에 의한 관계 회복 또는 이혼, 이사 등의 관계 정리) 등 다양한 측면에서 높은 수준의 피해회복을 할 수 있게 되었고, 직접적으로 피해자들의 이익(돈, 사과, 치유, 미래지향적 관계 해결 등)으로 연결된 것으로 평가되었다. 향후 과제로는, ① 피고인과 피해자 모두에게 안전한 표준 절차를 확립할 필요성, ② 리딩 인 작업의 어려움에 대한 해결방안 모색의 필요성, ③ 피해자에 대한 법률적 조력 방안 마련의 필요성, ④ 회복적 사법 담당주체의 문제, ⑤ 인력과 예산, 설비 마련의 노력, ⑥ 대상 사건의 선별, ⑦ 전통적 형사사법 시스템과 회복적 사법 프로그램 간의 관계 정립의 필요성, ⑧ 입법화 노력, ⑨ 사회문화적인 패러다임 변화의 모색 등이 제기 되었다.[34]

4. 결론

통일 시대를 염원하는 자, 통일을 준비해야 한다. 전쟁의 참화 속에서 남과 북이, 이념을 기반으로 서로에게 총을 겨누고 서로를 살해한 트라우마가 세대를 넘어 유전적으로 전이되고 있는 현 상황에서 '용서와 화해'에 대한 성찰은 우리의 인식을 전환시키고 어쩌면 DNA까지 바꾸어야 하는 지극히 어려운 작업일 수 있다.

그러나 평화적인 통일을 바란다면, 아니, 통일 이후에 평화적인 삶을 바란다면, '용서와 화해'는 우리가 반드시 넘어서야 할 과제이기도 하다. 서로에 대한 불신과 두려움, 트라우마를 극복하고 넘어서기 위해서는 '회복적 정의', '관계적 정의'의 관점에서 '사랑과 공의'를 재해석할 필요가 있다.

여전히 시작 단계에 머물러 있고, 아직은 척박(瘠薄)한 토양에다가 친숙하지도 못하지만, 범 교회적, 범 사회적, 범 국가적 노력을 기울여, 회복적 정의의 관점에 따른 용서와 화해를 배우고 익히고, 버릇이 되고 습관이 되고, 사회통념(社會通念)으로 받아들여지고 발전해 나가길 기도한다. 그 과정에서 그리스도인들이, 건전한 상식을 가진 공동체적인 시민들이 협력하고 실천하게 되기를 기대한다.

● 주

1) 남한과 북한이 모두 변화해야 하겠지만, 특히나 북한의 체제는 (큰 범주에서) '사회주의'로부터 '자본주의'로의 전환, '독재체제'로부터 '민주체제'로의 전환 등의 과정을 거치게 될 것이다.
2) 과거 분쟁이나 정권의 억압통치로 인해 광범위한 인권 탄압과 범죄가 이뤄진 국가가 과거의 만행을 재조명하고, 이를 법적, 비법적 절차에 따라 사회를 바르게 세우는 절차를 뜻한다. 보통 비민주주의·독재체제였던 국가가 민주주의 국가로 전환될 때, 혹은 분쟁이 종료되고 전환기를 맞이할 때 이러한 개혁이 이뤄질 수 있기에, 이러한 과정을 '전환기 정의' 또는 '과도기 정의'라고 부른다.
3) 기독교윤리실천운동(기윤실)에서 교회개혁 분야에서 사역하던 이들이 교회세습에 대한 대처 문제로 갈등을 하다가, 기윤실로부터 독립하여 2002년 11월 24일경에 설립한 교회개혁운동단체. 그 당시 CLF에서는 김두식, 박종운이 초대 집행위원으로 파송/참여하였다.
4) 일본제국주의(일제) 강점기에 일제의 강압에 의해 신사참배가 이루어졌는데, 1938년 평양 총회에서 신사참배가 결정된 이후, 신사참배에 찬성하는 측과 반대하는 측 간에 갈등이 있었고 신사참배를 거부하다가 투옥, 사망하는 사건들이 발생하였다 (주기철 목사 등). 해방 이후 1950. 4.경 경남 부산을 중심으로 장로교 교회 재건 운동이 있었

고, 6·25전쟁으로 다른 지방이 공산화되었을 때 부산에 모인 장로교회 지도자들이 1951. 5.경 정기 총회를 소집했으나 출옥성도(신사참배 거부)들과 다른 성도들 간에 갈등이 발생하였고, 신사참배 반대파들이 장로교에서 갈라져 나가게 된 것이다.

5) 조선신학교 김재준 목사의 신학관으로부터 비롯되어 반대파들이 조선신학교를 나가서 장신대를 세웠고, 1953년 정기총회에서 조선신학교 졸업생은 목사 안수를 받을 수 없다고 결의함에 따라 조선신학교 중심으로 기장교단이 세워졌다. 이후 기장은 자유로운 신학 풍토 속에서 한국 특유의 해방신학인 '민중신학'으로 꽃을 피웠다.

6) 직접적인 계기는 학교부지 관계, 박형용 박사 지지 여부 등이었다.

7) 1989년에 출범, 기독교 보수주의에 근거한 최대의 개신교 연합단체였는데, 2013. 12. 18. 대한예수교장로회 합동(예장합동) 임원회가 한기총의 평장제일교회 박윤식 목사에 대한 이단 해제에 강한 불만을 표시하며 한기총 탈퇴를 선언하였다. 한기총이 2012년 1월 발간한 23회 총회보고서에 따르면 2012년 한기총 가입 교단은 총 69개, 가입 단체의 수는 18개이나, 2012년 3월 이후 한국교회연합으로 이동한 교회 및 단체가 많이 늘어났다.

8) '대한예수교장로회총회'와 '대한예수교장로회', '대한예수교장로회 국제(합동복음)' 등으로 세분하기도 하지만, 여기에서는 한기총 2012년 1월 제23회 총회보고서에 따라 그 당시 한기총 가입 교단을 하나로 묶어서 기재하였다.

9) 우리나라에서는 한국평화교육훈련원(KOPI)에서 관련 교육을 실시하고 있다.

10) 2005년 CLF Mission Statement(사명선언서) 중 '기독중재센터: ① 해외사례 연구, 현실적 가능성 연구, ② 관심단체 연결, ③ 중재규약 제정, ④ 인적, 물적 자원개발과 배치, ⑤ 센타 발족, ⑥ 제도의 취지 홍보

11) 판시사항

[1] 교인들이 집단적으로 교회를 탈퇴한 경우, 법인 아닌 사단인 교회가 2개로 분열되고 분열되기 전 교회의 재산이 분열된 각 교회의 구성원들에게 각각 총유적으로 귀속되는 형태의 '교회의 분열'을 인정할 것인지 여부(소극) 및 교인들이 교회를 탈퇴하여 그 교회 교인으로서의 지위를 상실한 경우, 종전 교회 재산의 귀속관계(=잔존 교인들의 총유)

[2] 교회의 소속 교단 탈퇴 내지 소속 교단 변경을 위한 결의요건(=의결권을 가진 교인 2/3 이상의 찬성) 및 위 결의요건을 갖추어 교회가 소속 교단을 탈퇴하거나 다른 교단으로 변경한 경우, 종전 교회 재산의 귀속관계(=탈퇴한 교회 소속 교인들의 총유)

12) 가장 중요한 변화는, ① 법인 아닌 사단인 교회가 2개로 분열된 경우, 분열되기 전 교회 재산은 총유이고, 각각 총유로 귀속되는 형태의 교회 분열은 인정하지 않으므로, 결국, 교회 분열로 인한 재산 분할이 부인되어, 갈등과 분쟁 상황에 처해 있는 교회의 문제 해결은 더욱 어려워졌다. 심지어 개혁파가 다수를 차지하더라도 교회 재산을 분할 받을 수는 없게 되었다는 점, ② 교회 분쟁 과정에서 교회 탈퇴 등의 사유로 그 교회 교인으로서의 지위를 상실한 경우, 종전 교회 재산은 잔존 교인들의 총유로 귀속되므로, 개혁적인 교인들은 교회를 탈퇴하지 않고(예배 장소 등에 있어서도 교회를 떠나지 않고) 교회 내부에서 분쟁을 계속하게 되었다는 점 등이다.

13) 박종운, "한국기독교화해중재원의 활성화 방안 – 기독변호사의 참여 확대 방안을 중심으로", 2012. 09. 21. 원고를 첨삭하였다.

14) 변호사는 기본적으로 서비스 업종 종사자이다. 서비스 업계에서 '손님은 왕'이듯 의뢰인을 맞이하는 기독 변호사의 자세는 우리의 왕이신 예수님을 맞이하는 자세와 같아야 할 것이다. 어떤 사람들은 '값싸고 질 높은 법률서비스'를 주장하지만, "값이 싸다"는 것이 오히려 의뢰인들에게나 변호사에게 오해나 좋지 않은 결과를 초래하는 경우가 많음을 경험적으로 알기에 '적절한 가격'이라 표현하였다.

15) 의뢰인으로부터 받은 수임료를 동력 삼아 전문적인 법학 지식을 마구 쏘아대는 것이 아니라, 사건 발생에서 소송에 이르는 과정에서 의뢰인 및 상대방에게 발생한 상처를 상담을 통해 이해하고 감싸주며 신앙적으로 치유하는 것을 지향하여야 한다는 것이다.

16) 극단적으로 말하자면, 법조인은 사건 사고가 발생한 다음에 뒤처리를 하는 사람에 불과하다. 그러나 기독 변호사 사무실은 사회선교 사역 등을 통해 분쟁을 사전에 예방하고 불가피하게 발생한 분쟁을 합리적으로 해결할 수 있도록 제도를 개선하는 데까지 나아가야 한다.

17) 이 부분은 대한변호사협회 2013년도 인권보고서 '진실화해위원회의 성과와 향후 과제'와 진실화해위원회 종합보고서 등을 참조하였다.

18) 이를 극복하기 위하여 직권조사를 하거나 신청사건을 그 내용별로 병합하여 조사하기도 하였으나 근본적인 한계가 있었다. 하나의 법률로 서로 다른 성격의 진상조사를 하도록 규정한 과거사정리기본법의 한계라고도 할 수 있다

19) 일례의 인천 소재 어느 중학교는 2012년 학교폭력 건수가 1회였으나, 2013년 14건(학폭위 5건, 담임종결 9건), 2014년 15건(학폭위 4건, 담임종결 11건), 2015년 19건(학폭위 10건, 담임 또는 학교장 종결 9건), 2016년 25건(학폭위 14건, 담임 또는 학교장 종결 11건) 등으로 증가하였다. 좋은교사, "학교폭력문제, 소통과 공감의 자리에서 풀자,"『회복적 생활교육 컨퍼런스 자료집』(2016. 12. 10.) 참조.

20) 제2조(정의) 이 법에서 사용하는 용어의 정의는 다음 각 호와 같다. (개정 2009.5.8., 2012.1.26., 2012.3.21.)
    1. '학교폭력'이란 학교 내외에서 학생을 대상으로 발생한 상해, 폭행, 감금, 협박, 약취·유인, 명예훼손·모욕, 공갈, 강요·강제적인 심부름 및 성폭력, 따돌림, 사이버 따돌림, 정보통신망을 이용한 음란·폭력 정보 등에 의하여 신체·정신 또는 재산상의 피해를 수반하는 행위를 말한다.
    1의2. '따돌림'이란 학교 내외에서 2명 이상의 학생들이 특정인이나 특정집단의 학생들을 대상으로 지속적이거나 반복적으로 신체적 또는 심리적 공격을 가하여 상대방이 고통을 느끼도록 하는 일체의 행위를 말한다.
    1의3. '사이버 따돌림'이란 인터넷, 휴대전화 등 정보통신기기를 이용하여 학생들이 특정 학생들을 대상으로 지속적, 반복적으로 심리적 공격을 가하거나, 특정 학생과 관련된 개인정보 또는 허위사실을 유포하여 상대방이 고통을 느끼도록 하는 일체의 행위를 말한다.

21) 제20조(학교폭력의 신고의무) ① 학교폭력 현장을 보거나 그 사실을 알게 된 자는 학교 등 관계 기관에 이를 즉시 신고하여야 한다.
    ② 제1항에 따라 신고를 받은 기관은 이를 가해학생 및 피해학생의 보호자와 소속 학교의 장에게 통보하여야 한다. (개정 2009.5.8.)
    ③ 제2항에 따라 통보받은 소속 학교의 장은 이를 자치위원회에 지체 없이 통보하여야 한다. (신설 2009.5.8.)

④ 누구라도 학교폭력의 예비·음모 등을 알게 된 자는 이를 학교의 장 또는 자치위원회에 고발할 수 있다. 다만, 교원이 이를 알게 되었을 경우에는 학교의 장에게 보고하고 해당 학부모에게 알려야 한다. (개정 2009.5.8., 2012.1.26.)

⑤ 누구든지 제1항부터 제4항까지에 따라 학교폭력을 신고한 사람에게 그 신고행위를 이유로 불이익을 주어서는 아니 된다. (신설 2012.3.21.)

제13조(자치위원회의 구성·운영) ① 자치위원회는 위원장 1인을 포함하여 5인 이상 10인 이하의 위원으로 구성하되, 대통령령으로 정하는 바에 따라 전체위원의 과반수를 학부모전체회의에서 직접 선출된 학부모대표로 위촉하여야 한다. 다만, 학부모전체회의에서 학부모대표를 선출하기 곤란한 사유가 있는 경우에는 학급별 대표로 구성된 학부모대표회의에서 선출된 학부모대표로 위촉할 수 있다. 〈개정 2011.5.19.〉

② 자치위원회는 분기별 1회 이상 회의를 개최하고, 자치위원회의 위원장은 다음 각 호의 어느 하나에 해당하는 경우에 회의를 소집하여야 한다. (신설 2011.5.19., 2012.1.26., 2012.3.21.)

1. 자치위원회 재적위원 4분의 1 이상이 요청하는 경우
2. 학교의 장이 요청하는 경우
3. 피해학생 또는 그 보호자가 요청하는 경우
4. 학교폭력이 발생한 사실을 신고받거나 보고받은 경우
5. 가해학생이 협박 또는 보복한 사실을 신고받거나 보고받은 경우
6. 그 밖에 위원장이 필요하다고 인정하는 경우

③ 자치위원회는 회의의 일시, 장소, 출석위원, 토의내용 및 의결사항 등이 기록된 회의록을 작성·보존하여야 한다. (신설 2011.5.19.)

④ 그 밖에 자치위원회의 구성·운영에 필요한 사항은 대통령령으로 정한다. (개정 2011.5.19.)

22) 제17조(가해학생에 대한 조치) ① 자치위원회는 피해학생의 보호와 가해학생의 선도·교육을 위하여 가해학생에 대하여 다음 각 호의 어느 하나에 해당하는 조치(수 개의 조치를 병과하는 경우를 포함한다)를 할 것을 학교의 장에게 요청하여야 하며, 각 조치별 적용 기준은 대통령령으로 정한다. 다만, 퇴학처분은 의무교육과정에 있는 가해학생에 대하여는 적용하지 아니한다. 〈개정 2009.5.8., 2012.1.26., 2012.3.21.〉

1. 피해학생에 대한 서면사과
2. 피해학생 및 신고·고발 학생에 대한 접촉, 협박 및 보복행위의 금지
3. 학교에서의 봉사
4. 사회봉사
5. 학내외 전문가에 의한 특별 교육이수 또는 심리치료
6. 출석정지
7. 학급교체
8. 전학
9. 퇴학처분

② 제1항에 따라 자치위원회가 학교의 장에게 가해학생에 대한 조치를 요청할 때 그 이유가 피해학생이나 신고·고발 학생에 대한 협박 또는 보복 행위일 경우에는 같은 항 각 호의 조치를 병과하거나 조치 내용을 가중할 수 있다. 〈신설 2012.3.21.〉

③ 제1항제2호부터 제4호까지 및 제6호부터 제8호까지의 처분을 받은 가해학생은 교육감이 정한 기관에서 특별교육을 이수하거나 심리치료를 받아야 하며, 그 기간은 자치위원회에서 정한다. 〈개정 2012.1.26., 2012.3.21.〉

④ 학교의 장은 가해학생에 대한 선도가 긴급하다고 인정할 경우 우선 제1항제1호부터 제3호까지, 제5호 및 제6호의 조치를 할 수 있으며, 제5호와 제6호는 병과 조치할 수 있다. 이 경우 자치위원회에 즉시 보고하여 추인을 받아야 한다. 〈개정 2012.1.26., 2012.3.21.〉

⑤ 자치위원회는 제1항 또는 제2항에 따른 조치를 요청하기 전에 가해학생 및 보호자에게 의견진술의 기회를 부여하는 등 적정한 절차를 거쳐야 한다. 〈개정 2012.3.21.〉

⑥ 제1항에 따른 요청이 있는 때에는 학교의 장은 14일 이내에 해당 조치를 하여야 한다. 〈개정 2012.1.26., 2012.3.21.〉

⑦ 학교의 장이 제4항에 따른 조치를 한 때에는 가해학생과 그 보호자에게 이를 통지하여야 하며, 가해학생이 이를 거부하거나 회피하는 때에는 「초·중등교육법」 제18조에 따라 징계하여야 한다. 〈개정 2012.3.21.〉

⑧ 가해학생이 제1항제3호부터 제5호까지의 규정에 따른 조치를 받은 경우 이와 관련된 결석은 학교의 장이 인정하는 때에는 이를 출석일수에 산입할 수 있다. 〈개정 2012.1.26., 2012.3.21.〉

⑨ 자치위원회는 가해학생이 특별교육을 이수할 경우 해당 학생의 보호자도 함께 교육을 받게 하여야 한다. 〈개정 2012.3.21.〉

⑩ 가해학생이 다른 학교로 전학을 간 이후에는 전학 전의 피해학생 소속 학교로 다시 전학올 수 없도록 하여야 한다. 〈신설 2012.1.26., 2012.3.21.〉

⑪ 제1항제2호부터 제9호까지의 처분을 받은 학생이 해당 조치를 거부하거나 기피하는 경우 자치위원회는 제7항에도 불구하고 대통령령으로 정하는 바에 따라 추가로 다른 조치를 할 것을 학교의 장에게 요청할 수 있다. 〈신설 2012.3.21.〉

⑫ 가해학생에 대한 조치 및 제11조제6항에 따른 재입학 등에 관하여 필요한 사항은 대통령령으로 정한다. 〈신설 2012.3.21.〉

23) 제25조(학교생활기록) ① 학교의 장은 학생의 학업성취도와 인성(人性) 등을 종합적으로 관찰·평가하여 학생지도 및 상급학교(「고등교육법」 제2조 각 호에 따른 학교를 포함한다. 이하 같다)의 학생 선발에 활용할 수 있는 다음 각 호의 자료를 교육부령으로 정하는 기준에 따라 작성·관리하여야 한다. 〈개정 2013.3.23.〉

1. 인적사항
2. 학적사항
3. 출결상황
4. 자격증 및 인증 취득상황
5. 교과학습 발달상황
6. 행동특성 및 종합의견
7. 그 밖에 교육목적에 필요한 범위에서 교육부령으로 정하는 사항

② 학교의 장은 제1항에 따른 자료를 제30조의4에 따른 교육정보시스템으로 작성·관리하여야 한다.

③ 학교의 장은 소속 학교의 학생이 전출하면 제1항에 따른 자료를 그 학생이 전입한

학교의 장에게 넘겨주어야 한다.

24) 제17조의2(재심청구) ① 자치위원회 또는 학교의 장이 제16조제1항 및 제17조제1항에 따라 내린 조치에 대하여 이의가 있는 피해학생 또는 그 보호자는 그 조치를 받은 날부터 15일 이내, 그 조치가 있음을 안 날부터 10일 이내에 지역위원회에 재심을 청구할 수 있다. (신설 2012.3.21.)

② 자치위원회가 제17조제1항제8호와 제9호에 따라 내린 조치에 대하여 이의가 있는 학생 또는 그 보호자는 그 조치를 받은 날부터 15일 이내, 그 조치가 있음을 안 날로부터 10일 이내에 「초·중등교육법」 제18조의3에 따른 시·도학생징계조정위원회에 재심을 청구할 수 있다. (개정 2012.3.21.)

③ 지역위원회가 제1항에 따른 재심청구를 받은 때에는 30일 이내에 이를 심사·결정하여 청구인에게 통보하여야 한다. (신설 2012.3.21.)

④ 제3항의 결정에 이의가 있는 청구인은 그 통보를 받은 날부터 60일 이내에 행정심판을 제기할 수 있다. 〈신설 2012.3.21.〉

⑤ 제1항에 따른 재심청구, 제3항에 따른 심사 절차 및 결정 통보 등에 필요한 사항은 대통령령으로 정한다. 〈신설 2012.3.21.〉

⑥ 제2항에 따른 재심청구, 심사절차, 결정통보 등은 「초·중등교육법」 제18조의2 제2항부터 제4항까지의 규정을 준용한다. 〈개정 2012.3.21.〉

25) 제18조(분쟁조정) ① 자치위원회는 학교폭력과 관련하여 분쟁이 있는 경우에는 그 분쟁을 조정할 수 있다.

② 제1항에 따른 분쟁의 조정기간은 1개월을 넘지 못한다.

③ 학교폭력과 관련한 분쟁조정에는 다음 각 호의 사항을 포함한다.

    1. 피해학생과 가해학생간 또는 그 보호자 간의 손해배상에 관련된 합의조정

    2. 그 밖에 자치위원회가 필요하다고 인정하는 사항

④ 자치위원회는 분쟁조정을 위하여 필요하다고 인정하는 때에는 관계 기관의 협조를 얻어 학교폭력과 관련한 사항을 조사할 수 있다.

⑤ 자치위원회가 분쟁조정을 하고자 할 때에는 이를 피해학생·가해학생 및 그 보호자에게 통보하여야 한다.

⑥ 시·도교육청 관할 구역 안의 소속 학교가 다른 학생 간에 분쟁이 있는 경우에는 교육감이 해당 학교의 자치위원회위원장과의 협의를 거쳐 직접 분쟁을 조정한다. 이 경우 제2항부터 제5항까지의 규정을 준용한다.

⑦ 관할 구역을 달리하는 시·도교육청 소속 학교의 학생 간에 분쟁이 있는 경우에는 피해학생을 감독하는 교육감이 가해학생을 감독하는 교육감 및 관련 해당 학교의 자치위원회위원장과의 협의를 거쳐 직접 분쟁을 조정한다. 이 경우 제2항부터 제5항까지의 규정을 준용한다.

26) 공동체의 참여적 접근 방식으로 학교폭력 갈등을 조기 해결하여 분쟁의 장기화로 인한 사회적 비용 증가를 억제하고 재범을 방지할 목적으로 학교전담 경찰관 역량강화 및 학교폭력 근본적 문제해결을 위한 민간/경찰/학교 간 협업으로 시행(강원도 경찰청)

27) 갈등을 평화롭게 해결하는 것으로 특별히 학교폭력사안의 경우 대화와 직면으로 피해학생을 보호하고 가해학생의 자발적 책임을 통해 가/피해학생 간의 관계가 회복되어 둘 모두 공동체 일원으로 살아가도록 돕는 것을 명제로, '회복적 대화모임'을 중요한 절차 및 방식으로 삼고 있다.

28) 더욱 불안해졌다 2.86%, 문제가 잘 해결되었고, 상대방과 친하지는 않지만 마음이 편해졌다 45.71%, 오해가 풀렸고 더욱 친밀해졌다 51.43%.

29) 박숙영, "회복적 과정 도입을 위한 학폭법 개정의 필요성 – 학교폭력에 대한 교육적 기능 회복을 위해서," 『회복적 생활교육 컨퍼런스 자료집』(2016. 12. 10) 참조.

30) 자백사건 등 사실관계가 확정된 사건, 피해회복이 필요하고 가능한 사건, 피해회복에 있어서 갈등조정 내지 대화진행 전문가들의 도움이 필요한 사건, 소년 형사사건 내지 미성년 형사사건 등을 우선적으로 선정하였다.

31) 담당 공판검사의 동의 또한 얻었다고 한다.

32) 피고인과 피해자가 처벌적 패러다임에만 얽매이지 아니하고 회복적 사법의 관점을 가지고 대화 테이블에 나오게 마음 먹게 하는 작업, "이끌어 들인다"는 의미이다.

33) 피고인 내지 변호인이 양형자료로 제출하여 공판에 현출시킨 후 심리하는 방식, 결국 양형에 반영하게 된다.

34) 임수희, "2013 부천지원 형사재판 회복적 사법 시범실시 결과보고-형사재판에의 회복적 사법 도입과 제도화를 위하여," 『부천지원 형사재판 회복적 사법 시범실시 종합평가 합동포럼 자료집』(2013. 12. 16) 참조.

● **참고문헌**

박숙영. "회복적 과정 도입을 위한 학폭법 개정의 필요성 – 학교폭력에 대한 교육적 기능 회복을 위해서." 『회복적 생활교육 컨퍼런스 자료집』(2016. 12. 10).
임수희. "2013 부천지원 형사재판 회복적 사법 시범실시 결과보고-형사재판에의 회복적 사법 도입과 제도화를 위하여." 『부천지원 형사재판 회복적 사법 시범실시 종합평가 합동포럼 자료집』(2013. 12. 16).
좋은교사. "학교폭력문제, 소통과 공감의 자리에서 풀자." 『회복적 생활교육 컨퍼런스 자료집』(2016. 12. 10).

저자 소개

전우택 (wtjeon@yuhs.ac)

연세대학교 의학과 졸업 (의학)
연세대학교 대학원 석사 (정신의학)
연세대학교 대학원 박사 (정신의학)

현 연세대학교 의과대학 교수 (의학교육학교실, 정신건강의학교실,
  인문사회의학교실)
  통일보건의료학회 이사장
  한국자살예방협회 이사장
  한국의학교육학회 부회장

한반도평화연구원 원장
통일준비위원회 민간위원 역임

주요 논저
『사람의 통일, 땅의 통일』(연세대학교 출판부)
『의학교육의 미래』(박영스토리)
『통일 실험, 그 7년』(편저, 한울)
『통일에 대한 기독교적 성찰』(편저, 새물결플러스)
『평화에 대한 기독교적 성찰』(편저, 홍성사) 외 다수

박명규 (parkmk@snu.ac.kr)

서울대학교 사회학과 졸업
서울대학교 문학박사 (사회학)

현 서울대학교 사회학과 교수
    한반도평화연구원 연구위원

서울대학교 통일평화연구원장/서울대학교 사회발전연구소장
한국사회학회장/한국사회사학회장
북한사회문화학회장 역임

주요논저
『남북경계선의 사회학』(창비)
『국민, 인민, 시민』(소화)
『연성복합통일론』(공저, 서울대학교 통일평화연구원)
『사회적 가치와 사회혁신』(편저, 한울)
Civilizing Emotions (공저, Oxford University Press)
EU and North Korea: Business or Humanitarianism? (편저, LIT) 외 다수

김회권 (haekwonkim@ssu.ac.kr)

서울대 인문대 영어영문학과 졸업
장로회신학대학원 교역학 석사, 신학석사
프린스턴신학대학원 신학석사, 성서학 박사

현 숭실대학교 인문대 기독교학과 교수
    한국구약학회 부회장
    한반도평화연구원 연구위원
    기독경영연구원 연구위원

주요 논저

『하나님나라 신학으로 읽는 모세오경 (수정증보판)』 (복있는 사람)
『한국장로교회표준주석 신명기』 (한국장로교출판사)
"역대기서의 민족화해사상" (신학사상) 외 다수

이해완 (solhiw@skku.edu)

서울대학교 법과대학 졸업
사법연수원 수료

현 성균관대학교 법학전문대학원 교수
　공공데이터제공분쟁조정위원회 위원장
　경제인문사회연구회 이사
　한국저작권위원회 위원
　한반도평화연구원 부원장

사법연수원 교수/서울고등법원 판사
㈜로앤비 대표이사/한국인터넷자율정책기구 정책위원장
중국사회과학원 법학연구소, 캘리포니아주립대학교 버클리캠퍼스 방문학자 역임

주요 저서

『저작권법』 (박영사)
『상표법주해 (I), (II)』 (공저, 박영사)
『통일에 대한 기독교적 성찰』 (공저, 새물결플러스)
『평화에 대한 기독교적 성찰』 (공저, 홍성사)
『비전과 관점 열기』 (공저, 올리브북스)
『21세기 민족화해와 번영의 길』 (공저, 크리스챤서적) 외 다수

심혜영 (hytree0107@naver.com)

서울대학교 중어중문학과 졸업
서울대학교 문학 박사

현 성결대학교 중어중문학과 교수
　한반도평화연구원 연구위원

한국중국현대문학학회 학술이사, 편집이사
성결대학교 다문화평화연구소장
중국사회과학원 문학연구소 방문학자
UC Berkeley IEAS(동아시아센터) 방문학자
한국연구재단 일반공동연구과제(3년) 연구책임자 역임

주요 논저
『인간, 삶, 진리: 중국 현당대 문학의 깊이』(소명출판)
『붉은 수수밭』(역서, 문학과지성사)
『천두슈 사상 선집』(역서, 산지니)
『동서양의 경계에서 중국을 읽다 – 19세기 잡지 「차이니스 레포지터리」에 나타
　난 '너'와 '우리'』(공편, 새물결) 외 다수

박종운 (pjuni391@hanmail.net)

성균관대학교 법학과 졸업

현 법무법인 하민 변호사(사법연수원 29기 수료)
　성균관대학교 법학전문대학원 초빙교수
　한반도평화연구원 연구위원
　대한변호사협회 생명존중재난안전특별위원회 부위원장
　서울지방변호사회 인권위원회 위원장
　행정안전부 정책자문위원회 안전정책분과 위원
　(사)한국기독교화해중재원 조정위원 겸 중재인

조정현 (jhcho521@hufs.ac.kr)

고려대학교 독문학과 졸업
고려대학교 법학 석사 (국제법)
아메리칸대학교 법학 석사 (국제법)
에딘버러대학교 법학 박사 (국제법)

현 한국외국어대학교 법학전문대학원 교수
　　한반도평화연구원 연구위원
　　법무부 법무자문위원, 통일부 통일법제추진위원, 민주평통 자문위원
　　통일부 북한인권조사 자문위원, 국가인권위원회 북한인권포럼 위원

국립외교원 교수/통일연구원 연구위원
통일준비위원회 정치법제도분과 전문위원/통일부 정책자문위원
대한국제법학회 총무이사/국제법평론회 출판이사 역임

주요 논저

『보호책임(R2P)의 이론 및 실행, 그리고 한반도에의 함의』 (통일연구원)
『인도적 지원을 통한 북한 취약계층 인권 증진 방안 연구』 (공저, 통일연구원)
『한반도에 있어서 과도기 정의(Transitional Justice)』 (공저, 통일연구원)
"DMZ의 평화적 이용에 대한 국제환경법적 고찰" (국제법평론)
"Protection of North Korean Escapees under International Law: Their
　　Refugee Status" *Journal of Peace and Unification*
"유엔 북한인권 조사위원회(COI) 보고서 분석 및 평가" (주요국제문제분석)
"통일합의서의 법적 성격 및 체결 절차에 관한 고찰" (국제법평론) 외 다수

김경숙 (sohi114@hanmail.net)

북한 자동화 단과대학 졸업
장로회신학대학교 교역학 석사
연세대학교 상담 코칭학 박사

현 한동대학교 통일과평화연구소 객원연구원

주요 논저
"탈북여성의 가정폭력 경험과 트라우마에 관한 연구" (연세대학교 박사학위 논문)
"탈북여성의 트라우마가 하나님 표상에 미치는 영향" (한국기독교상담학회지)